胡文涛等 著

介入与塑造

西方媒体与当代国际关系

商务印书馆
The Commercial Press

本书为国家社会科学基金一般项目
"西方媒体在当代国际关系中的角色变迁与作用机制研究"
(14BGJ034)成果

目　录

第一章　绪　论 …………………………………………………… 1
　第一节　媒体、公众与决策者的关系互动 …………………… 1
　第二节　多维度的内容框架构建 ……………………………… 14
　第三节　西方媒体的行动逻辑与研究价值 …………………… 18

第二章　西方媒体对当代国际关系的作用：理论透视 ………… 22
　第一节　传播时代变迁中的西方媒体与国际关系互动史 …… 22
　第二节　多学科理论视野中的西方媒体 ……………………… 31
　第三节　西方媒体在国际关系中角色与作用路径 …………… 61

第三章　当代国际关系中西方媒体的角色：问卷调查 ………… 78
　第一节　调查总况 ……………………………………………… 78
　第二节　媒体影响国际关系的途径和动因 …………………… 84
　第三节　变迁中的媒体形态：不断影响国际关系 …………… 98
　第四节　西方媒体对国际关系的作用分析 …………………… 108

第四章　报道国际事件与参与西方国家的对外关系：案例分析
　……………………………………………………………………… 119
　第一节　美国主流媒体参与国际关系的互动：以 CNN 为例
　……………………………………………………………………… 120
　第二节　英国主流媒体对英国外交的参与：以三家主流纸媒
　　　　　为例 …………………………………………………… 147

第三节　国际关系中法国主流媒体的角色：以巴黎恐怖袭击、
　　　　　　气候大会为案例 ································ 194
　　第四节　媒体在西方中等强国外交中的参与：以加拿大和
　　　　　　澳大利亚为例 ······································ 225

第五章　西方媒体在国际重大事件中的角色：语篇分析 ············ 253
　　第一节　西方媒体积极介入"颜色革命"：以乌克兰"橙色
　　　　　　革命"为例 ·· 254
　　第二节　西方媒体对"阿拉伯之春"报道的话语塑造与呈现
　　　　　　·· 269
　　第三节　南海争端期间西方媒体的"大合唱"：基于五国的
　　　　　　分析 ·· 290

第六章　建构领袖形象与介入西方国家的政治外交：比较分析
　　　　　··· 324
　　第一节　西方国家领袖形象的建构路径：大众传媒的特殊
　　　　　　角色与功能 ·· 325
　　第二节　传统媒体与新媒体在西方国家领袖形象建构中的对比
　　　　　　·· 334
　　第三节　西方国家运用大众传媒塑造国家领袖形象的方法与
　　　　　　经验 ·· 346
　　第四节　特朗普的"推特执政"与社交媒体政治上位 ········ 361

结束语 ·· 383

附录一　"西方媒体在当代国际关系中的角色变迁与作用机制
　　　　　研究"的调查问卷及访谈提纲 ····················· 386

附录二　"西方媒体对乌克兰'橙色革命'之影响"的访谈问卷
　　　　　及样本 ··· 391

参考文献 ·· 400

后　记 ·· 409

第一章 绪 论

西方媒体与当代国际关系的互动并不是一个新的研究课题,但是从历史、理论、国别、案例、比较等多维度进行综合研究的成果相对比较少,尤其是结合当前世界媒体发生的新变化、出现的新业态,与国际关系的莫测变幻之间的互动关系,及其呈现出的新特点、新规律的研究成果更是屈指可数。媒体影响国际关系的基础和前提是其能够影响本国外交政策的走向。如果一个国家的媒体不能成为该国政治力量的组成部分,不能有效参与到国家的政治生活中并影响该国对外政策的走向,那它就无力走出国门,无法作为国际社会的次行为体或主要行为体的辅助力量与国际关系发生相互作用,更不可能成为一种影响国际关系的力量。因此,研究西方媒体与国际关系的互动,必须从西方媒体与西方国家对外决策过程之间的关系开始,并以此为基础和前提,为本研究寻找逻辑起点。

第一节 媒体、公众与决策者的关系互动

一、政治生活中媒体角色不可或缺

谈到媒体影响政治,自然离不开媒体与执政者或者政府之间的关

系。而所谓政治,就是管理大众之事,因此从根本上来讲,媒体影响政治是指媒体通过影响公众、决策者并形成舆论或者有效介入与引导舆论等方式,来发挥作为一种力量的政治功效。这里就涉及媒体、公众、决策者三者之间的互动关系。

从决策者角度看,媒体能够影响议程设置,因为媒体可以在决定要讨论什么问题时发起"舆论攻势"。在一项邀请基辛格(Henry Kissinger)、布热津斯基(Zbigniew Brzezinski)等美国前政要参与的调查中,96%的被调查者认为,媒体对美国政府的决策有影响,其中一半以上的人认为这种影响是很大的。[1] 如果媒体对一项议题进行积极报道,自然能够给官方和民众提供正面理解该议题的机会,提高对相关政策的接受度;同样,负面报道也能够对政策制定产生影响,即促使政策制定者对决策进行再评估和改变他们的选择。因此,媒体对政府的影响不能只从正面去理解,而忽视了负面作用:在政治实践中,媒体真正受到重视或者能够参与到政治过程中去,更可能是因为媒体能够发挥负面作用,从而降低决策者的政策效果预期——例如不按照决策者的意图和方案向公众进行政策"宣讲"式报道。

媒体能够对政策制定者产生重要影响的原因之一就是其拥有一项主动权,即通过决定将什么信息优先推送给公众,设置舆论重点、关注点,从而对政府施加影响。可以说,在相当程度上,舆论是媒体塑造的。在这种思想的影响下,一些政治人物坦承,媒体对某个具体事件的关注程度表明该事件对公众的重要性。[2] 但是对于媒体与政府决策层的互

---

[1] Kristine A. Oswald, "Mass Media and the Transformation of American Politics", *Marquette Law Review*, Vol. 77, No. 2, 1994, p. 403.

[2] Yaeli Block-Elkon, "Studying the Media Public Opinion and Foreign Policy in International Crises: the USA and the Bonsian Crisis (1992-1995)", *The International Journal of Press/Politics*, Vol. 12, No. 4, 2007, pp. 22-23.

动关系以及舆论如何嵌入其中,其规律和本质以及程度深浅,学术界并未达成共识。对媒体在国家政治活动中所扮演角色的研究,主要有以下一些观点。

一是从媒体主动作用于政府政治生活看西方媒体的角色类型。这些角色类型可以归纳为:媒体是公共政策形成中负责任的参与者、市场竞争中的商业力量,对政治议程产生影响。1791年12月15日获得通过的《美国宪法第一修正案》禁止美国国会制定任何用以确立国教、妨碍宗教信仰自由、剥夺言论自由、侵犯新闻自由与集会自由、干扰或禁止向政府请愿之权利的法律。废除政府对新闻的检查权之后,媒体对政府即具有自由批判权。理论上讲,媒体犹如眼睛、耳朵和良知,它们能够推进公正或揭露不公正的事情。[1] 媒体需要满足公众的知情权,考虑到媒体在社会生活中的意义,那么它们被一些评论家视为政府的第四部门(亦即"第四权力")就是再自然不过的事了。因为媒体本身有力量直接影响公众,加之《第一修正案》保护他们无须为自己的报道内容承担政治责任,这一目的(意志)的实现导致许多人相信,媒体应该是强大的。在此基础上,大多数评论者指出,媒体不应该被视为政府问题的干预者,相反,是政府与国民之间的调解人、中间人。[2] 而媒体的从业者尤其是新闻记者在其中的作用特别突出,奥斯瓦尔德(Kristine A. Oswald)认为,新闻记者影响政府政策决策过程的路径主要有:(1)创设政府官员(领导人)的施政情景(现实);(2)扮演公众意见代表;(3)对一些特别的问题给予关注;(4)政府官僚机构间的联络者(桥梁作用),甚

---

[1] Kristine A. Oswald, "Mass Media and the Transformation of American Politics", *Marquette Law Review*, Vol.77, No.2, 1994, p.389.
[2] Leonard R. Sussman, *Introduction to MERRILL*, supra note 12, at xii, xiv.

至还有记者承认他们是政治运作过程的积极参与者。①

二是从媒体与现代西方政党政治互动看媒体的角色。《比较媒介体制：媒介与政治的三种模式》一书的作者在研究媒体组织及其成员与政治（尤其是政党政治）之间的关系时，吸收了西摩尤尔（Seymour-Ure）于20世纪70年代提出的"政党-报刊平行性"（party-press parallelism）概念，并对这一概念进行了修正，提出了一个更加宽泛的"政治平行性"（political parallelism）概念。西摩尤尔是西方学界对于媒体与政党关系比较早的理论探索者，他指出：政治平行性的最高形式是每一个新闻组织都与一个特定政党结盟，在公共领域代表该政党。② 当然，在西方现实政治中，并不是每个国家的媒体都必须或自然与某个政党捆绑在一起（起码表面上不是这样），但媒体在新闻生产过程中难以回避自己的基本政治态度、政治价值取向。因而政治平行性理论依据媒体与政党关系、政治倾向等因素讨论了媒体在政党政治盛行的西方社会中的角色和行为特性：（1）媒介与政党或者其他类型机构具有各种组织化联系，这些机构包括工会、合作社、教会等等，它们经常连接着政党；（2）媒介人员积极参与政治生活的倾向；（3）媒介受众的党派性（partisanship of media audience），不同政党或者政治倾向的支持者购买不同的报纸或收看不同的电视频道；（4）新闻事业的角色取向与实践，包括以"政论家"角色影响公共舆论的取向、以"中立者"角色提供信息或者娱乐等。③

---

① Kristine A. Oswald, "Mass Media and the Transformation of American Politics", *Marquette Law Review*, Vol. 77, No. 2, 1994, p. 401.
② 丹尼尔·C. 哈林、保罗·曼奇尼：《比较媒介体制：媒介与政治的三种模式》，陈娟、展江等译，中国人民大学出版社2012年版，第27页。
③ 丹尼尔·C. 哈林、保罗·曼奇尼：《比较媒介体制：媒介与政治的三种模式》，陈娟、展江等译，中国人民大学出版社2012年版，第27—29页。

三是从双重视角看媒体与政治相互渗透的关系。意大利学者安东尼奥·圣安吉利亚(Antonio Ciaglia),系《比较媒介体制:媒体与政治的三种模式》一书作者之一保罗·曼奇尼(Paolo Mancini)的博士生,他试图从比较的视角,揭示当代西方民主国家中已有的媒体与政治体制之间联系的本质特征。安东尼奥·圣安吉利亚等人选择了分属于自由主义模式的英国、民主法团主义模式的德国和极化多元主义模式的意大利,并选择这三个国家中具有典型代表意义的广播公司作为研究案例,即英国广播公司(BBC)、德国电视二台(ZDF)、意大利广播电视公司(RAI)。这项研究从双重视角专注于媒体和政治之间的相互交叉重叠,即公共服务广播的政治化与政治体系对媒体相关人员和从业者的渗透力。数据表明,政治和媒体系统之间存在着天然的联系,这种联系从来就存在,尽管可以发现在整个系统中这些联系的程度和意义会有明显的差异。[①] 该研究从相互渗透的双向视角来看待媒介与政治的联系。研究者认为,媒体的政治平行主义是当代媒介体系主要特征之一,它对一个国家既有的媒介体系模式的类型产生了引人注目的影响。[②]

我国学者唐海江和吴高福在考察西方新闻事业发展的轨迹后,总结认为,西方媒体和政治之间的关系在整体上大致经历了三个发展阶段。(1) 在近代报刊时期,媒体和政治的关系主要表现为媒体政治化。这一关系主要发生在资产阶级革命过程中和革命后国家政治生活的政党较量中。媒体作为政治宣传的工具,始终依附于政治,报道的内容和

[①] Antonio Ciaglia, "Politics in the Media and the Media in Politics: A Comparative Study of the Relationship between the Media and Political Systems in Three European Countries", *European Journal of Communication*, Vol. 28, No. 5, 2013, p. 541.

[②] Antonio Ciaglia, "Politics in the Media and the Media in Politics: A Comparative Study of the Relationship between the Media and Political Systems in Three European Countries", *European Journal of Communication*, Vol. 28, No. 5, 2013, p. 542.

形式具有鲜明的政治倾向。(2)在西方媒体大众化初期(即西方现代新闻事业时期),媒体摆脱了因经济依附而形成的政治依附,走向相对独立,在新闻报道上标榜"客观""公正"。(3)大众传媒私有化时期(特别是近二三十年),媒体在商业化、私有化的背景下实现对政治系统的主导作用,即政治媒体化。与媒体政治化时期相比,这些主流媒体因私有化而突破了政治力量的束缚,获得较大自主性,对政治系统的诸多方面产生主导性作用。①

以上主要是在媒体与国内政治的关系互动层面展开探讨,而有了"媒体能够影响政治"和"政治需要媒体"这种共生关系的逻辑起点后,媒体与国际政治的互动关系便有了研究的基础和前提。国际关系研究的落脚点是国家的外交政策与外交活动。事实上,无论是民主国家还是非民主国家,不论新闻自由程度高或低,任何一个普通国民,绝大多数情况下其实缺乏了解、接触和理解国际事件的直接途径,加之国际事件本身的复杂性,使媒体得以通过新闻报道来诠释事件,扮演起公众与国际事件之间消息链接的桥梁。

正如一篇由俄美两国学者联合撰写的关于"美国在2008年俄格战争中的媒体框架和公众舆论的影响效果"的文章所分析的那样,媒体在建构人们解读事件的意义中所起的作用是一个很值得研究的传播学专题,媒体是一种强大的工具,它能告知人民应该思考哪些问题以及如何去思考这些问题。人们普遍认为,媒体有权力通过在许多问题中突出强调某些而不是其他,实现对公众舆论的影响,从而推进某项议程。当涉及国际新闻时,媒体的议程设置功能表现得尤为突出,因为针对发生在外国的新闻事件,绝大多数民众既没有个人体

---

① 唐海江、吴高福:《西方政治媒体化评析》,《国际新闻界》2003年第2期,第17页。

验,也没有直接接触的路径,因此,他们广泛依赖媒体,将之作为获取世界信息和解读国际事件的唯一途径。媒体在国际新闻中的议程设置功能非常重要,并以此为方式,对外交政策施加影响。可以说,决策者关注国际事件的新闻报道,其目的就在于以媒体对某个国际事件的报道程度反映了它对公众的重要性为假定,来确定他们的对外政策决策的基调。① 这是对媒体与国际关系之互动的最直接、最简单的认知。

就时段而言,媒体真正有一定的独立性和自由度去参与国际事务、在国际关系中起到一定作用,应该说是在冷战结束以后。冷战期间,在两种完全对立的意识形态的相互牵制下,媒体亦完全意识形态化。其中西方媒体及其体系成为西方政治的有机组成部分,因此无法作为一种相对自主的国际社会次行为体从多角度影响国际关系。直到冷战结束后,这种意识形态禁锢相对减弱,媒体才有机会用自己独到的视角、独立的判断和自主的理解去反映世界、讲述故事、解读真相、引导公众。总体而言,绝大多数学者将后冷战时代的媒体体系视为连接公众与政策制定者的一种渠道或者一种机制。支撑此种观点的典型案例当属海湾战争,媒体对该事件的报道成功影响了这项对外政策的公众舆情走势。同时,冷战结束后,西方国家基于意识形态禁锢而严控媒体活动的情况有所松动,媒体的独立性进一步提升,得以填补政策定义权的真空(filling the vacuum in policy definition)。决策者对公众舆论的影响力日渐式微,与之相对,新的世界秩序的复杂性增加了政策制定者引导公众和媒体的机会。政府机构及其人员试图影响媒体,进而通过媒体影响

---

① Oksan Bayulgen, Ekim Arbatli, "Cold War Redux in US-Russia Relations? The Effects of US Media Framing and Public Opinion of the 2008 Russia-Georgia War", *Communist and Post-Communist Studies*, Vol. 46, No. 4, 2013, p. 515.

舆论。尤其是在对外政策事务方面,为了赢得公众对政策的支持和理解,需要通过媒体发挥引导作用。①

二、国际关系中媒体作为一种权力的影响

普遍性的观点认为,在民主社会中,媒体对国际关系和外交政策的影响既不强也不弱,主要依赖于相伴的环境。如马杰德·泰拉尼安(Majid Tehranian)的中肯观点认为,"媒体对国际关系的影响力既不算强大,也不能说无能为力,但联系紧密"②。大多数关于媒体与外交政策相互作用的问题研究通常集中在权力问题领域,因此,对媒体影响力的测定结果通常在一个大范围内徘徊,最低影响力可能就是李普曼(Walter Lippmann)所称的"制造共识"(manufacturing consent),即媒体无非是政府的工具;最高影响力就是所谓的"美国有线电视新闻网(CNN)效应"(CNN effect),即媒体被认为具有霸权特征。

(一) 媒体影响国际关系的理论依据讨论

保加利亚学者约达诺娃(Tsvetelina Yordanova)2012 年 12 月在题为"媒体与国际关系的关系互动模式"的研究报告中,根据对有关文献的综述和分析,就媒体影响国际体系的运作提出了三种情况:其一,当媒体试图改变外交政策或者国际关系的议程;其二,当媒体通过外交政策参与者或者国际关系行为者进行煽动活动;其三,当媒体针对由于国际

---

① Yaeli Block-Elkon, "Studying the Media Public Opinion and Foreign Policy in International Crises: the USA and the Bonsian Crisis (1992-1995)", *The International Journal of Press/Politics*, Vol. 12, No. 4, 2007, p. 22.

② Majid Tehranian, "Global Communication and International Relations: Changing Paradigms and Policies", *The International Journal of Peace Studies*, Vol. 2, No. 1, 1997.

关系或者对外政策中的一个决定、事项或者进程所出现的舆论而发起鲜明和坚定的改变行动。①国际传播界竭力解释世界政治中的媒体作用,提出了多种不同的假设,以推动政治学进入媒体的框架。约达诺娃在综述西方学者研究成果的基础上,归纳出九种可能的理论。第一,关于"自由的思想市场"(the free marketplace of ideas)的理论。自由的思想市场概念出现于冷战期间,该理论提出媒体的政治功能是向全世界推行西方的民主价值观。20世纪80年代这种定位面临"The New World Information and Communication Order"(NWICO),即世界信息与传播新秩序构想的挑战,在这一阶段,第三世界国家和苏联集团试图联合起来反抗西方世界在国际传播格局中的独霸地位和西方新闻的单向传播。第二,民主化理论(the modernization theory),该理论认为媒体应该成为用西方模式对发展中国家进行民主化和现代化改造的工具。第三,依存理论(the dependence theory),作为冷战的重要产物,该理论认为媒体对第三世界的社会发展具有破坏力和反作用。第四,帝国主义的结构理论(the structural theory of imperialism),该理论由约翰·加尔通(Johan Galtung)教授提出,他对媒体予以严厉批评,认为媒体成为处于世界中心地位国家的精英用以支配边缘国家的工具。第五,世界体系理论(the world system theory),该理论用于解释体系内无处不在的不平等问题,认为从霸权理论视角看,国际媒体的功能就是帮助在世界体系内占主导地位的国家向全球进行意识形态传播。第六,政治经济学的理论(the political economy),从该理论角度看,媒体是强大的跨国公司,它坚守"华盛顿共识"的意识形态模式。第七,批判理论(the critic theory),该理论认为新闻的商业化使受众对那些已经在社会上出现负面影响的政

---

① Tsvetelina Yordanova, "Media-International Relations Interaction Model", Institute of Security and International Studies (ISIS), Sofia, December 2012, p. 6.

治和政府批判较少。第八,公共领域理论(the public sphere),该理论由德国学者哈贝马斯(Jürgen Habermas)创设,约达诺娃认为,这个理论是对媒体角色的理论假设中最具影响力的。该理论理解的媒体角色,是公众讨论的重要参与者,这种讨论是产生理性政治的最好方式。第九,新兴的信息社会和网络社会理论(theories of information society and network society),该理论试图解释国际关系中不断凸显的"相互关联性"(interconnectedness)问题。在这种情况下,媒体被视为积极的参与者和社会新动态的辩护者。①

英国利物浦大学政治与传播研究学院学者派尔斯·罗伯逊(Piers Robinson)对媒体影响国际政治的理论问题进行模型分析时,强调媒体对世界政治影响的理论依据是媒体与国家的关系,为此他从"制造共识"(manufacturing consent)理论开始讨论,为从双向理解媒体与世界政治之间的关系提供理论基础。他首先提出制造共识理论所存在的两个局限性。其一,"制造共识"理论植根于对新闻记者与官方消息之间关系的理解,如前所述,若媒体的新闻报道只是被精英观点作为索引而用,那么从所有的目的和意图来看,可以认为媒体是被动和无影响力的。其二是如何支撑"制造共识"的理论假设,因为记者往往只复制精英观点,他们在精英之间的辩论中不能发挥独立作用。② 而媒体记者无疑受到各种各样的压力,他们手中的笔很少有完全的自由去决定写什么和如何写,因此,对他们在国家政治生活中没有独立的角色这一观点进行怀疑似乎没有道理。在批判分析"制造共识"两个理论局限性的基

---

① Tsvetelina Yordanova, "Media-International Relations Interaction Model", Institute of Security and International Studies (ISIS), Sofia, December 2012, p. 4.
② Piers Robinson, "Theorizing the Influence of Media on World Politics: Models of Media Influence on Foreign Policy", *European Journal of Communication*, Vol. 16, No. 4, 2001, pp. 542–545.

础上,派尔斯·罗伯逊讨论了媒体影响力模式(a model of media influence)和政治性竞争模式(political contest model),这两个模式从媒体与政策制定之间的关系互动入手来对国家与媒体关系进行解构。在此基础上,通过实证和理论,罗伯逊提出了政策-媒体互动理论模式(The policy-media interactions model)[①],如下表1-1:

表1-1 政策与媒体的互动模型和媒体与国家间关系的理论

精英共识程度	媒体的作用	媒体与国家间关系
精英达成共识	媒体在共识范围内运作	与官方政策达成共识
精英未达成共识	媒体在合法争议内运作	反映精英的分歧
精英分歧的升级加剧在政府和媒体批判性报道上的政治不确定性	媒体在政治性分歧上积极参与并选择立场	影响政策制定方向

(二)媒体与国际关系实际互动的研究情况

该领域的研究状况主要有以下几方面特点:

其一,从关注报纸、电视等传统媒体与国际关系的互动,逐步转向新媒体对社会运动的影响研究,但主要集中于单个国家公民社会的建立、政治选举和社会动员方面,而对这些媒体如何影响国际行为体间的关系变化缺乏深度研究。美国白宫前演讲撰稿人玛丽·凯特·卡里(Mary Kate Cary)在论文《新媒体正在通过五种途径改变政治》中归纳

---

① Piers Robinson, "Theorizing the Influence of Media on World Politics: Models of Media Influence on Foreign Policy", *European Journal of Communication*, Vol. 16, No. 4, 2001, p.536.

出新媒体影响国内政治的5种方式,如新闻选择、内容分享、即时捐献等。① 伊娃·安杜伊萨(Eva Anduiza)等人编著的《数字媒体和全球政治参与》(Digital Media and Political Engagement Worldwide)一书,从国际视域研究了数字媒体对公民的影响,而且从国别角度出发,探究了美国和西班牙的网络政治参与,以及数字媒体对中国国内政治态度影响等问题。中国学者赵可金分析了新媒体所带来的外交互动、外交公众化等四方面的挑战,而张小娅探讨了政府在媒体外交中扮演的服务者、支持者和协调者角色②。文献显示,近年来学者通过考察一些特定国家,分析了新媒体在社会变革中的推波助澜作用。如迈克尔·蒂格(Michael Teague)、娜塔娜·J. 德隆巴斯(Natana J. DeLong-Bas)等研究了社交媒体在"阿拉伯之春"中所发挥的作用,萨利姆·卡欣(Saleem Kassim)甚至把这种作用称为"推特革命"。③

其二,媒体与国际关系中战争和冲突之间的关系研究成果增多,但专门针对西方媒体范畴的内容却不多见。期刊《媒体、战争与冲突》(Media, War & Conflict)发表了学者对媒体与战争、冲突之间关系的大量文章与观点。此外如土耳其学者艾哈迈德·奥兹图尔克(Ahmet Oztürk)在论文《国际政治和媒体:新闻媒体在反恐战争中的案例》中分析了"9·11事件"中以及随后的反恐战争中媒体被权力政治所限制以至自由度倒退的情况。④

---

① Mary Kate Cary, "Five Ways New Media Are Changing Politics", *U. S. News Digital Weekly*, Vol. 2, No. 4, 2010, p. 16.
② 张小娅:《媒体外交中的政府角色》,《现代传播》2013年第2期。
③ Natana J. DeLong-Bas, "The New Social Media and the Arab Spring", Oxford Islamic Studies Online, http://www. oxfordislamicstudies. com/Public/focus/essay0611_social_media. html.
④ Ahmet Oztürk, "International Politics and the Media: The Case of the Press/Media in the War on Terror", *Turkish Journal of International Relations*, Vol. 8, No. 3, Fall 2009.

其三,学界重视对信息全球化之下媒体影响国际关系的路径与方式的研究,如通过设置国际议程影响外交政策和国家安全,但是针对西方媒体的具体运作模式和呈现的特征尚缺乏深入的研究。查理·卡彭特(Charli Carpenter)等人撰写的文章《国际关系2.0:新媒体给一个旧行业的启示》认为,"网络2.0"是通信技术的第二次革命,它改变了网络信息生产者和消费者的关系。文章详细探讨了新媒体给国际关系研究人员在研究、服务和教学方面所带来的挑战和机遇。① 前述马杰德·泰拉尼安的文章《全球通讯和国际关系:改变模式和政策》同样研究了全球通讯对国际关系在理论、军事、外交、文化上的影响,是目前最为全面的研究成果。

其四,国内学界以"媒体外交"为导向研究媒体对外交政策的影响以及媒体与外交活动的互动,成为该课题国内研究的新动向。任海和徐庆超认为媒体外交实质上是一种软权力的传播与扩散。② 黄平分析了互联网通过自身的动员能力对国际关系产生的影响。③ 刘肖、董子铭合著的《媒体的权利和权力的媒体——西方媒体在国际政治中的角色与作用》是国内最新研究西方媒体与国际关系(政治)的著作,该著作一个重要的理论创新,是在"常态"和"异态"两种不同国际政治环境下比较分析西方媒体影响国际政治的作用机制,扩增了该研究的空间和深度,尤其是对"异态下"作用机制的讨论相较以往更加深入,从议程设置、舆论引导和危机管理三个不同角度研究了媒体作用在国际政治领域的生成过程及其特征和机制安排。④

---

① Charli Carpenter, Daniel W. Drezner, "International Relations 2.0: The Implications of New Media for an Old Profession", *International Studies Perspectives*, Vol. 11, No. 3, 2010.
② 任海、徐庆超:《媒体外交:一种软权力的传播与扩散》,《当代世界与社会主义》2011年第4期。
③ 黄平:《互联网、宗教与国际关系——基于结构化理论的资源动员论观点》,《世界经济与政治》2011年第9期。
④ 刘肖、董子铭:《媒体的权利和权力的媒体——西方媒体在国际政治中的角色与作用》,中国社会科学出版社2017年版,第105—153页。

第二节 多维度的内容框架构建

本书从理论透视、问卷调查、国别分析、语篇分析、比较分析五个维度对研究框架进行设计并完成研究内容。

一是从多维理论视角透视西方媒体对国际关系的作用,为本书的问题研究铺陈了历史背景、构建了理论逻辑。历史上,媒体形态先后发生了多次变化,人类经历了报纸阶段、广播阶段、电视阶段、互联网阶段和新媒体阶段。每个阶段中,媒体以其最新颖、最具影响力的形态来传播国际关系的风云变幻和具体事件,从而影响人类的政治生活。尽管媒体不断出现形态变化,但是新的媒介形态并没有完全挤占传统媒体的生存空间,相反,各种媒体形态正在走向融合。媒体形态的变化反映了世界科技的发展和人类对文化生活的需求,刻录了国际关系的深刻变化。在媒体与国际政治共生同变的过程中,衍生出不少理论,其中包括媒体政治、形象政治、媒体外交、网络外交、"推特外交"、公共外交等交叉融合的新理论,用来解构和解读媒体中的国际关系问题以及国际关系的变化与媒体因素。任何媒体首先都是服务于国家利益的,以此探寻媒体作用于国际关系的基本路径是媒体对外交的参与。课题组系统归纳和提炼出媒体(传统媒体和新媒体)参与外交的基本路径、角色特征和作用机制。但这只是解析了实然的问题。理解国际关系为什么需要媒体、媒体凭什么可以影响国际关系,需要立足于研究者对应然问题的解决。本研究尝试以国际关系的三大主流理论——现实主义、自由主义和建构主义来透视其中的理论逻辑。从现实主义流派看,媒体是权力角逐的工具;从自由主义流派看,媒体能够增进相互了解;从建构主义流派看,媒体可以塑造态度和形象。这种深度交叉的理论推演为后续的案例和国别研究提供了有力的理论支撑和分析范式。

二是运用问卷调查、人物访谈以及数据统计的方式进行实证研究,分析西方媒体在国际关系中的角色。课题组试图选择全球青年学生代表和新闻学与国际关系学科的专家学者代表进行"体验式"问题选答和深度观点阐释,进而对人们从生活视角与学术视角两个层面有关"西方媒体与当代国际关系之间互动特征"的观察和思考进行实证分析,其结果能够较好地实现课题研究的真实性和科学性。为此,课题组设计一个问卷表,围绕"西方媒体在当代国际关系中的角色"这个主题提出12个问题,邀请五大洲青年学生和知识分子进行"选择题"式的回答。2015年9月至2016年6月,课题组邀请在南京和广州相关高校留学的外国留学生(其中亚洲学生比例超过50%)和外国专家近100人参加调查活动,共收到有效问卷84份,其中包括外国专家学者填写的调查问卷6份。课题组利用SPSS和Excel软件对有效问卷中的各选项值进行统计并且通过权重计算出各个因子的影响程度。同时,课题组又设计一份深度访谈提纲,包括7个问题,邀请来自高校、智库、政府、媒体等机构的研究者和媒体资深从业者进行专业性较强的回答,其中大多数是通过互联网邮件的方式,个别采取面对面采访方式进行,共收集22名参与者的访谈记录。

三是遴选若干有代表性的国家进行国别研究,以此观察分析西方媒体对国际关系影响的一般规律以及国家间的差异性。"西方"这个概念比较宏大,既可以从地缘政治层面理解,也可以从意识形态角度理解,如果没有具体的国别研究予以体现,那么作出的研究判断就容易空泛而缺乏说服力。正如戴维·格雷斯(David Gress)认为的:"西方从来不是一个单一的实体,可以清楚地定义为发端于希腊,在罗马帝国和中世纪中缓慢成长,并到公元后第二个千年后期达到成熟,而同时在整个过程中保持着基本的身份特征。相反,历史上形态各异的西方并存,有着不同的原则、地区、信仰和抱负。"[1]基于此,课题组依据媒体发达程度、国际影响力以及国家实力等几个因素,进行两类遴选比较分析:一是作为西方大国的美国、英国、法国;二是中等强国加拿大和澳大利亚。对这些国家媒体的研究以报纸、电视以及新闻社为主,适当考虑新媒体。针对不同国家,研究的侧重点有所不同,但主要的观察点有:一是国家的媒体发展史和媒介生态的现状;二是媒体影响该国对外战略、外交决策、国际活动的特征、方法、路径;三是对典型国际事件或者一国对外重大决策中媒体发挥直接作用(作为干预变量)的当代案例进行实证分析、文本分析、话语分析等;四是该国媒体作为西方媒体世界中重要的力量,其如何参与国际关系、发挥了哪些特殊作用。

四是以重大国际事件透析西方媒体的角色和本质,通过个案分析达到解剖麻雀以窥全貌的功效。课题组成员利用掌握多种西方语言的优势,选择发生在近些年、对国际关系产生重大影响的事件,透过西方主要国家的主流纸媒体的报道情况,利用语篇分析和内容分析等新闻传播学分析方法,透析西方媒体如何在重大国际事件中"呼风唤雨""推波助澜"。主要国际事件选择了"颜色革命""阿拉伯之春"

---

[1] 转引自潘成鑫:《国际政治中的知识、欲望与权力:中国崛起的西方叙事》,张旗译,社会科学文献出版社2016年版,第115页。

"中菲南海争端",相关语篇主要来自美国、英国、法国、加拿大、意大利等国的主流媒体。其中,课题组就西方媒体在"乌克兰橙色革命"中扮演了何种角色、如何影响乌克兰当时的国内舆论等问题,专门设计调查问卷表,共有29名乌克兰公民参与调查,其中包括运动的直接参与者。其身份集中于两类社会人士:一类包括记者、社会科学类学生、政治活动家和学术界人士;第二类包括其他公民,譬如非社会科学类学生。

五是选择"媒体与西方大国领袖形象的建构"这一特殊角度,对比传统媒体与新媒体在"形象政治"领域中的不同功能、路径和成效。领袖是一个国家的最直接形象代言人,展现一个国家的政治软实力。在媒体化时代,大国领袖的形象问题已经成为引起各国重视和学者研究兴趣的重要领域。领袖形象的建构和塑造最离不开媒体的作用。课题组论证大众传媒对大国领袖形象建构有三大主要功能:"美容师""破坏者"和"修理工"。在此基础上,课题组从传播主体及其角色功效、传播内容及其作用效果、媒体受众及其影响力三个角度,比较分析传统媒体和新媒体在塑造和建构西方大国领袖形象方面的各自套路、特点和效果。同时,以2016年美国总统大选活动为例,比较分析希拉里(Hillary Clinton)和特朗普(Donald Trump)在运用传统媒体和新媒体建构自我形象和政策宣传方面的偏好和得失,进一步论证社交媒体等新媒体在西方世界政治社会中日益突出的地位和影响。课题组还以美国前总统特朗普任期前两年的"推特执政"为例,分析美国社交媒体的政治上位和在内政与外交中所发挥的作用,从而引发对未来西方新媒体在国际关系中的特殊角色和作用的关注和思考。

第三节　西方媒体的行动逻辑与研究价值

西方媒体对当代国际关系的影响并非一种方式、路径或功能、目的,随着冷战的结束,国际关系由原来以意识形态为分野的两极格局和政治对抗代之以世界多极化、经济全球化和文化多样性的趋势凸显。西方媒体影响和作用于国际关系的动力更足、路径更多、方式更新。本书聚焦"介入"与"塑造"两个关键词展开研究,既溯源过往,又映照现实,更洞悉未来,研究不仅要探寻理论价值、论证现实意义,也要在研究方法上寻求创新,真正把握西方媒体介入和塑造当今国际关系的行动逻辑和对国际关系变化产生的深刻影响及其价值呈现。

一、理论视阈下解码"介入与塑造"

本书从理论视阈解码西方媒体对当代国际关系的"介入与塑造",具有一定的理论价值。首先是将传播学、语言学和国际关系等相关理论结合进行研究,进一步深化媒体与国际关系两者之间的学理关系,以西方媒体在国际关系中的角色和作用为考察对象,能够较好探索出西方媒体在国家对外事务和国际事务中的作用机制以及与当代国际关系的互动规律。其次是重点探讨媒体作为一种柔性权力是如何对国际关系的变化与发展施加影响的,从而进一步丰富媒体外交(网络外交)、媒体政治的理论研究,为观察和分析西方媒体的政治功能提供新的理论视角。再次是通过对"颜色革命""阿拉伯之春""中菲南海争端"等案例的分析,透析西方媒体如何在重大国际事件中发挥作用,揭示其具体的路径、手段和方法,从而进一步论证媒体与国际关系的互动假说,并丰富和发展媒体影响国际关系的理论基础。最后是从比较视角入手,并辅之以特朗普"推特外交"的个案,分析研究社交媒体较之传统媒体的相对优势,论证其在外交事务和国际关系中已经承担起不容忽视的作用;社交媒体背后的行动逻辑是新媒体成长为政治力量的社会关系变化,体现了西方政治文化的演变为新媒体政治上位提供了社会基础和权力基础,这在探索新媒体(社交媒体)与当代国际关系的互动轨迹和特性方面具有开创性,能够引发本领域的学者在此基础上进一步深化研究。

二、现实意义中透析"介入与塑造"

为什么要研究西方媒体与当代国际关系的互动关系?它的现实意义是什么?对此可谓仁者见仁智者见智。本书对此问题研究的现实意义呈现在四个方面。首先是努力尝试开展跨学科交叉研究,它有助于推进国际关系学科的协同性和创新性研究,对国际关系和新闻传播学学科发展寻找新的增长点具有一定的帮助。其次是透视西方媒体在当代国际关系中的角色变迁和作用机制,这有助于非西方国家准确预判和应对西方世界借助媒体负面建构非西方国家的国际形象、制造舆论压力、降低其国际影响力的行为。再次是以案例分析法透析西方媒体在一些重大国际事件中如何发挥"煽风点火""负面定调"等非正义作用,为相关的研究、评论乃至外交政策提供有效参考。最后是理解西方媒体介入与塑造国际关系的主要路径、特有方法及其效果,对我国今后更加熟悉西方媒体话语体系、提升国际传播能力、讲好中国故事、开展国际舆论交流具有现实参考价值。

三、创新思路激活"介入与塑造"研究

在今天新的时代背景和国际形势下如何对一个涉及媒体与国际关系的"老话题"展开新研究,关键还是思路和方法的创新。本书作为一项熟悉多学科、掌握多语种的科研团队集体创作的成果,在广泛吸收前人研究经验的基础上,借助团队自身的优势,试图从理论和方法上进行创新研究。

第一,借助多学科理论交叉研究。课题组借助新闻传播学、国际关系学和语言学的相关理论进行交叉融合研究,为西方媒体与国际关系之间的内在逻辑互动提供理论分析框架。这些交叉研究既有两大主要学科之间的理论交叉分析,如从国际关系三大主流理论中寻找媒体影响国际关系的逻辑起点;又特别重视从新闻传播学与国际关系或者政治学融合衍生出的一些新的理论如形象政治、媒体政治、媒体外交、网络外交、推特外交等,这样充分运用新的交叉理论能够为解释和透视国际关系中的新问题提供不落俗套的理论分析框架和范式。基于交叉分析的基础,课题组创造性地提出了媒体作用与国际关系的两套模式,即传统媒体机制和新媒体模式。

第二,打出研究方法的"组合拳"。首先是层次分析法和比较分析法的结合。"西方"是总体性国际关系概念,课题组在此基础上进一步细化层次分析,并集中对大国和中等强国两个层次遴选具体国别进行深度比较分析,从而多维度地透视西方媒体各自的特征和西方媒体对国际关系产生的具体影响。其次,案例分析法的运用,如果没有深度的具体案例的解剖,就很难研究西方媒体到底如何介入国际关系的演变,因此,无论是研究不同国别的媒体还是在某一个重大国际事件中西方

媒体的整体介入情况等,都采用案例分析法,也是本书的突出特征。最后是运用调查问卷和人物访谈开展实证分析,对一个宏大的话题从细微的具体个体的直接反映进行量化统计分析,减少国际问题研究常常被冠以"不接地气"的弊病,从人文观照的视角创新研究方法。课题组为落实好创新目标,特意遴选精通英语、法语、意大利语等西方语言的研究人员参与其中,为避免因意识形态等固有观念而作出先入为主的判断,课题组邀请本科毕业于贝尔格莱德大学国际法专业,后在中国攻读国际关系硕士的留学生小薇(Vesna Markovic)参与课题研究。她用问卷调查和人物访谈方法,对西方媒体在乌克兰"颜色革命"期间扮演的角色进行实证分析,构成了本研究的重要组成部分。

第二章 西方媒体对当代国际关系的作用:理论透视

西方主流报纸、广播、电视等传统媒体对国际关系的介入有着娴熟的经验,在国际媒体格局中占据"霸权"地位。随着网络融合的升级,新媒体和传统媒体深度融合并进入一个全媒体时代,西方国家抢抓机遇,在国际媒体新格局中继续维持其主导地位。它们对国际关系发挥着独特影响,非西方国家难以企及。虽然西方媒体在国际关系中扮演的角色和发挥的作用也随着时代的变迁而出现改变,但始终不变的是其一直在通过迂回或直接的路径介入国际事件,影响国际关系的走势。

第一节 传播时代变迁中的西方媒体与国际关系互动史

媒体是"传统新闻源的一个传声筒"[①]。美国传播学家施拉姆(Wilbur Schramm)在《传播学概论》中写道:"媒体就是在传播过程中,用以

---

① 赵鼎新:《社会与政治运动讲义》,社会科学文献出版社2012年版,第273页。

扩大并延伸信息的传播工具。"①据本课题组的抽样调查,100%的抽样人群认为媒体对国际关系有影响,②而能够影响国际关系的媒体一般是指报纸、广播、电视和互联网等大众传播媒体。按照媒体发展史的分段,西方媒体与国际关系的互动史可以分为报纸阶段、广播阶段、电视阶段、互联网阶段和新媒体阶段。

一、报纸阶段

报纸是最早能够影响国际关系的大众传播媒体。16—18世纪,西方报纸经历手抄新闻、新闻书、周刊等形态后,最后固定形成了日报的形态。"直到1702年,伦敦出版了《英国每日新闻》,按日出版,四开小张,两面印刷,成为现代日报的始祖。"③报纸在20世纪20年代迅猛发展,在30年代达到鼎盛时期。

报纸影响国际关系最典型的例子是越南战争。1971年6月13日,美国第一大报《纽约时报》(*The New York Times*)开始连续刊登美国国防部绝密文件《关于越南问题的美国决策过程史》(简称为"五角大楼文件")的核心内容。"通过这一文件,美国国民终于得知,美历届政府在越战问题上因错误地估计形势而陷入泥潭,为掩饰这个严重的决策失误,政府采取明一套暗一套的手法欺骗国民……一时间,美国国内民众的反战热潮一浪高过一浪,美国政府最终退出了越战。可以说,《纽约时报》的报道是一个重要原因。"④舆论学鼻祖李普曼一语道破报纸在事

---

① 转引自孙雁彬:《赢在传播:大传播时代的媒体营销攻略》,安徽教育出版社2014年版,第6页。
② 详见本书第三章调查问卷分析部分,下同。
③ 李良荣:《新闻学概论》,复旦大学出版社2001年版,第65页。
④ 孙建平、谢奇峰:《"传媒外交"初探》,《现代传播》2002年第3期。

件中发挥的关键作用:"报刊已经被当作直接民主的喉舌,要求每天在更广泛的范围内发挥创制权、复决权和罢免权的作用。"①据本课题组的抽样调查,在对报纸、电视、广播和互联网等各类媒体对国际关系的影响力排序中,仍有17.6%的抽样人群认为报纸发挥最重要的影响,高达43.1%的抽样人群认为报纸的影响力应属于第三位。可见,在传播手段不断发展更新的当代,报纸的影响力虽有所减弱,但由于其连续报道和深度报道的特性具有其他媒体难以替代的作用,所以报纸仍然在媒体与国际关系的互动中保留着重要的一席之地。

相对应的,在平常时期,国际关系对报纸的影响主要表现在内容和版面等方面。国际关系中发生的热点时事因为影响广泛,往往会成为报纸的重要内容,被置于头条位置或占据较大版面。"根据联合国教科文组织的调查,《纽约时报》和《华盛顿邮报》的要闻中40%的版面为国际新闻。"②起初,当国际社会上需要报道的事件较多时,一些报纸便开辟专门的国际版面。久而久之,国际版已成为当今大型报纸必不可少的版面。而在某些特殊时期,国际关系的变化甚至会影响一些报纸的存亡。如在战争时期,被侵略的国家往往会出现一些以反侵略宣传报道为使命的报纸。而当战争结束后,这些报纸就会转型甚至消亡。"在德国纳粹占领丹麦期间(1940—1945年),丹麦出现了许多宣传抵抗纳粹的'非法'报刊。其中,1945年创刊的日报《新闻报》便是此类报刊之一。"③

---

① 沃尔特·李普曼:《舆论学》,林珊译,华夏出版社1989年版,第240页。
② 刘音:《国际关系因素对媒体报道的影响分析》,《湖北函授大学学报》2011年第3期。
③ 明安香主编:《全球传播格局》,社会科学文献出版社2006年版,第347页。

二、广播阶段

广播是继报纸之后影响国际关系较为深远的媒体之一。西方广播事业起步于20世纪20年代,经30年代的发展,在40年代达到其鼎盛时期。在冷战时期,各国加强了对境外报纸的审查,报纸的流通性受限,导致其对国际关系的影响力下降。这时,广播的跨国界性和跨时空性优势就被发掘出来,并被充分应用于对国际关系的影响,这一时期西方国家最为著名的两家广播公司就是英国广播公司(BBC)和美国之音(VOA)。

冷战时期,为削弱美国以广播为手段进行的心理战攻势,以苏联为首的社会主义阵营对美国之音的播音进行了干扰。为了反干扰,美国还特意开展了一个名为"特洛伊计划"的项目,要找到"把'真理'传到'铁幕'后面的理论和方法"[1]。"'美国之音'一方面在全世界旗帜鲜明、大张旗鼓地推销美国式民主和价值观,另一方面则有针对性地对它敌视的国家实行'灰色宣传',即搞半公开、半隐蔽的'煽动'反叛和'颠覆'政府的活动。毋庸置疑,上世纪80年代和90年代导致苏联解体、东欧剧变的导火线正是'美国之音'。"[2]然而,在本课题组的上述媒体影响力排序抽样调查中,仅有6.0%的抽样人群认为收音机(广播)发挥最重要的影响,高达52.0%的抽样人群认为收音机(广播)的影响力应处于第五位(末位)。可见,仅凭音频传播的广播在国际关系领域的影响力消亡速度是最快的。在和平年代,广播被其他传播手段取代已经

---

[1] 于群:《"特洛伊计划"——美国冷战心理宣传战略探微》,《东北师大学报(哲学社会科学版)》2007年第2期。

[2] 李小川:《解析美国对外宣传的奥秘》,《解放军外国语学院学报》2005年第2期。

成为不争的事实。

国际关系对广播的影响体现在内容和节目设置上。国际关系为广播提供了报道素材,成为广播的重要内容。国际关系对广播产生更为巨大的影响,体现在广播性质的变化上。例如在战争时期,广播会被作为战争的"武器",改变了媒体传播的独立性和中立性等性质。"二战"至冷战期间,由于国际关系的变化和对敌宣传的需要,一些重要国际广播媒体纷纷开辟了各语种广播。"二战期间,当法西斯侵略者把对外广播看作是战争的武器,向他们的侵略目标发起广播心理战时,苏联的国际广播电台也在报道年轻的苏维埃共和国的成就,宣传社会主义制度的优越性,驳斥帝国主义国家对苏的造谣和污蔑,同时猛烈攻击德、日等国。"[1]当冷战结束、国际关系恢复常态后,这些曾经作为武器的各语种广播便逐渐被抛弃:2007 年,美国之音结束了俄语、阿尔巴尼亚语、印地语等语言的广播节目;2011 年英国广播公司也宣布取消俄语、土耳其语、越南语等语言的广播节目。

三、电视阶段

电视出现后,以其兼具声音与图像传播的强大功能,逐渐取代了广播在国际关系中的地位和作用。西方电视事业起步于 20 世纪 40 年代,经 50—70 年代的发展,在 80 年代达到其鼎盛时期。英国学者 P. 艾瑞克·洛(P. Eric Louw)认为:"在今天的西方国家,电视是制造烟幕与镜像秀首屈一指的(但不是唯一的)媒体工具。"[2]由于拥有强大的记者队

---

[1] 刘树田等编:《当代中外新闻事业》,兰州大学出版社 1988 年版,第 151 页。
[2] P. 艾瑞克·洛:《西方媒体如何影响政治》,陈晞、王振源译,新华出版社 2013 年版,第 2 页。

伍、雄厚的财力等传统优势，一些西方广播公司得以转型进军电视界，如英国广播公司和美国之音等西方媒体至今仍然拥有垄断地位。

电视对国际关系的作用体现得最为淋漓尽致的事例是海湾战争。"第一次海湾战争期间，美军为了有效进行心理宣传，特别制定规则，禁止记者在没有陪同人员的情况下采访部队和军人，以及在没有军队新闻检查机关的允许下发消息，伊拉克则故意让CNN的记者伯纳萧和霍利曼钻在各自房间的床和桌子下面，躲过检查，并保留了CNN的专用电话线路，以便让外界了解美国为首的多国部队的不人道轰炸。"[①]在本课题组的上述排序抽样调查中，仍有16.4%的抽样人群认为电视发挥最重要的影响，并有高达56.4%的抽样人群认为其影响力应属于第二位。可见，电视在当今国际关系中占据着相当重要的地位，对国际关系的影响力不可小觑，以致新闻学界常用"CNN效应"来形容这种影响力："媒体对国际事件的报道影响外交决策的现象，经常被称为'CNN效应'。"[②]

国际关系对电视的影响也体现在内容和节目上，但与报纸和广播的影响因子不尽相同。一方面，报纸和广播受国际关系的影响主要来自信息源这一因子，该影响因子同样作用于电视——国际关系的变化为电视内容提供了信息源。但另一方面且更重要的是，在节目设置上，电视受国际关系影响的重要因子却是受众。该影响因子的作用路径

---

① 张志君：《电波媒体与心理战——两次海湾战争中交战双方对广播电视的利用》，《当代电视》2003年第7期。

② Eytan Gilboa, "Global Television News and Foreign Policy: Debating the CNN Effect", *International Studies Perspectives*, Vol. 6, No. 3, 2005, pp. 325-341. Piers Robinson, "The CNN Effect: Can the News Media Drive Foreign Policy?", *Review of International Studies*, Vol. 25, No. 2, 1999, pp. 301-309. Sam R. Bell, Richard Frank, and Paul Macharia, "Passenger or Driver? A Cross-National Examination of Media Coverage and Civil War Interventions", *International Interactions*, Vol. 39, No. 5, 2013, p. 647.

为:国际关系的变化令受众的意识和爱好发生转变,电视为了争取收视率,设置节目时在较大程度上也会以受众的喜好为导向。比如,进入21世纪以来,国际关系出现多元文化交流、交融、交锋加速的趋势,这一趋势使受众对电视节目的文化诉求上升,电视节目的"文化构成"也因之更显丰富。美国学者约翰·梅里尔(John Mealier)和拉尔夫·洛温斯坦(Ralph Lowisitan)认为,西方电视节目"文化构成"的演变是从精英文化到大众文化,再到专业文化。①

四、互联网阶段

互联网是当代影响国际关系最广泛、最深入的传播媒体。西方互联网事业起步于20世纪80年代,经90年代的发展,现在进入了加速发展的阶段。互联网已经逐渐成为国际交往最常用的工具,对国际关系的介入也愈发深入。

目前,互联网对国际关系的影响已经被学界广泛研究,并达成了一些共识。互联网的出现与普及应用,促进了全球化的发展,也在一定程度上削弱了国家主权,影响了国家安全。2011年发起于西亚北非的"阿拉伯之春",就是当地民众利用互联网进行动员,从而推翻国家政权的典型案例。"在2004年至2008年间,埃及国内因无法承受生活压力而自杀的年轻人达1.2万。大量生活无着落的年轻人历来都是国家动荡的重要根源,当这一庞大而富有活力的人群通过互联网组织起来时,便迅速成为推翻政权的中坚力量。"②另一方面,互联网使得非政府组织、

---

① 吴乐珺、唐泽:《解构深度:中外电视调查性报道研究》,湖南人民出版社2007年版,第214页。
② 袁周主编:《大聚焦:国际热点透视》,人民日报出版社2015年版,第125页。

公众等参与国际事务的机会增多,促进了公共外交的发展。美国最先提出了"网络外交"(network diplomacy)的概念,并通过谷歌(Google)、推特(Twitter)等互联网平台力量来推动外交。美国前国务卿希拉里力推"网络外交",多次发表以互联网为主题的演讲,她声称:"美国支持一个单一的互联网,所有人都可以平等地访问其上的知识和思想。"①在本课题组的上述排序抽样调查中,高达 78.3%的抽样人群认为互联网目前发挥最重要的影响。可见,与报纸、广播、电视等传统传播手段相比,互联网在当今国际关系中占据着首要且极端重要的地位,互联网对国际关系的影响力已远远甩开跟随其后的电视、报纸等传播手段。

互联网与国际关系的相互作用是显而易见的。当互联网发挥促进国际关系良好发展的作用时,就会被各国政府大力发展和应用;而当互联网产生危害国家主权和国家安全的副作用时,则会被严格审查和限制。"一家法国媒体发表的报告称,由于害怕互联网会危及国家安全和社会秩序,世界上至少有 20 个国家不准互联网跨入自己的国界,另外有 45 个国家对互联网进行'异常严格的限制',强迫用户过滤内容。"② 2013 年 6 月,前美国中情局(CIA)职员爱德华·斯诺登(Edward Snowde)向媒体披露资料,曝光美国国家安全局(NSA)实施秘密监控的"棱镜"(PRISM)项目,使美国陷入舆论漩涡和外交危机,被称为"棱镜门事件"。有报告分析,"从近期'棱镜门事件'揭露的一系列信息来看,美国、英国等部分西方国家采取多种手段,暗中监控整个互联网,互

---

① 崔文波:《从小布什到奥巴马:美国网络外交政策的转向》,《江南社会学院学报》2018 年第 4 期,第 54 页。
② 唐汇西:《网络信息政府监管法律制度研究》,武汉大学出版社 2015 年版,第 83 页。

联网已经成为维护其世界霸权的工具"①。

五、新媒体阶段

从 2G 时代到 3G、4G 乃至刚刚到来的 5G 时代,互联网的高速发展衍生出微信、微博等各种网络新媒体形态。新媒体是互联网的发展延续,这个阶段原可以与互联网阶段合二为一,但新媒体的作用与传统互联网差异太大,所以单独划为一个阶段,可以凸显其特性。清华大学学者吴强认为:"新媒体政治已经发展为一种全新的政治形态。而近期的一些事态表明,用传统的多元政治、比较政治或者国际关系的政治经济学和地缘政治理论,都已经难以解释新媒体革命所引发的效应,它的冲击是全球范围的。"②

在此阶段,西方国家利用推特等新媒体的即时、虚拟、跨越时空的特征和在舆论引导、社会动员、形象塑造等方面的优势,全面介入国际事件,巩固和延续其在国际传播格局中的话语权优势。"Twitter 在一些国家的示威游行等社会事件中产生了重要影响,并通过新媒体国际传播所产生的影响推动了国际格局的新变化。2009 年 6 月,在宣称伊朗总统大选舞弊之后,示威者利用 Twitter 作为彼此联络及与外界保持交往的工具。"③

国际关系中出现的新现象也助推新媒体的发展。当"推特外交"

---

① 中国电子信息产业发展研究院编:《2013—2014 年世界信息安全发展蓝皮书》,人民出版社 2014 年版,第 8 页。
② 吴强:《旧制度与新媒体政治》,载孙立平、郑永年、华生等:《未来中国的变与不变》,江苏文艺出版社 2014 年版,第 219 页。
③ 王庚年主编:《新媒体国际传播研究》,中国国际广播出版社 2012 年版,第 182 页。

(Twiplomacy)在国际社会上形成一股新潮流时,许多国家纷纷推出官方推特账号,使这种新媒体应用不但得到广泛的普及,而且在作用上还不断拓展。现在推特的作用已经不仅限于用户之间的互动交流上,更拓展到国家形象传播领域。其中,"英国、以色列和瑞典等国利用 Twitter 做国家形象宣传最为出色"①。

第二节 多学科理论视野中的西方媒体

讨论西方媒体与国际关系之间的互动逻辑关系,必然会涉及国际关系和新闻传播两大学科理论。本节尝试在剖析国际关系理论三大流派媒体分析逻辑的基础上,从理论上深入解读媒体与外交的互动,有助于读者理解媒体与国际关系的内在逻辑关系,为进一步探讨媒体参与外交的实践问题奠定理论基础。

一、国际关系理论三大流派的媒体分析逻辑

国际关系领域的专家学者们前赴后继地研究国家间关系的规律性,他们思想智慧的结晶积累沉淀成了一系列国际关系理论。这些国际关系理论有助于指导人们观察、描述、解释和预测国际时事政治和国际关系。国际关系理论有三大传统流派,分别是现实主义、自由主义和建构主义。这三大流派的国际关系专家学者对媒体的分析,有助于人们厘清媒体与国际关系的内在逻辑关系。

---

① 李从军:《谁能引领现代舆论场》,人民出版社 2014 年版,第 22 页。

(一) 现实主义流派:媒体是权力角逐的工具

现实主义流派的思想源远流长,从修昔底德的《伯罗奔尼撒战争史》到马基雅维利的《君主论》,从霍布斯的《利维坦》到韦伯的《经济与社会》,背后潜藏的都是权力政治的思想。权力正是现实主义流派的思想和价值坐标的原点。需要说明的是,由于本书的关注点不是国际关系理论本身,而是国际关系理论中的媒体因素,所以不对现实主义流派作过细的划分。无论是古典现实主义、新现实主义或新古典现实主义,在这里都统称现实主义。

在现实主义国际关系理论学者看来,媒体是追逐权力的工具。现实主义流派的鼻祖汉斯·摩根索(Hans Morganthau)充分认识到媒体的重要性,他说道:"在未来的世界帝国中,如果没有一份报纸或杂志刊载他的信息,没有一个广播网传送他的布道,没有新闻影片和电视向公众展现他的音容笑貌,甚至很可能没有一家邮局传送他的信件,以及肯定没有一张跨越国界的许可证,那么,就是圣保罗又能做些什么呢?"[①]摩根索认为媒体的发展为国家霸权的获得与保持提供了技术支持,他在国际关系理论经典著作《国家间政治:权力斗争与和平》中写道:"在口头和文字通讯领域的相应发展,进展之速无与伦比。这里的机械化进步远远超过了客货运输的机械化进步……19世纪的发明把这种通讯所需的传送速度,从先前的数日和数星期减至数小时。而无线电和电视则使信息的发生和传送变成同步的了……这些机械化的发展使征服世

---

① 汉斯·摩根索:《国家间政治:权力斗争与和平》,徐昕等译,北京大学出版社 2006 年版,第 417 页。

界并使世界保持被征服的状态在技术上成为可能。"①所以,在摩根索的眼中,媒体就是国家间追逐权力的工具,这件工具为国家获得权力甚至霸权提供了必要的条件。

媒体是遏制权力的工具。因提出遏制政策而蜚声国际关系领域的乔治·凯南(George F. Kennan)也对媒体在遏制政策中的作用相当重视。有研究凯南遏制思想的学者指出:"凯南一生都很重视语言和宣传的作用,他认为,通过电台广播、杂志、书籍和报纸等开展宣传活动,可以对苏联的行为产生一定的影响。"②凯南曾在其著作《美国外交》中极其推崇美国之音,他认为:"它(指美国之音)的作用是尽可能忠实地反映我国(指美国)的气氛和态度,以便苏联公民作出公正的判断。"③同时,凯南还对媒体的负面作用保持了警惕的态度。他认识到媒体可能带给国际关系副作用,并指出:"我们的一部分报纸和公众所表现的那种神经过敏,不仅和我国的传统不相称,它甚至不能公正地反映出当危险成为现实的时候我们应该如何行动。最坏的是,它确实还增加着我们局势的严重性。"④只有意识到媒体的正负两面,才能更好地辩证运用媒体去遏制对手的权力增长。

媒体作为一支重要的政治力量,已然成为值得信赖的"第四权力"。亨利·基辛格的博士论文《重建的世界——梅特涅、卡斯尔雷与和平问题,1812—1822年》评述了欧洲古典均势学说,也奠定了基辛格在现实主义流派中的重要地位。与摩根索和凯南两位前辈相比,基辛格生活

---

① 汉斯·摩根索:《国家间政治:权力斗争与和平》,徐昕等译,北京大学出版社2006年版,第416页。
② 张小明:《乔治·凯南遏制思想研究》,北京语言学院出版社1994年版,第69页。
③ 乔治·凯南:《美国外交》,葵阳译,世界知识出版社1989年版,第120页。
④ 乔治·凯南:《美国对外政策的现实》,王殿宸、陈少衡等译,商务印书馆1958年版,第56页。

在电视时代,他看到了电视在国际关系中的"威力"。基辛格在其著作《大外交》中总结了电视的优势:"每天定时播出的晚间新闻吸引数千万名观众,绝大多数普通媒体记者原先一辈子也无法得到这么多的受众。电视还拥有视觉直观的优势……电视新闻主播变成政治人物,好比总统那样可触及众多百姓,受人注目,甚至总统出现在百姓面前的频率也比不上他。"①基辛格曾在与池田大作的对谈中透露他对媒体报道充分信赖的态度。当池田大作问及他对新闻报道被称为"第四权力"的看法时,他回答道:"美国的新闻报道还是留下了许多杰出的业绩。它起到了抑制滥用政治权力的作用,揭露了许多社会弊端。如果没有新闻报道的活跃,那些社会弊端可能就揭露不出来。在这一点上,我国的新闻报道是充分值得信赖的。"②英国学者凯文·威廉姆斯(Kevin Williams)认为媒体在越战中的作用表明媒体已确成为"第四权力":"如果越战的经验表明媒体对舆论的影响力,它也被看作对媒体的'第四权力'的确认。"③

(二) 自由主义流派:媒体增进相互了解

自由主义流派兴起于文艺复兴时期,后来不断发展壮大,不但影响了西方部分国家的主流意识形态,而且成为国际关系理论的三大主要流派之一。如果说围绕权力单点深挖的现实主义流派的理念是聚焦式的,那么自由主义流派的理念则是发散式的。它包括但丁的国际组织

---

① 亨利·基辛格:《大外交》,顾淑馨、林添贵译,海南出版社1998年版,第616页。
② 池田大作、亨利·基辛格:《和平、人生与哲学——池田大作与基辛格对谈集》,卞立强译,中国国际广播出版社1988年版,第100页。
③ 凯文·威廉姆斯:《隧道终点的光亮:大众传媒、舆论和越南战争》,载约翰·埃尔德里奇主编:《获取信息:新闻、真相和权力》,张威、邓天颖主译,新华出版社2004年版,第387页。

思想、格劳秀斯的国际法思想、康德的永久和平思想等等,所有思想都呈现进步的、理想的、美好的共同特征。当然,自由主义流派也可依据各自侧重点的不同而区分成为理想主义、新自由主义等等,但本书暂且不作进一步细分。

自由主义新闻学秉持"媒体如镜"的观念。"媒体如镜"的观念是指"记者们相信他们是在给社会照镜子,并按照其'本来面目'进行描绘"①。这种观念强调新闻的客观性,要求记者客观地记录新闻事实,尽可能不带入个人的主观意识。自由主义新闻学者确信新闻报道是能准确反映客观现实的。

在反映现实的基础上,国际关系理论的自由主义流派认为媒体起到了促进国家间相互了解的作用。自由主义流派代表人物之一赫德利·布尔(Hedley Bull)认为:"今天无疑存在着一个十分重要和崭新的影响跨国关系的因素:全球交通和通信技术的发展,通过传输信息和图片以及创造旅行和直接交流的机会,使得人类共同体不同部分之间的相互了解达到了前所未有的程度。然而,我们必须指出,这并不会使得所有社会之间的相互了解达到'全面'的程度。许多政府利用自己的权威阻止外国电台和电视节目进入本国。"②国家间的相互了解还有一种特殊的形式——情报。布尔在《无政府社会:世界政治秩序研究》中提及:"在历史上的某些时候,职业外交官是有关外国情报之唯一的或至少是主要的来源,现在的情报也可能来自新闻界和其他大众媒体。"③

---

① P.艾瑞克·洛:《西方媒体如何影响政治》,陈晞、王振源译,新华出版社2013年版,第4页。
② 赫德利·布尔:《无政府社会:世界政治秩序研究》,张小明译,世界知识出版社2003年版,第226页。
③ 赫德利·布尔:《无政府社会:世界政治秩序研究》,张小明译,世界知识出版社2003年版,第144页。

(三) 建构主义流派:媒体塑造态度和形象

建构主义兴起于20世纪90年代,是一个以批判者姿态出现的国际关系新理论思潮。建构主义从批判现实主义和自由主义这两大主流国际关系理论出发,汇聚了心理学的建构主义思想、社会学的结构化理论、哲学的后现代主义思想等精华,跨学科领域博取众家之长,开创了一个新的流派,为国际关系理论提供了新的理论视角和理论发展点。建构主义流派中影响最大的代表人物是亚历山大·温特(Alexander Wendt)。

建构主义在新闻学上有广泛的应用,并表现在整个新闻传播链上。在新闻传播的开端,是以记者为主体的"做新闻",对此,盖伊·塔奇曼(Gaye Tuchman)在其著作《做新闻》一书中提出了"新闻是建构的现实"的观点,认为:"新闻工作还被置于事实和消息源的相互建构之中,这种建构则是由合法机构中新闻网络的覆盖和竞争伙伴之间的协商所形成的。"[①]他还认为:"记者实际上是在建构新闻,而非反映新闻。"[②]在新闻传播的终端,以受众为客体在"被塑造"。媒介技术决定论者马歇尔·麦克卢汉(Marshall McLuhan)认为:"一些心灵习惯使我们自然而然在夸张'正确观点'的价值和必要性。……这些心灵习惯使人对当代的真实变化视而不见。养成这样的习惯之后,人们受到的熏陶就是接受报界的观点和态度。"[③]新闻报道不仅塑造受众的态度,更进一步塑造公共舆论。李普曼在其著作《舆论学》中揭示了这种内在的构建机制:"因为群众不断地受到暗示的影响,所以,对于事实却是模糊的。新闻读上去不是一般的新

---

① 盖伊·塔奇曼:《做新闻》,麻争旗、刘笑盈、徐扬译,华夏出版社2008年版,第180页。
② P. 艾瑞克·洛:《西方媒体如何影响政治》,陈晞、王振源译,新华出版社2013年版,第4页。
③ 马歇尔·麦克卢汉:《机器新娘——工业人的民俗》,何道宽译,中国人民大学出版社2004年版,第4页。

闻,而是含有一种暗示气味的新闻,暗示你采取某种行动。听上去是报道,可是并不像事实那样客观,而是已经带有某种行为模式的成见。"①

在国际社会中,国家的国际形象是通过互动建构出来的,媒体在其中发挥了重要作用。国内学者唐凌指出:"媒体在塑造世界的同时,对每一个国家的形象塑造同样起着举足轻重的影响。"②本书作者曾以文化外交为切入点,对建构主义与形象塑造作了深入研究,发现:"文化外交通过以赢取民心为目的的人际文化互动,塑造国际社会公众对本国的看法和观念,追求民心对本国国际形象的认同。"③亚历山大·温特即认为:"在互动中,国家不仅仅力图得到它们希望得到的东西,而且还力图保持自我和他者的概念,互动产生了这些需求。施动者本身也是进行中的互动结果,是因互动而产生并由互动而建构的。"④

二、媒体与外交的互动:理论解读

早在学界关注之前,媒体作为信息传播的渠道和物质载体,就已介入外交活动之中,如报道外国的风土民情和政经动态,为政府全面了解他国、正确作出外交决策提供参考信息;或者刊登政府的公开声明,将政府态度传递到更广阔的范围内。同时,外交活动和外交事件也为媒体吸引受众提供了良好的新闻素材。伴随全球化的深入,国家间的互联性得以增强,交往程度不断加深,各国民众对于资讯的需求水平也随之提升。日

---

① 沃尔特·李普曼:《舆论学》,林珊译,华夏出版社1989年版,第162页。
② 唐凌:《全球化背景下的对话——对一种新的传播理念的探讨》,文化艺术出版社2012年版,第179页。
③ 胡文涛、招春袖:《文化外交与国家国际形象:一种文化维度的建构》,《国际新闻界》2013年第8期。
④ Alexander Wendt, *Social Theory of International Politics*, Cambridge: Cambridge University Press, 1999, p. 316.

新月异的传播技术,为媒体进一步参与外交过程提供了可能。

(一) 媒体参与外交的背景

外交公开化的诉求是媒体参与外交的政治前提。英国外交官、学者萨道义(Ernest Satow)在其专著《外交实践指南》(*A Guide to Diplomatic Practice*)中指出:"外交是运用智力和机智处理各独立国家的政府之间的官方关系,有时也推广到独立国家和附庸国家之间的关系;或者更简单地说,是指以和平手段处理国与国之间的事务。"[①]在传统外交时期,外交活动以其机密性、封闭性和制度化的特点,仅被训练有素的外事工作者所知晓。第一次世界大战后,公众认为战争爆发是由于少数政客为谋私利而私下签订条约所导致的,因而对秘密外交产生不满。直到1918年,时任美国总统伍德罗·威尔逊(Thomas Woodrow Wilson)在其著名的"十四点原则"中提出了"签订公开和约、杜绝秘密外交"的理念,开启近代外交的新纪元。大众传媒凭借信息传播的物质承载体这一角色,随之登上国际关系的舞台,并通过报道外事活动、传播国际新闻、刊登相关评论等方式,介入外交进程。

传播技术的发展是媒体参与外交的技术条件。正如加拿大学者马歇尔·麦克卢汉所言,"媒介即讯息",人类只有在拥有了某种媒介之后才有可能从事与之相适应的传播和其他社会活动。在传统媒体当道的年代,媒体在外交中的参与只表现为新闻工作者与政府之间的互动。20世纪下半叶以来,随着传媒技术的发展日新月异,全球步入信息化时代。广播电视和移动电子设备的普及,以及各种通信网络的建立和完善,不仅创新了媒体参与外交的工具,涌现出诸如"电视外交""图片外

---

① 转引自刘继南:《大众传播与国际关系》,北京广播学院出版社1999年版,第177页。

交""YouTube 外交""微博外交"等新名词,也提升了外交活动中媒体介入的比重,前述因海湾战争而产生的"CNN 效应"就是一例。

全球化的深入是媒体参与外交的社会基础。全球化水平的提升,尤其是经贸往来的加强,使国与国之间的"黏性"增强,各国民众卷入国际事务的程度也随之加深,金融危机、区域稳定、气候变化、核安全等议题日益牵动人们的神经。民众渴望及时掌握相关话题的动态,并能将自己的意见反馈给决策层,以期对政府决策造成利己影响,媒体的参与也大幅度缩小了民众与外交活动之间的距离。

新闻自由理念的强化也是不容忽视的因素。近代报刊诞生后,公众便开始了对新闻自由的追求,经过数百年的努力,新闻自由已成为当代社会民主政治中不可或缺的一部分,甚至有学者认为"美国公民的基本假设之一,就是认为民主制度之所以兴旺,某种程度上归因于新闻媒介传播的信息"[1]。这一理念的加强壮大了媒体的政治力量,成为媒体参与外交的助推器。

(二) 媒体参与外交的内涵

虽然学界对外交中媒体因素的研究自 20 世纪 90 年代以来愈发深入,但始终未能形成统一的定义。围绕政府、媒体、公众和外交政策四者的关系,西方学者提出了"媒体外交"(media diplomacy)、"媒体中间人外交"(media-broker diplomacy)、"媒体化公共外交"(mediated public diplomacy)等概念,中国学者则采用了"传媒外交""媒体外交""媒介外交""广电外交"等说法。由于媒体在外交中的参与是一种"没有清晰

---

[1] J. H. Altschull, *Agents of Power: The Media and Public Policy*, 1st ed., Boston: Addison-Wesley Pub. Co., 1995, pp. 18-19.

边界或特征的模糊现象"①,而且不同学者的阐述仍存在理念上的差异,使得目前学界对其的定义"过于混乱,且存在误导性"②,因而本书尚不采用这些概念或说法,仅对其内容加以综合及应用。

本质上看,媒体在外交中的参与是一种媒介化的政治传播,具有劝服性、灌输性、倾向性等政治传播的特点。结合哈罗德·拉斯韦尔(Harold Lasswell)的"5W 模式",笔者认为可以从两个维度对媒体参与外交的内涵进行解读。第一个维度从媒体的工具性出发,指公共外交兴起后,大众传播媒体作为传播渠道,为国外政府和民众提供外交信息、呈现外交进程、传递彼此意见,在外交活动中起中介性的作用。这也是国内学界通常讨论的"媒体外交",即公共外交中通过媒体运作的那一部分活动③,在这一层面上,媒体实际是被政府利用而被迫介入外交进程。第二个维度从媒体的主体性出发,指在互联网和移动电子设备普及的新媒介环境中,大众传播媒体直接持有和发布外交信息,"由国际关系的观察者、记录者变成参与者和协助者"④,即媒体以传播者的身份主动介入外交进程,为国际关系的变化与发展起到一定的能动作用。本书仅对外交中的媒体因素进行讨论,不具体区分媒体的角色或主、被动性。

根据美国学者杰弗里·考恩(Geoffrey Cowan)和阿梅莉亚·阿瑟诺(Amelia Arsenault)对公共外交三个层次的划分,媒体参与外交亦可大致划分为独白式(monologue)、对话式(dialogue)与合作式(collaboration)三种方式。媒体在外交中的独白式参与主要包括一国政府通过本国或外

---

① J. Ramaprasad, "Media Diplomacy: In Search of a Definition", *International Communication Gazette*, Vol. 31, No. 1, 1983, pp. 69–78.
② E. Gilboa, "Media Diplomacy: Conceptual Divergence and Applications", *Harvard International Journal of Press/Politics*, Vol. 3, No. 3, 1998, p. 57.
③ 赵可金:《公共外交的理论与实践》,上海辞书出版社 2007 年版,第 227 页。
④ 任琳:《公共外交、媒体与战争》,《学理论》2011 年第 16 期。

国媒体,向外国政府及公众发布公共声明、公开宣言等官方权威消息;具有国际影响力的媒体就国际议题策划报道、发表社论;一国政府代表通过权威涉外媒体针对外交事务发表看法;等等。媒体在外交中的对话式参与是指基于互联网技术,一国政府及其代表通过本国或外国媒体,特别是社交媒体,就争议性外交议题展开对话或讨论,形成观点的互动。媒体在外交中的合作式参与一般指多国媒体就某一国际性活动或国际议题共同策划报道、展开联合采访,通过媒体议程设置影响公众议程,进而引导国际舆论。

媒体参与外交不仅是对外交手段和工具的创新,更是对传统外交的有益补充。在危机、战争或未正式建交等非常态下,媒体的介入为国际对话的展开提供了更多信息和渠道。例如,"9·11"之后,美国政府指责本·拉登(Bin Laden)应为袭击负责,时任美国总统小布什(George W. Bush)于2001年9月20日发表电视讲话,要求塔利班交出本·拉登及其手下的基地组织首领,并释放被其扣押的所有外国民众。翌日,塔利班通过电视回应称,除非美国提供确凿证据证明本·拉登与袭击有关,否则拒绝交出本·拉登。在这一案例中,美国与塔利班政权并未建立外交关系,因而缺少正常外交途径,但通过电视媒体双方还是实现了对话。

媒体参与外交的效果与一国媒体的总体实力有直接关系。当本国媒体实力强于别国时,外交活动相对容易展开,效果也比较明显,利用本国媒体突出自我即可。而当本国媒体实力弱于别国时,自说自话的方式收效甚微,便需要利用外国媒体进行国际公关。

(三) 媒体参与外交的作用机制

随着媒介技术的发展,传统媒体与新媒体分化开来,媒体参与外交的作用机制也随之产生传统媒体和新媒体之分。媒体参与外交的作用基础在于媒体的把关作用和媒体营造拟态环境的能力。由于外交活动一般始于一国政府行为，终于另一国政府行为或民众行为，因而媒体参与外交的作用机制图的发端为一国政府，终端为另一国政府或民众。不论媒体参与外交是出于主动目的还是被动，媒体在作用机制图中的位置都是"传播渠道"。

总体来讲，媒体通过塑造外交理念、争取外交优势、创新外交工具三大方式介入外交。

第一是塑造外交理念。传播不仅是交流和散发信息的工具，传播的过程也是建构一个文化世界的过程。传播的过程能够建构并维系一个有秩序、有意义、能够支配和容纳人类行为的文化世界，在这个包罗万象的文化世界里，各个组成部分各取所需，各自融合形成了社会文化、政治文化、家庭文化等，并伴有交叉融合。针对该现象，学者詹姆斯·凯瑞（James Carey）提出传播的仪式观（ritual view），认为"传播即文化"，传播不只是传递信息，而是最终能够塑造共同信仰，拥有维持社会的功能；传播是一个通过塑造共有信仰而吸引人们的神圣仪式，从而建构和维持一个有秩序、有意义的文化世界，以此控制和限制人类的行为。换句话说，人们利用传播生产、维系、修正的符号创造了现实，然后生活在自己创造的现实中。[1]

媒体在建构文化世界的过程中，也在协助建构公众对政府和国家的身份认同，从而浓缩形成一个具有意识形态指导高度并为公众和政府所共识的外交理念。因此，媒体不仅在两国发生外交活动的过程中发挥影响，更是早在潜移默化塑造一国外交理念的过程中，为国家指明了未来外交活动的方向。

---

[1] James Carey, *Communication as Culture: Essays on Media and Society*, Britain: Routledge, 1992, pp.20-29.

第二是争取外交优势。媒体对外交的影响通过本国媒体和国际媒体展开,前者是后者的重要消息源头,后者是前者的国际传播工具。一般来说,如果本国媒体实力相对较强,那么与国际媒体的合作也会相对容易,如美国的本国媒体相对于国际媒体而言,一般被认为可信度和权威度高,其消息来源也容易得到国际媒体的信任,传播效果也就事半功倍;但是如本书的研究主体——中等强国,其本国媒体并没有建立足够的威信度,消息来源对于国际媒体就没有显著的号召力和权威性,因而只能尽可能采用媒体公关的方式,吸引国际媒体将有利于本国的消息进行传播。

国家的外交优势能够体现在硬实力和软实力上,在和平与发展的国际主题下,"不战而屈人之兵"的软实力日益彰显其独特优势,而软实力的传播离不开媒体。首先,媒体能够引导读者设置问题的议程,将受众的注意力迁移至媒体所希望的议题上。议程设置理论认为受众通过媒介了解事件,同时会按照媒介所认为的问题重要程度,重新对问题的重要性进行排序。如果媒体认为一件事情非常重要并进行反复报道,受众也会逐渐认为这是一件需要密切关注的大事。媒体是公众了解外交事务的高效渠道,媒体的议程设置功能是赢取公众支持的实用手段,因而具有强大媒体力量的国家如美国,也同样占据了国际舆论的有利地位和拥有外交的主动权。

其次,媒体对于塑造、维持和改变一个社会的刻板成见具有不可忽视的影响力。对于任何一起公众事件,受众往往只能看见一个时期和方面,对于看不见的部分,人们通常先定义再观察,也即使用刻板成见,以对特定事物的固定化、简单化的观念和印象作为认识事物的简便参考标准。个人具有独自的刻板成见,如果是被一个社会中大部分成员广泛接受和普遍认同的刻板成见,则会对社会形成控制作用。媒体所具有的塑造刻板成见的能力可以为一国外交活动制造先机和舆论优势,政府可以以此同步和强化公民的政治诉求,加强其外交活动的合法性。

最后,在敏感的外交事件中,外交官及本国其他官方机构不便过多地与另一方接洽,更不便私下会谈,但记者的特殊身份让其可以自由、合理地与另一方的政府和公众谈话,为本国作出外交决定提供有利的补充参考意见。在对部分敏感外交问题的处理上,如果本国政府担心其处理方式引起不可预估的反应,也可以在媒体上泄露信息,刺探对方的反应后再作最终决定,媒体能为两国外交活动留下回旋余地。[1]

第三是创新外交工具。信息和传播技术的发展对外交实践有很大影响。第一,随着信息技术的发展,书面、声音、影像等传播技术都可被作为外交工具,如国家形象宣传片、重要媒体的国际报道等。第二,新媒体出现后对外交的干涉能力增强,政府领导人会利用脸书(Facebook)等进行形象塑造和宣传,比如在人道主义危机的背景下,在媒体的渲染下,人道主义表面上成了外交的最高正义诉求,表现出神圣的道德感及使命感,但是否与事实相符并不为受众关心。第三,随着传播技术的发展促进了全球化发展,非国家行为体如媒体的跨国影响力提高。国家不再是唯一的有力行为体,信息时代的政府要处理好与多方的关系,这使得外交更加复杂。

媒介即是讯息,在以往,媒介被视为信息的传载工具,本身并不重要,但实际上媒介具有的积极能动作用能够引起所传播信息的尺度变化、速度变化和模式变化。媒介是人感知的延伸,作为转换器将人的经验和知识以不同形式表达出来,[2]媒介通过对信息的选择、加工,重新建构了一

---

[1] Jyotika Ramaprasad, "Media Diplomacy: In Search of a Definition", *International Communication Gazette*, Vol. 31, No. 1, 1983, pp. 69-78.

[2] Marshall McLuhan, *Understand Media: The Extensions of Man*, Cambridge: MIT Press, 1994, pp. 7-23, 62-63.

个人和世界间的拟态环境,使其成为受众感情、行为的决定性因素。

20世纪50年代,电视可以创造一种不同的公众舆论秩序,通过电视,公众认识到了与领导人一样的明显事实,不再是一个在政策制定之后接受政策的群体。运用电视机,公众得以积极关注政策制定,甚至可以推动政策制定。电视为国际关系设置议程和定义国家利益,也能够修正国家的体制和在国际事务中的行为,电视机时代下的新信息传播秩序迫使政府需要更迅速地对公众争论作出反应。①

信息技术的进一步发展使得信息传播出现了互相关联性、权威去中心化、加速性和超文本性。技术的发展能使人们随时随地以低廉成本获取大量信息,但其带来的高度超文本性和互相关联性造成了权力的分散,原有的权威中心逐渐失去中心地位。发达的信息技术使得资源能够使用便携式媒介存储和传播,信息传播速度大幅提高。② 这意味着外交信息的传播和演变日新月异,政府对于事态的反应速度必须随之提高,从而迫使政府需要实时应对和行动。相应地,作为外交工具的媒体也不能故步自封,新媒体如脸书、推特和博客的使用也需不断更新,高效率、低姿态是媒体在外交中的应有之义。

1. 传统媒体参与外交作用机制

传统媒体参与外交的运作通常是从一国政府经过两级传播到达另一个或另一些政府,有的还以整个国际社会为传播对象。

在第一级传播中,一国政府通过发表政府声明、传递公共信息和运用国际广播来宣传自己的对外政策,所传递出的信息在第一级传播中

---

① J. Bátora, *Foreign Ministries and the Information Revolution: Going Virtual?*, Leiden: Martinus Nijhoff, 2009, pp. 2-10.

② Evan H. Potter, *Cyber-Diplomacy: Managing Foreign Policy in the Twenty-first Century*, Montreal: McGill-Queen's Press, 2002, pp. 112-115.

最终到达大众媒体。政府作为信息源头,实际上设定了外交政策的主要议程,并对信息进行严格把关。其中政府声明、公共信息和国际广播也构成了传统媒体参与外交的主要内容。

在第二级传播中,媒体成为对外信息传播的源头。它通过设定议程、塑造形象、提供信息、影响舆论等方式,在政府原已设定的外交政策议程中,对信息进行过滤、再把关,并设定自己的媒体议程,从而对公众议程施加自己的影响。政府的外交信息经由大众传媒到达外国民众,再转化为公众舆论施压于目标国政府或整个国际社会。[1]

一些情形中,一国政府的外交信息也可以越过大众传媒,直接到达外国民众,但这受制于传播渠道、受众获取信息习惯等因素的影响,无法与信息化时代大众传媒的力量相提并论。从图 2-1 可知,传统媒体参与外交的运作机制还停留在单线程层面,信息源与信息宿主、目标群体间缺乏明显的互动,信息传播的各个层级还处于分割与割裂的状态。

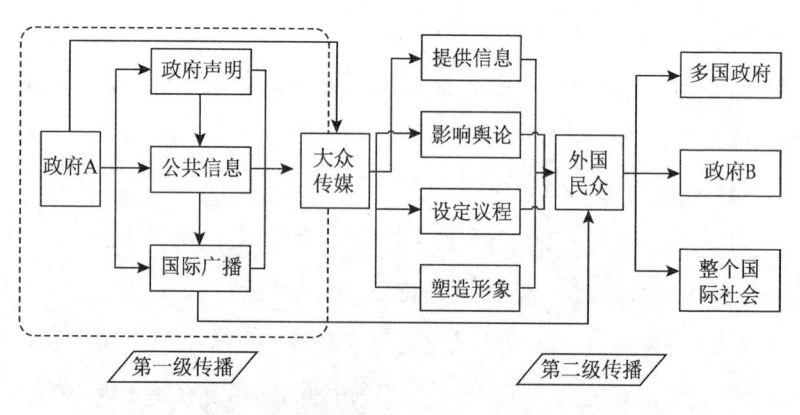

图 2-1 传统媒体参与外交作用机制[2]

---

[1] 赵鸿燕、林媛:《媒体外交在美国的表现和作用》,《现代传播》2008 年第 2 期。
[2] 此图主要在"媒体外交的运作机制简图"基础上绘制而成,详见赵可金:《媒体外交及其运作机制》,《世界经济与政治》2004 年第 4 期。

2. 新媒体参与外交作用机制

新媒体参与外交在议程设置的逻辑顺序上与传统媒体参与外交不同,它发端于一国政府,终端是另一国政府、多国政府甚至整个国际社会,其传播过程简化为一级。政府提供大众传媒的平台给外国公众,外国公众则作为信息源,提供信息、对舆论施加影响,并在这一过程中设置议程、塑造形象。在此过程中,政府可以对这一平台进行监控,输入自己的政策理念或放大外国公众的特定言论,通过重新影响舆论、塑造行为对外国公众施加影响,这一压力最终作用于目标国政府。不过,目标国政府在这一过程中并非完全被动地接受来自本国民众的压力诉求,既然平台是开放的,它亦可以利用互动媒体发出自己的声音,或者干脆关闭这一通道。在新媒体参与外交的过程中,各主体时刻保持着密切的动态互动,一方会根据另两方的反应随时调整自己的策略,调集资源、手段,因而发端国和终端国都将民众作为话语争夺的重点。(如图2-2)①

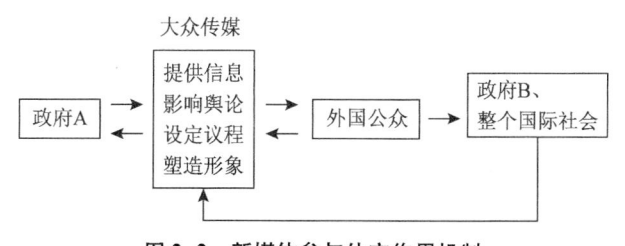

图 2-2 新媒体参与外交作用机制

---

① 程佳音:《作为公共外交新形式的新媒体外交——与传统媒体外交的比较分析》,复旦大学2011年硕士学位论文,第13页。

三、媒体政治与国家领袖形象的理论互动逻辑

(一) 缘起:媒体政治环境凸显领袖形象

在媒体政治时代,媒体和政治是相互关联和制约的。一方面,政治需要管控媒体传播政治思想,从而赢得民众的支持;另一方面,媒体也需要通过采访和新闻发布会等形式设法报道更多政治新闻以满足公众的需求和履行舆论监督政治的职能。现在政府运用甚至操控媒体来推动其政治目标的达成,已经成为一种很常规的执政方式,甚至可以说是一种政府生存的需要。① 掌控信息传播渠道是有效维护政府统治的关键。各个政党都想要获悉和主导民众的政治诉求,充分调动他们的积极性和凝聚力,而这些事务现在都可以利用大众传媒去完成了。② 大众传媒通过包装整合和挖掘创新,正逐渐从政治新闻的"报道者"转变成"联合制片人",从捕捉和提供政治信息发展到缔造和维系政治生活。③ 研究发现,大众传媒能够通过三种主要方式来影响政治:揭露不道德行为、选择性报道政治人物和议程设置。④ 有学者曾经将政治传播的状态分为八种类型,即政治广告、政治歌谣、政治演说、政治谈判、政治新闻、政治留言、政治公文和电视辩论。⑤ 可见,媒体已不再是独立于政治之

---

① 仙托·艾英戈、唐纳德·R.金德:《至关重要的新闻:电视与美国民意》,刘海龙译,新华出版社 2004 年版,第 229 页。
② Dean E. Alger, *The Media and Politics*, Belmont, CA: Wadsworth, 1996, p. 289.
③ Doris A. Graber, eds., *Media Power in Politics*, Washington, D. C.: CQ Press, 2000, p. 46.
④ Andrew J. Pierre, "Power, the Press and the Technology of Freedom", *Foreign Affairs*, Vol. 69, No. 2, Spring 1990, pp. 162-165.
⑤ 邵培仁等:《知识经济与大众传媒》,浙江大学出版社 1999 年版,第 52 页。

外的一种传播工具,而是与政治紧密结合的一个要素。现在的政治领袖经常需要借助媒体向人们发布和普及其政治纲领,假若没有了媒体的及时报道,就很难产生有效的政治交流和达成政治目的。当今政治生活中的政策推广、民众发动和社会治理都与媒体密不可分,媒体也为民众提供了一个政治表达的渠道,扩大政治参与的主体与范围,由此可见政治与媒体融合之深、影响之广。大众传媒通过不断对信息进行制造、处理和报道,逐步发展成被西方学界公认的"政府的第四个部门",甚至是"另一个政府"。① 特别是在国际政治领域,媒体能够有效地表达国家的立场和反驳外界的不当言论,从而加深对外合作,维护国家利益和营造良好的国际舆论环境。从两次世界大战到越南战争,美国都在以媒体引导舆论的方式决定性地影响着其对外政策。② 例如在"二战"期间,为了发动更多的群众参战,当时美国政府就运用了收音机和报纸在内的所有传播媒介,号召大家众志成城,奋勇抗敌,最终不仅使美国赢得了战争,还崛起成了超级大国。③ 近十年来,随着中国的快速崛起,以美国为首的西方国家也经常通过媒体对外鼓吹"中国威胁论"等刻意污蔑中国的言论,以图进一步压缩中国的对外战略空间。可见,当代国际政治也已经与大众传媒融为一体,如若无法认清媒体在当前政治生态中的角色,就难以看清楚各种政治活动背后的真面目。④ 媒体也成了国家"软实力"的一个重要表征,有效地反映了各国对信息的管理和使

---

① 詹姆斯·M. 伯恩斯、杰克·W. 佩尔塔森、托马斯·E. 克罗宁:《美国式民主》,谭君久等译,中国社会科学出版社1993年版,第378页。
② 宋燕:《传播手段视角下的新媒体与媒体外交关联研究》,兰州大学2012年硕士学位论文,第2页。
③ 王永亮、郭晓明:《可载舟亦可覆舟——美国媒体对总统形象的影响》,《视听纵横》2001年第1期。
④ 布赖恩·麦克奈尔:《政治传播学引论(第2版)》,殷祺译,新华出版社2005年版,第3页。

用水平。

近几年信息科技的快速发展让我们进入了新媒体时代,也让政治传播的方式更为多样化、便捷化和民主化。低成本、高效率、无限制的新媒体正迅速抢占各国舆论阵地,重新开启了话语权的分配和传播秩序的建构。然而,不管是新媒体还是传统媒体,都是构造和维护社会形态的重要路径,也是政治家们管控社会的主要渠道。这是因为,杰出的政客能够借助媒体顺利掌控舆论、塑造形象、感染民众继而改变他们的想法;同时普通民众又不喜欢花费太多时间去仔细核实媒体报道的每个方面,这就给政客们留下了很大的表现和创造空间。日益发达的大众传媒体系无时无刻不在影响着政治生态的发展,最明显的莫过于屏幕前的领袖形象。媒体视域下政治领袖的正面形象可以被刻意地大幅传扬,但如若表现不当也很容易被瞬间揭露,对其政策进程和执政地位都会产生不利影响,不过事后仍然可以借助媒体的力量予以一定的弥补。身处媒体政治时代的国家领袖,只要有一句经典的台词或一些突出的行为举止,媒体就会对其不断加以放大,使其深入民心。媒体可以将政治、经济和社会等问题都公之于众,让世人共睹领袖们的执政表现,同时以社评和民调等形式打通了群众与国家层面的对话。[①] 媒体已经是领袖与民众之间相互联系的桥梁,而领袖的形象则是他与民众交流的直观平台。[②] 因此,在媒体政治时代下,领袖和媒体之间也是相互利用的。政治领袖需要管控和诱使媒体,刻意向目标群体报道有利于自身形象的内容以提高个人威望;媒体也需要打通渠道,想尽办法向政

[①] 秦德君:《传媒政治时代的领导者公共形象传播与形塑逻辑:一种技术分析》,《学习与实践》2007年第3期。

[②] 侯月娟、郎劲松:《领导人形象:国家"软实力"的高端表征——探析传媒与国家领导人公共形象的互动传播》,载哈艳秋、刘昶编:《新闻传播学前沿2013—2014》,中国传媒大学出版社2015年版,第16页。

治领袖获取更多一手的政治新闻来吸引更多受众。在这些利益因素的相互驱动下,西方媒体对其政治领袖的报道也存在着一定的误导性,比如隐瞒实情或欺骗民众,这也是西方媒体政治的一种本质。当今的"政治逻辑"逐步被"媒体逻辑"所替代,也就是说虽然政党受领袖所引领,但是领袖却被媒体牵引着。① 领袖在公开场合的言行举止,除了考虑其政党立场和国家利益以外,现在还越来越看重如何吸引更多媒体及其受众的关注和支持。

国内外学界一直都有对领袖形象的定义与内涵进行解释的不同的理论,比如刺激决定论和媒介决定论等等。② 这些理论虽然解释的角度不太一样,不过都是在向人们说明:领袖的形象有真也有假,有抽象的也有具体的,其既可以由领袖本人创造,又会受到外界的不断影响。不同的人在不同时期对同一领袖的形象都会有不一样的看法。曾经有心理学家通过大量的调查研究发现,一般人对他人形象的认知构成主要是这样分类的:55%是根据面貌、体形和服装等外表因素所决定的,38%是根据自我展现的方式即语音语调和坐姿站姿等等,仅有7%是取决于这个人具体说了什么内容。(见图2-3)③

而作者通过整理相关研究归纳得出,国家领袖形象通常被认为是一个立体的综合性概念,主要由外在形象和内在形象构成。领袖的外在形象又包括了静态形象和动态形象两种,其中由领袖的外貌、着装等构成的是静态形象,它能够从视觉上决定民众对领袖的"第一印象"。从形象心理学的角度来看,一个人的着装和体貌是人际交往中最直观

---

① 托马斯·迈尔:《热话题与冷思考(十六)——关于媒体社会中政党政治的对话》,郭业洲、陈林译,《当代世界与社会主义》2000年第4期。
② 熊蕾:《国家领导人形象传播研究的现状与反思》,《新闻界》2016年第10期。
③ 英格丽·张:《你的形象价值百万:世界形象设计师的忠告》,中国友谊出版公司2013年版,第56页。

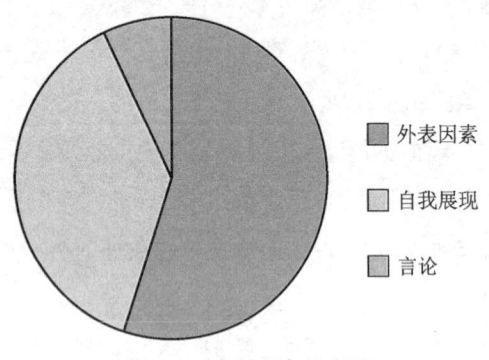

图 2-3　人的印象构成图

和最先接触的层面,同时因其诉诸视觉说服,容易先入为主地给别人以某种形象暗示。① 而领袖的言谈和举止则构成了其动态形象,表现为领袖在公共场合上的演说讲话、外出视察、接待外宾等等。② 而领袖的内在形象则是指民众对领袖的文化道德修养、领导决策能力和生活工作作风等的综合评价。③ 这些内在形象虽然相对比较抽象,但是可以通过领袖的外在形象如衣着和谈吐表现出来。不难发现,干净整洁的外表和优雅得体的举止至少会让民众感觉到这位领袖是有教养的,然后再加上亲切友善的问候与握手就会进一步给人们一种平易近人的印象。从心理学的传统视觉来看,领袖形象是民众对领袖的一种概括性认识和判断,即民众通过媒体感知到领袖的品性和能力后,联系自己原本的价值观和人生观所产生的一种认知和情感的总和。而传播学专家往往把这种认知结果称为领袖的媒介形象,即领袖的一言一行以媒体为载

---

① 侯月娟:《新媒体语境下的领袖面谱　公共形象值千金》,《世界博览》2015 年第 7 期。
② 朱翠英、夏雷:《现代领导科学》,湖南科学技术出版社 2006 年版,第 74 页。
③ 易钢、周振林主编:《现代领导学》,华南理工大学出版社 2007 年版,第 176 页。

体输出后,民众所感知到的领袖的人格形象。① 国家领袖形象已经成为整个政府形象乃至国家形象的一个重要组成和判断标准,比如在英国前首相布莱尔(Anthony Blair)执政时期,人们曾把他叫作"长卷毛狗",甚至把英国也叫作美国的走狗,这是因为各国民众通过新闻媒体看到了他像"走狗"似的让英国政府跟随着美国一起发动了 2003 年 3 月的伊拉克战争。现在的国家领袖都深刻体会到,媒体是一种能够建构和宣传形象的有效途径,以其来展现本人和本国的形象是顺利开展国内外事务的一个先决条件。形象的构建是一个比较复杂的动态过程,而媒体能够对领袖言行进行不同的取舍,然后根据不同场合的需要以不一样的叙述方式为国家领袖塑造出合适的形象。②

(二)特征:媒体政治下的国家领袖形象

可视性。基于自身生存与盈利的需要,现在世界上各种各样的媒体从早到晚都在专门挖掘和报道任何能够吸引观众的人和事。在当前大众传媒天罗地网的密集注视下,一个国家的最高领导人自然而然就成为所有媒体人时刻关注的重点对象。国家领袖在工作场合乃至业余生活中所有的话语和动作都会快速进入媒体的视野当中。哪家媒体报道得迅速、全面和新颖,哪家媒体就会拥有更高的收视率和知名度。在各种媒体不断地交叉注视下,领袖们媒介形象的生成已脱离其主观意愿:哪怕他们不想要,大众传媒也会有意捕捉和构建他们的形象,使其成为民众日常生活中的关注点甚至娱乐点。毕竟国家领袖平时不会与一般民众有太多直接的接触或者面对面的交流,他们的形象主要是借

---

① 魏娟:《危机事件中的领导人媒介形象研究》,《新闻前哨》2009 年第 9 期。
② 王志锋:《建构受众"取景框"》,《人民日报》2016 年 12 月 4 日第 5 版。

助媒体平台来向社会公众展示,而且随着互联网发展的突飞猛进,这种趋势越来越明显。因此,通过各种传播媒介的相关报道,民众感知到的领袖形象具有高度的可视性特征。这种特征在西方领袖选举过程中表现得尤其突出,可视范围涵盖了候选人的施政方针、家庭生活、从政历程、个人嗜好、教育背景乃至儿时的经历等等。传媒各界甚至会每天24小时都让这些信息持续暴露在民众的视线下,从而让选民们全方位地了解未来国家领袖的形象。例如在美国总统选举过程中的电视辩论环节,观众们可以从电视屏幕上直观地看到候选人的言谈举止和穿衣风格,从而构筑候选人在他们心中的立体形象。总而言之,国家领袖的形象既可以在报纸杂志的文字中栩栩如生,又可以通过摄影记者的照片活灵活现,还可以在广播和电视的播报中声情并茂,而且借助这些方式也会给领袖们行使权力提供一个增加透明度和公信力的公共空间。特别是在各种新媒体出现以后,一国政府难以再单方面地展现甚至管控领袖的形象,领袖们的一举一动都会经由现代传播网络无限放大和延伸,让全世界每个角落的民众都尽收眼底,使领袖们的形象处在一个更加透明的可视空间之中。英国前首相布莱尔也曾公开承认,"在当前各种媒体的聚光灯中,我仿佛觉得自己进入了一个完全透明的玻璃盒子里,所有说过的话都会被媒体广泛地传播出去,哪怕是一个再小的细节动作都会给观众看得清清楚楚"[①]。现代的传播技术已经足以让领袖形象暴露无遗,也让领袖们不得不采取相应措施加以应对,因为他们都深刻认识到假如不能在媒体上好好展现,就不能成为真正意义上的"领导人",即不能影响公众和引导舆论。甚至还曾有学者认为,在高度透明的电视传媒出现以后,长相一般的林肯和肥硕的美国第27任总统塔夫

---

① 转引自秦德君:《传媒政治时代的领导者公共形象传播与形塑逻辑:一种技术分析》,《学习与实践》2007年第3期。

脱（William Taft）将因难以获得民众支持而败选。①

稳定性。国家领袖作为公众人物置身于媒体建构的透明空间时，虽然会向民众展现出纷繁复杂的各种衣着和言论，但是最终能够让民众深刻记住的只是为数不多的几个比较突出的画面，而且人们一般都会主动找出其中的共性并加以归纳和定型。毕竟也正如俗话所说的，江山易改，本性难移，一个人形象所反映的性格特征和行为风格，在到了一定年纪以后就会比较固定，虽然有时候会由于各种原因作出一定的调整，不过总体而言大方向是难以一下子完全改变的。同时，在经过一次又一次的媒体报道或取得某些突出的政绩以后，领袖的形象在民众心目中也已经有了一定的稳定性，而且随着时间的推移越加固定。这些形象特征一旦在民众心中固定下来，之后要想改变就得花费很多的时间和精力，而且还要反复去做一些与之前背道而驰的事情。这些事情如果不能坚持做下去或做得不够突出，仍然不会对整个社会群体起到明显的效果。比如在2016年的美国大选中，年近七旬的美国前国务卿希拉里与其余几位竞选人不一样的一点是，她经过多年在政坛的历练以及被媒体长期的曝光，其政治精英的个人形象在绝大部分民众心中早已固定了下来，很难再把自身塑造得充满草根文化或商业文化以刻意迎合有这部分需求的选民。曾经也有不少人建议她平时多穿裙子亮相，以向人们展现她具有女性魅力的一面，从而收获更多的选票。②然而，希拉里觉得这种打扮只会让自己显得脆弱和不可靠，所以她在公共场合经常会穿裤子，然后通过媒体对外展现她成熟干练的"女强人"

---

① Thomas R. Dye, Luther Harmon Zeigler, *American Politics in the Media Age*, Belmont, CA: Thomson Brooks/Cole, 1989, p.126.
② 连山编：《心理学与社交策略》，中国华侨出版社2015年版，第308页。

形象。① 从希拉里当上"第一夫人"之后,她曾连续12年被人们评选为"美国人最崇拜的女性",可见其形象在美国民众心中的稳定性。② 而希拉里的丈夫,也就是美国第42任总统克林顿,曾在竞选和执政期间受到过各种对他道德操守的谴责甚至谩骂,然而这些都没有对他形象和仕途带来巨大的影响。这是因为克林顿执政期间,民众经常能够通过媒体和亲身体会到美国经济在稳步提升,也从未出现过诸如金融危机之类的明显衰退现象,所以在他竞选连任的时候,不管竞选对手怎样质疑他个人的道德素养,在民众心中他就是一个能够带领美国经济向前发展的领导人形象,因此也选择继续把票投给了他。同样,四次当选俄罗斯总统的普京不管面对任何事情,总是能在各国公众中保持着他那强健并极具威慑力的铁血硬汉形象。这也得益于他经常在媒体上展示自己在户外狩猎、与人切磋柔道甚至开飞机的勇敢举动。由于当地民众普遍认为男性首先要足够勇敢,因此唯独勇敢的领袖才可以让民众放心。③ 而普京不仅一直拥有强势的执政风格,还经常借助媒体强化这种形象,从而加强了其在国内的号召力和凝聚力。

风险性。在当今大众传媒的高强度曝光下,领袖们如若表现不当,其负面形象就会马上被各种媒体病毒式地传播出去,使其新闻更加容易"出彩"——大众传媒的政治报道既可以提升一个领袖的声誉,也可以很快使其倒台。④ 领袖的任何一个细微的言行举止或仪容仪表,经由

---

① 李燊:《女性主义国际关系理论视角下的美国总统选举》,吉林大学2016年硕士学位论文,第23、25页。
② 张鹭远、王晓江:《大众传播媒介对美国总统选举的重要影响》,《江淮论坛》2008年第4期。
③ 周永生:《国外领导人"亲民秀"的政治意图》,《人民论坛》2016年第13期。
④ 张新宇:《传媒政治对政党的影响》,《中国社会科学报》2010年2月11日第6版。

媒体传播放大,都有可能使领袖当选或者落选。① 在作为传播界"盛宴"的竞选活动中,每一位候选人都会被各大媒体时刻聚焦着,从个人的发型到鞋子都会被媒体全部搜刮出来。哪怕只是在某一瞬间佩戴了一条颜色与外套不怎么协调的领带,也会很快被媒体传播到广大人群中,成为民众茶余饭后的谈资甚至是其他候选人抨击的内容。尽管事后可以对这些信息重新加以包装或者从另外一个角度进行辩护,但最终仍然会有不少人能够发现里面不一样的地方,然后就会出来指责候选人欺骗民众,最终自然会把选票转投给其他人,甚至还会说服其余选民支持别的候选人。② 在2012年美国大选期间,有民众私下拍摄到总统候选人罗姆尼(Willard Mitt Romney)在一个招待赞助人的晚宴上说,自己不会去关心那些贫穷的选民,因为这部分人既不会支持他也不会纳税,还老是觉得自己是受害者。③ 这段视频曝光后立刻被各大媒体传播开来:这不仅与他之前振兴美国经济的竞选口号大相径庭,而且还让人觉得他既不了解美国民众,也不在乎穷人们的感受。尽管罗姆尼事后多次发表解释说明,但是他个人的形象已经受到了严重的打击,最终也使他落选。德国史上最年轻的总统武尔夫(Christian Wulff)也曾经被该国著名的《图片报》(Bild)曝光其在担任下萨克森州州长时涉嫌贪污,没过多久还被揭露他曾致电报社总编并以威逼利诱的方式试图阻止相关的报道。④ 这些负面消息都被国内外媒体迅速传播开来,使他之前建立的良好形象毁于一旦,人们对他的信任度和支持率都降到了最低点。事

---

① Thomas Holbrook, *Do Campaigns Matter?*, Los Angeles: SAGE, 1996, p. 1.
② Victoria A. Farrar-Myers, Justin S. Vaughn, *Controlling the Message: New Media in American Political Campaigns*, New York: NYU Press, 2015, p. 1.
③ 伊库·阿达托:《完美图像:Photo Op 时代的生活》,张博、王敦译,北京大学出版社2015年版,第159页。
④ 张毓强、刘春燕:《德国总统与媒体的"遭遇战"》,《时事报告》2012年第2期。

件也瞬间引起了德国境内大范围的抗议,最终从媒体曝光到武尔夫被迫宣布辞职仅用了不到三个月的时间。类似地,在纪念诺曼底登陆65周年活动结束后不久,《每日邮报》(Daily Mail)等多家媒体就迅速曝光了法国前总统萨科齐(Nicolas Sarkozy)在纪念活动中使用脚凳来发表演讲,并且一直在低头往下看的滑稽形象。① 过了三个月,他又在一次电视讲话中被媒体发现刻意安排比他矮的人站在后面,为的只是塑造其形象的高大。② 之后还有一次在他参观幼儿园的时候,媒体又发现了他故意让数十名小朋友在欢迎仪式上为他高喊"万岁",其目的也是为了塑造自己"高大的形象"。③ 然而,在媒体一次又一次地把真相快速地公之于众以后,萨科齐这些令人发笑的举动不仅没有达到他预期的"增高"效果,反而还让他被指控以个人目的操控传播体系,从而不断引起了群众的厌烦和不满,加之其执政期间未能有效解决法国面临的诸多内外问题,最终导致其以低迷的民意支持率在大选中输给了竞争对手。

(三) 意义:媒体政治下国家领袖形象的重要性

作为一国政府和执政党的最高领导者,国家领袖的形象不但具有极高的代表性和权威性,而且对于国内外都具有强大的影响力。当今一切公共部门和公共管理行为所体现的政府形象,都是以领袖形象作为其重要表征。民众经常会直接根据领袖的形象来对政府形象的好坏予以评价。在很大程度上社会公众会通过领袖个人的政治行为所反映

---

① 《萨科齐演讲用脚凳增高》,搜狐网,2009年6月10日,http://news.sohu.com/20090610/n264448121.shtml。
② 《萨科齐演讲拉20"矮人"当陪衬 被抨好似拍戏(图)》,中国新闻网,2009年9月8日,http://www.chinanews.com/gj/gj-ywdd2/news/2009/09-08/1854590.shtml。
③ 《萨科齐视察幼儿园孩子排队喊"万岁"遭批(图)》,中国新闻网,2012年2月16日,https://www.chinanews.com.cn/gj/2012/02-16/3673751.shtml。

的公共形象形成自身态度。良好的领袖形象既是相关政治团体的靓丽名片,也是民意态势的重要参考。得民心者得天下,是贯彻古今中外的一个基本规律。不管是一个大方得体的动作,还是一段富有感染力的讲话都会给领袖带来良好的形象评价,这样持续下来不但能够增强民众的信心,还能够提升政府的形象质量并为其政令的执行带来更多的支持,从而进一步提高国家的治理水平。[1] 无疑,良好的领袖形象所彰显的领导风范和个人威望具有强大的感召力,这对鼓舞士气、维护政令和提升国家软实力都起着不可或缺的重要作用。[2] 与此同时,一国领袖的形象也会吸引世界各地媒体和民众对领袖本人及其所在国相关领域的密切关注。

在媒体时代下,有几种越来越明显的趋势是:西方领袖的媒介形象比其实质更加重要,领袖个人的品格比其他问题更加重要,领袖表露出来的情感比一般信息更为突出。[3] 这种趋势的出现主要是因为相对于有关国家政策及社会问题的报道,大多数政治报道中一般民众更关注也更容易感知到的是领袖的个人形象及性格特征,比如言行举止、领导力和号召力等等。这些显而易见的特征也更容易让民众拿来与其他领袖进行对比,如若表现得当便能大幅提升本国领袖的影响力和支持率。[4] 比如现在的西方领袖选举活动中,参选人已不再完全凭借其政治

---

[1] 衣小品:《领导人形象在政府形象塑造中的重要作用》,《行政与法(吉林省行政学院学报)》1990 年第 1 期。
[2] 刘唯一:《网络环境下领导人形象传播研究》,《新闻研究导刊》2016 年第 7 期。
[3] R. Coleman, S. Banning, "Network TV News Affective Framing of the Presidential Candidates: Evidence for A Second-level Agenda-setting through Visual Framing", *Journalism and Mass Communication Quarterly*, Vol. 83, No. 2, Summer 2006, p. 313.
[4] Darrell M. West, *Air Wars: Television Advertising in Election Campaigns, 1952—2004*, Washington, D. C.: CQ Press, 2005, pp. 50-53.

经验和治国智慧来获胜,而是越来越依靠个人形象来取胜。① 相关研究也证实,电视上领导人的表情和语言更能够吸引到大多数人的关注。② 美国前总统里根(Ronald Reagan)之所以聘请专门的形象策划师,是因为他也意识到,"在电视政治时代下,形象很多时候跟金钱一样重要"③。媒体视域下的领袖形象就像是一件公开出售给广大平民百姓的商品,需要经过精心包装才能更好地提高销量。④ 美国前总统尼克松(Richard Nixon)也曾因不注重自己在电视辩论上的形象而感到非常后悔,并在事后不得不承认"在电视时代下,个人形象有时候与政治见解一样甚至更加重要"⑤。在领袖当选执政以后,如果政府运作中出现"领导危机",首要的基本是"形象危机"。⑥ 而良好的国家领导人形象能够使公众更加愿意与其进行沟通与交流,有利于改善政府与公众间的关系,从而及时有效地化解各种危机、缓和社会矛盾、促进社会和谐与进步。除了在国内社会无比重要以外,国家领袖形象在国际场合上也与该国的国际声誉和地位紧密相关。⑦ 一国领袖在国际媒体上如果形象良好,就会得到国际舆论的支持,这对提升本国影响力和加强国际合作都具有

---

① 翟杉:《仪式的传播力——电视媒介仪式研究》,中国传媒大学出版社 2014 年版,第 203 页。

② R. D. Masters, *Machiavelli, Leonardo, and the Science of Power*, Notre Dame, IN: University of Notre Dame Press, 1996, p. 273.

③ Richard W. Waterman, Gilbert K. St. Clair, and Robert Wright, *The Image Is Everything Presidency: Dilemmas In American Leadership*, Boulder, CO: Westview Press, 1999, p. 53.

④ Jody C. Baumgartner, Peter L. Francia. , *Conventional Wisdom and American Elections: Exploding Myths, Exploring Misconceptions*, Washington, D. C. : Rowman & Littlefield, 2016, p. 126.

⑤ 莫妮卡·克劳莉:《不在案的记录:尼克松晚年私人谈话》,吴乃华译,中央编译出版社 1998 年版,第 71—84 页。

⑥ 崔宵鹤:《2010 年〈人民日报〉中我国国家领导人的媒体形象研究》,上海外国语大学 2012 年硕士学位论文,第 1 页。

⑦ 张昆:《国家形象传播》,复旦大学出版社 2005 年版,第 225 页。

积极的作用。在第二次世界大战结束以后，许多国家都深知领袖形象和传播媒介对其的重要性。特别是欧美国家的政要们都高度重视其媒介形象，还时不时以作秀的形式在媒体上公开展现自己亲民的生活化形象来满足普通群众的期望。比如，英国前首相卡梅伦（David Cameron）在任的时候，经常故意不坐首相专车而让多家媒体拍摄到他上下班骑自行车、搭乘地铁或廉价航班时的样子，以及他参加慈善慢跑赛的场景，以此来拉近贵族出身的自己与普通民众之间的距离。

第三节 西方媒体在国际关系中角色与作用路径[①]

不同的历史时期，西方媒体在国际关系中扮演着不同的角色。从过去的传播者、批判者、歌颂者等传统角色，到如今的形象破坏者、塑造者或修复者，角色转变必然带来作用的变化。西方媒体对国际关系的作用及其作用路径是怎样的？这个理论和实践中面临的迫切问题，就是本节要讨论的核心议题。

一、同类对比视角下媒体角色的变迁

西方媒体在随着时间的推移而发生变化的同时，通过横向的同类对比可以发现，其在同一历史时期（当今）的角色也在发生变迁。当下，西方国家运用媒体力量作用于国际关系的手段层出不穷，方式变化多

[①] 本节部分内容已作为专文发表，此处有修改。参见招春袖、胡文涛：《西方媒体的角色变化及其在国际关系中发挥的作用》，《战略决策研究》2017年第6期。

样。其在国际关系中向来扮演着传播者、批判者、歌颂者等传统角色。而随着软实力概念的广泛运用,西方各国政府对形象政治愈加重视,媒体在国际关系中扮演的角色也出现变迁,从批判者演变成形象破坏者或修复者,从歌颂者演变成形象塑造者。

(一) 一以贯之的本元角色:传播者

传播是媒体最基本的功能,传播者是媒体必须扮演的最本元的角色。西方媒体在国际社会中传播着广泛的国际新闻信息,全面覆盖了受众需求的各个领域。西方媒体扮演的传播者角色从未发生改变,这种一以贯之的角色在未来也不会发生变化。角色虽无变化,但传播能力却随着科技信息的发展不断增强。

西方传统媒体对信息的传播能力已经不容置疑。"信息媒体的传播能力指其传播的地域广阔性、接受者的广泛性、信息的传量大小和传速快慢等。"①以 BBC 为例,"2009—2010 年度,BBC 的国际服务(World Service)通过广播、电视、互联网和手机用英语和 31 种其他语言向全球受众提供新闻、教育和娱乐节目内容,每周的受众达 1.88 亿人,而全球新闻(the Global News)的广播、电视和互联网受众高达 2.44 亿人"②。在西方国家,像 BBC 这样拥有强大传播能力的媒体绝非个例。

西方新媒体也在迅速崛起,其传播能力亦呈几何级数倍增。推特的联合创始人比兹·斯通(Biz Stone)在自传中以 2008 年 7 月 30 日发生的南加州地震为例,描述了推特的传播能力:"官方发布地震信息的时间是上午 12 点 42 分,但推特首次公布地震消息的时间要更早。地震

---

① 颜景毅:《现代广告原理与方法》,河南人民出版社 1994 年版,第 196 页。
② 段鹏:《中国广播电视国际传播策略研究》,中国传媒大学出版社 2013 年版,第 55 页。

发生9分钟后,也就是11点51分,美联社发布了包含57个单词的警示信息。而就在这9分钟里,推特上有3600条有关地震的信息发布。"①推特等新媒体的即时性、现场性、跨时空传播等特点,使人人都有麦克风,人人都是传播者,也造就了新媒体拥有传统媒体所不能及的传播速度优势。

(二) 从批判者到形象破坏者或形象修复者

批判是西方媒体的重要功能。站在自己的立场,戴着有色眼镜观察世界、报道世界,是西方媒体经常出现的弊病。西方媒体喜欢对不符合自己道德标准或价值观的事物加以批判,却从不审视自己的道德标准或价值观是否存在问题,企图通过扮演批判者而站在道义的制高点。但西方媒体的这种批判功能具有两面性,既可被用于损毁某国形象,也可为该国所用,以修复本国形象。

在被西方媒体损毁形象的国家名单上,中国是主要的被批判者。西方媒体借助各种理由攻击中国政府,损毁中国形象。"互联网自由成为新时期美国对华攻击的新武器,批评中国政府限制网络自由。"②"(美国媒体)这些失实的报道不仅伤害了中国人民的民族感情,在国际上败坏了中国的民族形象,给和平的国际关系平添了不谐之音;而且在美国国会和公众中煽动起强烈的反华情绪,使他们自然地把中国看作是美国的敌人。"③

---

① 比兹·斯通:《一只小鸟告诉我的事——推特联合创始人比兹·斯通自传》,顾雨佳译,中信出版社2015年版,第141—142页。
② 相德宝:《国际自媒体涉华舆情现状、传播特征及引导策略》,《新闻与传播研究》2012年第1期。
③ 周新华:《当前美国新闻媒体对国际关系的消极影响》,《现代国际关系》1999年第12期。

可喜的是,中国也并非仅仅被动接受批判和形象的损毁。西方媒体也可为非西方国家所用,传播非西方国家的政治思想和立场,修复被损毁的形象。中国外交部前副部长傅莹曾在英国《星期日电讯报》(Sunday Telegraph)上发表文章,抗议英国部分媒体对北京奥运火炬在伦敦传递的负面报道,取得了良好效果。中国国家主席习近平在出访外国时,也常在访问国主流纸媒上发表署名文章,传播中国观点,发出中国声音。这些措施对已被西方国家损毁的形象,起到了很好的修复作用。

(三) 从歌颂者到形象塑造者

西方媒体虽然标榜新闻自由、言论自由,但在关键时刻或是为了自身利益而预设立场,或是由于政府的施压,往往会作出与新闻自由相违背的事情,成为政府政策的歌颂者。时至今日,西方媒体已经不是单纯的政策歌颂者,更成为国家政府机构,甚至首脑、领袖的形象塑造者。

西方媒体在政府施压下成为政府政策歌颂者的情况,最典型的当属在美国遭受"9·11"恐怖袭击后,由于政府的施压,美国媒体大多配合政府的打击恐怖主义宣传。"'9·11事件'后,美国政府在第一时间就其即将发布的打击恐怖主义政策召集美国主流媒体的负责人开会,要求媒体配合,不发表不利于美国国家安全的报道,并要求绝对'听从指挥'。"[1]

西方媒体也会为了争取独家报道权等利益,与政府合作,成为政策的歌颂者。英国战地记者、作家与制片家约翰·皮尔格(John Pilger)导演的《看不见的战争》对此进行揭露:"美国政界为赢得民众的选票、支

---

[1] 任海、徐庆超:《媒体外交:一种软权力的传播与扩散》,《当代世界与社会主义》2011年第4期。

持,为招募到愿意参军的民众,需要媒体进行正面的新闻报道。于是,政府勾结媒体,只是给民众提供政府想让民众知道的事实,掩盖掉不利于政府、残酷的战争现实。媒体则需要'嵌入'作战部队,深入战争,报道第一手战争新闻,记者身临其境的所谓嵌入式报道,造就一种实况和真实的假象。媒体为了获得采访权,获得高收视,必须依附于政府的安排,于是彻底沦为官方的宣传机器。民众被蒙住了眼睛,看到的只是一味的赞美和表扬。媒体与政府狼狈为奸,愚弄的只是人民。"①

在形象政治日益重要的今天,西方媒体在国际关系中的角色已经从单纯的政策歌颂者,演变成为国家政府机构,甚至首脑、领袖的形象塑造者。美国的中国问题专家龙安志(Laurence Brahm)曾对中国记者说:"中国媒体塑造形象,应该学外国媒体,30%小骂,70%大帮忙。"②英国伦敦政治经济学院传媒系主任罗宾·曼塞尔(Robin Mansell)研究了西方媒体具体如何帮忙塑造形象的问题,发现:"西方国家的政党和领导人都非常重视利用媒体塑造形象,一个典型的例子是2008年美国的大选,民主党总统候选人奥巴马(Barack Obama)充分利用互联网加强与民众的联系,从筹款、宣传到拉票、竞选,把互联网的优势发挥得淋漓尽致,从而使美国政治发生了巨大的变化。"③时至2016年的美国大选,候选人特朗普的获胜也是得益于推特等媒体的宣传。美国学者约翰·莫里尔(John C. Merrill)认为:"美国的新闻媒体对塑造、强化和改变世界其他国家和国家领导人的形象发挥着关键性作用。"④

---

① 桂清萍:《〈看不见的战争〉:媒体警世钟》,《中国电视(纪录)》2012年第9期。
② 郭光华:《新闻传播能力构建研究:基于全球化的视野》,人民出版社2013年版,第23页。
③ 罗宾·曼塞尔:《新兴媒体的社会影响力(国际笔谈)》,《人民日报》2008年8月29日第6版。
④ John C. Merrill, ed., *Global Journalism: Survey of International Communication*, New York: Longman Press, 1991, p.66.

昔日的政策歌颂者是媒体对政府被动配合的表现,而今天的形象塑造者则展现了媒体更多的主观能动性。两者的根本区别在于指向性的不同:歌颂者的角色以立场为指向,塑造者的角色以效果为指向。媒体扮演歌颂者角色时强调立场正确,而不管效果,有时甚至会因一味唱赞歌而引起受众的反感。而媒体扮演形象塑造者角色时则更多强调效果,有对形象塑造的明确目标,会更关注受众的感受。媒体从歌颂者向形象塑造者转变的动因有主观和客观两方面。主观方面,媒体必须从政府政策"应声虫"的角色转变到"参政议政"的角色,才能获取更大的独立性和影响力;客观方面,政府也需要充分发挥媒体的主观能动性,才能充分顾及受众的感受,达到理想的预期效果。

二、西方媒体对国际关系的作用不断深化

随着西方媒体在国际关系中扮演的角色不断变迁,其作用也因而变化,不断向深度拓展。从引导舆论方向到建构舆论生态,从渗透意识形态到改变公众态度,从影响外交决策到影响国际议题,西方媒体在国际关系中发挥的作用不断深化。

(一)从引导舆论方向到建构舆论生态

舆论引导是媒体的重要功能,而西方媒体则把这个功能发挥到了极致。国际事务极少发生在公众的身边,因为距离事发源较远,公众必须借助媒体的力量,从报纸、广播、电视或互联网等渠道去了解国际事务。公众基于媒体报道这个唯一的信息源,了解国际事务并作出自己的判断。当媒体报道出现倾向性,公众判断也会发生倾斜。因此,媒体报道拥有类似"指挥棒"的功能,能够利用报道的倾向性,引导公众的判

断趋同,形成公众舆论。

西方媒体在报道新闻事实的同时,也在塑造新闻"事实",从而影响受众的认知。吉特林(Todd Gitlin)指出,"记者不仅仅像镜子一样反映现实,同时也在一定程度上组成了'现实'——这些组成部分会被公众议论和认知"[1]。盖伊·塔奇曼指出,"在描述事件的过程中,新闻定义并塑造这个事件"[2]。新闻报道通过影响受众的认知来进行舆论引导。"新闻报道中使用的框架可以影响公众对事件的认识。"[3] 克莱斯·德·弗里斯(Claes H. de Vreese)总结出,"媒体通过叙事框架强调事件中的特定事实或评价,完全有能力塑造公众舆论"[4]。

英美等发达国家媒体在垄断信息源的基础上,操控整个国际舆论生态的建构。"英美发达国家媒体垄断国际自媒体涉华舆情信息流。"[5]

---

[1] Todd Gitlin, *The Whole World is Watching: Mass Media in the Making & Unmaking of the New Left*, Berkeley, CA: University of California Press, 1980, p. 14. Jennifer Hoewe, Brian J. Bowe, and Geri Alumit Zeldes, "A Lack of Balance: An Examination of Local Detroit, Michigan, Newspaper Coverage of the 2006 War in Lebanon and the 2008-2009 War in Gaza", *Journal of Muslim Minority Affairs*, Vol. 32, No. 4, 2012, p. 484.

[2] Gaye Tuchman, *Making News: A Study in the Construction of Reality*, New York: Collier Macmillan, 1980, p. 184. Jennifer Hoewe, Brian J. Bowe, and Geri Alumit Zeldes, "A Lack of Balance: An Examination of Local Detroit, Michigan, Newspaper Coverage of the 2006 War in Lebanon and the 2008-2009 War in Gaza", *Journal of Muslim Minority Affairs*, Vol. 32, No. 4, 2012, p. 484.

[3] Jennifer Hoewe, Brian J. Bowe, and Geri Alumit Zeldes, "A Lack of Balance: An Examination of Local Detroit, Michigan, Newspaper Coverage of the 2006 War in Lebanon and the 2008-2009 War in Gaza", *Journal of Muslim Minority Affairs*, Vol. 32, No. 4, 2012, p. 484.

[4] Claes H. de Vreese, "The Effects of Frames in Political Television News on No. Interpretation and Frame Salience", *Journalism & Mass Communication Quarterly*, Vol. 81, No. 1, 2004, pp. 36-52. Jennifer Hoewe, Brian J. Bowe, and Geri Alumit Zeldes, "A Lack of Balance: An Examination of Local Detroit, Michigan, Newspaper Coverage of the 2006 War in Lebanon and the 2008-2009 War in Gaza", *Journal of Muslim Minority Affairs*, Vol. 32, No. 4, 2012, p. 484.

[5] 相德宝:《国际自媒体涉华舆情现状、传播特征及引导策略》,《新闻与传播研究》2012年第1期。

"美国的国际新闻传播几乎成为许多国家了解外部事务的重要渠道。遗憾的是,美国新闻传播'厚此薄彼'的新闻裁剪、藏匿与滞后重要新闻,将使得这众多的国家政治行为体在对国际事务的判断和认识上发生偏差,从而影响国际舆论在关键时刻的道义反映。"① 这种以英美等发达国家媒体为首的跟随现象,使整个国际舆论生态的建构置于发达国家的操控之下。

(二) 从渗透意识形态到改变公众态度

西方媒体通过在新闻报道中融入特定的意识形态,对别国进行意识形态渗透,在冷战时期达到高峰。"在冷战期间,西方国家针对古巴政权的马蒂广播电台,针对亚洲的亚洲广播电台,针对苏联东欧地区的自由欧洲电台等,都是宣传其价值观和进行意识形态斗争的重要媒体工具。"②

一直以来,西方媒体从未放弃意识形态渗透,近年来极力宣扬"人权""民主"等所谓的"普遍价值观"。虽然以新闻自由为标榜,西方媒体在报道新闻时,仍不可避免地带有一定的意识形态偏见。斯蒂芬·里斯(Stephen D. Reese)等学者指出,"用于塑造新闻故事的特定框架是与新闻机构的意识形态偏见联系在一起的"③。另外还有学者分析了2000年至2002年《纽约时报》、《华盛顿邮报》(*The Washington Post*)、《洛杉矶时报》(*The Los Angeles Times*)和《休斯敦纪事报》(*Houston*

---

① 周新华:《当前美国新闻媒体对国际关系的消极影响》,《现代国际关系》1999年第12期。
② 胡文秀、郝瑞霞:《浅析国际媒体对国际政治的影响》,《新东方》2014年第2期。
③ Stephen D. Reese, Oscar H. Gandy, Jr., and August E. Grant, *Framing Public Life: Perspectives on Media and Our Understanding of the Social World*, Mahwah, NJ: Lawrence Erlbaum Associates, 2001.

Chronicle)有关巴以冲突的报道。他们的研究证实了美国的新闻报道一般都有亲以反巴的偏见。① 西方媒体在新闻报道中带有的意识形态色彩,使其新闻报道容易偏离事实真相乃至歪曲事实,造成新闻失真甚至虚假。"事实上,美国新闻媒体不可避免地受到本国文化或意识形态的影响,美国民间媒体还受到幕后经济权势的政治经济利益的驱动;另外,民间媒体新闻行业自身的特性也是造成其报道片面的不可忽视的一个因素。"②继西方传统媒体之后,新媒体也成为西方意识形态的传播者。"世界上具有影响力的自媒体基本也为美国、加拿大等发达国家所垄断……成为发达国家新时期传递文化、价值观、意识形态的传教士。"③

在意识形态之外,西方发达国家在近年更兴起了公共外交的热潮。在这股热潮中,西方媒体更是不可或缺的重要载体。美国学者罗伯特·恩特曼(Robert M. Entman)认为:"公共外交活动的实现要基于美国媒体或全球媒体实现……大多数公共外交活动要充分利用本国媒体或者国际媒体,甚至充分利用对象国家的媒体、记者或者网络等开展工作。"④西方发达国家通过公共外交改变公众态度,杰里尔·罗赛蒂(Jerel A. Rosati)在《美国对外政策的政治学》中指出:"政府官员和社会集团都企图左右和控制媒介对国际国内事务的报道,因为他们懂得传播

---

① Kuang-Kuo Chang, Geri A. Zeldes, "Three of Four Newspapers Studied Favor Israeli Instead of Palestinian Sources", *Newspaper Research Journal*, Vol. 27, No. 4, Fall 2006, pp. 84-89. Jennifer Hoewe, Brian J. Bowe, and Geri Alumit Zeldes, "A Lack of Balance: An Examination of Local Detroit, Michigan, Newspaper Coverage of the 2006 War in Lebanon and the 2008-2009 War in Gaza", *Journal of Muslim Minority Affairs*, Vol. 32, No. 4, 2012, p. 484.
② 周新华:《当前美国新闻媒体对国际关系的消极影响》,《现代国际关系》1999年第12期。
③ 相德宝:《国际自媒体涉华舆情现状、传播特征及引导策略》,《新闻与传播研究》2012年第1期。
④ 周庆安:《从传播模式看21世纪公共外交研究的学术路径》,《现代传播》2011年第8期。

媒介的作用,知道通过媒介能影响政治议程和舆论导向,能影响国内政治和决策过程。他们也懂得新闻图片,特别是电视图像对美国公众的政治信仰和行动有很大的影响力。"①

(三) 从影响外交政策到影响国际议题

西方媒体对新闻事件的报道,不但能引导人们的关注点,还会影响外交政策的形成与传播过程。西方媒体从向上、向下、向外三个方向发力,不但发挥"上传下达"作用,甚至还有"外溢"效应,影响到国际议题的设定。

在外交政策的形成过程,即外交决策的过程中,媒体首先发挥了"上传"作用,将社会民意和学界观点"上传"到决策层。西方媒体是政界或学界人物甚至普通公众(通过自媒体)发表思想言论而影响政府外交政策形成过程的重要渠道。学术期刊就是其中一种重要的传统传播媒体。如乔治·凯南在《外交》(*Foreign Affairs*)上发表文章《苏联行为的根源》,提出遏制政策的建议,使遏制政策成为杜鲁门政府的外交政策原则之一。美国学者苏珊尼·诺瑟同样在《外交》杂志上提出"巧实力"(Smart Power)的概念,成为后来美国奥巴马政府"新媒体外交"的理论支撑。有学者研究了媒体对冲突的关注与政府是否作出干预的外交决策之间的关系,结果认为媒体的关注与干预性决策有着直接联系,"媒体的关注增加了对冲突进行干预的可能性。干预也增加了媒体的关注度"②。另一方面,西方媒体尤其是自媒体作为一种新兴的媒体传

---

① 杰里尔·罗赛蒂:《美国对外政策的政治学》,周启朋、傅耀祖等译,世界知识出版社1996年版,第485页。
② Sam R. Bell, Richard Frank, and Paul Macharia, "Passenger or Driver? A Cross-National Examination of Media Coverage and Civil War Interventions", *International Interactions*, Vol. 39, No. 5, 2013, p. 648.

播形式,对外交政策的传播过程也发挥着越来越大的"下达"作用。美国政界向来重视通过各类媒体大力传播外交政策,以获取广泛的支持。例如美国白宫和国务院等政府机构开通了自己的推特账号@whitehouse、@StateDept等,向公众传播外交政策。媒体的覆盖范围也就决定了外交政策的传播广度。

随着影响力的不断扩大,西方媒体已经不局限于影响国内的外交决策,这种作用还外溢到国际社会,影响国际议题。约瑟夫·奈(J. S. Nye)认为:"媒体有一种重要的功能,它能促使政治家干预特定的国际危机,而忽略其他甚至更严重的问题。这是因为决策者必须迅速回应媒体传达给公众的信息流。"[①]甚至可以说,国际社会关注的议题总被媒体牵着鼻子走。有学者总结了西方媒体总能成功影响乃至设置国际议题的秘诀:"西方媒体之所以对其设置的国际议题具有引导力,是因为赋予了这些议题以利益的人类共同性,伦理和道义上的正当性,责任的不可争辩性,科学、知识和逻辑上的说服力以及意识形态的合法性等价值要素和知识要素。"[②]近年来,欧洲难民危机被西方媒体广泛报道,引起国际社会的关注,就是因为西方媒体并非单纯报道难民问题,而是将难民问题上升到人道主义危机的高度。比如英国《每日电讯报》(*The Daily Telegraph*)的报道称:"对难民的道德义务要求欧洲人民帮助叙利亚人民重建他们的祖国,在因战争支离破碎的国家领土上重建安全区才是解决该人道主义危机最好的方式。"[③]为了不在道义上丧失话语权,

---

[①] J. S. Nye, "Redefining the National Interest", *Foreign Affairs*, Vol. 78, No. 4, 1999, pp. 22−35. Chiara de Franco, *Media Power and the Transformation of War*, New York: Palgrave Macmillan, 2012, p. 12.

[②] 于运全、王眉主编:《中国对外传播的变革与发展——〈对外传播〉20周年文选》,外文出版社2014年版,第31页。

[③] 叶萌:《外媒:难民问题成世纪话题,我们该如何处理?》,人民网,2015年9月23日,http://world.people.com.cn/n/2015/0923/c1002-27625399.html。

无论是否接收难民,欧洲各国政府都不得不就此议题表态。难民危机骤然升温,成为一个全球关注的国际议题。

三、基于核心影响对象的媒体作用路径考察

西方国家通过有效的作用机制,不断推进其媒体力量对国际关系的影响力。在本课题组的抽样调查中,有较高比例的抽样人群认为受媒体影响最大的国际关系领域分别有跨国人文交流、国际商务、战争和外交事务等。纵观西方各国媒体在国际舞台上的表现,通过信息源垄断、议程设置、影响决策等迂回路径作用于国际关系的现象较为普遍。而西方媒体直接参与政府外交与国际政治,也形成了媒体外交和媒体政治等作用于国际关系的直接路径。影响西方媒体作用路径选择的关键因素在于核心影响对象,因应对象的不同会作出不同的路径选择。

(一)迂回路径:影响公众或决策者

西方媒体与国际关系两者之间并没有直接发生联系,而是通过影响公众、决策者等第三者的方式来间接影响国际关系,这一方式可以被称为迂回路径。而西方媒体通常采取信息源垄断和议程设置等方式来实现这种迂回作用。

信息源垄断是西方媒体作用于国际关系的首要一步。凭借传统媒体的人力、物力、财力等资源优势,西方媒体已经编织起一张全球领先的信息来源网。各大通讯社、新闻机构,甚至各路记者都是这张信息来源网的重要网点。借助这张信息来源网,西方媒体往往能比其他媒体更快、更多地获取和传播第一手国际新闻资讯。而其他国家媒体由于人力、物力、财力等资源限制或其他种种原因,常常转载、转播西方媒体

的新闻资讯,使得西方媒体逐渐对信息源形成垄断地位。

西方媒体非但对信息源占据着垄断地位,而且会对信息源进行过滤、选择等操作。詹妮弗·霍韦(Jennifer Hoewe)等学者分析了《底特律新闻》(*The Detroit News*)和《底特律自由报》(*Detrcit Free Press*)两份报纸关于2006年黎以冲突和2008—2009年巴以加沙冲突的新闻报道,《底特律新闻》和《底特律自由报》是在美国大都会社区中心出版且与国际战争紧密联系的重要报纸。该研究得出结论:"媒体是有信源使用偏爱的。《底特律新闻》和《底特律自由报》在报道2006年黎以冲突的当地新闻时大部分是采用亲黎巴嫩的信源。而这两份报纸在报道2008—2009年加沙冲突的当地新闻时大部分是采用亲以色列信源。"①

这种垄断地位使得西方媒体可以通过对信源的操控来达成自己影响公众的目的。比如,西方媒体会为了迎合公众的阅读需求,而采用公众喜闻乐见的信源。"黎以冲突的报道显示,亲黎巴嫩的信源会比亲以色列的信源能得到更多的报道,并被安排在《底特律新闻》和《底特律自由报》更显眼的版面位置。"②因为"这些报纸可能会迎合受众和当地的读者。根据阿拉伯裔美国人学会的研究,密歇根州31%的阿拉伯裔美国人有黎巴嫩血统,而只有2%有巴勒斯坦血统"③。据本课题组的抽样

---

① Jennifer Hoewe, Brian J. Bowe, and Geri Alumit Zeldes, "A Lack of Balance: An Examination of Local Detroit, Michigan, Newspaper Coverage of the 2006 War in Lebanon and the 2008-2009 War in Gaza", *Journal of Muslim Minority Affairs*, Vol. 32, No. 4, 2012, p. 489.

② Jennifer Hoewe, Brian J. Bowe, and Geri Alumit Zeldes, "A Lack of Balance: An Examination of Local Detroit, Michigan, Newspaper Coverage of the 2006 War in Lebanon and the 2008-2009 War in Gaza", *Journal of Muslim Minority Affairs*, Vol. 32, No. 4, 2012, pp. 489-490.

③ Jennifer Hoewe, Brian J. Bowe, and Geri Alumit Zeldes, "A Lack of Balance: An Examination of Local Detroit, Michigan, Newspaper Coverage of the 2006 War in Lebanon and the 2008-2009 War in Gaza", *Journal of Muslim Minority Affairs*, Vol. 32, No. 4, 2012, p. 489.

调查,在对政治领袖、社会公众、专家学者和商人等受媒体影响最大的人群排序中,高达47.9%的抽样人群认为社会公众受媒体影响最大。同时,据本课题组的另一项调查数据,在对议程设置、社会动员、形象建构等媒体对国际关系最具影响力的方式排序中,高达64.3%的抽样人群认为社会动员是媒体对国际关系最具影响力的方式。可见,西方媒体通过影响公众态度(即民意)进行社会动员来间接影响国际关系的迂回路径是奏效的。

信息源垄断还衍生出另一种重要的迂回作用方式——议程设置。实力较为薄弱的非西方媒体,尤其是新兴媒体,由于没有掌握信息源的能力,只能依赖于西方媒体的信息源。这使得西方媒体可以设置非西方媒体的议程。有研究指出:"自媒体内容并非以原创为主,而是以转载为主。根据对具体转载内容的分析发现,《纽约时报》《泰晤士报》等国际传统主流媒体是自媒体的主要转载来源,国际传统媒体影响自媒体议程设置和报道框架。"[①]具体到中国,"西方传统主流媒体设置国际自媒体涉华舆情的议程"[②]。

通过议程设置影响决策者的决策来作用于国际关系,是西方媒体最为重要、最为明显的一种方式。"媒体对国际事件的报道影响外交决策的现象,经常被称为'CNN效应'。"[③]西方媒体通过设置新闻传播内

---

① 相德宝:《国际自媒体涉华舆情现状、传播特征及引导策略》,《新闻与传播研究》2012年第1期。

② 相德宝:《国际自媒体涉华舆情现状、传播特征及引导策略》,《新闻与传播研究》2012年第1期。

③ Eytan Gilboa, "Global Television News and Foreign Policy: Debating the CNN Effect", *International Studies Perspectives*, Vol. 6, No. 3, 2005, pp. 325-341. Piers Robinson, "The CNN Effect: Can the News Media Drive Foreign Policy?", *Review of International Studies*, Vol. 25, No. 2, 1999, pp. 301-309. Sam R. Bell, Richard Frank, and Paul Macharia, "Passenger or Driver? A Cross-National Examination of Media Coverage and Civil War Interventions", *International Interactions*, Vol. 39, No. 5, 2013, p. 647.

容的次序来影响决策者的思想,从而影响决策者的决策。索马里陷入内战后,"有关暴力的电视、照片和新闻报道和忍饥挨饿的儿童的照片促使美国和联合国采取军事干预以保障救援物资的发放"①。西方媒体的新闻报道甚至可以诱导决策者,激发其作出某些决策。"有分析人士认为,媒体对斯雷布雷尼察的报道激发美国决策者作出干预和保护戈拉日德的决定。"②据本课题组上述的抽样调查,多达45.1%的抽样人群认为政治领袖受媒体影响最大。同时,据本课题组的另一项调查数据,仍有34.9%的抽样人群认为议程设置是媒体对国际关系最具影响力的方式。可见,西方媒体通过议程设置影响政治领袖(即决策者)的判断,继而间接影响国际关系的迂回路径是奏效的。

(二) 直接路径:影响政府外交或国际政治

西方媒体与国际关系直接发生联系,是通过参与政府外交和国际政治来直接影响国际关系的方式,可以称为直接路径。而西方媒体通常采取媒体外交、媒体政治等方式实现这种迂回作用。

媒体外交对国际关系影响广泛。媒体外交不但推进了公开外交、国际关系民主化的进程,而且还对国家政局有着深刻影响。2009年6月伊朗大选期间,国内抗议活动高涨,伊朗政府封锁了Youtube、脸书等多个有影响力的网站,抗议者于是用推特向外发送了大量关于时局的

---

① Sam R. Bell, Richard Frank, and Paul Macharia, "Passenger or Driver? A Cross-National Examination of Media Coverage and Civil War Interventions", *International Interactions*, Vol. 39, No. 5, 2013, p. 647.

② Piers Robinson, "The Policy-Media Interaction Model: Measuring Media Power During Humanitarian Crisis", *Journal of Peace Research*, Vol. 37, No. 5, 2000, p. 613 - 633. Sam R. Bell, Richard Frank, and Paul Macharia, "Passenger or Driver? A Cross-National Examination of Media Coverage and Civil War Interventions", *International Interactions*, Vol. 39, No. 5, 2013, p. 647.

信息和照片。一时间,推特成为国际社会了解伊朗政局最快捷的渠道,美国有线电视新闻网等主流媒体的报道相形之下则显得滞后许多。①"事实上,从1999年科索沃战争到2003年的伊拉克战争,从2003年塞尔维亚、格鲁吉亚、乌克兰、吉尔吉斯斯坦等国爆发'颜色革命'再到2009年伊朗大选结果导致的政局动荡,这些事件某种意义上都可看作是美国媒体外交的'成果'。"②

媒体政治是国际政治的重要组成部分。媒体政治斗争已经成为国际政治斗争的延伸。美国学者菲利普·赛博(Philip Seib)指出:"新闻机构远不只是信息发布系统……国际新闻是增进国家利益、增强软实力的一种重要方式。"③"国际政治斗争依然激烈,只不过,各方都以报纸、电视和网络等媒体为新武器,看不见硝烟,却实实在在地改变了国际政治格局和力量对比。"④

西方媒体直接参与国际战争,成为战争的重要组成部分。五角大楼成立"网络司令部",可见美国对媒体的战争作用的重视程度之高。在科索沃战争时,西方媒体已经深度介入国际战争。"媒体实际上已成为北约这次行动(科索沃战争)的一部分,他们在用宣传工具任意涂抹历史和现实。美国新闻媒体集中报道的是塞族在对阿尔巴尼亚少数民族进行种族清洗,闭口不谈北约的狂轰滥炸给包括科索沃人民在内的南联盟人民带来的空前灾难。"⑤在伊拉克战争期间,西方媒体对国际战

---

① 伊蕊:《美国政治博客》,世界知识出版社2012年版,第26页。
② 任海、徐庆超:《媒体外交:一种软权力的传播与扩散》,《当代世界与社会主义》2011年第4期。
③ 菲利普·赛博:《跨国新闻、公共外交及虚拟国家》,陆佳怡、钟新译,《国际新闻界》2010年第7期。
④ 任海、徐庆超:《媒体外交:一种软权力的传播与扩散》,《当代世界与社会主义》2011年第4期。
⑤ 周新华:《当前美国新闻媒体对国际关系的消极影响》,《现代国际关系》1999年第12期。

争的介入程度不断深化。"在2003年的伊拉克战争中,国防部一方面组织国际记者跟随美军开展嵌入式采访,另一方面通过全天候周密的新闻发布网为国际媒体提供少量信息。结果是国际报道大量引用美国官方信源,广泛传播了美国政府和军方的声音。"[1]

西方媒体在国际关系中的角色扮演与作用机制,为中国成长为全面大国,营造良好的国际媒介生态以及善用媒体服务国家的外交行动提供了启示。在西方媒体势力独大,严重影响国际关系的民主、公正问题的形势下,非西方的媒体力量应平衡西方媒体势力,应对西方媒体话语霸权对非西方世界沟通的挑战。

---

[1] 张小娅:《媒体外交中的政府角色》,《现代传播》2013年第2期。

第三章 当代国际关系中西方媒体的角色:问卷调查

当今国际关系的复杂多变与媒体发挥的特殊作用密不可分。随着近年来信息技术的快速发展,新媒体和传统媒体深度融合,世界进入了一个全媒体时代。西方国家抢抓机遇,在国际媒体新格局中势力独大,从而更加深刻地影响着国际关系的发展,但也严重影响了国际关系中的民主和公正。因此,非西方世界应该具有强烈的危机意识,加速自身媒体力量的建设,联合起来抗衡西方媒体霸权,不断建构良好的国际媒介生态。在这种背景下,"西方媒体在当代国际关系中的角色变迁与作用机制研究"是亟待进行实证分析的迫切课题。

第一节 调查总况

围绕"西方媒体在当代国际关系中的角色变迁与作用机制研究"这一主题,本课题组设计了一整套调查方案,通过问卷调查、专家访谈等方式收集了大量第一手数据和资料。整理和分析这些数据和资料对加强国内相关领域的质性分析研究具有重要意义。

一、调查目的与重点

本次调查的具体目的有：1.通过调查研究媒体与国际关系的相关性，引起国内学界政界的广泛重视。2.了解有哪些媒体影响国际关系及影响程度，为评估媒体政治发展提供科学指导。3.了解媒体影响国际关系的哪些领域及影响途径，为今后提供监测和防范渠道。4.了解国内外学界对西方媒体影响国际关系的观点异同，为明确各方态度立场提供实证依据。

调查重点包括：媒体是否可以直接影响外交政策或国际关系；国内外学者一般通过何种媒体了解国际政治事件；媒体会否使当前的国际关系或问题更复杂；媒体是否是外交的必要工具之一；媒体会否有助于解释对外政策与倾向；媒体在国际关系中应该扮演什么样的角色；冷战结束后，西方媒体是否仍继续在影响国际问题的走势方面扮演霸权角色；什么样的国际问题很容易受到媒体影响而成为热点问题。

二、调查方式

调查方式分为问卷调查和专家访谈两种。

（一）问卷调查

课题组围绕课题调查内容，制订中外文调查问卷，对与媒体研究工作密切相关的国内外学者及学生进行随机抽样，通过现场派发纸质问卷或通过电子邮件发送电子问卷的形式进行问卷调查。具体的问卷调查方法及过程如下：

1. 准备过程

紧密围绕课题项目要求,组织多场国内外专家座谈会和课题组讨论会,通过头脑风暴的方式,设计出一份专门面向普通留学生的调查问卷,以及另一份专门采访外国专家的访谈问卷,然后根据各自资源和特长安排好分工。(问卷文本见附录一)

2. 实施过程

一方面,联系好广东外语外贸大学留学生教育学院的老师,在上课前把问卷分发给留学生,然后课后回收,并让他们尽量把问卷转发给认识的其他外国同学;另一方面,在南京大学中美文化研究中心图书馆和教室随机抽样调查外国留学生和专家。具体调查对象、时间及地点有:(1) 2015 年 9 月到 2016 年 6 月,在南京大学-约翰斯·霍普金斯大学中美文化研究中心向留学生及外籍教师发放问卷。(2) 2016 年 3 月到 4 月,在广东外语外贸大学及其留学生教育学院向留学生发放问卷。(3) 2015 年 9 月到 2016 年 6 月,邀请以上留学生向各自的外国朋友的邮箱发送问卷。

3. 回收过程

本次调查共发放电子版及纸质版问卷 100 份,收回 86 份,经核对有效问卷为 84 份,其中面向留学生设计的有效问卷有 78 份,面向外国专家学者的有效问卷有 6 份。之后,课题组运用 SPSS 和 Excel 软件来统计有效问卷中的各选项值,并且通过权重计算出各个因子的影响程度。

(二)专家访谈

专家访谈是课题组成员对与媒体研究工作密切相关的个别国内外学者进行的专题访谈,掌握他们对调查内容的观点和态度,进一步补充问卷调查的不足。

本课题组设计了访谈提纲(见附录一),从 2016 年 7 月 28 日到 2017 年 8 月 4 日通过现场或网络等方式对 20 位国内外学者进行访谈。通过对国内外学者访谈结果的语篇分析,分类梳理关于媒体是否可以直接影响外交政策或国际关系等一系列问题的国内外学者观点,总结归纳他们态度立场的异同,以加强国内相关领域的质性分析研究,从而更好地理解和应对西方媒体对当代国际关系的影响。

三、调查对象

(一)问卷调查对象

抽样调查人员组成:本次问卷调查的留学生遍布五大洲,其中半数来自亚洲地区(50%),如泰国(16.3%)、印尼(11.3%)和韩国(7.5%);不过最多的被调查人员来自俄罗斯(18.8%)。抽样调查人员学历超过一半是本科(59.9%),他们所处学科门类众多,包括文学(39.7%)、经济学(24.4%)和教育学(15.4%)等等,专业则以汉语言居多(35.9%),其次是国际商务(23.1%)和汉语国际教育(15.3%)。

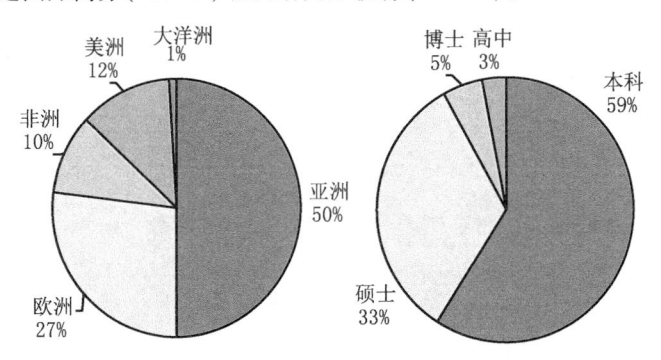

图 3-1　被调查对象的国籍和学历情况统计

（二）专家访谈对象

专家访谈对象包括17位国外专家学者和3位国内专家学者，共20人。具体情况如下：

表3-1　专家访谈对象情况表

序号	姓名	中文译名	所在单位	职务或职称	研究方向
1	Alexia Robertson	阿列克谢·罗伯逊	瑞典斯德哥尔摩大学	教授	政治学
2	Arnold Zeitlin	阿诺德·泽特林	美国美联社	资深驻外记者（退休）	新闻学
3	Jeremy Paltiel	杰米·帕尔蒂尔（包天明）	加拿大卡尔顿大学公共事务与管理学院	政治学教授	中加关系
4	Chad Stuart	查德·斯图尔特	广东外语外贸大学新闻学院	外教	传媒
5	David Skidmore	大卫·斯克迪莫	美国德雷克大学	教授	国际关系
6	Gary Levy	加里·勒维	加拿大卡尔顿大学	教授	政治学
7	Istvan Kecskes	伊斯特文·凯茨基斯	广东外语外贸大学	外籍教授	语言学
8	Kim Richard Nossalk	金·诺斯萨克	加拿大女王大学政策研究学院	教授	政府政策研究
9	Aleksandra Radenovic	亚历山德拉·拉德诺维奇	塞尔维亚贝尔格莱德孔子学院	志愿者	

(续表)

序号	姓名	中文译名	所在单位	职务或职称	研究方向
10	Louis Berney	路易斯·伯尼	广东外语外贸大学新闻学院	外教、美国某媒体前资深记者	新闻传播
11	Mary McCarthy	玛丽·麦卡锡	美国德雷克大学	副教授	国际关系
12	Matt Horn	马特·霍恩	英国兰开夏大学新闻学院	记者和教师	新闻传播
13	Patrick James	帕特里克·詹姆斯	美国南加州大学	教授	国际关系
14	Paul Evans	保罗·埃文	加拿大大不列颠哥伦比亚大学亚洲研究院	教授	中加关系
15	Stephen Nicholas	斯蒂芬·尼古拉斯	澳大利亚纽卡斯尔大学	教授	国际商务和经济史
16	Woody Goldberg	伍迪·戈德伯格	美国国务院	美国前国务卿助手	国际关系
17	董小川		东北师范大学	教授	历史学
18	马胜荣		北京外国语大学	教授、新华社原副总编辑	国际新闻报道研究
19	张泊雁		香港岭南大学	教授	政治学
20	Sveta	斯维塔	广东外语外贸大学	研究生、俄罗斯籍的中俄关系研究者	国际关系

第二节　媒体影响国际关系的途径和动因

在抽样问卷调查中，对于调查问卷第 2 题，即"一般而言，根据您的专业背景，您觉得媒体对国际关系有影响吗？（In general, with the consideration of your background, do media affect international relations?）"这个问题①，无论留学生还是外国专家，100%受访者都认为媒体对国际关系有影响。

表 3-2　调查问卷第 2 题结果统计

受访对象	留学生		外国专家	
选项	有	没有	有	没有
人数	75	0	6	0
比例	100%	0	100%	0

一、两种常见的影响路径：塑造舆论与影响意识

对调查问卷第 6 题，即"哪个人群受媒体的影响最大？（请用数字 1 开始排序）(Which group do media affect the most? [Please rank them with 1 as the highest])"的回答，统计结果如下（单位：人）：

---

① 针对留学生设计的调查问卷在用词上与针对外国教授设计的调查问卷有差异，但询问问题相同时，仅列出其中一种问题，不再特别注明，下同。

表 3-3 调查问卷第 6 题留学生组统计结果

序号	政治领袖	社会公众	专家学者	商人	其他(如社交媒体用户、学生)
1	23	23	6	11	4
2	10	7	5	15	5
3	9	13	9	15	1
4	9	4	17	5	1
5	0	1	0	0	4

在留学生组的数据统计结果中,考虑到序号1—5代表了不同的影响程度,所以我们设置了一个比例系数 $w(w>0)$,对序号1—5分别设置了不同的权重,序号1的权重为5w,序号2的权重为4w,序号3的权重为3w,序号4的权重为2w,序号5的权重为1w,可得:

政治领袖 = $23×5w+10×4w+9×3w+9×2w+0×1w=200w$

社会公众 = $23×5w+7×4w+13×3w+4×2w+1×1w=191w$

专家学者 = $6×5w+5×4w+9×3w+17×2w+0×1w=111w$

商人 = $11×5w+15×4w+15×3w+5×2w+0×1w=170w$

其他 = $4×5w+5×4w+1×3w+1×2w+4×1w=49w$

因此在留学生组的投票结果显示,受媒体影响的程度由高到低分别是政治领袖、社会公众、商人、专家学者、其他(如社交媒体用户、学生)。

表 3-4 调查问卷第 6 题专家组统计结果

序号	政治领袖	社会公众	其他(证券交易所的成员)
1	2	5	0
2	2	1	1
3	1	0	0

专家组的投票结果显示,受媒体影响的程度由高到低分别是社会公众、政治领袖、其他(证券交易所的成员)。

我们将上述的学生组和专家组进行整合后,得出下表:

表3-5 调查问卷第6题统计结果

序号	政治领袖	社会公众	专家学者	商人	其他
1	25	28	6	11	4
2	12	8	5	15	6
3	10	13	9	15	1
4	9	4	17	5	1
5	0	1	0	0	4

根据上表整理出如下的图表:

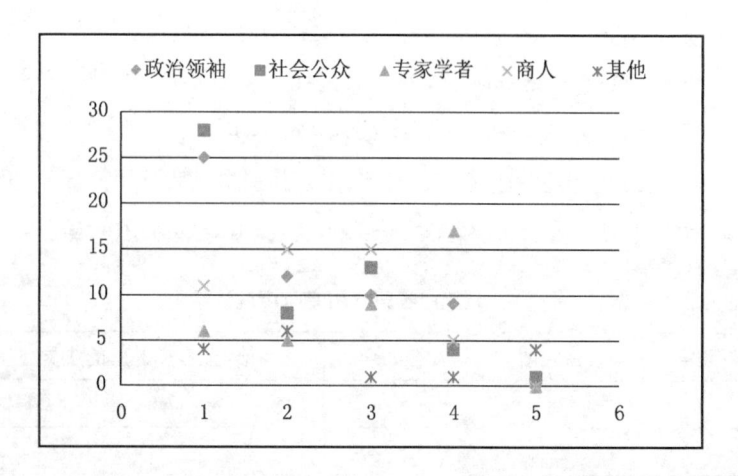

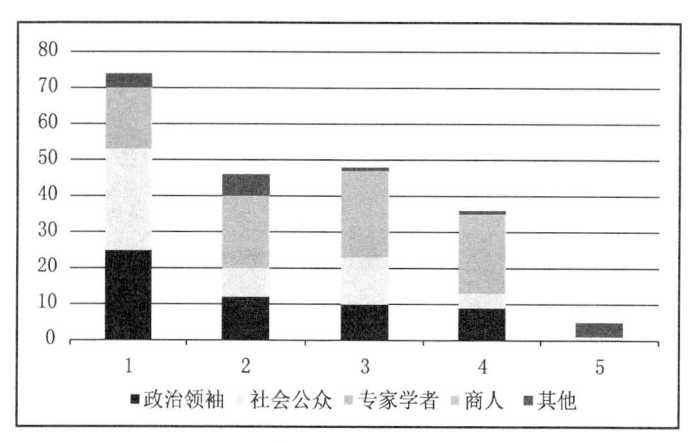

图 3-2　媒体对不同人群影响力

对问题 7,即"媒体通过哪些方式对国际关系影响最大？请按影响程度从高到低排序。（Which way do media have the most impact on international relations? Please sort by the impact from high to low.）"的回答,统计结果如下（单位:人）：

表 3-6　调查问卷第 7 题留学生组统计结果

序号	议程设置	社会动员	形象建构	其他（如:互联网）
1	15	36	17	1
2	9	12	13	0
3	19	6	7	0
4	0	2	0	2

在留学生组的数据统计结果中,考虑到序号 1—4 代表了不同的影响程度,所以我们设置了一个比例系数 $w(w>0)$,对序号 1—4 分别设置了不同的权重,序号 1 的权重为 $4w$,序号 2 的权重为 $3w$,序号 3 的权重为 $2w$,序号 4 的权重为 $1w$,可得：

议程设置 = 15×4w+9×3w+19×2w+0×1w = 125w

社会动员 = 36×4w+12×3w+6×2w+2×1w = 194w

形象建构 = 17×4w+13×3w+7×2w+0×1w = 121w

其他 = 1×4w+0×3w+0×2w+2×1w = 6w

因此在留学生组的投票结果显示,媒体对国际关系的影响方式从高到低排序分别是:社会动员、议程设置、形象建构、其他(如:互联网),其中议程设置的得票数微微高于形象建构。

表3-7 调查问卷第7题专家组统计结果

序号	舆论引导	社会动员	形象建构	其他(以上都是)
1	3	1	4	1
2	3	0	2	0
3	0	5	0	0
4	0	0	0	0

在专家组的数据统计结果中,考虑到序号1—4代表了不同的影响程度,所以我们设置了一个比例系数w(w>0),对序号1—4分别设置了不同的权重,序号1的权重为4w,序号2的权重为3w,序号3的权重为2w,序号4的权重为1w,可得:

舆论引导 = 3×4w+3×3w+0×2w+0×1w = 21w

社会动员 = 1×4w+0×3w+5×2w+0×1w = 14w

形象建构 = 4×4w+2×3w+0×2w+0×1w = 22w

其他(以上都是) = 1×4w+0×(3+2+1)w = 4w

因此在专家组的投票结果显示,媒体对国际关系的影响方式从高到低排序分别是:形象建构、舆论引导、社会动员、其他(以上都是)。

我们将上述学生组和专家组进行整合后,得出下表:

表 3-8 调查问卷第 7 题统计结果

序号	议程设置	社会动员	形象建构	舆论引导	其他
1	15	37	21	3	2
2	9	12	15	3	0
3	19	11	7	0	0
4	0	2	0	0	2

根据上表整理出如下的图表：

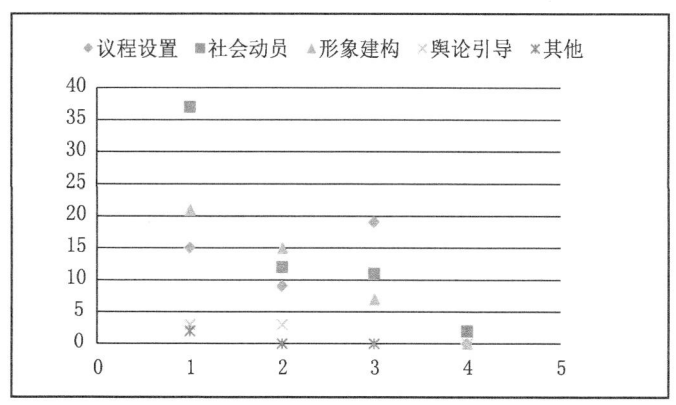

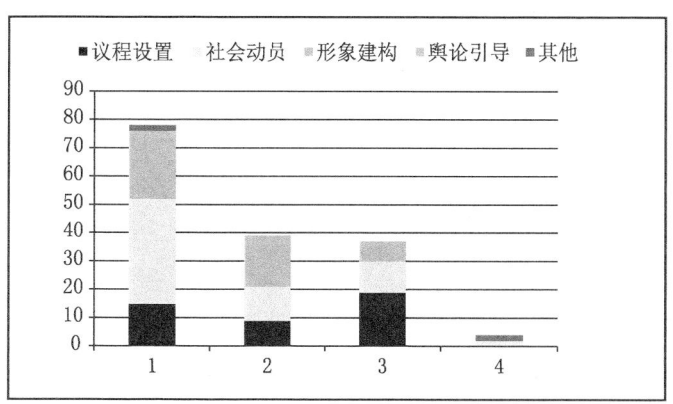

图 3-3 媒体影响国际关系的方式

在对专家组问卷第 8 题"媒体怎样影响政治领袖的决策过程?
(How do media affect the decision making process of political leaders?)"的
回答上,受访的外国专家基本都认为媒体是通过影响民意来影响政治
领袖的决策过程的。有学者进一步指出,政治领袖会不同程度地依靠
公众舆论,而新闻媒体能够通过促进或削弱政策的舆论支持来影响决
策进程。也有学者解释称,媒体能够创建一个公开讨论的平台来引起
民众关注,并评估一个领导人的政策。政治领袖们必须回应那些在权
威媒体出版物里挑战或质疑他们政策目标和结果的言论。如果他们不
作出回应,媒体影响舆论的潜能很有可能会在以后给政治领袖带来麻
烦。因此,新闻媒体对于推行和解释政策是必不可少的。但也有一位
学者认为,媒体很少会影响政治领袖的决策过程,不过,当这种影响出
现时,很大程度是因为公众已经长时间密切关注着这一问题,此时,政
治领袖们就不得不采取相应的行动了。

除上述观点外,还有学者认为媒体对领袖决策的影响,并非通过民
意间接完成,而是通过影响领导人图像意识来影响外交政策。任职斯
德哥尔摩大学媒体研究部的阿列克谢·罗伯逊教授(Alexa Robertson)
认为:"在某些政治文化和国家中的部分媒体,在一定条件下可以影响
外交政策。可能新闻报道最大的影响是对政治领导人图像意识的影
响,而不是通过舆论压力产生的影响。最近的英国脱欧公投结果就是
一个有趣的例外,我认为将会有研究表明该结果与较少媒体如实报道
的相关问题有关。"①

在对专家组问卷第 9 题"媒体怎样影响民众对国际政治问题的看
法?(How do media affect the assessment of the public about international

---

① 对阿列克谢·罗伯逊教授的电子邮件采访,2016 年 8 月 10 日。

political events?)"的回答上,受访的外国专家都表示,媒体每天都会对民众及舆情走势带来影响,特别是在国际政治问题方面。有学者就此解释称,大部分市民都难以亲身经历很多国际政治问题,媒体仍然是民众获知这些问题及形成其看法的最主要信息来源。有学者进一步解释道,如果一个国际政治问题对某个国家而言非常重要,该国媒体就会不断地将之作为重点来报道。媒体对报道内容的有意筛选和包装能够塑造公众舆论的导向。不过,也有学者认为,当民众通过媒体获取资讯时,媒体或许会用一些比较有把握的说法或其他表现手法来使人们产生错觉,从而改变他们对某一问题的看法。国家政权习惯利用民族主义的力量来引导公众舆论,比如对某些国际政治问题的评判必须符合该国的民族主义思想。媒体在其中能够操纵、约束或者鼓动国内民众的民族主义情绪。

进一步的,媒体通过制造公众舆论来影响外交政策。任职加拿大卡尔顿大学公共事务与管理学院的杰米·帕尔蒂尔教授(Jeremy Paltiel)认为:"媒体帮助制造公众舆论的氛围。他们在某些情况下可以引导公众舆论或放大一些信息。在民主国家,可以直接影响政客们主要关心的再次当选的前景。即使在中国,舆论也可以对领导人发挥制约作用。每一个领导者需要追随者,需要舆论约束人们的意愿,不管是否有直接选举。媒体会给问题制造场景。这些'帧'设置了人们了解事件的上下文。当然政客也试图'编造'问题,他们希望自己有对某一问题的主导权,以帮助他们的事业。领导人和媒体相互依赖。外交政策也不例外,虽然在正常情况下,人们更关心直接影响到他们的日常生活的问题,即'民生'问题。"①任职加拿大大不列颠哥伦比亚大学亚洲研究

---

① 对杰米·帕尔蒂尔教授的电子邮件采访,2016年10月16日。

院的保罗·埃文教授(Paul Evans)也认为:"媒体可以塑造和扩大公众的态度,这是影响政策制定者的因素之一,特别是在制定议程和优先事项上。"①任职加拿大女王大学政策研究学院的金·诺斯萨克教授(Kim Nossalk)认为:"有一些学者称为'CNN 效应',即有时候刊登在印刷媒体或电视上播放的东西可以对公众舆论有直接的影响,比如1968年2月,媒体对2月1日阮玉鸾在NBC(美国全国广播公司)及美联社的镜头前当众枪毙越共游击队领袖阮文敛的报道;或2015年9月3岁的Alan Kurdi 死在土耳其海滩的事件。这些戏剧性的视觉图像,引发大批民众的反响,但我认为媒体的影响是间接的。"②广东外语外贸大学国际关系专业研究生斯维塔(Sveta)认为:"媒体可以直接影响国际关系与外交政策。新闻媒介作为舆论工具,借助舆论的力量往往能够影响国家政策。"③

在对专家组问卷第10题"媒体怎样影响非政府组织对国际事件的态度?(How do media affect the response of non-governmental organization to the international events?)"的回答上,受访外国专家普遍认为,非政府组织经常通过不同媒体来了解国际事件,并通过媒体就他们关心的国际问题和民众展开对话。还有学者进一步指出,网络媒体如博客等对非政府组织的影响更为明显,特别是在某些国际政治问题上,有不少相关的国际非政府组织都会通过互联网来合作解决问题。但也有学者觉得,媒体对非政府组织没有很大的影响作用。同时,不同国际事件和非政府组织类型所受影响的程度也会有所不同。

---

① 对保罗·埃文教授的电子邮件采访,2016年10月19日。
② 对金·诺斯萨克教授的电子邮件采访,2016年10月17日。
③ 对斯维塔的电子邮件采访,2017年8月4日。

二、信源:媒体影响外交政策的直接动因

媒体是决策者的信息来源,能够且已经影响外交政策。任职广东外语外贸大学新闻学院的外教、美国某媒体前资深记者路易斯·伯尼(Louis Berney)认为:"媒体能够并且已经在外交政策领域产生影响。政府领导人和外交政策制定者会从媒体报道中得到许多想法。更重要的是,那些决定政策和那些写政策报告的人之间往往有一种'旋转门'。有时决策者,不再属于政府的一部分时,会把自己的东西写成报告。作家也会偶尔受政府邀请在政府中帮忙制定外交政策。所以我认为政策制定者和写报告研究的人之间是一种共生的关系。"[1]另一种观点认为,媒体通过曝光重要的敏感信息,可以直接影响外交政策。任职广东外语外贸大学新闻学院的外教查德·斯图尔特(Chad Stuart)认为:"媒体可以对政策和国际关系有直接影响。通过接触一些敏感文件和信件。比如朱利安·阿桑奇(Julian Assange)、爱德华·斯诺登的报道就对国际关系和外交政策影响巨大。"[2]

也有观点针锋相对地认为媒体已失去第一手可靠信息源的地位,单靠自身难以影响外交政策。塞尔维亚贝尔格莱德孔子学院志愿者亚历山德拉·拉德诺维奇(Aleksandra Radenovic)称:"我记得过去我看的新闻报纸十分生动,因为它用词丰富而有趣,包含的信息都具有第一手的可靠来源,分析精辟且客观。但在20年后,媒体不再是这样。我只能说当年我们老一辈对于报纸的看法,因为那时候才能接触早期报纸。(如今)媒体也失去了它作为一个信息源的目的,因为话语的力量已经

---

[1] 对路易斯·伯尼的电子邮件采访,2016年12月24日。
[2] 对查德·斯图尔特的电子邮件采访,2017年1月5日。

被充分利用,并通过互联网传达给了互联网的用户。人类和社会权利方面,某人在社交平台上公布了他的动态后媒体就失去了第一时间报道的价值。我强烈怀疑主流媒体的独立性和客观性,我厌倦了标题骚扰,它们只会吸引(公众)点击鼠标。我也看到媒体并非一个能凭一己之力塑造国际关系的工具,只有与政府或者相关利益集团结合,媒体才能成为这样一种工具。我不认为媒体可以自己影响任何东西,它们是组织影响大众或与对手在(诸如)石油和民生问题上谈判的一种工具。媒体不再是信息的来源,它成了散布精心组织的信息以获得那些没有独立和批判思维的民众的支持的手段。"①

然而不可否认的是,媒体对外交政策仍有巨大影响。任职美国德雷克大学的玛丽·麦卡锡(Mary McCarthy)副教授认为:"国际政治是一种双层博弈。媒体可以使事情在国际社会上成为可能或不可能。如果媒体对某项政策持反对态度,它可能会牵制政治领导人。"②任职澳大利亚纽卡斯尔大学的斯蒂芬·尼古拉斯教授(Stephen Nicholas)认为:"也许关于媒体与媒体影响对外政策最大的转折点就是美国关于越战的报道。它显然改变了美国的外交政策,它不仅使得反对战争的示威发生。事实上,媒体对于越南现状的经常性播报根本上改变了人们对于越战的看法。这也在伊拉克战争、叙利亚战争等类似战争中表现出来。我认为美国的政策基本上是在新闻信息的基础上形成的。这里还有另一个层次可以形成观点。举个例子:南海问题。(西方媒体)有关南海问题的报道塑造了西方对南海事件的处理方式。新闻的组织者可以轻易地刺激或者提供建设性意见给政府告诉政府该怎么做。总体上我认为有压倒性的证据可以表明媒体对政府直接产生影响,同时通过群众对

---

① 对亚历山德拉·拉德诺维奇的电子邮件采访,2017年3月12日。
② 对玛丽·麦卡锡副教授的电子邮件采访,2017年5月24日。

事件的了解度和反应度(间接)影响政府。"①

三、媒体地位与政治环境:决定媒体影响力的大小

在对留学生问卷第4题"超级大国(Super Power)、中等强国(Middle Power)、弱小国家(Small Power)中,哪一种类型的国家媒体对国际关系的影响最大?(What kind of countries' media have the biggest impact on international relations?)"的回答上,统计结果如下(单位:人):

表3-9 调查问卷第4题留学生组统计结果

序号	超级大国	中等强国	弱小国家
1	39	9	3
2	0	17	1
3	0	3	21

根据上表整理出如下柱状图:

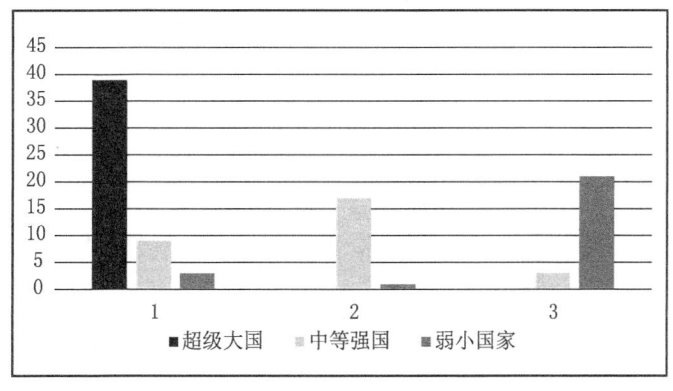

图3-4 不同类型国家媒体对国际关系影响力的大小

① 对斯蒂芬·尼古拉斯教授的电子邮件采访,2016年10月8日。

根据上述图表我们发现,在哪一种类型的国家媒体对国际关系的影响最大的问题上,认为超级大国媒体影响最大的人数最多。在调查中,受访者所认为的超级大国主要指美国;其次是中等强国,主要包括中国、挪威、意大利、泰国、俄罗斯、伊朗、英国、德国;排在最后的是弱小国家,比如坦桑尼亚、索马里、墨西哥、越南、加纳、多哥等。

主流媒体对外交政策比一般的大众传媒更具影响力。任职美国德雷克大学的大卫·斯克迪莫教授(David Skidmore)认为:"在美国,大众传媒对国际事务的报道有限。例外的是权威报社(例如,《纽约时报》《华盛顿邮报》)和一些专门的媒体,它们比较迎合精英观众。主流媒体对国际事务的新闻报道正被决策者积极地利用。政治领袖们努力塑造美国的媒体报道,尽管他们的成功程度是有限的。媒体主要关注海外事件和直接影响美国的问题。所以观众得到了以美国为中心的观点。当美国外交政策失败或总统作出与主流精英意见相悖的决定(例如,退出《巴黎协议》)时,媒体报道可能就会相当关键。尽管如此,主流媒体主要依赖政府本身和提供信息与视角的一些'专家'。批评的声音很少。此外,主流媒体是由私人公司控制,出于利润考虑,这也限制了批判性的观点。记者们希望保留对官员的访问权,并在精英社交圈内运作,从而导致观点的融合。然而,近年来,大众媒体在有线电视节目、社会媒体、博客、网络新闻这些针对特定观众的领域失去了观众的份额,这些领域往往拥有高度意识形态化的观点。此外,媒体的可靠性下降,专业水平已被损害,出现更多的'假新闻'。很多人都宁愿上网而不愿看报去了解时事。这创造了更多的有争议的公共话语,使政治更加分化和政府工作更加难做。"①

---

① 对大卫·斯克迪莫教授的电子邮件采访,2017年6月4日。

与之相对,也有受访者认为在美国,媒体能直接影响外交政策。曾任职美国国务院的美国前国务卿助手伍迪·戈德伯格(Woody Goldberg)即认为:"不论是不是好的媒体,在美国毫无疑问能直接影响外交决策。因为媒体本身就是公民了解国际事务与考量选出的领导人外交政策执行的基本途径。例如,美国对越南采取动作后的几年间,媒体影响了舆论对此的看法。媒体通过报道影响了当选官员和民众对国际关系和外交政策的思考。因为公众对对外政策决策的支持是很重要的,所以对多数国家领导人而言,他们也的确非常关注媒体对这方面内容的反映。然而归根结底,国家领导人、决策者们是基于国家利益作出决定的,当然这也是我们所期望的。如果随着时间流逝,对外政策决策被认为是错误的,领导人将会失去公众的支持。但还是要说,美国和许多国家的媒体写什么、说什么和报道什么都是很自由开放的,因此国家利益主导与否在这方面并不十分重要。领导人们当然希望能够控制网络、电视和报纸上的内容,尽管他们也尽力'动手脚',但这不太可能。重点应该是'媒体有助于形成对外政策决定',通过报道让民众和选出的官员都能读到和思考媒体所报道的东西。所有国家的领导人致力于让媒体(对政府政策)完全进行正面报道,但这在任何社会都不可能。"①

因此可以说,大众传媒在国际事务和国际关系领域具有相当重要的作用,但是不能将其作用无限放大或者无穷延伸。任职北京外国语大学的马胜荣教授认为:"大众传媒处在信源和受众或者用户的中间环节,它的基本功能是传递信息。各个国家的领导人、政府、政策制定者,都会利用大众传媒传递他们的政策主张和所要发出的声音,以将他们

---

① 对伍迪·戈德伯格的电子邮件采访,2016年8月8日。

的主张和政策在尽可能大的范围内传播,达到所期望得到的效果。因此,我的判断是,直接影响外交政策和国际关系的并不是大众传媒本身,而是一个国家的政府如何利用大众传媒传播其政策和主张,继而对其他国家的外交政策或整个国际关系产生影响。"①

第三节　变迁中的媒体形态:不断影响国际关系

随着媒体形态的不断变迁,不同时期对国际关系影响最大的媒体也不尽相同。在调查报纸、广播、电视、网络、新媒体等媒体形态对国际关系影响程度的基础上,进一步比较传统媒体和新媒体对国际关系的影响,深入分析传统媒体和新媒体各自的优点和缺点,有助于明晰媒体对国际关系的影响力版图。

一、影响国际关系的媒体形态变迁

在问卷调查中,对留学生问卷第 3 题"哪一类媒体对国际关系的影响最大(请用数字 1 开始排序)? 然后请在每一类媒体后面举出一个代表例子。(Which kind of media has the biggest impact on international relations? [Please rank them with 1 as the highest] And write down one typical representative of each kind of media.)"的回答,统计结果如下(单位:人):

---

① 对马胜荣教授的电子邮件采访,2016 年 8 月 4 日。

表 3-10 调查问卷第 3 题留学生组统计结果

序号	通讯社	报纸	电视	广播	互联网
1	2	9	9	3	47
2	10	6	31	4	5
3	10	22	6	7	3
4	14	10	8	10	3
5	12	4	1	26	2

在留学生组的数据统计结果中,考虑到序号1—5代表了不同的影响程度,所以我们设置了一个比例系数w(w>0),对序号1—5分别设置了不同的权重,序号1的权重为5w,序号2的权重为4w,序号3的权重为3w,序号4的权重为2w,序号5的权重为1w,可得:

通讯社 = $2×5w+10×4w+10×3w+14×2w+12×1w=120w$

报纸 = $9×5w+6×4w+22×3w+10×2w+4×1w=159w$

电视 = $9×5w+31×4w+6×3w+8×2w+1×1w=204w$

收音机 = $3×5w+4×4w+7×3w+10×2w+26×1w=98w$

互联网 = $47×5w+5×4w+3×3w+3×2w+2×1w=272w$

因此留学生组的投票结果显示,不同的媒体对国际关系的影响方式从高到低排序分别是:互联网、电视、报纸、通讯社、广播。

其中,受访者提出互联网主要是指 Yandex(俄罗斯第一大搜索引擎)、Reddit 新闻网、谷歌、社交网站等;电视主要指 BBC、央视等;报纸主要指《泰晤士报》等;通讯社主要指 BBC、CNN 等;广播主要指 BBC、校园电台等。

在专家组中,有80%的外国专家认为互联网的影响最大。

在问卷调查中,对专家问卷第2题"不同时期,媒体对国际关系的影响程度"的回答,统计结果如下(单位:人):

表 3-11　调查问卷第 2 题专家组统计结果

所处时段	选项	强烈影响	中等影响	轻微影响
20 世纪五六十年代报纸/广播时代	选择人数	2	2	0
	所占比例	50.0%	50.0%	0
20 世纪 60—90 年代电视传媒时代	选择人数	2	2	0
	所占比例	50.0%	50.0%	0
20 世纪 90 年代至今互联网时代	选择人数	4	1	0
	所占比例	80.0%	20.0%	0

	报纸/广播时代（20世纪五六十年代）	电视传媒时代（20世纪60—90年代）	互联网时代（20世纪90年代至今）
强烈影响	50%	50%	80%
中等影响	50%	50%	20%
轻微影响	0	0	0

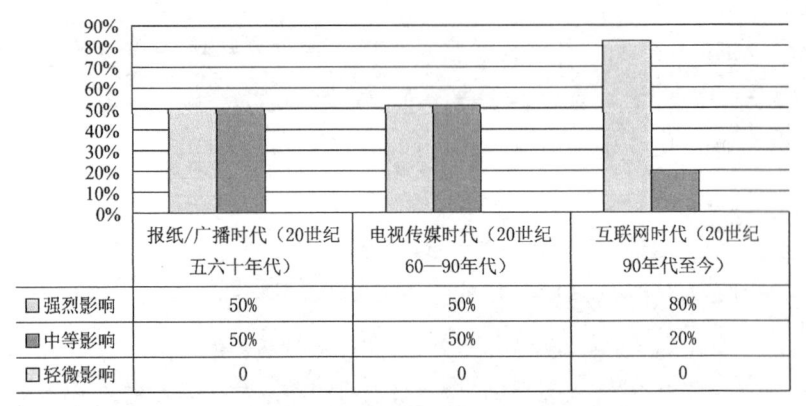

图 3-5　不同时期媒体对国际关系的影响程度

在对专家问卷第 3 题"在互联网的各种传播形态中,对脸书(Facebook)、推特(Twitter)、网上论坛(Forum online)、博客(Blog)等媒体按影响程度依次排序(Please put the subjects in the order of effect level)"的回答上,统计结果如下(单位:人):

表 3-12　调查问卷第 3 题专家组统计结果

序号	脸书	推特	网上论坛	博客	其他
1	3	0	1	0	1
2	1	1	1	1	1
3	0	3	0	2	0
4	1	1	2	1	0
5	0	0	1	1	0

在专家组的数据统计结果中,考虑到序号 1—5 代表了不同的影响程度,所以我们设置了一个比例系数 w(w>0),对序号 1—5 分别设置了不同的权重,序号 1 的权重为 5w,序号 2 的权重为 4w,序号 3 的权重为 3w,序号 4 的权重为 2w,序号 5 的权重为 1w,可得:

脸书 = 3×5w+1×4w+0×3w+1×2w+0×1w = 21w

推特 = 0×5w+1×4w+3×3w+1×2w+0×1w = 15w

网上论坛 = 1×5w+1×4w+0×3w+2×2w+1×1w = 14w

博客 = 0×5w+1×4w+2×3w+1×2w+1×1w = 13w

其他 = 1×5w+1×4w+0×3w+0×2w+0×1w = 9w

因此在专家组的投票结果显示,不同类型媒体的影响程度按从高到低排序分别是:脸书、推特、网上论坛、博客、其他(主要包括网上新闻、在线报刊、电视、报纸等)。

在对留学生问卷第 8 题"现在您印象最清晰的国际事件有哪些?(Which international event do you remember the best now?)您是通过哪些媒体获知这些事件的?(And through which media do you get to know it?)"的回答上,受访留学生印象最深的国际事件里,国际政治事件就占了 80.8%,其中 2001 年美国"9·11 事件"被提及的次数最多,占了所有事件的 30.8%,其次是 2015 年发生在巴黎的恐怖袭击事件,占了总数的11.5%,而2001年美国发动的阿富汗战争、2011年至今的叙利亚战争、近年来以美国为首的西方国家打击"伊斯兰国"(ISIS)和欧洲难民危机均占了3.8%。此外,还有一些文体娱乐及经贸方面的国际事件,如奥林匹克运动会、环球小姐选举、中国进出口商品交易会等占了总数的19.2%。所有这些国际事件中通过传统媒体获知的占了51.4%,其中电视所占的比例最高,达到了30.0%,其次是报纸占了14.3%。但随着国际事件发生年限的递增,越来越多的民众通过新媒体来了解相关资讯。在新媒体领域内,被访人群通过新闻网获知国际事件最多,占了总数的14.3%,其次是脸书占了12.8%。

在访谈中,有学者认为报纸仍是人们了解国际政治事件的重要渠道。例如路易斯·伯尼认为:"在我的有生之年有很多重大的政治事件。但如果我必须选择一个,我可能会选择柏林墙的倒塌,因为我早期生活正逢全球冷战。柏林墙的倒塌,标志着国际关系紧张的终结,不然它总会给人一种要激化为第三次世界大战的紧迫感。我对于国际新闻了解的主要来源一直是《纽约时报》,通过它我能密切关注有关柏林墙倒塌的始末。"①

通过电视了解到国际政治事件,则更令人印象深刻。阿列克谢·罗伯逊教授"尤其对埃及革命印象深刻。我通过几个全球电视频道追踪事件,还对他们通过半岛电视台途径警报事件作过研究"②。任职加拿大卡尔顿大学的加里·勒维教授(Gary Levy)认为:"'9·11事件'最难忘。我是从电视上了解到的。"③大卫·斯克迪莫教授同样认为:"对于大多数美国成年人,印象最深刻的应该是2001年的'9·11'恐怖袭

---

① 对路易斯·伯尼的电子邮件采访,2016年12月24日。
② 对阿列克谢·罗伯逊教授的电子邮件采访,2016年8月10日。
③ 对加里·勒维教授的电子邮件采访,2016年10月9日。

击。我是从电视上看到的这次攻击,这是最初的媒介。后来,更深入的了解是从主流媒体报纸和杂志上得到的。"①任职美国南加州大学的帕特里克·詹姆斯教授(Patrick James)认为:"'9·11事件'令人印象深刻。我那时正在肯特大学做讲座,詹姆斯太太和我一起,我们整整在英国待了一星期。在出租车上听着BBC,在电视上看着电视台对这事的报道,因此,不在美国也对这次危机有所体会。实时看到事件的经过还是很震惊的。那时我们还开车到一个著名的湖泊旁停下,等待事件的结果。"②香港岭南大学的张泊雁博士认为:"'9·11恐袭事件'令人印象深刻。我通过电视了解。"③

网络是目前人们关注国际政治事件的主要渠道。查德·斯图尔特认为:"要说最印象深刻的政治事件还是有点困难。我一般是用手机浏览这类事件,在那里新闻媒体的来源也有很多。"④亚历山德拉·拉德诺维奇认为:"在过去五年里,我主要通过脸书了解国际事件,他们会根据我的订阅推送消息并提供链接。从那里我可以看在线报纸(在大多数情况下,也主要是在英语)或视频(有时只能通过YouTube或优酷访问)。我在上面看到了普京和梅德韦杰夫的换任、卡斯特罗兄弟(的交接)、英国退出欧盟和苏格兰的公投、特朗普成为美国总统(如果这是一个政治事件)、维基解密、APEC会议(我看政治经济比较多)。(此外印象深刻的政治事件)还有暗杀塞尔维亚总理(当我还是个孩子的时候,得知政治家可能被暗杀)和北约轰炸塞尔维亚(这可能是我人生经验中第一例印象深刻的政治事件,在20世纪90年代中期,我曾在克罗地亚、

---

① 对大卫·斯克迪莫教授的电子邮件采访,2017年6月4日。
② 对帕特里克·詹姆斯教授的电子邮件采访,2016年11月23日。
③ 对张泊雁博士的电子邮件采访,2016年7月28日。
④ 对查德·斯图尔特的电子邮件采访,2017年1月5日。

匈牙利同塞尔维亚的边境与难民交流）等等。在我的生活和世界中我很难区分什么是政治事件与非政治性的事件。"①斯维塔认为："2016年的美国总统大选、2017年的法国总统大选、叙利亚局势都令人印象深刻。我通过推特、Instagram、谷歌网站了解到这些国际事件。"②

　　随着时间的推移，人们会选择不同的媒体来关注国际政治事件。杰米·帕尔蒂尔教授回忆称："我记得古巴导弹危机就是我小时候通过报纸头条看到的。通过广播和电视了解六日战争和1973年中东战争对作为犹太人的我来说尤其重要。我可以清楚地记得在我的办公室登录CNN网站看'9·11事件'的全过程。但我也记得一些从别人那里听来的事件。举个例子，在我看双子塔燃烧时，有人闯入说，五角大楼也被一架飞机击中。"③斯蒂芬·尼古拉斯教授认为："1962年古巴导弹危机可以算作重大事件，因为它，世界大战差点发生。其次我觉得能算重大事件的就是越战了吧，之前我已经提过美国媒体在其中的重要性，因为它报道很及时。我想'9·11'也挺重要，'9·11'发生时我在中国北京，我还能清楚记得我那时正在看CNN和BBC对它的报道。我涉猎信息的渠道范围有新闻、杂志、电视等。对于具体问题我也会看《中国日报》《南华早报》。所以我可以看到信息的变化，从多个来源，杂志、出版社、新闻网站和一般报纸都可以看到。"④

二、传统媒体与新媒体的对比分析

　　在对专家问卷第12题"请比较传统媒体和新媒体对国际关系的影

---

① 对亚历山德拉·拉德诺维奇的电子邮件采访，2017年3月12日。
② 对斯维塔的电子邮件采访，2017年8月4日。
③ 对杰米·帕尔蒂尔教授的电子邮件采访，2016年10月16日。
④ 对斯蒂芬·尼古拉斯教授的电子邮件采访，2016年10月8日。

响。(两者的优点和缺点)(Comparing the effect of traditional media and new media to international relations. [Pros and cons])"的回答上,被访学者在这个问题上态度不一。对于大部分学者来说,他们认为虽然电视、广播、报纸等传统媒体依然对国际关系有着巨大的影响,但互联网等新媒体正在快速取代传统媒体的作用。越来越多的人已经开始不用电视,因为网络媒体已经成为他们信息的主要来源。虽然新媒体不能够对某一国际事件形成广泛一致的舆论观点,但能为更开放、多样的国际对话提供平台。也有学者认为,传统新闻媒体仍然是民众了解国际新闻的主要来源。传统媒体往往会有更多的法律标准加以约束,所以更为真实可靠,更易取得人们的信任。同时传统媒体由于更多地受政府和利益集团的影响,因而对于民意的形成有更明显的导向作用,对于一些国际问题的偏见也更为突出。相对而言,新媒体主要作用于国内,在国际关系领域的影响力仍然相对较弱。不过,传统媒体的新闻记者也会把那些来自社交媒体的信息当作他们的新闻头条的补充信息。通过提供新闻来源,新媒体可以利用人们对传统媒体的信任感来实现间接操控民众,而且新媒体难以管控,其传播范围更为广阔。由此可见,新媒体对国际关系已经有了间接的影响。

在内容上,无论是传统媒体还是新媒体,战争与冲突是所有媒体共同喜欢报道的热点问题。阿列克谢·罗伯逊教授认为:"战争和恐怖主义带来了好的内容与戏剧性的电视呈现效果。一开始,媒体通过吸引人眼球的方式制造热点,尽管叙利亚(战争)和难民危机已表明这种兴趣的鲜活很难保持。一个经典的例子就是,记者们很难在欧盟这一重要区域制造热点——除非一个国家决定投票离开欧盟的时候。"[1]杰

---

[1] 对阿列克谢·罗伯逊教授的电子邮件采访,2016年8月10日。

米·帕尔蒂尔教授认为:"媒体喜欢争论和冲突,倾向于在黑色和白色之间给问题定性。它们不明白在复杂的问题上,有很多灰色地带,不能放在一个简单的好的/坏的、支持或反对的二元选择之中。媒体的反应是快速和直接的。当它们强调人道主义灾难时,有助于动员公众舆论和政府积极行动,这是积极的。但它们也可以以简单的方式炒作事件,使方案更加困难,或者干脆忽略某些事件,因为它们不够有争议。就像我演讲中提到的,比起对中国的积极发展成果报道,对中国负面的报道更受媒体关注。这是不幸的。它也剥夺了一些西方观众和读者的信息,通过对比中国已经取得的进步而西方国家仍为短板的某些领域使他们改善自己的生活。"[1]加里·勒维教授认为:"冲突和暴力仍然是西方媒体最喜欢的话题。在某些情况下,它们做得很好,甚至可能在结束战斗后展现有影响力的死亡和破坏的可怕场面。但它们在需要对当地情况有一定了解的国外内政的新闻报道上却不太擅长。"[2]任职广东外语外贸大学的外籍教授伊斯特文·凯茨基斯(Istvan Kecskes)认为:"战争、暴力、争议、不幸,这可能是由于人类传播的本性:我们渴望了解令人兴奋的事情,对于普通的事情和成功则不太感兴趣。如果说比起南沙群岛(的局势),中国与欧盟签订新的贸易协议的消息是不太可能得到相同程度的关注的。"[3]香港岭南大学的张泊雁博士认为:"国家间的国际争端容易受到媒体的影响。媒体报道可能推动一些国家的民族主义,加剧冲突。"[4]

人类切身利益问题也容易成为各种形态的媒体报道的热点问题。

---

[1] 对杰米·帕尔蒂尔教授的电子邮件采访,2016年10月16日。
[2] 对加里·勒维教授的电子邮件采访,2016年10月9日。
[3] 对伊斯特文·凯茨基斯的电子邮件采访,2017年6月21日。
[4] 对张泊雁博士的电子邮件采访,2016年7月28日。

查德·斯图尔特认为:"国际问题容易成为热门话题往往是那些反思和挑战国内行为和信仰的问题。如人权、言论自由、婚姻权等。而难以引起关注的可能是那些在国内还没有发现、不具代表性或不被理解的问题。"①大卫·斯克迪莫教授认为:"名人的故事,道德故事,威胁,还有图像,这些会吸引媒体的关注。那些涉及复杂的,需要了解技术背景和那些进展缓慢的问题通常被忽视或极少报道。"②金·诺斯萨克教授认为:"涉及人类利益的问题最容易成为'热点问题'——人权、战争、人为或自然灾害。客机被其他势力击毁坠落一般都会是大新闻,因为人们旅游一般都是乘坐飞机,近年来发生了一系列诸如此类的事。另一些问题涉及民族主义情绪,也(容易)成为'热点问题'(明显的例子:日本领导人多次参拜靖国神社,特朗普演讲中关于'中国抢美国人饭碗'的言论)。我想不出哪一个问题不是受到媒体影响的。"③帕特里克·詹姆斯教授认为:"不论范围大小,恐怖主义都很容易成为热点。一个持续时间过长或者与环境有关的事件则可能很难引起公众的关注。"④马胜荣教授认为:"国际重大突发事件最受媒体关注,容易成为热点,也一定是热点。从新闻传播的基本运行轨迹看,任何新闻事件如果不经过传播都不可能广为人知,也不可能成为热点事件。能够成为热点问题的事件主要取决于事件本身,同时也取决于公众的关注度。不同时期对不同事件的关注度是不一样的,比如目前对恐怖袭击关注度就比较高。当然,战争、重大灾害和事故、大国的举动等都受媒体关注,都有可能成为热点。一般的经济发展、普通公众的生

---

① 对查德·斯图尔特的电子邮件采访,2017年1月5日。
② 对大卫·斯克迪莫教授的电子邮件采访,2017年6月4日。
③ 对金·诺斯萨克教授的电子邮件采访,2016年10月17日。
④ 对帕特里克·詹姆斯教授的电子邮件采访,2016年11月23日。

活等,由于其并不具备构成新闻的要素,一般不会受到媒体比较多的关注和影响。"①

第四节 西方媒体对国际关系的作用分析

西方媒体在国际关系中究竟发挥了何种作用? 国际关系问题经由媒体而产生的各种效应,最终会使国际关系问题更加复杂化还是更加简单化? 西方媒体的"霸权"究竟有多强大,对国际关系的作用或影响有多深? 上述问题在调查访谈中同样有所涉及。

一、西方媒体的放大镜效应与滤镜效应:使国际关系问题更复杂或更简单

在对问题5"国际关系领域中哪个方面受媒体的影响最大? (请用数字1开始排序)(Which aspect of international relations do media affect the most? [Please rank them with 1 as the highest])"的回答上,统计结果如下(单位:人):

表 3-13 调查问卷第 5 题留学生组统计结果

序号	战争	外交事务	国际商务	跨国人文交流
1	20	16	21	22
2	13	8	17	5

---

① 对马胜荣教授的电子邮件采访,2016 年 8 月 4 日。

(续表)

序号	战争	外交事务	国际商务	跨国人文交流
3	8	14	9	8
4	12	7	5	14

在留学生组的数据统计结果中,考虑到序号1—4代表了不同的影响程度,所以我们设置了一个比例系数 $w(w>0)$,对序号1—4分别设置了不同的权重,序号1的权重为4w,序号2的权重为3w,序号3的权重为2w,序号4的权重为1w,可得:

战争 = $20×4w+13×3w+8×2w+12×1w=147w$

外交事务 = $16×4w+8×3w+14×2w+7×1w=123w$

国际商务 = $21×4w+17×3w+9×2w+5×1w=158w$

跨国人文交流 = $22×4w+5×3w+8×2w+14×1w=133w$

因此在留学生组的投票结果显示,国际关系各领域中受媒体影响程度按从高到低排序分别是:国际商务、战争、跨国人文交流、外交事务。

在专家组中,有75%的受访外国专家认为外交事务受媒体影响最大,25%认为是战争。

在对专家问卷第11题"请描述下近十年来媒体对国际政治影响最大的事件?(Describe an international political event that media affect the most in the recent ten years)"的回答上,有学者指出,不管是在伊拉克战争还是在乌克兰或叙利亚战争中,西方媒体都在不断宣扬他们的观点,极大地影响了国际事务的发展。也有学者具体指出,利比亚前领导人卡扎菲(Gaddafi)在联合国的演讲经过媒体不断报道后,至今仍深入人心,并影响着许多国际政治领域。

一种观点认为,媒体会发挥放大镜效应,扩大国际关系问题的影响范围等因素,使国际关系问题更加复杂化。阿列克谢·罗伯逊教授认为:"这里有一个广泛的共识,那就是社交媒体近年来通过放大边缘声音和事件使政治问题更加复杂化了。现在人们的感觉是我们都身处于恐怖主义威胁之下,然而事实是近几年在恐怖袭击中死亡的人数已经比20世纪六七十年代少了很多了。社交媒体被认为是造成我们马上得到未过滤信息和影响我们感知威胁的原因。民粹主义右翼势力在欧美崛起的例子也是一样的。这些可供选择的新闻源使政治环境变得更加动荡,并给像特朗普这样的人以动力,在以前像他那样做是不会有什么影响力的。不得不说这个问题很复杂。"①查德·斯图尔特认为:"当代(新)媒体可能会使问题更加复杂。特朗普总统就放弃传统媒体,转而用推特这种网络社交媒体直接表达他的想法。"②金·诺斯萨克教授认为:"媒体使得国际事件更复杂,因为它们对同一事件的报道角度不一样。南海争端是一个例子(对于南海的不同称谓凸显了政治的不一致性):中国政府对于南海发表的言论和不同国家媒体的报道对于受众产生了不同的政治影响。《纽约时报》、《世界报》(Le Monde)、《人民日报》、《生活与法律》(Đời sống và Pháp luật)、《菲律宾星报》(Philippine Star)对于南海岛屿争端缘起如何报道,对奥兰多、里昂、厦门、河内、奎松的民众怎么看这件事而言很重要。事实上,我认为,即使这五家报纸写了完全相同的话,读者仍然会有非常不同的政治反应。"③帕特里克·詹姆斯教授认为:"媒体本身就很复杂,一般说来会使情况更糟。最主要还是因为消息的迅速扩散。领导人就会有压力得尽快做些什么,尤其是在美国。这将导致糟糕的决策,班加西事件就是一个例子,其中政

---

① 对阿列克谢·罗伯逊教授的电子邮件采访,2016年8月10日。
② 对查德·斯图尔特的电子邮件采访,2017年1月5日。
③ 对金·诺斯萨克教授的电子邮件采访,2016年10月17日。

治味十足。"①伍迪·戈德伯格认为:"媒体使领导人对国际事件的把控变得复杂。'长期战争打击国际恐怖主义'造成了国际承诺在'美国人中的疲劳'。大量媒体对伊拉克、阿富汗和叙利亚境内许多事情的大规模报道并未使许多美国民众认为我们为没有能力保护自己公民的国家带来稳定。其实我们的领导人和公民常常对拥有太多的信息感到沮丧。但在我们的社会,媒体报道考虑的是新闻价值,即使领导人不得不因此为解释和辩护其所追求的政策而变得疲惫。"②斯维塔认为:"媒体能把当前的国际关系弄得更复杂。例如,在阿以冲突中,阿拉伯国家与以色列之间相互展开的传媒攻势,成为中东地区战略互信难以真正达成的原因之一。"③

另一种观点认为,媒体会发挥滤镜效应,过滤无关或次要信息,简化复杂的国际关系问题。大卫·斯克迪莫教授认为:"媒体倾向于简化复杂事件。例如,暴力冲突双方变成了道德故事中的英雄和恶棍,其中美国一直被描绘为好人,而不是复杂的利益冲突(参与者)。"④保罗·埃文教授认为:"国际关系问题已经很复杂了,相反,媒体让它们变得很简单,因为它们没有完整的信息,也没有时间作出充分的判断。"⑤加里·勒维教授认为:"媒体的倾向是把事件简化成好的和坏的,而不是使它们更复杂。克里米亚的情况就是一个例子。媒体形容这是俄罗斯侵略的简单案例。事实上,这是一个更复杂的历史和政治层面的问题,(上述观点)可以部分解释俄罗斯的行动。通常只有乌克兰呈现了西方

---

① 对帕特里克·詹姆斯教授的电子邮件采访,2016年11月23日。
② 对伍迪·戈德伯格的电子邮件采访,2016年8月8日。
③ 对斯维塔的电子邮件采访,2017年8月4日。
④ 对大卫·斯克迪莫教授的电子邮件采访,2017年6月4日。
⑤ 对保罗·埃文教授的电子邮件采访,2016年10月19日。

媒体的观点。"①路易斯·伯尼认为:"大多数国际问题都极其复杂,不是非黑即白那么简单。然而,大多数美国人只想看到事物最简单的一面——这个国家要么很好要么很糟糕;这个领导人要么是一个英雄,要么是一个恶棍。因此,媒体,至少大众媒体,会选择最简单的方式描绘极其复杂的问题。我认为这只会加剧当今世界国与国之间的误解。新闻的受众对包括外交问题上的态度也如此,他们不想思考问题,仅仅是想要知道谁做了什么。事实上,今天大多数人仅满足于头条新闻而不读其他。这简化了个人对于国际关系的理解并滋生了民族主义在世界各地的普及和发展。"②曾任职美国美联社的资深驻外记者阿诺德·泽特林(Arnold Zeitlin)认为:"我所报道的国际事件已经很复杂了。新闻媒体的职责是使复杂的事件让受众能以理解,举例来说,1971年3月对于驱逐在达卡的国外记者事件,巴基斯坦所留下的新闻真空就被它的对手印度抢占了,巴基斯坦因而失去了在国际社会上得到理解的机会。"③任职英国兰开夏大学新闻学院的马特·霍恩(Matt Horn)也认为:"所有媒体的目标都应该是让他们不那么复杂,应该让读者、观众和听众能够理解通常复杂的问题。"④

二、西方媒体的工具性:有助于解释对外政策

媒体是外交的必要工具之一。阿列克谢·罗伯逊教授提道:"我希望并且假设外交官们是一群消息灵通的人,并且他们密切关注高质量

---

① 对加里·勒维教授的电子邮件采访,2016年10月9日。
② 对路易斯·伯尼的电子邮件采访,2016年12月24日。
③ 对阿诺德·泽特林的电子邮件采访,2017年7月20日。
④ 对马特·霍恩的电子邮件采访,2017年5月26日。

的新闻报道。在这种情况下,媒体对于外交政策(的制定)是必要的。在大规模移民问题上,我也认为好的报道是至关重要的,它能够也的确有利于人们对一些生活在遥远地方的人群和问题的理解。我认为媒体的角色应该是帮助我们理解外交政策与国内政策的分立在全球化背景下已成为过去,所有超出自己国家界限与人发生的关系都是国内政策的一部分,我们已经不再能区分国内国外了。"①伊斯特文·凯茨基斯认为:"专家外交官不应该受到媒体的直接影响,考虑到他们通常是专家和他们(清楚)要做什么的情况下。但如果媒体是替公众发声的话(如网络媒体),那么这是影响决策者的一个好工具。"②金·诺斯萨克教授认为:"媒体是政府可以使用的一个有用的'工具',但这将取决于政府是不是想'用',大多数人对西方媒体的工作的态度是,你也知道,不喜欢其被'带有政治目的的政府'所利用。在其他一些国家,相比之下,人们对在媒体和国家机器之间工作的人更加理解。"③伍迪·戈德伯格认为:"媒体作为外交工具绝对是必要的。报道真相对政策是有帮助的。媒体的信誉至关重要。如果看到的、读到的和听到的东西不真实,它只是谎言或只是意识形态的宣传,这会误导我们的公民、国际友人和那些不一定是朋友的人。国外领导人也会注意我们的媒体在报道什么。媒体的角色就是报道它们所看到的真相。我们的官员有责任通过新闻发布会和简报告知记者,以免那些依赖媒体作出决定的人感到困惑并因此可能导致危险的后果。"④阿诺德·泽特林认为:"新闻媒体(现在更重要的是互联网这种社会媒体)是外交的好帮手。新闻媒体可以帮助

---

① 对阿列克谢·罗伯逊教授的电子邮件采访,2016年8月10日。
② 伊斯特文·凯茨基斯的电子邮件采访,2017年6月21日。
③ 金·诺斯萨克教授的电子邮件采访,2016年10月17日。
④ 伍迪·戈德伯格的电子邮件采访,2016年8月8日。

解释外交政策。新闻媒体的作用是客观地报道领导人的决策以使得民众对决策得以理解。"①

媒体有助于解释对外政策与倾向。杰米·帕尔蒂尔教授认为:"媒体给了问题一个既定的框架。领导人需要媒体向公众解释他们的政策,这样公众可以接受并遵循它们,但领导人要想人接受他们的观点的话就要以积极的方式影响他们的日常生活。目前反全球化浪潮兴起。政府不确定并害怕他们所不能控制的力量。他们觉得自己可能对国内有影响,但害怕来自外部的影响。"②路易斯·伯尼认为:"媒体有能力帮助解释外交政策和趋势——至少对于高质量的媒体是这样的,他们花时间和精力去深层次解释外交问题。就像在前面提到的,我相信大多数人不关心这些问题,他们正在寻找的是简单的答案,而不是深度的报道。因此,我不认为媒体是外交的必要工具。这不现实。我认为媒体如果想要成功地扮演了一个作为外交和外交政策问题'讲解员'的角色,那么就应该坚持真理第一。这意味着在报道中媒体不应该是民族主义的。它们应该是中性的,即使这意味着违背自己的国家的利益。这是公民可以从媒体中学习的唯一途径。如果媒体有偏见,他们传递信息的任务就失败了。但在我们今天的世界这是几乎不可能的……即使在美国,主流媒体也没有报道美国入侵伊拉克,因为记者没有真正做到独立和客观。"③斯蒂芬·尼古拉斯教授认为:"像福克斯这样的媒体,会趋向于用偏激的不公正的角度去简单看待问题;澳大利亚广播公司(ABC)、BBC 或 CNN 会更公正、更深度地报道各种新闻包括外交事务。

---

① 阿诺德·泽特林的电子邮件采访,2017 年 7 月 20 日。
② 杰米·帕尔蒂尔教授的电子邮件采访,2016 年 10 月 16 日。
③ 对路易斯·伯尼的电子邮件采访,2016 年 12 月 24 日。

我认为后者会更容易让国民理解西方国家的外交政策。"①马胜荣教授认为:"媒体处在传播的中间环节,它可以在外交等事务中发挥作用,但这种作用不能无限夸大和延伸,必须限定在适度的范围之内。从这一认识出发,可能不能将媒体看成是一种必要的外交手段,而只是媒体可以在外交和公共外交中发挥作用,具体地说就是准确传播和阐述一个国家的对外方针和政策,使更多的人或者其他国家的政府比较清楚了解这个国家的政策本身及其背景。"②斯维塔认为:"媒体是外交的必要手段之一。媒体通过设定议程、塑造形象、提供信息、影响舆论等方式,把政府的外交信息传递给外国民众,并以公众舆论的方式施压于外国政府。从美国的经验来看,媒体不仅仅被视为外交的工具和渠道,其本身就是外交政策中的重要一环。例如,美国国务院在 2003 年发表的一份有关公共外交的报告中将'推动新闻自由与媒体社会责任'作为总体外交战略的政策性环节。"③

媒体在国际关系领域中扮演着外交工具的重要角色。马特·霍恩认为:"媒体是报道生活各个方面的必要工具,包括外交。"④任职东北师范大学的董小川教授认为:"媒体是一种必要的外交手段,而且是一种重要的角色。"⑤查德·斯图尔特认为:"媒体是外交的一种必要的工具。一位精准、高质量新闻记者是可以解释外交政策和趋势的。媒体,正如它以往所做的,应该作为信息的传播者服务社会,以及在公众利益里充当监管政府的角色。"⑥加里·勒维教授认为:"媒体在塑造公众舆论方

---

① 对斯蒂芬·尼古拉斯教授的电子邮件采访,2016 年 10 月 8 日。
② 对马胜荣教授的电子邮件采访,2016 年 8 月 4 日。
③ 对斯维塔的电子邮件采访,2017 年 8 月 4 日。
④ 对马特·霍恩的电子邮件采访,2017 年 5 月 26 日。
⑤ 对董小川教授的电子邮件采访,2016 年 8 月 15 日。
⑥ 对查德·斯图尔特的电子邮件采访,2017 年 1 月 5 日。

面非常重要,在西方民主国家,民意会影响选举结果,所以在这方面媒体的作用是非常重要的。媒体的作用应该是报告在国外发生的事情。由于经济原因,大多数纸媒和电视媒体都缩减了他们的驻外机构数量和规模,因此,中东的事件,可能会经由伦敦或巴黎报道。或者一些新闻机构从其他机构获取新闻供稿,因为他们没有自己的记者。"①

三、西方媒体的"霸权"作用

西方媒体正在变得多样化、分散化。杰米·帕尔蒂尔教授认为:"西方媒体既不是一个统一整体,也不是一种霸权力量。"②大卫·斯克迪莫教授认为:"媒体变得更加多样化和更加分散。即使在欧美地区,传统媒体已经失去了新媒体的基础。在西方之外,主要的媒体已经变得更加强大,如半岛电视台(AI Jazeera)。在美国,西班牙语站(指面向拉丁美洲移民的电视台)变得非常重要。美国人比起以往更容易受到非西方人士控制的媒体的影响。竞争越来越大。然而,这并非完美。一些媒体组织只是政府的宣传工具,并不独立可靠,所以整体是一种混合状态。"③保罗·埃文教授认为:"有许多信息和意见。自由媒体很可能提供更广泛的选择,但不会与偏见和根深蒂固的意识形态联系在一起。在西方,我们经常讲的复杂的官方通信也包括媒体和娱乐产业,如好莱坞。"④加里·勒维教授认为:"西方对新闻不感兴趣,对娱乐更感兴趣。因此福克斯媒体和其他类似的网络兴起。此外,24小时服务意味着越来

---

① 对加里·勒维教授的电子邮件采访,2016年10月9日。
② 对杰米·帕尔蒂尔教授的电子邮件采访,2016年10月16日。
③ 对大卫·斯克迪莫教授的电子邮件采访,2017年6月4日。
④ 对保罗·埃文教授的电子邮件采访,2016年10月19日。

越多的琐碎和八卦被作为新闻报道。"①玛丽·麦卡锡副教授认为："媒体的多样化意味着它不太可能服务于国家利益的一些理念。"②

尽管如此,西方媒体仍有一定的影响力。路易斯·伯尼认为:"西方媒体还是继续通过自己的有色眼镜看问题。它们仍然认为自己的地位在世界上是优于其他国家和意识形态的。但不能全部把责任归结于西方媒体。我认为所有的媒体都有它们自己的民族主义和自我利益。更重要的是,因为西方媒体的(强大)力量,尽管他们有偏见和缺陷,世界其他国家和地区的媒体会盲目受西方媒体影响。我不是从意识形态的意义上说,因为我不认为霸权是意识形态。我认为其他国家的媒体也遵循它们自己的意识形态,甚至与西方媒体背道而驰。但西方媒体的力量来自其文化影响力,这影响了世界各地媒体的方向,包括中国。"③帕特里克·詹姆斯教授认为:"社交媒体比以往任何时候都更重要,它有好有坏。就我看来,西方媒体仍处于领先地位。"④斯维塔认为:"冷战结束后,西方媒体在影响国际问题倾向方面继续发挥霸权作用。"⑤马胜荣教授认为:"西方媒体在国际舆论中的霸权地位是长期形成的,目前这一地位仍然没有改变。西方媒体的霸权地位是西方政治和经济的体现,虽然西方媒体霸权的角色不能影响国际问题的走向,但是媒体背后的因素能够影响国际舆论的走向,继而影响国际局势的发展走势。"⑥

同时,也有专家认为西方媒体的"霸权"作用被高估。金·诺斯萨

---

① 对加里·勒维教授的电子邮件采访,2016年10月9日。
② 对玛丽·麦卡锡副教授的电子邮件采访,2017年5月24日。
③ 对路易斯·伯尼的电子邮件采访,2016年12月24日。
④ 对帕特里克·詹姆斯教授的电子邮件采访,2016年11月23日。
⑤ 对斯维塔的电子邮件采访,2017年8月4日。
⑥ 对马胜荣教授的电子邮件采访,2016年8月4日。

克教授认为:"西方媒体的'霸权'作用被高估了。如果西方媒体被认为是霸权,我们就不会有唐纳德·特朗普(当选为总统)!"①斯蒂芬·尼古拉斯教授称:"我不认为西方新闻是霸权的,它们现在更为多元了。比如那些想要看央视或俄罗斯电视的人,随时可以看,这些电视台在澳大利亚是24小时不间断的。"②伍迪·戈德伯格认为:"西方媒体是开放的媒体,而不是服务于哪个主人、政党或政府的,除非媒体渠道标明为政府。当然,西方媒体人有他或她自己的历史、文化、伦理偏见,这会影响他们如何看待世界。媒体也的确影响了事件的论调以及有时决策者们的反应。但是这里没有像'霸权'那个词暗示的那样有所谓'西方媒体个人或团体'试图控制世界的大阴谋。自冷战以来西方媒体的影响没有改变!变的应该是在中国有了更多的媒体资源以至于使他们产生了一些这样的困惑感。对所有媒体、政府、公共或私人团体而言他们的任务就是报道他们看到的'真相'。真相让官方或非官方的个人去决定究竟什么才是最适合选民和政府的。如果在美国有人民反对当选人主张的政策,可以在下一轮选举中重新作出选择,政策和选举的人也可以改变。我们在这次的美国总统竞选中可能就可以看到这样的情况。我们将在11月知道究竟美国将选择作为奥巴马总统政策的延续的克林顿夫人,还是人民希望改变,选择和特朗普先生一起走下去。"③

---

① 对金·诺斯萨克教授的电子邮件采访,2016年10月17日。
② 对斯蒂芬·尼古拉斯教授的电子邮件采访,2016年10月8日。
③ 对伍迪·戈德伯格的电子邮件采访,2016年8月8日。

第四章 报道国际事件与参与西方国家的对外关系:案例分析

当代国际关系的媒体力量格局中,西方媒体一直占据主导地位,其中尤以美国、英国、法国等老牌西方大国的媒体为核心力量,它们深度参与到国际关系中,极大程度地影响着世界舆论和国际话语。西方媒体是当代国际关系中的一支重要力量,扮演着重要角色,发挥了重要影响。西方国家媒体的力量并不一定与其国家综合国力成正比,而与其历史传统、语种普及度、新闻制度、媒体现代化程度等因素紧密关联。本章遴选美国、英国、法国三个媒体影响力强大的西方大国,和加拿大、澳大利亚两个主要以英文作为媒体传播语言、有较强影响力的中等强国作为分析国别,从历史变迁、政媒互动、重大事件、媒体个案等不同视角进行深度分析,多维透析这些国家的媒体如何与本国的政治生活发生互动、如何作为工具性力量参与到其对外事务中,以及如何在国际舞台上长袖善舞。

第一节 美国主流媒体参与国际关系的互动：以 CNN[①] 为例

美国主流媒体在国际关系中扮演着重要的角色，并具有典型的美国特征与西方属性，它们是美国乃至整个西方社会强有力的扩音器。美国主流媒体强大的传播力体现在两个方面：其一，美国主流媒体不仅是美国国内信息的重要输出者，也是全球新闻事件的采集者，并会将新闻讯息传递与扩散至全球。其二，美国主流媒体逐步发展为不容忽视的国际关系行为体，传播媒体影响国际关系议题的设置，并参与国际关系的互动和发展。美国主流媒体突出的传播力帮助其建立了较强的国际影响力，其传播力的发挥则是由企业的逐利属性来决定的。美国主流媒体凭借其雄厚的经济与科技实力确保新闻讯息的高质量传播，获取用户流量和社会关注度等，从而转化为经济收益。为了扩展更大的传播范围和获取更多的利益，美国主流媒体放眼国际舞台，并积极参与到国际社会活动中。

美国主流媒体自然也是美国利益的捍卫者，以捍卫美国利益为目标的"宣传性"是其本质属性。美国主流媒体在对外宣传中，重视对美式价值观和西方文化制度的传播，并试图制造共识，寻求"价值联盟"的建立。此外，美国主流媒体还扮演着美国政府政策解说者的角色，帮助政府开展媒体外交与公共外交，搭建国际交流对话平台。美国主流媒体的"宣传性"还由其国家属性所决定，即它是美国政府对外传播的政

---

① 1980年6月1日，美国电视新闻界传奇人物泰德·特纳（Ted Turner）创办了 CNN，以电视新闻频道为主打。

治工具。在对国际重大政治事件的报道中,美国主流媒体从捍卫美国利益的角度出发,有选择地进行报道,甚至报道不实信息,使报道缺失公正性和全面性。作为具有国际影响力媒体,CNN 亦不例外,在服务于美国国家利益的同时,某些情境下未能很好地履行媒体的社会责任。

一、美国媒体的发展及"CNN 效应"的产生

美国常用"第四权力"[①]来形容媒体在政治中的地位。从国际关系史和传播史的角度来看,美国主流媒体在政治中影响力的发展应当被理解为媒体权力不断扩大且逐渐显现的过程。

(一) 美国媒体的发展回顾

美国媒体权力的诞生是因应整个西方资本主义社会经济、政治发展需求的结果。一方面媒体作为口头话语外最有效的沟通(communication,亦有传播的含义)介质存在,是政府官方输出信息的重要渠道。另一方面,美国宪法捍卫"新闻自由"的理念,使媒体成为政治权力制衡的监督工具。1791 年,美国对媒体新闻自由的保护被纳入宪法第一修正案,媒体的权力和政治地位得到了确认。19 世纪末 20 世纪初,媒体因为多次披露政治丑闻被时任总统西奥多·罗斯福(Theodore Roosevelt)称为"扒粪人"(Muckraker),许多媒体记者反而以之为荣,开启了媒体

---

① 1974 年,美国联邦最高法官 P. 斯特瓦特(P. Steward)在演讲中,根据新闻媒介在现代社会的重要作用,从法学的角度提出了"第四权力理论"。详见邱立楠:《西方媒体第四权力生成逻辑探析》,《新闻世界》2009 第 12 期。

捍卫报道自由、揭露政治黑暗之路。①

20世纪70年代,美国主流媒体在政治议题中的影响力更加凸显。在"水门事件"、越南战争、中美建交等重大事件中,受众真切地感受到了媒体的能量。20世纪80年代后,美国媒体呈现蓬勃发展的势头,以美国为首的西方国家的新闻机构凭借在新闻采集和传播中拥有的资源和经验,发展为能够引领全球传播方向的国际化主流媒体。在全球新闻传播中,仅占世界人口总量7%的西方发达国家成为新闻报道的主要来源——世界各地采用的80%的国际新闻都是由西方主流媒体所提供。有研究指出,西方发达国家输出到发展中国家的信息与发展中国家输出到发达国家的信息量之比是100∶1,全球有超过90%的频谱是由发达国家所掌控的。② 但主流媒体快速发展的同时,也产生了负面的影响,例如整个媒体市场都是千篇一律的报刊,电视广播也都不断重复播出陈旧新闻。直到后冷战时代,美国有线电视新闻网CNN的出现,才将播报模式优势、技术优势发挥到淋漓尽致,这不仅打破了美国整个媒体产业以往陈旧的发展模式,也促进了美国媒体权力的二次觉醒。

(二) CNN 的特点及"CNN 效应"的产生

冷战结束以来的美国媒体格局虽有调整,但 CNN 基本保持了以电视媒体、报刊纸媒、新媒体三者为主的媒体力量格局。加之近年来互联网媒体融合的加快,使媒体平台的界限不再完全成为传统媒体的弱点,媒体构建自身的新闻影响力成为取胜关键。

---

① "扒粪运动"曾在美国世纪之交的社会变革中发挥了重要作用,该运动以抵制社会腐败为最终诉求,以最大可能地推进社会公平与正义的实现,在一定程度上促进了社会的改良和发展。详见吕远鹏:《扒粪运动回顾研究》,《新闻传播》2017年第7期。
② 沈国麟:《控制沟通:美国政府的媒体宣传》,上海人民出版社2007年版,第153页。

1. CNN 的播报特点:首创 24 小时新闻播报方式

创立之初,CNN 能在激烈的媒体竞争中脱颖而出,得益于它是世界上首家提供 24 小时新闻播报的电视新闻网。它创新开启昼夜新闻市场,打破了传统新闻固定播出时间的概念,做到事件发生与播出同步,保证每周 7 天、每天 24 小时滚动更新新闻。同时,播报方式颠覆了覆盖地域和时区固定性的概念,一旦播报某条新闻,该新闻就同时传送到 CNN 的全球覆盖范围。该方式还创新了电视新闻报道的灵活性,它敢于直接切断正在播放的黄金节目以及商业广告,插入重大新闻的现场直播。这使得 CNN 在播报及时性上总是能抢占先机,做到重大新闻事件的全球首播。

CNN 的 24 小时新闻播报方式也挑战了当时美国媒体界的认知。其竞争对手山姆·唐纳森(Sam Donaldson)调侃其为"鸡肉面新闻网"(Chicken Noodle Network)[1],贬低它的播报方式粗糙,但 CNN 正是凭借这种快餐式播报,成为美国国内可以与当时的三大电视网(分别为哥伦比亚广播公司 CBS、美国广播公司 ABC、美国全国广播公司 NBC)竞争的国际新闻播报新星。例如,1981 年,CNN 记者伯纳德·肖率先到达现场报道了里根遇刺事件;1983 年,CNN 直播了美国著名的亚特兰大连环谋杀案的审判;1986 年,CNN 首播挑战者号航天飞机事件,包括第一夫人南希·里根在内的数百万观众都收看了报道。[2] 24 小时播报方式使 CNN 在短短几年时间内就成为美国乃至全球权威新闻的主要代表,它改变了美国乃至世界的新闻传播运作方式,为其发挥更大的影响力打下了坚实的基础。

---

[1] Tony Tang:《全球最大的新闻频道 CNN》,上海财经大学出版社 2007 年版,第 103 页。
[2] Hughes Lain, *CNN*, New Georgia Encyclopedia, August 9, 2013.

2. 海湾战争与"CNN 效应"

1991年1月17日,以美国为首的多国部队发动对巴格达的攻击,拉开了海湾战争的序幕。而 CNN 提供的有关战争情况的"24 小时实时新闻",使得国家领导人、政府官员、普通受众等都将其当作"世界报道国际事件和新闻速度最快、内容最新的信息来源"。CNN 的国际新闻还因此被称为主导全球新闻的领袖(the global news leader),使其自身也成为这一国际重大事件的参与者。①

战争伊始,CNN 记者就通过卫星电话坚持现场报道,并请来各国的政治家、外交家、评论员等参与现场讨论。在海湾战争期间,CNN 播出了400 多次分析,一天安排了十多次新评论,这一数量是三大电视网任何一家的四倍。② 期间,美国政府部门也一度通过 CNN 的电视直播与分析了解战事现场,并将其作为决策重要依据。甚至伊拉克总统萨达姆(Saddam Hussein)在战争开始10 天后也接受了 CNN 记者的采访,想要通过媒体传播来影响美国的心理判断和战争决策。同时,CNN 的全天候报道使战争第一次在全球观众面前得到了全面立体的展示,政府的行动被置于公众的讨论之中,CNN 借助镜头角度和评论分析一定程度上也影响了大众舆论对事件的看法。

CNN 在海湾战争中彰显了媒体的渠道作用、舆论作用甚至军事作用,对战争形势和国际关系的决策进程产生了重要的影响。海湾战争后,CNN 在美国国内外收获一致好评,成为国际公认的国际问题交流平台。自20 世纪90 年代开始,以 CNN 为代表的电视媒体也超越纸媒,发展为外交沟通和对外政治政策宣讲的重要平台。而美国

---

① 李小川:《解读"CNN 效应"的神话》,《四川外语学院学报》2004 年第4 期。
② 波特·毕博:《CNN 泰德·透纳传奇》,郑怀超译,内蒙古文化出版社1998 年版,第367 页。

政府则意识到媒体在国际事件中的传播与舆论影响力,开始不断增强在重大战争和大型事件中对现场媒体的管控力度。此外,CNN 也使得媒体行业对报道国际问题的重视度空前增加。美国、英国等多家广播电视机构重新调整播报模式,引发了西方媒体行业在国际问题上的播报变革,使国际社会各界对"CNN 效应"的重视程度显著上升。

CNN 的创始人特纳(Ted Turner)和一些记者认为,CNN 作为首家全球性电视频道,为对外关系引入了一个新的维度,开始率先使用"CNN 效应"一词。[1] 从内容来看,"CNN 效应"包括三个方面的内容:

第一,对对外政策制定的影响。史蒂文·利文斯顿(Steven Livingston)认为,"媒体对对外政策的影响主要是促进了政策制定时间的缩短"[2],"这既来自于政府希望获取具有参考性的外部建议"[3],也来自于电视全球传播带来的舆论督促。反之,"媒体也可能导致泄密"[4],从而妨碍政策制定。此外,"媒体成为议程设置代理"[5]。媒体会通过在报道中进行"强调"或者"忽略"的报道议程调整,影响政策决策者和受众的关注方向和重视程度。

第二,对战争问题的影响。巴巴克·巴哈德(Babak Bahador)提出,"在战争背景下,'CNN 效应'可以对克劳塞威茨提出的影响战争的三

---

[1] I. Volkmer, *News in the Global Sphere: A Study Of CNN and Its Impact on Global Communication*, Luton: University Of Luton Press, 1999.

[2] Steven Livingston, *Clarifying the CNN Effect. Kennedy School of Government*, Cambridge, MA: Harvard University Press, 1997.

[3] Michael Mandelbaum, "Foreign Policy as Social Work", *Foreign Affairs*, Vol. 75, No. 1, 1996.

[4] Livingston, *Clarifying the CNN Effect*, Cambridge, MA: Harvard University Press, 1997.

[5] Michael Mandelbaum, "Foreign Policy as Social Work", *Foreign Affairs*, Vol. 75, No. 1, 1996.

大要素——人、军队、政府,进行三位一体的影响"①。无论是媒体在战争前进行的舆论造势,还是在战争时选取的报道图片、视频与分析,都能对战争的胜败产生影响。只是学者们认为这种影响存在强弱之分,有研究指出,"'CNN 效应'对战争问题的'弱影响'表现为媒体作为干扰因素出现,即并非决定性因素"②。而"CNN 效应"对战争问题的"强影响"则表现为媒体作为加强因素出现,即"媒体至少可以直接导致政府采取较小政治风险的军事行动",例如在 1992 至 1995 年的波黑战争中,美国媒体的态度使得政府运用了空军力量(而非地面部队)介入干涉。③

  第三,对人道主义问题的影响。美国主流媒体在第三世界和苦难问题上"道义感"很强,认为民主国家和国际组织应当承担起解决国际人道主义危机的责任。因而媒体在对该类地区的报道中会加强对妇女儿童形象和灾难画面的呈现,以促使政府考虑采取维和行动和地区援助。贾里德·布莱德索(Jared Bledsoe)认为,"技术的改进,使记者将'故事'呈现给了观众"④。电视的画面感带给观众的自然比纸媒更有视觉冲击,通过记者与受访者的谈话呈现家庭悲剧、种族悲情,讲述着和平国家民众难以想象的人道悲剧,也加深了受众的同情心理。

  综上,CNN 作为主流媒体对重大国际问题的现场报道,本身彰显了媒体的实力和影响力。同时,由于它对国际关系重大事件的影响性报

---

① Babak Bahador, "Reviews, The CNN Effect in Action: How the News Media Pushed the West towards War in Kosovo", *Media, War & Conflict*, Vol. 1, 2007, p. 48.
② Eytan Gilboa, "The CNN Effect: The Search for a Communication Theory of International Relations", *Political Communication*, Vol. 22, No. 1, 2005.
③ Peter Viggo Jakobsen, "Focus on the CNN Effect Misses the Point: The Real Media Impact on Conflict Management Is Invisible and Indirect", *Journal of Peace Research*, Vol. 37, No. 2, 2000.
④ Steven Livingston, Todd Eachus, "Humanitarian Crises and US Foreign Policy: Somalia and the CNN Effect Reconsidered", *Political Communication* Vol. 12, No. 4, 1995.

道,也使它具备了作为行为体在重要国际事件中发挥影响的条件。

二、CNN 发挥国际影响的基础、渠道和方式

传统意义上讲,媒体对于文化潮流、生活方式等大众化议题的影响往往比对政治、经济等社会重大议题的影响容易得多,尤其是在国际事件中,能够发挥此种影响的媒体更是少数。由前文分析,CNN 在美国媒体界的异军突起,是以其在国际事件中发挥影响作用为前提的,但这些影响是以怎样的方式建立起来的,又是通过什么样的渠道和方式得到发挥的呢?

(一) CNN 发挥国际影响的基础

CNN 在国际报道中取得的巨大成功,不仅为后来各家全球新闻频道树立了典范,还把传统的新闻报道推上了"全球化新闻"的新台阶。CNN 在国际事务中发挥如此巨大的影响力,主要是取决于三大基础:技术基础、行业基础和使命基础。

第一,技术基础:对科技的应用扩大了传播范围。CNN 在媒体行业和国际关系舞台的成功源于将卫星技术作为新闻播报的技术保障。CNN 对于卫星技术的运用,源于美国政府对有线电视新闻的政策支持。由于美国几家垄断电视网对新闻节目制作的冷落,美国联邦通讯委员会于 1972 年宣布,向一切有意从事卫星电视、电话、新闻业务和具备经济能力的公司开放美国天空。[①] 同时,美国政府还明确表示支持有线电视业竞争,以及要求增加新闻播报量。出于商业判断,CNN 创始人泰

---

① 王纬:《镜头里的第四势力——美国电视新闻节目》,北京广播学院出版社 2000 年版,第 43 页。

德·特纳决定在新闻播报中大力运用卫星技术,因此建立了庞大的卫星电视网络。卫星技术的应用实现了播报辐射范围真正的全球化。它通过点对点传播方式保证各地同步收看国际新闻频道,通过随时携载发射器来保证现场直播,通过架设碟形天线方便无地面信号地区也可以收看节目。此外,其卫星技术还被应用于地理图像显示定位等方面,在新闻中显示出播报的科技性,获得观众的赞赏。卫星技术的应用保障了 CNN 的国际传播优势,并使 CNN 成为美国国内及世界范围首家和最重要的 24 小时电视新闻网提供者。

第二,行业基础:聚集精英,树立业界风向标。CNN 专业班底对新闻严格把关,自创始人特纳组建管理班底之初就大量雇用媒界精英,确保高层团队专业化。例如最初聘请了原联合国际新闻(UPITN)副总裁熊费德(Reese Schonfeld)担任 CNN 董事长,建立了 24 小时新闻播报模式;同时,由美国政治新闻象征性人物舒尔(Daniel Schorr)主管编辑工作,并协助新闻报道评析。舒尔因对政府非法操作进行曝光而被当局所忌惮,被称为"CNN 良心代言人"和"可靠的自由主义者"。[1] CNN 还通过聘请著名官员、学者加入政治事件的评论分析节目中,树立其在国际新闻领域的专业形象。例如在海湾战争时期出现在直播节目中美国国防部安全顾问邓尼根(James F. Dunnigan)、受到美国政府官员青睐的印度裔美国学者法里德·扎卡里亚(Fareed Zakaria)等等。CNN 管理团队的业界精英们为 CNN 建立严格的新闻筛选机制,实现了新闻内容的专业化。通常情况下,CNN 新闻会通过新闻工作人员即"把关人"(gatekeeper)决定将新闻内容通过媒体过滤后散布给大众的过程,这个过程不仅决定选择哪些信息,还决定消息的内容和性质。[2] CNN 首先注重的

---

[1] Harry Jaffe, "No Bull Bill", *The Washingtonian*, August 1, 2008.
[2] Pamela J. Shoemaker, Tim P. Vos, *Gatekeeping Theory*, New York: Routledge, 2009.

是对"重大性"的把关,从而确保新闻价值。CNN的新闻内容筛选也极其重视时效性,通常会优先保留与美国相关的新闻和符合西方主流观点的报道,从公众熟悉的热点角度切入,设置新闻内容议程。

第三,使命基础:定位国际,践行媒体责任。其一,CNN立足国际视野,满足观众新闻需求。CNN的建立,填补了美国乃至全球直播国际新闻的空白,其播报内容满足了全球观众对政治新闻的收看需求。在开播之际,CNN就确立了制作世界性政治新闻的目标定位,它的新闻口号一度是"CNN等于政治(政治报道)"。为了满足观众的收看需求,特纳曾在CNN创立"当天发表"的著名宣言:"即使世界末日,我们也会继续现场直播到世界的结束。"[1]为了贯彻该目标,CNN做到了24小时全球播报新闻,其直播内容和全程追踪报道基本覆盖了全球所有的重大事件。其二,捍卫新闻专业性,扛起媒体责任大旗。美国号称是西方新闻专业主义(journalistic professionalism)的发源地,它要求媒体严格新闻审查、内容客观多元并且承担起服务公众利益责任,不服务于任何利益集团。由于美国老牌媒体常年缺乏竞争对手,新闻专业性逐步被拖累。1980年以来,CNN在加强电视平台新闻报道上的责任与建树,就被视为美国媒体对新闻专业主义的重拾。其三,CNN关注国际问题与社会问题,承担起媒体的社会责任与服务责任。相比盈利与收视率问题,CNN不断展现对全球重大事件的关注。特纳曾表示:"我现在关切的问题,主要是全球利益,建立全球传播系统以帮助全人类携手同心。"[2]为加强对国际发展的支持,CNN总裁特纳捐款建立"联合国基金",以支持联合

---

[1] Michael Ballaban, "This Is The Video CNN Will Play When The World Ends", January 5, 2015, https://jalopnik.com/this-is-the-video-cnn-will-play-when-the-world-ends-1677511538.

[2] 露西·金-尚克尔曼:《透视BBC与CNN媒介组织管理》,彭泰权译,清华大学出版社2004年版,第87页。

国的发展。为了培养高素质新闻从业人员,CNN还在大学举办新闻讲习讲座,开办CNN新闻工作坊,由公司高管和记者从职业发展角度深入讲解新闻专业知识。①

(二) CNN发挥国际影响的渠道

CNN将提升其影响力的渠道主要可归为两种:一是自身通过公关手段获取消息源从而掌控全球报道议程;二是分析民众倾向从而把控舆论倾向。

1. 掌控热点议题的报道方向

一是全球公关,建构良好国际公共关系。CNN不仅拥有专门的国际事务负责人,还成立了自己的公共关系部(CNN PR),同时聘请了专业政府咨询师与公共关系师加入团队。在美国国内,CNN公关定位的首要对象就是美国政府。CNN以提供"永久免费电视新闻"为条件获得了美国国会的青睐,使其在白宫拥有了一个高级记者席位。② 在全球范围内,CNN也是通过提供免费新闻的方式不断提高其他国家政府部门对其的认可度。例如,通过1989年与苏联签订协议,获得"通过苏联全球卫星通信系统覆盖印度次大陆、东南亚、远东及非洲"的授权,CNN获得机会,成功对苏联解体进行了系列报道。③ 此外,CNN还由于帮助联合国争取各国人道主义援助,成为"安理会第16位成员",即在联合国所有重要会议场合都有最佳媒体席位。CNN对全球报道议程的操控覆盖了观众、媒体乃至政府和国际组织。商业媒体的特质决定了CNN以

---

① *CNN, Cronkite School To Host Journalism Workshops, Lecture*, March 14, 2017, https://asunow.asu.edu/20170314-cnn-cronkite-school-host-journalism-workshops-lecture.

② 雷跃捷、张彩主编:《电视新闻频道研究》,中国广播电视出版社2003年版,第76页。

③ 苗棣:《美国有线电视网》,中国广播电视出版社2008年版,第65页。

企业的形式在全球进行业务的拓展,与其他企业、媒体、广告商、政府人员等构建良好的合作关系。

二是独家资源,成为全球报道议程设计者。为掌控全球报道议程,CNN曾专门拆分了一个"头条新闻"(HLN)频道,播出独家新闻摘要。其特点就是每30分钟重复—更新—重复进行"车轮"播报,加深和刷新观众印象。同时,CNN不断加强报道视觉改造,设计播报室、增加播报页面直播滚动条等,试图吸引更多年轻人观看。加上新闻报道都是出自媒体记者之口,评论型的观点自动会作为报道内容出现,这些都从客观上造成了CNN对议程设置的把控。CNN还直接将报道议程摆在政府、国际组织和大众面前。如2003年伊拉克战争期间,美国国务院在危机处理室专门装上了大屏幕电视,目的就是通过CNN的报道来分析事件进展。[1] 对于联合国等国际组织,CNN国际频道的总裁曾对采访者直言道:"我们之所以这么牛气,这是因为联合国安理会的议程是我的摄像机决定的,我的摄像记者到了哪里,哪里就是安理会讨论的问题。"[2]同时,对于受众而言,相比每天碎片化的资源和非权威的阅读,新闻观众在重大事件上更相信CNN的专业性,CNN将由媒体决定的各种问题和事件的相对重要性同时传给了公众,决定公众议程的设置。[3]

2. 紧抓受众态度的变化和倾向

其一,以联合开展的方式进行民意调查。CNN除了做到每天24小时为观众提供新闻播报外,还努力提高受众参与度,并借此分析了解受

---

[1] 唐颖:《CNN国际新闻的传播策略》,《新闻前哨》2004年第4期,第39页。
[2] 李希光、周敏:《24小时新闻频道:新闻学的进步? 倒退?》,《青年记者》2003年第7期,第10页。
[3] 常昌富、李依倩:《大众传播学:影响研究范式》,关世杰等译,中国社会科学出版社2000年版,第76—77页。

众。CNN采用了联合民意调查方式,加强对舆论的分析,确保掌握民意。通过民意分析精确了解舆情并就此展开报道,从而达到影响民众舆论和引起政府对舆情关注的双重目标,即造成所谓的"'注意力集中的公众'对决策者自下而上的影响力"①。除了网络民调外,由于CNN是以电视新闻为基础的新闻平台,在民意调查方面,它通常采取与传统报刊和大型民意测验公司合作的方式进行,其最常合作的纸媒有《时代周刊》(Time)等,而民意测验公司则首选盖洛普公司(The Gallup Organization)、皮尤研究中心(Pew Research Center)以及欧维希国际市场研究咨询公司(ORC International)。通常情况下,CNN通过对重大事件的报道,传播给观众对既有议题的认知,制造出在报道话题引导下的舆论效果,再通过开展联合民意调查的方式取得舆论的调查反馈,从而获得政府的回应(具体流程参考图4-1)。联合民调的开展将媒体、公众与政府很好地串联了起来,确保了"影响渠道"的畅通。CNN还成功通过新闻内容的铺陈和民调议题的设计,引导了民众舆论倾向(尽管其从不承认存在此种"舆论引导")。

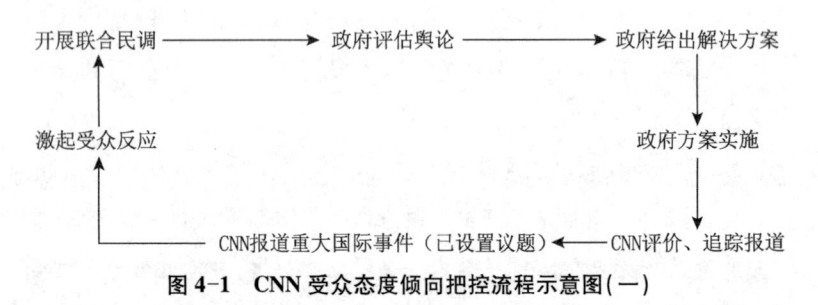

图 4-1 CNN受众态度倾向把控流程示意图(一)

其二,以"娱乐化"方式报道政治新闻。CNN把控受众态度的另一

---

① T. Risse-Kappen, *Masses And Leaders*, New York: St Martins Press, 1994.

方法就是发挥图像报道和直播报道优势。迫于商业竞争的压力,媒体在对政治人物的图像呈现中突出了"对政治参与者'人格'的充满个人轻率言论、评价的挑逗",其结果是"一种煽色腥(娱乐性、挑逗性、耸动性)看门狗新闻,面向那些寻求娱乐的受众"。① 而"娱乐化"的政治新闻报道追求的目标就是对观众的吸引。一方面,媒体试图通过轻松的主持方式来稀释政治新闻的严肃性,例如通过邀请政治人物上综艺节目、与观众互动等从而接近观众。另一方面,主持人会抛出观众关注的热点话题向政治人物提问,制造节目效果,这类话题可能是政治人物的日常八卦、兴趣爱好等各个方面(具体流程参考图 4-2)。

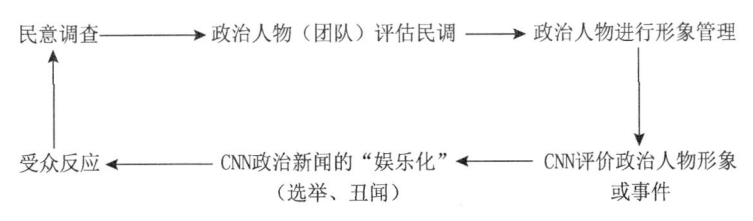

民意调查 ⟶ 政治人物(团队)评估民调 ⟶ 政治人物进行形象管理

受众反应 ⟵ CNN 政治新闻的"娱乐化" ⟵ CNN 评价政治人物形象
(选举、丑闻) 或事件

图 4-2 CNN 受众态度倾向把控流程示意图(二)

(三) CNN 发挥影响的具体方式

1. 参与对外政策制定

(1) 与高层互动,影响精英决策

一般情况下,对外政策的决策系统是由一国政治精英组成,其成员包括国家领导人及相关官员、政策专家等,整个系统的稳定性极强。在全球化步伐加快与信息革命的背景下,决策者们发现媒体的声音既是其需要顾虑的因素,也可以成为支持决策的工具,因而当媒体向精英靠

---

① P. 艾瑞克·洛:《西方媒体如何影响政治》,陈晞、王振源译,新华出版社 2013 年版,第 69 页。

近时,尤其是向需要竞选的官员、舆论专家、传播专家等靠近时,精英们并不会拒绝。通过将大量的新闻资源向精英们针对性输出,媒体往往实际参与到了对外政策的制定中。CNN 与政府高层的互动有出于业务利益的考虑,也有最初来自美国媒体行业内部竞争的因素。最初,CNN通过免费向政府提供新闻有线电视网络的方式,加深了美国政府相关部门对其新闻需求的依赖。同时,鉴于对政府信息的跟踪与获取之需,许多国家的外交、情报部门也成为 CNN 的订户,这再次拓展了 CNN 对政治精英施加影响渠道。此外,CNN 的媒体团队本身就包含了大量精英记者、主持人以及专业政治评论员、时政分析师,他们不仅受到决策者们的关注,有些甚至成功进入政界,直接成为决策者之一。例如曾担任 CNN 电视台主持人的詹姆斯·K. 格拉斯曼(James K. Glassman),他在 2007 年 6 月至 2008 年 6 月出任了美国广播理事会的主席,后被小布什政府任命为主管公共外交与公共事务的副国务卿。

(2) 记者间接参与对外政策规划

记者在对外政策规划中具有的影响力来自于对外政策与政策传播之间不可割裂的关系。由于美国对外政策具有明显的党派利益倾向,记者可以通过曝光对外政策背后的真正"密谋"或政党目的,致使政策不被实施。记者也可通过寻找政策或制定者的疏漏,达到加强"第四权力"和挑战权威的目的。此外,记者还是新闻议程设置的重要"舵手",负责决定政策报道方向。一般来说,记者的客观转述或直接采访政策制定者的行为,可以顺利推动政策按照政府意愿宣传与实施,但如果记者选择大力"分析""对比"的方式进行报道,其目的就可能在于"煽动"舆论对政策的关注,试图影响政府对政策的再次思考。正是由于"记者的商业报道压力而催生其早熟的报道分析,如果政策制定者据此作出判断,将会导致很多错误决定"①。记者能够间接参与对外政策规划还得益于媒体外交的开展,使记者的作用被放大。媒体和信息革命削弱了以往外交官所拥有的中心地位,而记者往往可以率先作出有关对外交政策的评估。例如1991年,CNN记者就曾先于政府公布了"苏联政变"(八一九事件)问题,一位美国高级官员表示,外交通讯也无法跟上CNN。② 此外,记者间接加入到对外政策规划还表现为记者对外交官、军事官员或选举官员等在重大场合的追随,有些资深政治记者的身份本身就是多重的,特别是政府在信息缺乏急需依赖媒体进行政策制定时,记者的作用就被明显体现出来了。最为著名的例子就是CNN的战地记者彼得·阿奈特(Peter Arnett),他是全球唯一采访过本·拉登的人,在这之前,他还曾在海湾战争中成功采访萨达姆。

2. 作为对外宣传工具

(1) 参与嵌入式报道

媒体发挥影响的方式并不一定是主动寻求对政府的影响,当它作为政府"制造共识"的宣传工具时同样具有强大的影响力,其方式之一就是追随政府在战争中进行嵌入式报道。"嵌入式报道"即武装冲突期间将记者置于一方军队控制之下的做法。嵌入式记者和摄影师隶属于一个特定的军事单位,并允许随同部队进入战区。③ 它被认为是美国政府控制下美国媒体参与现代战争报道的第三阶段。④ 例如,2003年伊拉

---

① Eytan Gilboa, "Television News and U. S. Foreign Policy: Constraints of Real-Time Coverage", *The International Journal of Press/Politics*, Vol. 8, No. 4, 2003.

② David Hoffman, "Global Communications Network Was Pivotal in Defeat of Junta", *The Washington Post*, August 23, 1991.

③ Martin Löffelholz, *Embedded Journalism*, https://www.britannica.com/topic/embedded-journalism.

④ 第一阶段为1983年美国入侵格林纳达时期,媒体处于完全被排除在外阶段;第二阶段为1991年海湾战争时期,由军方提供"新闻包"时期;第三阶段即为2003年伊拉克战争时期,媒体以"嵌入式"方式参与报道。

克战争时期,美国政府以保护战区记者安全和军事机密安全为由,将全球近 600 名记者排序后进行"嵌入式"报道。"嵌入式"报道的优点在于,由于军方提供保障,媒体对伊拉克战争的报道获取了更多的一手资源和更好的图像视觉效果,新闻的事实信息量也超过以往所有的战争报道。据统计,当时美国五大电视网 CNN、ABC、CBS、NBC 和 Fox News(福克斯新闻)仅在三天共计 40.5 个小时的报道中,就进行了 108 个嵌入式报道。[1]

(2) 传播美式价值观

美国向来以"自由""民主""平等""人权"等价值观标榜于世界,冷战结束以来,美国政府逐渐把向世界传播、输出美国价值观作为巩固其全球霸主地位的重要手段。特别是 2001 年"9·11 事件"后,美国将文化价值观输出和意识形态安全放在了更加突出的地位,成立了以美国国务院分管公共外交的机构——公共事务局,并由其负责及时沟通国内和国际媒体,立足美国外交政策和国家安全利益,推进美国外交政策的战略和战术传播,增进人们对美国价值观的理解。[2] 尽管 CNN 声称奉行新闻专业主义,坚持客观报道,但由于其对美式价值观根深蒂固的信仰,自然成为美式价值观的输出工具。CNN 在重大问题立场上往往是美国政府的跟随者,帮助美国政府保守本国机密的同时,还努力传递白宫的政策信息,做"'美国'的良心"。例如在 CNN 国际频道的报道中,不论是出现美国政治的篇幅比重,还是报道倾向,都被认为是在做美国政府的"传声筒"。CNN 在对外传播美式价值观时,也往往具有两面性,即努力提倡"自由民主"的同时,又不断以美国视角审视问题。如

---

[1] Pew Research Center, http://www.journalism.org/2003/04/03/embedded-reporters/2004.3.

[2] 王维佳:《美国政府是怎样输出价值观的》,《红旗文稿》2016 年 2 月。

CNN在报道2010年以来的"阿拉伯之春"运动时,不断宣扬非洲、中东国家人权状况的"改善",而在报道2001年"中美南海撞机事件"等涉及美国利益的问题时,就又完全站在美国的立场,多次抛出所谓"人权问题"无端抨击中国,而罔顾美国对中国领空侵犯的事实。

3. "包装"对外报道内容

(1) 追踪与报道媒介事件

媒介事件也被称为"伪事件"(pseudo-event),它是以媒体宣传为目的的事件或活动。① 媒介事件是一种有计划性的事件,是政治家与新闻公司的产物。戴扬(Daniel Dayan)和卡茨(Elihu Katz)认为,媒介事件对大众舆论、政治机构以及外交均能产生效果。媒介事件的特征是由媒体进行现场直播,以及非媒体实体进行组织策划,其进程顺序是:组织者、电视台和受众之间对媒介事件进行的"协商",然后是电视台对其进行的"表现",最后是受众在家庭对其进行的"庆祝"。② 其典型案例当属伊拉克战争期间,为达到战争宣传目的,美国政府联手媒体制造了著名的"拯救女兵林奇"(Saving Private Lynch)事件。近年来,尽管CNN等主流媒体在一些媒介事件的报道中并非制造者,但往往也成为了事件发展的"帮凶"。例如叙利亚战争时期,叙利亚民防组织(又称"白头盔"组织)摆拍了许多"营救战争儿童"的新闻,由于美国等西方国家的支持,美国媒体对此进行大肆报道,传递了有关局势的错误信息。

(2) 制造与散布假新闻

"假新闻"(fake news)被定义为黄色新闻或宣传的一种方式。③ 学

---

① Helmut Scherer, *Media Events and Pseudo-Events*, Blackwell Reference Online.
② 丹尼尔·戴扬、莱休·卡茨:《媒介事件:历史的现场直播》,麻争旗译,北京广播学院出版社2000年版,第5页。
③ "Fake News in the Social Media Era", http://gigaentertainmentmedia.com/fake-news-social-media-era/.

界对假新闻的分类有三种:第一种是具有讽刺意义的"洋葱新闻",以美国洋葱新闻网(The Onion News Network)24小时网络视频节目"The Onion"为代表;第二种是作为战争策略的"战时假新闻",以美国在伊拉克战争期间散布的虚假新闻为代表;第三种是出于功利性目的伪造新闻,以2016美国大选期间在社交媒体、主流媒体等平台上流传的有关两位候选人的诸多假新闻为代表。媒介素养专家玛蒂娜·查普曼(Martina Chapman),认为假新闻具备的"3M"要素是不信任(mistrust)、误报(misinformation)和操纵(manipulation)。① CNN对假新闻的制造或报道首先体现在战时新闻报道中。2016年的美国总统大选又使学者们对"假新闻"的概念做了重新定义,它被视为是对民主、自由辩论和西方秩序的最大威胁之一。② 大选期间,脸书、推特等社交媒体成为假新闻重灾区,一些由专门写手创作的假新闻被民众信以为真。特朗普在上任后,频繁使用"假新闻"一词形容CNN等美国主流媒体对其的报道,并在"通俄门"(Russiagate)问题上与CNN不停纠缠。CNN事后也承认了对"通俄门"新闻源审的查操作不严,致使特朗普团队不断对其进行抨击。

三、CNN等美国主流媒体在国际问题中发挥影响力的挑战与应对

媒体行业历来竞争激烈,CNN自创立至今40年来仍然能够保持在业内的先锋地位,足以彰显其实力。但时代步伐的变幻莫测同样使

---

① "Explained: What is Fake News?", https://www.webwise.ie/teachers/what-is-fake-news/.
② "Fake News: What Exactly Is It-And How Can You Spot It?", *The Telegraph*, May 9, 2018.

CNN越来越多地受到来自行业内外部的冲击。对于该问题的深入思考,有助于对美国媒体国际影响力分析的准确性和全面性。

(一) CNN 的优势受到外部冲击

1. 区域性媒体的竞争

以 CNN 为代表的美国主流媒体在各个时政热点地区建立的新闻分社和记者站是其突发新闻的重要来源,然而,随着亚太、中东等地区区域性媒体的崛起,美国主流媒体国际报道的优势日渐被对方具备的本土化特点所抵消,当地报道资源的竞争局面得以出现。

进入 21 世纪,位于卡塔尔多哈的半岛电视台开始崛起,成为美国主流媒体在当地最大的区域性竞争对手。半岛电视台在播报模式和技术上并未过多突破,但对于长期信息匮乏又渴望非西方媒体势力存在的阿拉伯地区,半岛电视台完全是以优质媒体的姿态出现在当地受众的视野中,并被推向国际舞台。一方面,半岛电视台在阿拉伯地区 24 小时滚动播出的阿拉伯语新闻,对于当地人而言就是他们自身的发言人,甚至当地的恐怖组织、政治反对派也将半岛电视台视为唯一"值得信赖"的媒体;另一方面,阿拉伯地区本土媒体由于长期被独裁政府把持,新闻毫无真实性可言,而半岛电视台具有不附和主流政治力量的特性,并且由于身处政治风气相对开放的卡塔尔,不惧怕周边国家的高压政治,[1]且敢于质疑美国,在报道的内容上趋于客观公正,播报风格也贴近当地文化,因而备受欢迎和青睐。

区域性媒体的竞争不仅使 CNN 在当地的影响力下降,还导致了 CNN 的"一手报道"地位被取代。2001 年 10 月阿富汗战争爆发之初,

---

[1] 休·迈尔斯:《意见与异见:半岛电视台的崛起》,黎瑞刚等译,学林出版社 2006 年版,第 161 页。

CNN 因没有及时拿到第一手消息而不得不转播来自半岛电视台的独家直播新闻。而在被证实 CNN 等没有对白宫所给信息进行"考证"后，CNN 的新闻信誉也因此遭受重创。而半岛电视台逐渐凭借对中东地区问题的优质报道，获得了"中东 CNN"的美誉。在东亚地区，CNN 也面临来自如香港凤凰卫视等媒体的类似竞争，在南亚地区也被多家印度媒体如新德里电视台（NDTV）、Zee TV 等以地方文化为特色的报道风格所冲击。

2. 大型主流媒体的"围堵"

除了在热点地区的失势，CNN 还卷入了整个国际新闻行业媒体同质化的漩涡。"同质化媒体"是指内容来源、含量、品质基本雷同，选择内容的标准、视角、价值大同小异，产品载体的版面、画面、外观几无区别的新闻媒体。① 近年来，国际传播中同质化媒体的增多导致了 CNN 在原有电视新闻领域的自身个性被消解，品牌影响优势被多家国际性媒体所稀释。在美国本土，相比 CNN 的"精英路线"，NBC 和福克斯新闻凭借其经营方式更加大众化而收获了更多普通受众的欢迎。在 2011 年美国影响力最大的传统媒体排名中，电视媒体排名方面福克斯新闻频道 Fox News Channel 跃居第一，CNN 排名第二。② 此外，特朗普总统执政期间，CNN 成为其指责美国媒体时的首要攻击对象，并且公开夸奖其对手福克斯新闻报道"公平公正"，还将专访机会留给福克斯新闻，这对 CNN 的国际媒体形象以及影响力均造成了严重的冲击。

放眼全球，国际性媒体竞争更为激烈。播报模式上，欧洲广播联盟的欧洲新闻台（Euronews）、日本广播协会（NHK）、英国广播公司（BBC）、天空电视台（Sky News）纷纷推出 24 小时新闻播报。节目类型

---

① 邵培仁：《新闻媒体同质化的根源及突破》，《传媒评论》2014 年第 4 期。
② 参见 Audit Bureau of Circulations，Nielsen TV Ratings。

方面,BBC 与皮尔逊出版巨头合作一档《BBC 世界》,目的是与 CNN 在全世界范围内展开竞争。① 受到来自国内外媒体的重重包围,CNN 在国际问题报道上难以突破,对其国际影响力造成很大的削弱。CNN 在电视新闻方面还面临收看对象影响力弱化的可能。尽管电视仍然是美国民众获得新鲜资讯的首选渠道,但其观众群体的老龄化状况正在不断加深,与之相对,18 到 29 岁的青年人群中通过社交媒体、网站、移动客户端获取新闻的人数与日俱增。在网络收视率方面,"美国最有影响力的在线新闻媒体"排名中 CNN 以 7400 万的月访问量远远低于居于首位的雅虎新闻(Yahoo News),而 NBC 以 7200 万紧随其后。② 2016 年美国总统大选期间,由于《赫芬顿邮报》(The Huffington Post)和 NBC 成功进行了报道,CNN 在美国最有影响力的在线新闻媒体每周用户量占比排序中跌至第四位。③

(二)"CNN 效应"的延续面临革新

站在时代发展的角度来看,不论是对于 CNN 本身发展面临的挑战,还是"CNN 效应"的当前适用性而言,都是促使 CNN 作出革新的重要动力,这或许能激励作为商业性媒体的 CNN 更好地参与市场竞争,不断地向前发展创新。从 CNN 自身发展来讲,本身作为顺应时代技术发展而崛起的媒体,势必会继续顺应时代技术的发展而创新和延续自己的实力,以确保影响力的存在。"CNN 效应"激发了主流媒体对国际关系的影响,随着时代发展与技术的进步,在这一理论基础上,还蜕化衍生出了基于其他媒介平台的媒体影响理论。在美国本土,YouTube 与推特等

---

① 陈犀禾:《当代美国电视》,复旦大学出版社 2001 年版,第 93 页。
② 美通社:《美国媒体传播概况》,2013 年版,第 9 页。
③ 美通社:《美国媒体传播概况》,2016 年版,第 19 页。

社交平台是目前被认为在国际关系重大事件中发挥着巨大影响的媒介。"CNN 效应"实现了在理论上的延续，即可能延伸为"YouTube 效应"或者"推特效应"。但在实践中，CNN 还需要作出与时俱进的变革，才能保持其本身的延续性。

1. "YouTube 效应"

进入 21 世纪以来新媒体的力量不断扩展，老牌媒体原本的生存空间被不断挤压的同时，新媒体反而成为其影响效力延续的渠道。在美国，脸书、推特、领英（Linked in）等各类社交媒体所具备的强大的新闻传播功能，开始全面占领网络。这些流行社交媒体的出现对 CNN 的影响效力构成了威胁。从理论的角度来看，支撑 CNN 在政治中发挥作用的核心理论——"CNN 效应"，也在逐渐出现外溢，即媒体影响的依托平台出现了改变。

"YouTube 效应"反映了单个视频的共享网站可以在全球范围内产生政治影响的现状。从某种意义上讲，"YouTube 效应"很好地延续了"CNN 效应"的影响内涵，又使新闻传播者的角色更加丰富，包括选举者、恐怖分子、美国士兵、人权组织等各类群体都可以通过 YouTube 发布视频，他们既是事件的参与者，直接影响着事件的发展，又是事件的传播者，让更多的受众了解政治事件的发展。此外，这种传播模式还可以快速地补充传统媒体以外的视频报道视角，成为事件消息源或者印证者。因为每个人都有一个手机或其他视频记录设备，具备成为新闻或信息提供者的条件，YouTube 在视频上传方面也较为自由，使 YouTube 拥有了从总统选举到全球政治问题、安全威胁等各方面的多元化影响力。[①] 作为新闻平台的 YouTube 很好地解决了 CNN 等媒体传统平

---

① Veronika Stoilova, "YouTube Effect and Its Impact on Global Politics", *International Conference Knowledge-Based Organization*, Vol. 22, No. 1, 2016.

台当前面临的竞争缺陷。由于其视频新闻发布源的市民化,使得视频发布减少了来自政治压力和媒体审查的影响,让现场新闻内容更加真实。另一方面,YouTube 使用人群集中于中青年社会主力,而美国的大选活动通过社交媒体进行宣传已经成为主流,YouTube 上的政治参与还能够影响年轻选民的意见和决定。①

2. "推特效应"

如果说"YouTube 效应"扩展了"CNN 效应"的图像影响力,那么"推特效应"就是其文字影响力的延伸。在推特的推动下,新闻周期已经加速到近乎瞬间的程度。② 通过"标记关键词"(Hashtag,即推特中用##符号框起来的关键词),使得许多政治话题表达被放大和强调,从而吸引大众视线,进而造成激烈的政治讨论。例如,2012 年美国一位财政部官员在年度税务预算演讲中的讲话,因为 Twitter 平台对其非重点内容"标记关键词",使得出现#Granny Tax#、#Pasty Tax#、#Caravan Tax#等误导性内容被报道,引发了公众对政府行为的激烈抨击。③

推特对政治问题产生影响的另一原因在于其对人群互动方式的改变。推特具有"转发"功能,它将对同一政治话题感兴趣的人群连接起来,无论用户是该话题的支持者还是反对者,都会成功带动话题的传播效应,扩大影响力。另外,推特还增加了民意调查的渠道,吸引了更多年轻人的参与,使媒体进行新闻报道议程设置与舆论影响时更有参考性和针对性。正是由于推特平台的年轻化和活跃性,它也更容易激起

---

① Alysen Smith, "Politics and YouTube: How Online Media is Making Political Waves", *Emertainment Monthly*, March 7, 2016.
② Devin Harner, "The Twitter Effect: How Social Media Changes the News Narrative", *Media Shift*, June 28, 2011.
③ Chris Mason, "Twitter Effect: How The Hashtag Has Shaped Political Debate", *BBC News*, April 25, 2012.

和煽动使用者对政治问题的极端反应,从而导致一系列抗议游说活动和社会政治运动在新的时代下爆发。

总体上看,从给予公众参与政治的途径来讲,YouTube 和推特等新媒体平台是对传统媒体作用的扩展和延续,它扩大了 CNN 等传统媒体新闻阅读量,搭建了直接与公众对话的平台。需要注意的是,尽管"YouTube 效应"或者"推特效应"被认为将政治问题中的媒体影响进行了延续,但其消极作用也会被放大。例如,假新闻、媒介事件的增加,以及新闻源审查难度的增加,可能会降低公众对媒体的信任度,从而可能在未来会减小媒体影响力。

(三) CNN 的应对举措:平台的扩展与技术的创新

1. 国际新闻平台的不断扩大与完善

一直以来,CNN 为保持在国际关系议题领域的持续性优势,十分注重国际新闻平台的建设。特纳在西欧国家和南亚非英语地区设立了 CNN 电视台以应对西欧、印度媒体对当地的新闻垄断。为应对时代华纳于 1996 年收购后的娱乐性影响,CNN 还尝试挖掘报道的深度与时长,提出以商业利润为目标,增加了政治选举、政治曝光节目的播出频次,一般类新闻的风格也由原先的"事件性"转为"故事性"叙述。CNN 不断扩大全球布局,到 2011 年已与 150 多个电视机构建立了合作关系,同时增加驻外记者站数量,以欧洲、东亚、中东为重点区域,建立了 37 个驻外记者站。[①]

为保证对一手新闻资源的获取,在中东地区,CNN 曾与半岛电视台

---

① 任永雷:《BBC 与 CNN 的驻外记者站发展特色及趋势分析》,《电视研究》2011 年第 12 期。

签订播出协议,保证它可以比其他电视台提前 6 小时播出半岛的画面。① 在"9·11 事件"后,尤其是美国发动阿富汗战争期间,凭借记者在现场透过视讯电话传回现场实况,CNN 超过 NBC 又夺回了收视第一的宝座。② CNN 还在伊拉克巴格达、以色列耶路撒冷、黎巴嫩贝鲁特、阿拉伯联合酋长国迪拜、埃及开罗等时政热点地区先后设立了记者站。为了进一步增强在中东的力量,"9·11 事件"的第二天,CNN 就宣布增设阿联酋分支,并建立阿拉伯语网站。该网站是一个免费网站,其目的是进一步扩展 CNN 在中东地区的报道和经营范围,利用 CNN 名牌效应在小语种地区发展市场。③

2. 媒体技术的不断应用与创新

为保持其在传统电视领域的强劲势头,CNN 注重打造媒介融合。它率先打造了移动电视、网络电视、手机电视等具有高技术含量的新兴电视形态,通过多平台同时直播的方式拓展受众,增加收视率。这种电视媒介融合形态首次应用于 2008 年美国总统大选直播,并取得了很好的效果。在社交媒体领域,CNN 也加强了战略布局。除了与推特、脸书等展开合作,提供视频直播、加强与受众的线上互动外,CNN 还自行建立涵盖各项移动终端设备 APP,推出了互动新闻(iReport),方便注册使用者直接发布现场新闻视频。全息影像、图片合成、谷歌搜索服务的嵌入,④都是其对媒体新技术不断采用的表现。2016 年 8 月,CNN 宣布

---

① 休·迈尔斯:《意见与异见:半岛电视台的崛起》,黎瑞刚等译,学林出版社 2006 年版,第 80 页。
② 雷跃捷、张彩主编:《电视新闻频道研究》,中国广播电视出版社 2003 年版,第 90 页。
③ 雷跃捷、张彩主编:《电视新闻频道研究》,中国广播电视出版社 2003 年版,第 89 页。
④ 刘笑盈、张聪:《CNN 的新媒体战略》,《电视研究》2011 年第 8 期。

设立无人机采访部"AIR",使传统新闻采编开启了"飞行模式"。① 2017年3月,CNN设立专门的虚拟现实新闻部门(浸入式新闻部门),并在网站开设了CNNVR栏目。

CNN全面实施"移动先行,数字第一"的新媒体发展战略。② CNN声称自己是全球数字革命之乡。2014年,CNN建立了CNNgo创新数字平台,扩宽了观众对节目的访问路径。目前,CNN的数字战略重点就是将24小时新闻播报的传统优势转移到网络视频上,为此,CNN于2015年投入大量资金开始打造"Great Big Story"短视频项目,以确保为CNN发展注入年轻血液。根据皮尤研究中心统计,2016年CNN重回美国影响力最大的传统媒体首位。③ 据全球性互联网信息服务提供商统计,CNN在2016年获得月均1亿多次的多平台独立访客量,超过了雅虎新闻、《纽约时报》、《赫芬顿邮报》和BuzzFeed等多个平台对手。④ CNN Politics栏目更是为其数字新闻获得了高页面浏览量。2016年11月9日美国总统大选投票日,CNN数字新闻更是创下5亿次页面访问量、7700万独立来访者的历史纪录。⑤

总的来说,尽管CNN在近年来的发展过程中经历了巨大的行业挑战,但从目前的发展状态来看,CNN等西方老牌媒体并没有放弃或减少对国际影响力的争夺,而是侧重影响方式的转型。美通社(PR News-

---

① 《CNN新闻采访开启"飞行模式"》,搜狐网,2016年8月29日,https://www.sohu.com/a/112541089_204321。
② 王鹏权:《国外媒体如何推进融合发展》,半月谈网,2017年2月15日,http://www.banyuetan.org/chcontent/sz/hqkd/2017215/220429.shtml。
③ Pew Research Center, *State of the Media* 2016.
④ 《CNN的新战争:4大举措能否解救"第四权力"?》,搜狐网,2017年4月6日,https://www.sohu.com/a/132371483_257199。
⑤ Alex Wellen:《CNN步入MBB时代:将内容传递到用户指尖》,https://www.huawei.com/cn/technology-insights/publications/winwin/27/cnn-not-about-being-distination.。

wire）2015年发布的《美国媒体传播概况》白皮书分析认为,虽然美国传统媒体受到新媒体很大的冲击,但电视等媒体的盈利能力仍然在上升。换句话说,媒体只要追求利益就不可能斩断自身的获利武器,更不会减少原本能够吸引国际舆论的国际重大事件报道,尤其是 CNN 在美国与欧洲市场的影响。CNN 等美国老牌媒体与新兴媒体之间的关系不一定是完全零和的竞争关系。从技术革新来看,CNN 正在谋求新的转型发展,这势必会在未来带动其影响方式的转型。

CNN 是西方媒体在国际关系议题中由媒体权力上升为媒体影响的典型代表。拥有媒体权力不等于能在国际问题中发挥媒体影响,这样的媒体目前为止还是少数,即使很多西方发达国家媒体能够最终产生这样的影响,也往往是以"抱团"的形式出现。当然,CNN 能够在全球舞台脱颖而出也有赖于美国作为世界霸权资源的支撑,有赖于搭上了全球化和信息化发展的快车。

第二节 英国主流媒体对英国外交的参与：以三家主流纸媒为例

作为昔日盛极一时的"日不落帝国",英国在经历了两次世界大战后,政治、经济和军事实力遭受重创,国际影响力也大不如前。骄傲的英国人为了维护自己"日不落帝国"的威望,将目光转向本国主要媒体资源。这些媒体在世界传媒格局中占据重要席位,也曾在两次世界大战中为英国外交提供过重大帮助。

当一个外交事件发生时,英国主流纸媒是否参与其中以及如何参与,受许多因素的影响,其中最主要的三个因素是媒体的市场定位与政治立场、媒体所有者对利益最大化的追逐、媒体从业者自身的职业素养。

凭借本国纸媒资源雄厚的实力、英语在世界范围内的广泛应用、政府管制的柔性倾向以及英联邦的深厚外交基础与文化认同这四点优势,英国主流纸媒得以在英国外交事务中发挥自己的媒介话语优势,通过"设置公众议程,搭建互动平台""利用话语优势,构建政治合法性""着眼政府表现,塑造国家形象"等路径,参与到英国外交进程中。

一、英国主流纸媒参与外交的缘起、优势、影响因素

英国国土面积虽小,人口也不多,但通过发展自由贸易和扩张海外殖民地等手段,一度成为世界历史上最大的殖民国家。在最鼎盛的维多利亚时代,英女王占领了比本国面积大 100 倍以上的海外殖民地,统治着全球 1/4 的人口。当时,太阳无论何时都会照在英国的领土之上,英国可谓名副其实的"日不落帝国",其领导下的国际秩序也被称为"不列颠治下的和平"。

然而,两次世界大战的到来给英国的霸主地位造成了近乎致命性的打击,其政治、经济和军事实力在两次大战中接连受损,国际地位大幅下跌,一度成为一个"二流"国家,再加上战后风起云涌的殖民地独立运动,"日不落帝国"的形象一去不复返。但数百年来形成的根深蒂固的帝国思想和大国情结,使英国人不甘心"退居二线",迫不及待地踏上了探寻维护本国国际地位和国家形象方法的道路。

(一)媒体介入英国外交的缘起

20 世纪中叶以来,英国国力渐衰,两次世界大战更是给英国"硬实力"带来了沉重的打击。"一战"中,英国损失了约 87.5 万人口和 70%

的船只,这使英国虽然赢得战争,却输掉优势地位,不但丧失了"海洋霸主"的身份,更由战前美国20亿美元的债权国,变为反欠美国42亿美元的债务国,伦敦"世界金融中心"的地位也被纽约夺走。

一波未平,一波又起,第二次世界大战的到来加快了英国衰落的步伐。"二战"期间,英国损失高达73亿英镑,海外债务几乎增加了五倍,海上力量进一步受到重创,正如温斯顿·丘吉尔(Winston Churchill)所言,英国"是作为世界最大债务者走出二战的",由于战争,英国"永远不可能拥有像美国那样的海上力量了"。[①] 与经济衰退亦步亦趋的是英国政治地位的大幅下跌和国际影响力的快速丧失,包括印度在内的英国殖民地和自治领在"二战"后纷纷独立,美元成功取代英镑成为国际货币体系的中心。即便"二战"后的英国仍做着昔日"日不落帝国"的残梦,"苏伊士运河危机"也成为敲醒这一痴梦的警钟:1956年11月,在美苏的压力下英军被迫从埃及撤军。此时,美国和苏联已经取代英国,成为主宰中东乃至世界的力量。面对国力渐衰、国际地位下降的局面,不甘心沦为一个二流国家的英国,开始寻求维护自己国际影响力和话语权的其他方法。

所幸经过两次世界大战,英国的"硬实力"虽明显衰落,但其"软实力"保存较好,某些方面甚至相对有所加强,其中媒体资源就是其"软实力"的重要组成部分:英国的《泰晤士报》、BBC、路透社(Reuters)等媒体在战时表现突出,对国际舆论形成巨大导向作用,甚至影响到战争局势。

19世纪中叶以来,英国政府坚持奉行"光荣孤立"政策,英国报业

[①] Ritchie Orendale, "The English-speaking Alliance: Britain the United States, the Dominions and the Cold War 1945-1951", *Pacific Historical Review*, Vol. 56, No. 2, 1987, pp. 337-338.

也未对"一战"前的欧洲局势形成足够的重视和正确的判断,《泰晤士报》还曾发表社论,支持英国保持中立。随着19世纪末20世纪初两大军事集团的形成以及英、德矛盾的加剧,《泰晤士报》开始转变态度,并于1914年7月29日,即奥匈帝国对塞尔维亚宣战翌日,刊登社论鼓励英国放弃"光荣孤立"政策、参战扼制德国,①为同年8月英国对德、奥宣战进行了舆论引导。另外,"一战"期间,路透社受到英国政府的资助和支持,扮演了其"喉舌"的角色。

对于第二次世界大战的胜利,英国媒体可谓功不可没,凭借其强大的宣传作用,英国得以将自己的声音传向世界各地。路透社就曾被德国一家报纸称作"是把劳合·乔治(David Lloyd George)和丘吉尔的谎言加工成通俗易懂的'客观'言论,以获得预期的效果"②。与路透社相比,BBC依靠广播独有的通达性,在战争期间的"喉舌"作用更为突出。"二战"前,BBC的播放内容只有7个语种。1939年英国对德宣战后,BBC随即进入战时体制,并开始增加广播语种,至1944年,其广播语言多达39种,每周对外播出的累计时长达763个小时,居世界之首。相比其他参战国家的广播,BBC时效性强、内容丰富、准确度高、情感真实且态度较为中立,有助于消除听众的敌我情绪,保证了良好的传播效果。BBC的播音员能动性强、业务水平高,在播报新闻的同时,融入解说和评论。为了迎合美国听众、争取美国参战,对美广播的播音员将口音由牛津腔换成苏格兰或加拿大口音,并加入更多美国民众关心的内容。自"二战"期间风靡至今的代表胜利的"V"字手势,也是BBC的一位比

---

① 约翰·霍恩伯格:《西方新闻界的竞争》,魏国强译,新华出版社1985年版,第301—302页。
② Donald Read, *The Power of News: The History of Reuters*, New York: Oxford University Press, 1992, p.219.

利时籍播音员最先提出的。另外,BBC在播音的同时,源源不断地为轴心国统治地区的地下抵抗组织传递密码,肩负了传递战争情报的重要任务。

(二)英国主流纸媒参与外交的优势

1. 纸媒资源实力雄厚

"二战"后虽然英国政治、经济、军事三方面的实力均受到折损,但媒体领域的实力并未受到太大影响。英国纸媒资源的雄厚实力体现在其媒体硬实力和软实力都保持在较高水平上。

纸媒硬实力指媒体的资本、技术、人才等外在的、可测度的、可衡量的实力,例如资金投入、设备设施、发行量、员工学历等因素。① 英国新闻传播业历史悠久,基础十分扎实。1622年英国历史上便出现了第一份定期出版的印刷"新闻书",同时,英文"news"一词也首次出现在新闻刊物的刊名上。在这缕"曙光"的照耀下,英国的新闻传播业逐渐发展起来。18世纪中叶至19世纪上半叶,英国进行了工业革命,蒸汽印刷机的出现和推广、资本主义商业及交通运输业的快速发展,推动了报刊的印刷、配发和盈利,《泰晤士报》等纸媒的世界大报地位随之得以确立。②

尽管经过两次世界大战,英国媒体的"硬实力"伴随英国国力的衰退、世界政治格局的变动,不可避免地有所下滑,且其在世界新闻传播格局中的盟主地位被美国取代,但"瘦死的骆驼比马大",世界传媒体系中,唯一能与美国抗衡的还是英国。受益于背后庞大财团的支持,即便在网络时代新媒体的冲击下,在世界范围内,英国的报业市场萎缩速度

---

① 兰馨:《提升国家文化软实力的媒体策略研究》,《新闻界》2010年第6期。
② 陈力丹、董晨宇:《英国新闻传播史》,人民日报出版社2015年版,第45页。

也比其他国家缓慢。①

纸媒软实力是指媒体的传播理念、公信力、自身文化、影响力等潜在的、无法用量化指标来衡量和表示的实力。② 英国报业经过几个世纪的发展,形成了优秀的文化传统和完善的传媒体系。由于在战争中出色的表现,《泰晤士报》《卫报》《每日电讯报》等纸媒在"二战"后仍保持着良好的声誉和影响力,其高标准的行业规范、高品质的新闻产品以及强大的公信力,不仅塑造了英国媒体的品牌形象,也成为世界新闻业的标杆和国际公众选择新闻的标准。如今,虽然一些英国媒体已经成为跨国集团的一部分,但其管理层和执行层依然处处延续着英国媒体特有的思维和文化。

在论及大众传播时代媒体和外交之间的关系时,乔尔·科恩(Yoel Cohen)认为媒体可以从三方面介入外交:第一,媒体作为信源,为外交决策者和公众提供信息;第二,媒体成为两国外交决策者之间的沟通渠道;第三,媒体作为外交机构向国内和国外公众解释政策、获取支持的渠道。③ 英国纸媒坐拥雄厚的财力和健全而高效的运转体系,占据了世界传媒版图的重要位置,凭借其具有垄断性的国际话语权,帮助英国在国际事务中发挥"议程设置"的政治影响力。

2. 英语应用范围广泛

英语向欧洲之外的地区传播始于16世纪英国的海外贸易和殖民扩张。到1913年,"日不落帝国"的光辉已覆盖北美和中美洲大部分地区、澳洲、南亚及东南亚、非洲撒哈拉沙漠以南大陆,相当于本土面积的

---

① 唐亚明:《英国报业转型发展新趋势》,《全球传媒学刊》2016年第3期。
② 兰馨:《提升国家文化软实力的媒体策略研究》,《新闻界》2010年第6期。
③ Yoel Cohen, *Media Diplomacy: The Foreign Office in the Mass Communication Age*, Abingdon: Frank Cass, 1st ed., 1986, pp.14-15.

100多倍,基本统治着当时全球1/4的陆地和人口。① 想要维持如此庞大的殖民统治,单靠暴力是做不到的,文化渗透才是最有效的统治手段。而英语作为信息交流和文化传播的工具,在文化渗透过程中扮演了极为重要的媒介角色。查尔斯·卡林顿(Charles Carrington)曾套用一句谚语("罗马语流行之处,便有罗马帝国")来形容英语在英联邦国家间的纽带作用:"英语流行之处,就会有一些永存的信念和道德。"②英语作为英联邦成员国的官方语言,不仅帮助成员国之间实现顺畅无阻的交流,也将其承载的英国文化注入这些成员国之中,无形中成为传播话语霸权的工具。

如果说20世纪之前英语的推广主要依靠英国的贸易与殖民政策,20世纪以来英语在世界范围内的广泛传播则要归因于美国在政治、经济、军事、科技和文化等多方面的强势崛起。随着英国与美国相继称霸世界,英语霸权也达到顶峰。目前,英语是最多国家使用、分布范围最广的世界性语言,以英语作为官方语言的国家有70多个,另有100多个国家将英语列为优先学习的外语,全球能以不同形式使用英语的人数超过20亿。同时,英语也是联合国、欧盟、国际奥委会等国际组织和机构的工作语言。

语言是一个国家、一个民族存在的文化根基。英语影响力在全球范围内的扩张不仅对世界语言多样化、纯洁性和文化多元化构成了威胁,也导致了英美文化在世界话语体系中享有支配权。正如法国哲学家米歇尔·福柯(Michel Foucault)所言,"话语即权力",长期学习和使用英语会使语言使用者受到英语文化、价值观以及思维模式潜移默化

---

① 阎照祥:《英国史》,人民出版社2003年版,第337页。
② C. E. Carrington, "Empire into Commonwealth: An Old Story", *Contemporary Review*, Vol. 7, 1968, p. 12.

的影响,成为其"精神上的俘虏",从而"导致一种与狭隘民族主义反向,但却相似的偏激、固执和忘本",①最终实现西方话语霸权和文化帝国主义。诚如英国前驻伊朗大使安东尼·帕森斯(Anthony Parsons)在论及英国的外交优势时所言:"首要且最重要的一点就是英语的广泛影响,遍及交流、文学和科技等领域。"②

3. 政府管制的柔性倾向

自1664年英国政论家、诗人约翰·弥尔顿(John Milton)指出"言论出版自由是'天赋人权'的首要问题"后,新兴资产阶级便在其感召下,将出版自由的观念一步步发展为新闻自由主义理论(liberation theory of the press)。尽管这一理论自身存在许多漏洞,但作为西方文明的指导原则及近代资产阶级新闻传播的思想基础,时至今日,新闻自由主义仍然是真正左右英国政府进行媒体管理,尤其是报业管理的基础理念。③ 因而英国政府对纸媒通常采取"无为而治"的策略,除非战争等非常时期,通常采用登记制而非核准制,给予媒体在新闻报道操作上的更多自由。英国并没有专门的新闻法,在管理过程中,政府也有意淡化直接行政干预,以新闻行业自律为主、法律等其他手段为辅的方式来约束纸媒行为。需要指出的是,以往英国报业自律主要由"报刊投诉委员会"(Press Complaints Commission, PCC)来实现。2002年《世界新闻报》(News of the World)爆出"窃听门"丑闻后,英国政府加强了对纸媒的管控,PCC于2014年9月8日关闭,"独立出版标准组织"(The Independent Press Standards Organisation, IPSO)代替

---

① 潘一禾:《文化与国际关系》,浙江大学出版社2005年版,第251页。
② Anthony Parsons, "Vultures and Philistines: British Attitudes to Culture and Culture Diplomacy", *International Affairs*, Vol. 61, No. 1, Winter 1984-1985, p.7.
③ 唐亚明、王凌洁:《英国传媒体制》,南方日报出版社2007年版,第33—35页。

其行使监管职权。

鉴于英国媒体的强大影响力,英国政府向来十分重视与媒体保持良好的关系,尽量争取媒体对政府工作的支持。英国政府各部门均选取媒介素养高、应变能力强的人员担任本部门的新闻发言人。首相办公室设有一个专职小组负责新闻发布及与媒体沟通,布莱尔曾任命深谙报纸炒作之道的《每日镜报》(Daily Mirror)原政治主编阿拉斯泰尔·坎贝尔(Alastair Campbell)为办公室的新闻官。卡梅伦也曾供职于卡尔顿咨询公司(Carlton Communications),熟知媒体好恶。

同时,英国政府会利用自己的权力和资源优势,进行舆论疏导,使报道尽量朝有利于政府的方向发展。英国政府引导舆论的手段主要有五种:一是直接发布新闻,如首相办公室每日向媒体发布新闻简报,这是政治记者们的重要消息源;二是故意"泄露"一些内部消息给媒体,通过媒体的造势影响舆论;三是同与政府关系较好的记者保持"友好合作"关系,对反对政府的记者敬而远之;四是发挥经济杠杆作用,若某家新闻单位盈利太多,政府就课以特别税,若亏本太多,便能得到特别补助金,不过,媒体为了尽可能地避免被政府操控,普遍对政府补助金持抵抗态度;五是以相关法律对记者的采访和报道进行限制,甚至提起诉讼,但这种情况相对罕见。[①] 英国政府这种柔性控制方式的好处是,可以避免给公众造成政府明显干涉新闻传媒业的印象。

4. 英联邦外交基础良好

英国主流纸媒参与外交还有一个其他国家媒体所没有的独特优势,就是昔日"日不落帝国"留下的遗产——英联邦。

英联邦国家之间存在深厚的新闻传播交往历史,并在第二次世界

---

① 唐亚明、王凌洁:《英国传媒体制》,南方日报出版社2007年版,第33—35页。

大战期间得以深化。1941年10月,现代《金融时报》(Financial Times)的创始人之一、前英国信息大臣布伦丹·布雷肯(Brendan Bracken)就提议开展"英帝国收费率"计划,在英联邦范围内的两地之间发消息,可以享受每字一便士的优惠价格。这帮助英联邦国家在第二次世界大战期间实现了充分地交换信息。仅在1945年,通过电报和无线电公司,每周处理的新闻报刊材料已达200万字。尽管这一数字在1951年时减少至每周50万字,但也是"二战"前的1.36倍。此后,英联邦国家间的国际新闻报道数量一直在增长。到1963年4月该计划结束时,按照英联邦收费率,每周处理的报刊材料为132万字。① 这样的制度不仅在"二战"时加强了英联邦国家之间同荣辱、共进退的凝聚力,也在战后近20年里维系着英联邦成员间的联系,同时为英国媒体渗透成员国国内市场打下了基础。

另外,英联邦国家在数百年间以英国为中心形成的亲缘关系和文化认同也为英国媒体参与英国与其他英联邦成员国间的交往活动提供了必要条件。

史学界普遍认为英联邦的形成正式开始于1931年的《威斯敏斯特法案》。但英国对这些地区的文化渗透和思想同化在殖民地开发时期就已经开始推进了。英国殖民地在建设时"均在不同程度上受到英国政治体制、宗教信仰、教育模式、市镇布局、文化品位、体育休闲等方面的影响"②,英国作为中心,主导了整个殖民体系中的话语权,再加上大英帝国内部经济层面的相互依赖,可以说从殖民之初,英国与其殖民地

---

① 约翰·霍恩伯格:《西方新闻界的竞争》,魏国强译,新华出版社1985年版,第618页。

② Peter James Marshall, *The Cambridge Illustrated History of the British Empire*, Cambridge: Cambridge University Press, 1996, p.215.

之间已越过了心理学上对建构认知过程所要求的接触和正面回馈等过程，形成了一种"母子国"（a mother country surrounded by daughter states）[①]的近似亲缘关系。尽管这种关系在"二战"后伴随着殖民地的民族独立运动，日益由层级与环状的帝国制演化为水平与网状的联邦制，[②]但联邦成员国与原"母国"英国因共享而形成的文化相似性，作为一种稳定的精神特质一直被保留并延续下来，从而上升为英联邦国家对英国文化的认同。正如英国著名政治家、记者利奥波德·埃默里（Leopold S. Amery）所言，"从某种程度上看，英联邦就是英国性格、社会和政治制度在无限不同的地方所形成的社会外观"[③]。

基于这种文化共享与认同，以《泰晤士报》为代表的英国主流纸媒，作为英国文化承载物和话语权的表现形式，在英联邦内传播观点和态度时，其被接受度和影响力就会相对高于其他国家的媒体。即便《泰晤士报》曾因亏损而接连易主加拿大报业巨头罗伊·汤姆森（Roy Thomson）和澳大利亚传媒巨头默多克（Rupert Murdoch），但二者均存在较为深刻的《泰晤士报》崇拜情结[④]，这与他们成长于英联邦文化环境下不无关系。

（三）英国主流纸媒参与外交的影响因素

英国传播学家麦奎尔（Denis McQuail）认为，在社会大环境下的（新闻）媒体往往要受到受众、媒体所有人、各种社会和政治机构、广告商、通讯社等内容生产商以及监管机构等因素的制约。

[①] Chester Martin, *Empire & Commonwealth: Studies in Governance and Self-government in Canada*, New York: Oxford University Press, 1929, p.385.
[②] 王振华：《英联邦兴衰》，中国社会科学出版社1991年版，第19页。
[③] Leopold S. Amery, "The Commonwealth of Today", *Royal United Service Institution Journal*, Vol.2, 1951, p.96.
[④] 张聪：《从英国媒体看国家软实力的兴衰》，知识产权出版社2014年版，第158页。

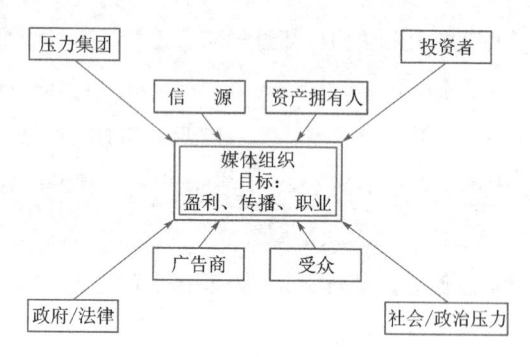

图 4-3　媒体组织面临的需求与制约①

与麦奎尔想法相近的美国学者帕梅拉·休梅克(Pamela J. Shoemaker)和史蒂芬·里斯(Stephen D. Reese),提出了同心圆等级模式(hierarchical model),认为影响媒体报道的因素由宏观至微观包括:意识形态因素,政治和经济环境、广告商等媒介外层因素,媒体组织结构,媒体操作规程,以及媒体工作者的个人因素,等等。②

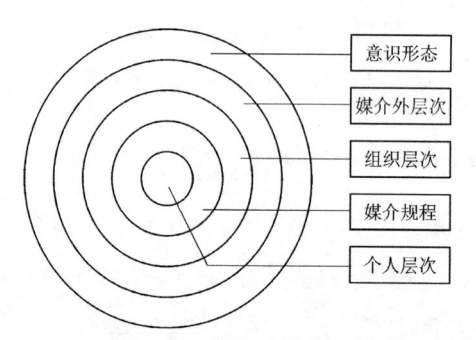

图 4-4　休梅克和里斯的同心圆等级模式③

---

①　参考自丹尼斯·麦奎尔、斯文·温德尔:《大众传播模式论》,祝建华译,上海译文出版社 2008 年版,第 142—143 页。

②　Pamela J. Shoemaker, Stephen D. Reese, *Mediating the Message, Theories of Influences on Mass Media Content*, London: Longman, 1991, p.183.

③　Pamela J. Shoemaker, Stephen D. Reese, *Mediating the Message, Theories of Influences on Mass Media Content*, London: Longman, 1991, p.183.

综合以上两种模型并结合英国媒体的实际情况,笔者认为影响英国主流纸媒参与英国外交事务的因素有媒体的市场定位与政治立场(组织层次)、媒体所有者的利益驱动(组织与个人层次)、媒体从业者的职业素养(个人层次)这三个。

1. 媒体的市场定位与政治立场

英国纸媒的雅俗分野比较鲜明,这一特点在报业中尤为明显。如今英国报纸的大体格局基本上是在 20 世纪 80 年代"沃平革命"后形成的。英国报业市场大致分为两类:一类是以《金融时报》《卫报》《每日电讯报》《独立报》为代表的严肃性报纸,也称作"大报",其内容主要以国内、国际重大事件的解释性报道和评论为主,核心读者多为政界、商界等领域受教育程度比较高的人士;另一类是以《太阳报》《每日镜报》《每日快报》《每日邮报》为代表的通俗性报纸,又称为"小报",其内容多为煽情新闻、社会热点消息,如娱乐、八卦、犯罪新闻等,主要面向收入相对较低的城镇居民。

如此明确的市场定位必然造成不同类型的英国报纸在面对相同报道选题时,在报道与否、报道角度、版面比重等方面存在差异。例如,2008 年 3 月,时任法国总统萨科齐首次访问英国期间,《泰晤士报》等大报主要着眼于萨科齐希望改善英法关系、提升自己在欧洲的形象等议题进行报道,而《太阳报》等小报的关注点更多地集中在法国第一夫人卡拉·布吕尼(Carla Bruni-Sarkozy)的名模身份和穿着打扮上,对外交类话题较少涉及。再如,2015 年 10 月,随着国家主席习近平对英国进行国事访问,两国正式建立全面战略合作伙伴关系,中英关系进入"黄金时代"。"黄金时代"(golden era/age)这一说法,最初由中英两国政府提出,《泰晤士报》《卫报》和《每日电讯报》等有一定国际影响力的大报予以采用,但《每日邮报》不仅并未提及,还对时任英国首相卡梅伦"讨好"中国的做法进行了批评,这在某种程度上说明,在涉及国家利益问题时,英国主流纸媒可能会出现意见分化。

尽管英国纸媒不属于政府或者某个政党所有,但几乎每一份报纸都存在一定的政治立场倾向。以英国全国发行的主要报纸为例,表4-1是其政治倾向与其在2015年英国大选中的立场对比,以及脱欧公投前四个月里,几家报纸将"脱欧"问题作为头条报道的比例。从表中可以看出英国全国性报纸的报道侧重与其政治立场有很大的正相关性,而不同政党的外交政策存在差异,有时甚至相左,那么媒体就有可能选择与自己的外交理念较为接近的一方,进行报道上的倾斜和舆论上的支持,协助该政党获取执政权,以推行自己认可的外交政策。另外,整体上看,英国大报比小报更关注脱欧公投这一将深刻影响英国外交局势的事件,但《每日快报》是个例外,作为表中唯一一个坚定的疑欧派媒体,它对脱欧公投的关注度比《泰晤士报》还高一个百分点,且在过去五年中持续发表鼓吹脱欧的文章。

表4-1 英国主要全国性报纸政治议题倾向

报纸名称	政治倾向	2015大选中支持党派	脱欧公投头条文章比例①
《泰晤士报》The Times	中偏右,保守	保守党	13%
《卫报》The Guardian	中偏左	工党,绿党,少量自由民主党	14%
《每日电讯报》Daily Telegraph	中偏右,保守	保守党	22.5%

① David A. L. Levy, Billur Aslan, and Diego Bironzo, *UK Press Coverage of the EU Referendum*, Oxford: Reuters Institute for the Study of Journalism, June, 2017, p. 14.

（续表）

报纸名称	政治倾向	2015大选中支持党派	脱欧公投头条文章比例
《金融时报》Financial Times	经济自由，政治中立	保守党与自由民主党联合	22.5%
《每日邮报》Daily Mail	中偏右，保守，民粹主义	保守党	10%
《每日快报》Daily Express	右翼，疑欧派	独立党	14%
《太阳报》The Sun	中偏右，保守，民粹主义	保守党，苏格兰国民党	3%
《每日镜报》Daily Mirror	中偏左，民粹主义	工党	1%

资料来源：《英国报纸列表》，维基百科，2016年12月，http://wikipedia.moesalih.com/Newspapers_in_the_United_Kingdom#Broadsheet_and_former_broadsheet_newspapers。

2. 媒体所有者的利益驱动

英国几乎所有纸媒都是由个人或民间财团所有的商业性组织，其获利能力主要依靠发行量和广告赞助。因而在面对来自广告商和竞争对手等市场因素的冲击时，只有在盈利的情况下才能持续"发声"。这种结构虽然可以避免政府直接干预媒体报道，但是面对经营的压力，媒体也不得不向市场规律作出一定的妥协，有时会出现无法完全按照新闻专业主义进行信息把关和新闻报道的情况。

英国报纸存在鲜明雅俗分野的原因，主要在于这些媒体的资金来源不同。① 严肃报纸将近70%的收入来自广告，因为其读者具有较高的

---

① 詹姆斯·卡瑞、珍·辛顿：《有权无责——英国的报纸、广播、电视与新媒体》，栾轶玫译，清华大学出版社2016年版，第113页。

消费能力;而通俗报纸有约50%的收入来自报纸销售,其广告业务的扩大要依靠销量的提升。① 因此,前一类报纸需要"筛选"高层次的读者以吸引优质的广告资源,而后一类报纸需要尽可能稳定并扩大读者群以保证发行量。不同的经济压力导致两类媒体的所有者不得不根据市场关系调整新闻报道的议题侧重点:严肃类报纸专注于服务关心国际关系、国内政局、经济状况的少数群体,而通俗类报纸为了迎合广大受众最普遍的喜好,不得不忽视少数人对政治议题的偏好。

另外,由于政治与经济具有相辅相成性,英国的纸媒所有者为了追求利益最大化,也会谋求一定的政治影响力,或者与当局保持一种密切而谨慎的关系。例如,在1997年的大选中,布莱尔成功地为工党争取到了默多克的支持,作为回报,出任首相后的布莱尔亲自致电意大利时任总理罗马诺·普罗迪(Romano Prodi),询问意大利政府是否会阻挠默多克以40亿英镑收购西尔维奥·贝卢斯科尼(Silvio Berlusconi)的意大利电视网的计划。此次通话被曝光后,首相办公室回应称布莱尔是为了"国家利益"。不论最终收购案是否落地,默多克都成功地利用英国与意大利的外交关系为自己谋利提供了便利。

3. 媒体从业者的职业素养

虽然新闻自由主义理论作为西方文明的基础已经深入人心,但这个理论自身存在一定的缺陷和漏洞,媒体滥用自由也给社会带来一定的负面影响。如果说自由是"天赋人权"的话,与媒体权利相对应的媒体责任也不可避免地随之受到关注。

早在1947年,美国新闻自由委员会(The Commission on Freedom of the Press)在其研究报告《一个自由而负责的新闻界》(*A Free and Re-*

---

① 詹姆斯·卡瑞、珍·辛顿:《有权无责——英国的报纸、广播、电视与新媒体》,栾轶玫译,清华大学出版社2016年版,第113页。

sponsible Press）中首次提出了媒体的社会责任论。1956年,美国传播学者威尔伯·施拉姆（Wilbur Schramm）联合西奥多·彼得森（Theodore Peterson）、弗雷德里克·S·西伯特（Fred S. Siebert）在著作《传媒的四种理论》（Four Theories of the Press）中系统论述了传媒的社会责任理论（social responsibility theory of the press）。他们指出,作为传统自由主义理论的发展,社会责任理论要求媒体"真实、全面、智慧"地报道事件,区分新闻与评论;"努力呈现一切重要观点","成为交流评论和批评的论坛";"准确描绘各个社会集团";"呈现和阐明社会的目标和价值";并"提供充分接触信息的渠道"。① 媒体是一个组织,社会对其责任要求的践行自然由媒体从业人员来实现。

一直以来,大批有良知的英国主流纸媒从业者将自己定位为"第四权力"的践行者,并自视为公众的代言人、守护者以及探索事实真相的尖兵,他们基于"监督"与"制衡"的理念,声称对来自政府的信息都持怀疑和批判的态度。这样的新闻理想与社会责任感、专业能力和个人品格一起内化成为这些英国媒体从业者良好职业素养的重要组成部分,敦促他们为了公众的基本知情权（right to be informed）和信息近用权（access to information）不断挖掘事实、接近真相,这其中不仅包括对国内社会的探索,也包括对国际社会的发掘。

设立于1962年的英国著名新闻类奖项"英国报业奖"（the Press Awards）,自2002年以来几乎每年都会颁奖给战地记者,表彰他们为追求真相而深入前线的勇气和精神。如今,媒体已成为战争的一部分,报道在一定程度上影响甚至决定了战争的走向。

在历届获奖名单中,曾供职于《星期日泰晤士报》（The Sunday

---

① 弗雷德里克·S. 西伯特、西奥多·彼得森、威尔伯·施拉姆:《传媒的四种理论》,戴鑫译,中国人民大学出版社2008年版,第75—79页。

Times)的资深女战地记者玛丽·科尔文(Marie Colvin)的名字格外显眼。科尔文从1986年就开始做战地记者,其报道范围覆盖了车臣、科索沃、塞拉利昂、津巴布韦、斯里兰卡、伊拉克、阿富汗、利比亚、叙利亚等众多战火纷飞的国家和地区。其中,科尔文从叙利亚发回的报道,在英美两国民间引起了巨大的反响。①

尽管科尔文在2001年前往斯里兰卡报道战事时失去了左眼,但她依然坚持奔赴战场。在谈及自己做战地记者的原因时,科尔文表示,希望自己"作为战争的见证人,要准确、客观地报道战争和灾难,从而告诉人们战争究竟是什么样子",另外"民众有权知道政府军队以他们的名义在做什么"。科尔文不认为伤亡数字可以打动读者,因而"采用人道主义的视角报道战争对平民的伤害",她相信很多读者在等自己的战地报道,"他们在关心战争中的不幸,并试图阻止战争"。遗憾的是,2012年2月22日,在叙利亚政府军炮击霍姆斯市时,科尔文被炸身亡。正如科尔文所说,"如果你没法阻止战争,那你就把战争的真相告诉世界",她用自己的生命向世界民众展示了战争的残酷。②

二、英国主流纸媒参与外交的路径

21世纪以来,国际局势出现了新的变化,恐怖主义、环境污染等全球性问题,以及经济危机、区域冲突等不稳定因素威胁着世界的和平与发展,同时也给英国的外交环境造成了一定冲击。一心想在国际舞台

---

① 《战地记者玛丽·科尔文:用生命控诉战争》,新浪网,2017年2月,http://eladies.sina.com.cn/qg/darenwumariecolvin/。
② 《战地记者玛丽·科尔文:用生命控诉战争》,新浪网,2017年2月,http://eladies.sina.com.cn/qg/darenwumariecolvin/。

上发挥枢纽作用的英国,不得不继续调整外交政策,在美国、欧洲和迅速崛起的亚洲国家之间寻求新的平衡点。在此过程中,英国主流纸媒凭借自己在世界传媒版图上和国际话语体系中的重要地位,更加深入地参与到英国的外交过程中。

(一)设置公众议程,搭建互动平台

1. 使用报道技巧,设置公众议程

美国传播学家麦斯威尔·麦库姆斯(Maxwell McCombs)和唐纳德·肖(Donald Shaw),于1972年在《舆论季刊》(Public Opinion Quarterly)上发表论文《大众传播的议程设置功能》,首次提出了大众传播"议程设置功能"(agenda-setting)的理论假说。他们认为,媒体在决定人们怎么想方面并不成功,但可以通过信息供给及相关议题安排,来影响人们讨论什么话题及话题的先后顺序。公众对一个事件的关心程度首先由事件自身的属性决定,这一点媒体是无法控制的。但媒体可以从报道的密度、时间、载体、样式等能够造成视觉压力的方式入手,"包装"自己有意安排给受众的议题,先成功地吸引到其注意力,再发挥纸媒内容见长的优势来维持受众的注意力跨度,从而达到为公众设置议程的目的。英国主流纸媒为了在外交事务方面引导公众议程,首先对报道主题进行筛选,以军事冲突、武器扩散、恐怖主义、疾病蔓延、环境保护等全球性问题为中心议题,主动参与相关事件的报道和讨论,在实际操作报道时,媒体还会有针对性地选择一些报道技巧。

第一,调整报道的版面和位置。英国主流纸媒经常将一些旗帜鲜明地反映报道对象冲突和意见的文章,或者能产生观点引导作用的文章放在头版头条位置,例如2012年6月13日《金融时报》的头版头条报道《越南呼吁美国介入中越争端》("Vietnam Calls for US Aid in China Spat")①、2002年10月3日《金融时报》的头版头条报道《布什称与伊拉克必有一战：核查人员入伊前，美国争取严苛的联合国武器决议》("Bush Says War with Iraq May Be Unavoidable: US Wants Tough UN Resolution on Weapons before Inspectors Go in")②，2014年2月22日《金融时报》为报纸加了封面图，封面故事标题为《新冷战？美国vs中国》("Is This the New Cold War? US vs China")③。

第二，增加报道数量，延长报道时间。曾有学者研究发现，只有经过有影响力的媒体连续、高密度地报道至少两周到一个月甚至几个月后，某一事件才有可能唤起公众足够的重视。英国主流纸媒会为个别国际议题设计专题报道或系列报道，持续追踪事态发展。例如，《卫报》以"战争的威胁"("Threat of War")为主题，从2002年9月22日至9月30日每天刊登两到三篇关于美伊矛盾的报道或评论。同时，为了使读者能建立起对萨达姆政权的负面情绪，在英美联军正式出兵伊拉克前的半年时间里，英国主流纸媒每个月至少会刊登一篇对伊拉克化学武器受害者的专访。

第三，解读时事，进行观点引导。《金融时报》曾数次在报道中指出"中国、越南、文莱、马来西亚等国积极争夺南海主权，是因为该水域坐拥有丰富的石油和天然气资源，并且拥有世界1/3的航运活动"，也曾明确表示"下个世纪地缘政治的划定将会是中美之间的一场权力和影响力之

---

① Ben Bland, "Vietnam Calls for US Aid in China Spat", *The Financial Times*, June 13, 2011, p.1.
② Carola Hoyos, Deborah Mcgregor, and Richard Wolffe, "Bush Says War with Iraq May Be Unavoidable: US Wants Tough UN Resolution on Weapons before Inspectors Go in", *The Financial Times*, October 3, 2002, p.1.
③ Geoff Dyer, "Is This the New Cold War? US vs China", *The Financial Times*, February 22, 2014, p.12.

争,夹在世界两大巨头之间的亚洲诸国正被迫作出尴尬的选择"。

2016年7月10日,即海牙常设仲裁法院宣布"仲裁结果"的前一天,《金融时报》刊文《争议之海:全球等待联合国对南海的裁决》("Troubled Waters: World Awaits UN Ruling on South China Sea")①,从"案件重要性""仲裁案背景""中国将如何回应""菲律宾将如何回应""美国将有何动作"五方面向读者详细介绍了"南海仲裁案"的来龙去脉和主要利益相关方,有意引导读者将注意力转移到第二天宣布结果的"仲裁案"上。

2016年7月7日,即耗时七年的伊拉克战争调查报告公布后的第二天,《卫报》刊文《奇尔科特报告:那些悬而未决的问题》("Chilcot Report: The Still Unanswered Questions")②不仅对报告做了深入解读,还针对报告未涉及或不明确的问题提出了质疑。

第四,使用数据可视化工具。传统以文字为主的新闻叙事注重细节的捕捉,擅长微观的表达,力求"见微知著",但其对宏观社会现象的报道或对新闻事件的宏观描述,始终缺乏一定力度,而数据新闻正好可以弥补传统新闻中观、宏观叙事的不足。另外,传统的新闻叙事中密密麻麻的文字容易造成读者的视觉疲劳和精力分散,借助数据新闻的可视化工具不仅能清楚地展现宏观图景,也有助于吸引读者的注意力。

2015年10月19日至23日,中国国家主席习近平抵达英国进行国事访问。10月20日,《卫报》在报道《习近平访英:数字中的中英关系》("Xi Jinping State Visit: China's Relationship with Britain in Numbers")③

---

① Geoff Dyer, "Troubled Waters: World Awaits UN Ruling on South China Sea", *The Financial Times*, July 10, 2016, p.4.
② Luke Harding and Richard Norton-Taylor, "Chilcot Report: The Still Unanswered Questions", *The Guardian*, July 7, 2016, UK news.
③ George Arnett, "Xi Jinping State Visit: China's Relationship with Britain in Numbers", *The Guardian*, October 20, 2015, Economics.

中将文字解释与包括下图在内的多个图表展示相结合,在满篇文字的版面中,不仅能快速抓取读者好奇心和注意力,更能清楚、全面地为读者快速科普中英近20年来的经济外交成果。

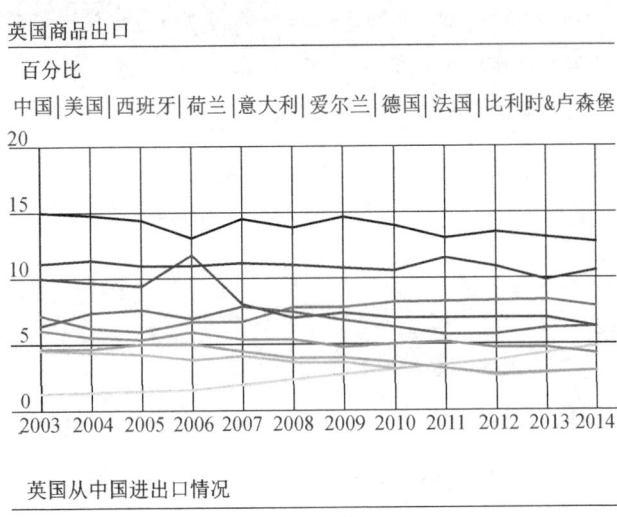

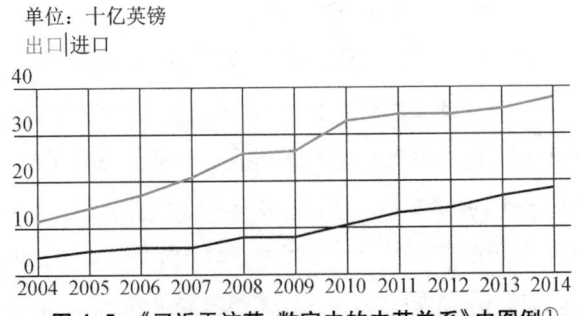

英国商品出口

百分比

中国|美国|西班牙|荷兰|意大利|爱尔兰|德国|法国|比利时&卢森堡

英国从中国进出口情况

单位:十亿英镑
出口|进口

图 4-5 《习近平访英:数字中的中英关系》中图例[①]

作为英国主流纸媒通过精心设计报道话题和报纸版面,进行议程设置的结果是,相当一部分受众的确非常关注媒体报道的议题,并向报

---

① 该图翻译自 George Arnett, "Xi Jinping State Visit: China's Relationship with Britain in Numbers", *The Guardian*, October 20, 2015, Economics.

社投稿参与讨论。

例如,受到《金融时报》2016年7月13日有关"南海仲裁案"报道的吸引,英国曼彻斯特市的詹妮·克莱格(Jenny Clegg)博士致信该报编辑部,阐述了自己对这一事件的看法:美国没有签署《联合国海洋法公约》,并没有资格要求签署国中国对该公约作出反应,中美两国处于一定程度的对峙状态,在中国看来,美国置身国际法之外本身就存在争议,当然该公约自身有漏洞,建议对其进行修订。克莱格博士同时指出"避免南海争端升级的最好办法是制定新的世界海洋协议"[1]。

再如,在媒体对伊拉克问题持续报道的影响下,南非德班的克里斯宾·海姆逊(Crispin Hemson)通过《金融时报》发表文章《什么使西方世界睁开曾对杀戮视而不见的双眼?》("West Turned A Blind Eye to Thuggery before-What Has Suddenly Changed?")[2],指出二十多年前南非政府使用大规模杀伤性武器攻击邻国、谋杀政敌,在国内、国外制造恐怖事件时,以老布什(George H. W. Bush)为首的美国政府只是温和地表示谴责,同时积极与南非政权合作以支持邻国的反民主运动。如今小布什突然以萨达姆使用化学武器为借口打算对伊拉克发动战争,我们有理由对两个布什政府的真实意图表示怀疑。

(二) 搭建媒介化类互动[3]平台

1947年,新闻自由委员会在制定当代社会传媒表现的测量标准时,

---

[1] Jenny Clegg, "If the US and China are Unhappy with Unclos, Let Them Renegotiate It", *The Financial Times*, July 22, 2016, p. 8.

[2] Crispin Hemson, "West Turned A Blind Eye to Thuggery before-What Has Suddenly Changed?", *The Financial Times*, October 5, 2002, p. 10.

[3] "媒介化类互动"是陆佳怡对短语"mediated quasi-interaction"的翻译,笔者沿用了这一说法,参见陆佳怡:《媒体外交:一种传播学视角的解读》,《国际新闻界》2015年第4期。

就曾指出媒体应当将自己视为公共讨论的"共同载体",成为"一个交流评论和批评的论坛"。① 几十年后,英国社会学家约翰·汤普森(John B. Thompson)提出,"媒介重组了我们的时空,带来了媒介化的历史性(mediated historicity)、媒介化的世界性(mediated worldiness)和媒介化的社会性(mediated sociality);更重要的是大众传播媒介的发展使人类从'面对面互动'进入到'媒介化类互动'(mediated quasi-interaction)"②。

英国主流纸媒积极参与对外交事件的报道,吸引世界各地读者对这些事件发表看法,再选登持不同意见的读者的投稿,形成观点的"你来我往",推动相关舆论进一步深化。在这一过程中,媒体充分发挥了传播渠道的中介作用,为国际公众搭建起探讨国际事务的互动平台。

在中菲南海争端进入"仲裁"阶段后,《金融时报》曾于2014年5月14日针对中国与越南的"981石油钻井平台事件"发表社论《还东南亚海域以浪静:中国和越南应让步和协商》("Calm the Waters of Southeast Asia: China And Vietnam Need to Step Back And Negotiate")③,称中国在西沙群岛附近水域的钻井工程是"非法"的,而且导致了南海区域国际关系紧张。对此中国驻英国大使馆发言人苗得雨在5月23日写信反驳道:"西沙群岛是中国固有领海,且一直处于中国的有效管辖之下。当日越南舰艇不仅持续骚扰中国公司的正常作业,还故意冲撞中国护卫舰。中国向来尊重南海地区的和平与稳定,也希望相关东盟国家与中

---

① 弗雷德里克·S.西伯特、西奥多·彼得森、威尔伯·施拉姆:《传媒的四种理论》,戴鑫译,中国人民大学出版社2008年版,第78页。
② 马杰伟、张潇潇:《媒体现代:传播学与社会学的对话》,复旦大学出版社2011年版,第62—65页。
③ Editorial Board, "Calm the Waters of Southeast Asia: China and Vietnam Need to Step Back and Negotiate", *The Financial Times*, May 14, 2014, p.8.

国一起为该地区的和平作出努力。"①

2014年6月20日,《金融时报》发表分析性文章《南海——争议之海》("Troubled Waters: South China Sea")②,称中国"以大欺小",在南海"岛争"上"霸凌"周边国家,呼吁美国将重心转移到亚太地区以遏制中国的扩张。伦敦政治经济学院的教授罗伯特·韦德(Robert H. Wade)和伦敦大学亚非学院的博士迪克·罗(Dic Lo)联名致信报社表达自己对这一问题的不同看法。在6月24日的文章《中国在领土争端中奋起直追》("China is Trying to Catch up in Disputed Regions")中,二位学者回应道:"根据《波茨坦公告》,中国自1946年就开始对西沙群岛中的大部分区域行使控制权,1974年便有效控制了全部地区。越南和菲律宾在几年前开始开采南沙群岛范围内的石油气,如今中国加入开采队伍,只能被视为一个'追赶行为',而非'挑衅行为'。更重要的是,在中国看来,美国将重心转向东亚只会使自己的邻国在南海"岛争"中愈发大胆,因而缓解争端的关键还在于中美关系。"③

2016年6月20日,《金融时报》记者杰夫·代尔(Geoff Dyer)在文章《关注南海仲裁时我们在留意什么》("South China Sea: What to Look out for in the UN Tribunal Ruling")中称海牙常设仲裁法院是"an obscure UN body",即"鲜为人知的联合国机构"。对于这一说法,东南欧能源研究所的执行理事考斯迪斯·斯坦博里斯(Costis Stambolis)并不认同。他致信报社阐述自己的观点,该信件于2016年6月23日刊登在《金融

---

① Miao Deyu, "China Respects Peace and Stability in the South China Sea", *The Financial Times*, May 23, 2014, p.6.
② Demetri Sevastopulo, "Troubled Waters: South China Sea", *The Financial Times*, June 20, 2014, p.9.
③ Robert H. Wade, Dr Dic Lo, "China is Trying to Catch up in Disputed Regions", *The Financial Times*, June 24, 2014, p.8.

时报》美国版上。斯坦博里斯在信中表示代尔称仲裁法院"鲜为人知"是不正确的,"该仲裁庭坐落于德国汉堡,是基于《联合国海洋法公约》(1982于蒙特哥贝签署)成立的独立司法机构,为公约的解释和适用所产生的争议作出裁决",它"远非不知名的法律机构,而是联合国支持的处理国际法律和海洋事务的主要法庭,许多国家和法律组织都在密切关注着这个案件"①。尽管信中斯坦博里斯将"国际海洋法庭"和处理"南海仲裁案"的"海牙常设仲裁法院"混为一谈,但《金融时报》的报道的确引起了读者对"南海仲裁案"的关注和讨论,成功为读者设置了议程,并且以报纸为平台,形成了观点的互动。

2016年4月13日,《金融时报》刊登了曾参加2008年美国总统选举的美国共和党参议员、参议院军事委员会主席约翰·麦凯恩(John McCain)的观点文章《美国应在南海采取更多实际行动》("America Needs More than Symbolism in the South China Sea")②。文中麦凯恩对美国太平洋司令部长官哈利·哈里斯(Harry Harris)上将提出的"中国在东亚寻求霸主地位,导致南海军事化"这一观点表示赞同,指责中国"违反国际法、阻碍航行自由",并建议美国政府"加紧与菲律宾等亚洲伙伴的合作,发起维护航行自由的运动,以遏制中国的军事扩张"。

对此,时任我国驻英大使的刘晓明随即撰文《谁是南海紧张局势的幕后推手?》("Who Is Really behind the Tensions in the South China Sea?")③进行反驳。《金融时报》于2016年5月9日发表该文。刘晓明

---

① Geoff Dyer, "South China Sea: What to Look out for in the UN Tribunal Ruling", *The Financial Times*, July 10, 2016, p.8.
② John McCain, "America Needs More than Symbolism in the South China Sea", *The Financial Times*, April 13, 2016, p.9.
③ Xiaoming Liu, "Who Is Really behind the Tensions in the South China Sea?", *The Financial Times*, May 9, 2016, p.10.

大使表示麦凯恩的评论"没有事实依据,充满了对中国的偏见和敌意",并一一回应了麦凯恩对中国的妄加评论。

作为"南海仲裁"的提出者,菲律宾方面也对中国在南海问题方面的态度作出回应。2016年5月27日,《金融时报》刊发菲律宾驻英大使埃文·加西亚(Evan P. Garcia)反驳刘晓明大使的读者来信。① 自2013年1月菲律宾单方面提起"南海仲裁"后,中菲正式外交活动基本中止。通过《金融时报》这一媒体平台,美国、中国、菲律宾不仅形成了观点的联动,中、菲两国也得以通过媒介化类互动形式,开展另类外交对话。

(三) 利用话语优势,构建政治合法性

政治合法性的建立是"一个决定领导者、组织、团体或者政府在多大程度上被其成员视为合理获得并使用其权力的过程"②,与现有法律、社会规范、道德标准保持较高的契合度有助于为一个行为建立合法性。

"话语"(discourse)作为各种社会规范赖以存在的基础,是统治与社会权力的媒介,它使组织化的权力关系合法化,在公民社会和政治公共领域的交往过程中,话语成为推动合法化的力量,维护价值及规范。③

因而,政治合法性的获得本质上是一个营造话语合法性的过程,即"用解释或证明社会活动的言语为过去或当前行为提供充分理由或可接受的动机,说话人或作者为了使受众信任某话语而采取的各种手段,

---

① Evan P. Garcia, "China Has Played Role in Raising Maritime Tensions", *The Financial Times*, May 27, 2016, p.8.
② Barbara Johnstone, Christopher Eisenhart, *Rhetoric in Detail: Discourse Analyses of Rhetorical Talk and Text*, Amsterdam: John Benjamins Publishing Company, 2008, pp.33–56.
③ Juergen Habermas, *Legitimation Crisis*, Boston, MA: Beacon Press, 1975.

阐释了行为以及选择这一行为的原因"①,简言之,就是向对方解释自己"为什么会做这件事"以及"为什么会以这种方式来做这件事"。②

由于财力雄厚、地位稳固,英国媒体有能力凭借自身在国内、国际社会中的影响力,即其强势的"媒介话语权",在国际事务中运用话语资源和话语修辞设定话题和话题框架,建构一种英国政府期望的拟态政治环境,从而为政府的外交决策建构政治合法性。英国主流纸媒通过该途径进行外交参与的成功案例之一便是对伊拉克战争这一进入21世纪以来极具影响力的国际事件进行战前动员。

"9·11事件"之后,美国时任总统小布什将古巴、伊朗、朝鲜、苏丹、利比亚、叙利亚、伊拉克定为"恐怖主义国家",继而提出"邪恶轴心国"(axis of evil)这一说法,而伊拉克更被其称作"邪恶轴心之首"。出于对中东石油等资源的觊觎和布什家族与萨达姆的私人恩怨,美国开始策划推翻萨达姆、占领伊拉克的军事行动。西方学者格雷格·M.肖(Greg M. Shaw)的研究表明,在越南战争之后,西方世界中军事干预行动的成败与该行动在公众心中的合法程度的关联性越来越大。③ 因而,在发动战争前,无论小布什政府对美国的实力有多自信,都不得不争取国际社会的认可和联合国的授权,尽管在美国看来这只是为自己的必行之事披上合法的外衣。

英国作为美国的"亲密伙伴"和欧盟成员国之一,从中进行调解。当时布莱尔政府更是强调要全面加强英美联系,在国际事务的各个层

---

① Teun A. van Dijk, *Ideology: A Multidisciplinary Approach*, London: Sage Publications Ltd, 1998, p.255.
② Theo Van Leeuwen, Ruth Wodak, "Legitimizing Immigration Control: A Discourse-historical Analysis", *Discouse Studies*, January 1, 1999, pp.8-118.
③ Greg M. Shaw, "Changes in Public Opinion and the American Welfare State", *Political Science Quarterly*, Vol.124, No.4, 2009, pp.627-653.

次携手并进,从而提升英国在欧洲有些"边缘化"的地位。因此,在"倒萨"的大方向上,英国与美国保持一致。尽管国内舆论中有不少批评布莱尔过分亲美、质疑美国执意发动战争的动机的声音,但英国主流纸媒在发动战争前,还是为军事行动的开展提供了一定的舆论支持。

在法国学者让-马克·夸克(Jean-Marc Coicaud)看来,如果单从私人角度考虑,政治权力的合法性行使将难以为继,为了使共同体中的成员能够认为统治者的指挥地位具有合法性,就需要统治者明确表现出他所具有的公共福祉的活力,也就是说领导者展示出其为公共利益服务后,其领导地位才能获得政治承认。① 因此,英国主流纸媒以强调发动对伊战争的正义性和公益性为前提,从合法性来源的三个基本要件入手,构建了该行动的政治合法性。

1. 领袖个人合法性

德国社会学家马克斯·韦伯(Max Weber)提出应把领袖的个人魅力视作政治权力合法性的基础来源之一。② 美国政治学家戴维·伊斯顿(David Easton)也肯定政治人物的个人品质是合法性的一个重要源泉,并提出"个人合法性"这一概念。政治领袖是政治权力的直接践行者,其个人品质直接构成人们的认同感和信赖感。③ 正面的政治领袖形象有助于构建政治权力合法性,负面的政治领袖形象则造成政治权力非法性。

发动伊拉克战争前,为了营造对伊军事行动的合法性和正当性,英国主流媒体将时任伊拉克总统萨达姆作为新闻主体,搭建了特定的语

---

① 荆学民:《政治传播简明原理》,中国传媒大学出版社2015年版,第227页。
② 马克斯·韦伯:《经济与社会》(上卷),林荣远译,商务印书馆1997年版,第269、274页。
③ 荆学民:《政治传播简明原理》,中国传媒大学出版社2015年版,第223—231页。

言框架,通过非法化萨达姆这一政治形象,来证明反萨达姆行动的合法性。

下表是 2002 年 10 月 1 日到 2003 年 3 月 19 日期间,《泰晤士报》《卫报》和《金融时报》建构萨达姆形象时的词频统计。

表 4-2 萨达姆形象建构词频①

词汇	《金融时报》	《泰晤士报》	《卫报》
Threat(威胁)	344	271	476
Terror(恐怖/恐惧)	256	224	307
Human right(人权)	30	27	48
Democracy(民主)	25	18	46
Chemical weapon(化学武器)	41	99	123
Mustard gas(芥子气)	12	17	27
Murder(谋杀)	14	26	19
Corrupt(腐败)	13	14	13
Tyrant(暴君)	30	29	21
Psycho(神经病)	8	27	29
Hitler(希特勒)	7	7	27
Stalin(斯大林)	19	6	11
Mussolini(墨索里尼)	1	2	6

从以上针对萨达姆的词频建构中可以看出,英国主流纸媒在报道萨达姆时最常用的词汇是"threat"(威胁),与该词搭配最多的是"security"(安全),这一组合在《泰晤士报》《卫报》《金融时报》上分别出现了 115、186 和 159 次。由此可知,英国主流纸媒对萨达姆的报道基调为

---

① 此表由笔者根据收集到的报道素材进行统计而建构。

"威胁安全",这决定了受众从报纸上获得的有关萨达姆新闻基本为负面消息。除了"威胁安全",报道还表示:"萨达姆总统寻求大规模杀伤性武器,威胁世界安全"①,"巴格达人民在其威胁下生存了太久,他们已经习惯掩藏他们的恐惧","任何不铲除萨达姆及其党羽的解决方案都将威胁科威特的稳定","萨达姆政权与(朝鲜)不同,需要更严厉的打击措施",等等。

在英国主流纸媒有关萨达姆的报道中使用频数第二多的词汇是"terror"(恐怖/恐惧)及其派生词"terrorism"(恐怖主义)和"terrorist"(恐怖分子)。例如称萨达姆经常"使用暴力和恐怖政策对待自己的政敌","(英美联合起来)使人民从萨式恐惧中解放出来,也使他们的未来不会是炭疽和恐怖主义的结合体"。另外,尽管联合国调查人员已经指出没有证据表明萨达姆与基地组织等恐怖分子有关,英国主流纸媒依然在行文中安排"Saddam"(萨达姆)一词和"Al-Qaeda""9·11""terrorism""terrorist"等与恐怖主义有关的词汇同时出现。从心理学角度看,单独一篇新闻的内容只会影响受众个体短时记忆,但这样的版式重复出现会对受众个体长时记忆产生影响,即为受众营造一种语境,在受众头脑中形成一个认知意群,使其想到"萨达姆"这个意象就会联想起与恐怖主义有关的其他意象。

除了将萨达姆定义为"拥有大规模杀伤性武器的暴君"外,报道称"萨达姆已经为其家族和其政权的领导成员在利比亚找好了政治庇护所","萨达姆命令他手下几百名政府官员将大规模杀伤性武器藏匿在家中以躲避联合国武器核查人员的调查",以及"参加过武器核查行动的联合国工作人员指出萨达姆很会藏东西,他过去就经常使用'躲避和

---

① Michael Evans, "Britain Must Not Go to War without UN's Backing, Say Senior Officers", *The Times*, February 4, 2003, p.10.

欺骗'的战术帮助自己稳固政权",以塑造萨达姆为了保住权力和地位,工于心计、对伊拉克民众生死不管不顾的奸诈而冷漠的形象。

布莱尔政府将英国看作是美国与欧洲之间的"伦敦桥",在"9·11事件"后美国有意建立反恐联盟时,布莱尔就一直奔走于欧洲各国之间进行游说。此番美国执意对伊拉克动武,布什和布莱尔同样"一搭一档"。作为对布莱尔政府争取欧盟支持的回应,英国主流纸媒在塑造萨达姆的形象时特意选取了几个欧洲民众厌恶的历史人物与萨达姆进行类比。

2002年10月1日,《金融时报》引用布莱尔、杰克·斯特劳(Jack Straw)和杰夫·胡恩(Geoff Hoon)等英国工党主战派的观点,将"9·11事件"与倒萨的必要性相关联,称20世纪30年代欧洲对希特勒绥靖政策的失败正是今日联合国如何对待萨达姆的前车之鉴,不能任由联合国变成一个"只会卖嘴皮子"而不将各项宪章和准则付诸行动的空壳子,并声称作为联合国安理会常任理事国之一的英国只有两个选择,即采取行动推翻暴君的统治或者坐视不管放任自流。[1] 这篇报道强行将"希特勒"和"9·11"这些令全世界民众闻风丧胆的意向与萨达姆进行关联,意在刺激更多欧美民众的紧张神经、掀起更大的主战风浪。

两天后,《金融时报》在头版头条新闻中引用了布什对萨达姆的评价:他是"斯大林的学生",其政权具有"独特而紧迫的威胁性"。[2] 由于资本主义和社会主义意识形态的差异,以及斯大林本人对待国内富裕阶层、少数民族和波兰等周边国家的政策有待商榷,斯大林在大多数西

---

[1] Jean Eaglesham, "Fierce Opposition to Any Military Action Forces Government into Tactical Retreat", *The Financial Times*, October 1, 2002, p.4.
[2] Carola Hoyos, Deborah Mcgregor, and Richard Wolffe, "Bush Says War with Iraq May Be Unavoidable: US Wants Tough UN Resolution on Weapons before Inspectors Go In", *The Financial Times*, October 3, 2002, p.1.

方人眼中是"暴君"和"独裁者"的化身,甚至有人将其与希特勒作比较。因而,说萨达姆继承了斯大林的衣钵,与将萨达姆同希特勒联系起来有异曲同工的作用。

2002年10月16日,《泰晤士报》在报道《冲突不是好事,但有时是必要的》("Conflict Is Never Good, But It Can Still Be Necessary")①中指出,萨达姆用毒气等方式杀害了近30万的库尔德人,其中有约10%为伊拉克裔,并表示"《日内瓦公约》已于1925年规定严禁使用化学武器,此后只有墨索里尼在攻打阿比西尼亚时使用过,如今将化学武器用在本国国民身上,还是史上头一遭","萨达姆在屠杀本国国民后又继续作为伊拉克的领袖,这是对人性的玷污和对更强大国家的侮辱",暗示萨达姆比二战元凶之一、法西斯主义的创始人墨索里尼还残暴。

无独有偶,九年后,在北约对利比亚采取军事行动时,类似将"敌方领袖不合法化"的做法再次被英国主流纸媒采用。《泰晤士报》和《卫报》首先将对利比亚战争个人化:分别称战争中的三方为"反对派"(rebels)、北约(nato)或联军(allies)、"卡扎菲政府/军队/暴徒"(Gaddafi's government/army/thug),随后通过建构卡扎菲的负面形象,连带出利比亚政府的非正义性。

下图是《泰晤士报》在北约对利比亚出兵前三个月至战争结束(2010年12月16日至2011年10月20日),围绕"卡扎菲"使用的高频词汇。可以看出,开战前及战争中,《泰晤士报》都在塑造卡扎菲残暴的独裁者的负面形象,并将其与希特勒和萨达姆作类比,用"不合法"的卡扎菲代表"邪恶"的时任利比亚政府,全然不顾在卡扎菲的统治下利比亚曾一度是北非最富裕的国家这一事实。

---

① Shmuley Boteach, "Conflict Is Never Good, But It Can Still Be Necessary", *The Times*, October 16, 2002, p.20.

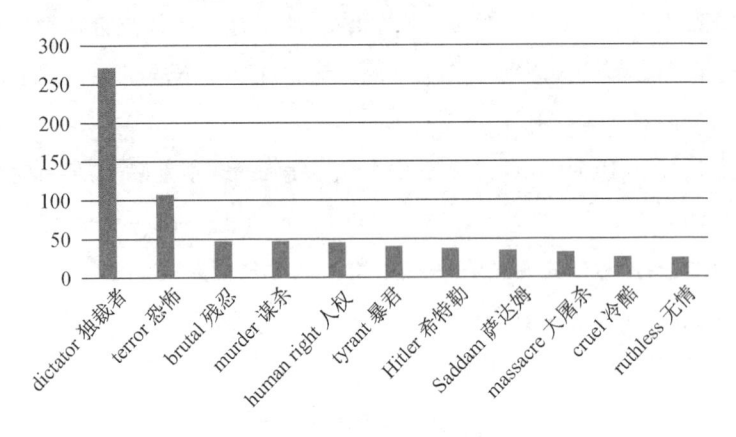

图 4-6 《泰晤士报》对卡扎菲形象的建构①

2. 价值规范普适性

在以美国政治哲学家约翰·罗尔斯（John Bordley Rawls）为代表的规范主义学者看来，一个政治秩序或一项政治主张中所蕴含和彰显的伦理和道德规范，如公平、正义、公益、人道等价值规范的正当性和普适性是该秩序或主张具有政治合法性的存在前提。② 罗尔斯特别强调了正义的重要性，他认为"违反正义原则的制度就必须加以废除"③。

对伊战争中，为了进一步地激起读者对萨达姆的敌对情绪，为英美联军出兵伊拉克、推翻萨达姆政权争取更多支持，英国主流纸媒对1980—1988 年两伊战争期间遭受萨达姆化学武器袭击的平民进行走访，以其亲身经历向读者说明化学武器的危害性，并以此证明萨达姆持有和使用化学武器的危害性和非正义性，以及其对人权这一西方世界普遍关注的政治话题和道德伦理规范的践踏。

---

① 此图由笔者根据收集到的报道素材进行统计而建构。
② 荆学民：《政治传播简明原理》，中国传媒大学出版社 2015 年版，第 224—230 页。
③ 罗尔斯：《正义论》，何怀宏等译，中国社会科学出版社 1988 年版，第 3 页。

从报道手法来看,这部分新闻报道通常采用人物通讯的形式,用细致而生动的语言对化学武器的受害者进行刻画。报道对象多达几十个,涉及当年的孕妇、儿童、医生、伊朗士兵等,他们的共同之处在于对当年遭受毒气攻击时的情景记忆犹新且长期忍受多种后遗症的折磨。

例如,报道称时年 30 岁的卡莫·阿卜道卡德尔(Kamel Abdulqader)回忆道:"我们闻到一股奇怪的气味,像苹果,家里的长辈认出是毒气的气味,我们从避难所出来后,看见人们在爆炸中被烧伤和被炸伤,满是烟雾的街上躺着大量死者,母亲怀抱着自己死去的孩子,人们皮肤发蓝、发黑,从嘴和鼻子中流出黏液,受伤的人躺在死者旁边,抽搐着,有些人不知应该抛下垂死的亲人逃走,还是应该留下来等死。"由于毒气的后遗症,他和妻子的第一个孩子在孕期被查出严重畸形,被迫终止妊娠。①

又如这篇报道:"1988 年,年仅 5 岁的库尔德女孩热·法可拉登(Rezan Fakhraden)遭受化学武器袭击,从那时起她走不长路、跑不动、高于十层的楼梯爬不动,经常生病、肺出血、止不住地咳嗽,没力气上学或工作,也无法结婚生子。"②

这类报道的新闻写作手法以细节打动读者,使人物形象更丰满、更鲜活,在即便作者不点明化学武器的危害的情况下,引导读者从报道的字里行间也能感受新闻主人公的切肤之痛,产生恻隐之心,从而痛恨萨达姆的残暴。一直到英美联军正式出兵伊拉克前的半个月,英国主流纸媒基本保证每月刊登至少一篇以伊拉克化学武器受害者为对象的人

---

① Anthony Loyd, "Gas Victims Struggle for Air and Gasp at Western 'Hypocrisy'", The Times, February 22, 2003, p. 19.
② Anthony Loyd, "Gas Victims Struggle for Air and Gasp at Western 'Hypocrisy'", The Times, February 22, 2003, p. 19.

物通讯,持续不断地提醒着读者遭受毒气攻击的伊拉克和伊朗民众的诉求:"每个人都希望萨达姆被打倒、被杀死,每天都期待着萨达姆政权被摧毁,只有美国能帮我们做到。"

人道主义是西方民众关注的重点,同时也是英美等国政府干预别国内政最常用的借口之一。在利比亚战争中,英国主流纸媒亦沿用了"人道主义援助"的理由,多次提及利比亚妇女时常被政府军强暴,身心受到极大的损伤,对受访者的选取,也集中于有反政府倾向的利比亚民众。另外,为了激发本国民众对利比亚的敌对情绪,争取更过国内民众对利比亚战争的支持,英国主流纸媒还报道了几名英国人在利比亚的不幸遭遇,例如"要求利比亚政府对20年前在利比亚失踪的英国小说家的下落作出解释"[①]等,以唤起英国国民的同感和同情。

3. 政策主张广泛认可性

法兰克福学派领军人物尤尔根·哈贝马斯在谈及合法性时指出:"合法性意味着某种政治秩序被认可的价值。"这一论断意在强调"合法性乃是某种可争论的有效性要求,统治秩序的稳定性也依赖于其自身在事实上被承认"。[②] 也就是说如同庭审中当事方除了要说服法官,还要获得陪审团支持一样,合法性的实现需要以获得社会不同人群的支持为基础。

以伊拉克战争为例,为了强化进军伊拉克的正确性,英国主流纸媒刊登了一部分美、英政府之外的第三方国家、机构和个人支持推翻萨达姆政权的意见和主张。

首先,以第三方国家为报道主体,英国主流纸媒呈现了其他国家对

---

① Martin Fletcher, "Britain Demands Answers on Fate of Writer's Father", *The Times*, November 10, 2010, p.41.
② 哈贝马斯:《交往与社会进化》,张博树译,重庆出版社1989年版,第206页。

伊拉克可能造成区域安全威胁的担忧。

2003年1月14日《泰晤士报》发文《沙特试图阻止对萨达姆的进攻》("Saudis Lead Bid to Head off Attack on Saddam")①,称"沙特阿拉伯发起了一项外交倡议,试图阻止对伊拉克开战,并尝试改革以团结分裂中的阿拉伯世界","沙特与埃及、土耳其以及该地区其他温和派国家一道试图说服萨达姆·侯赛因总统让步",他们认为想要阻止美国进军伊拉克可以从三方面着手:"伊拉克向联合国核查人员全面申报其大规模杀伤性武器;萨达姆下台,将权力转交给一位更温和的领导人;或者萨达姆和他的随从流亡国外。"表面上看,这篇报道并不支持英美攻打伊拉克,实际上,文章依然在表达阿拉伯世界对萨达姆政权的不满情绪,并把推翻萨达姆看作是保证伊拉克和平与阿拉伯世界稳定的重要途径。

2003年3月18日,即英美联军正式出兵的两天前,《金融时报》刊登对前科威特驻联合国大使阿卜杜拉·比沙拉(Abdullah Bishara)的专访。比沙拉表示支持英美的伊拉克政策,称"科威特人已经等不及要看到萨达姆时代的终结,一连串的外交活动不是科威特喜欢的方式,我们只希望萨达姆政权倒台",并称"萨达姆曾经背叛并羞辱了科威特,科威特人民为了向萨达姆复仇可以追究他到坟墓里"。② 这篇报道充分显示了科威特对萨达姆统治下伊拉克的憎恶,但鉴于两国交恶的历史,以及美国在科威特战争中曾对科施以援手,报纸采用科威特作为第三方证人其实是有失公允的。

其次,以第三方组织为报道主体,英国主流纸媒呈现了非政府组织

---

① Richard Beeston, "Saudis Lead Bid to Head off Attack on Saddam", *The Times*, January 14, 2003, p.5.
② Victor Mallet, "Fear and Loathing of Saddam on the Streets of Kuwait:interview AbdullahAH Bishara", *The Financial Times*, March 18, 2003, p.3.

对进军伊拉克的支持态度。

《泰晤士报》于2003年3月14日,即英美联军正式出兵伊拉克的前6天刊登某人权机构国际人权法顾问的署名文章《为什么战争是合法的》("Why War Is Legal")①,再次为伊拉克战争正名。文章称"尽管联合国宪章并未指明在未达成一致意见时该如何处理,但发动对萨达姆的战争依然是有法律依据的",并从法律文本、国家权利和人道主义援助三方面论点入手,阐述出兵伊拉克的必要性,并有意弥补国际社会诟病"双布政府"发动伊拉克战争的法律依据不足这一漏洞,从海洋法系注重法典延续性、以判例法为主要形式为出发点,为英美出兵伊拉克建构了法理型合法这一现代社会政治合法性最基本的要件。作者"有理有据"的论证方式意在消除对战争依然抱有怀疑态度的民众的消极情绪,在发动进攻前最大限度地争取支持。

另外,这篇文章从人道主义角度出发,称萨达姆"对现代阿拉伯文化的主要贡献只有种族灭绝和自相残杀",指出"萨达姆对库尔德人使用化学武器是众所周知的事实,其再次施此暴行的能力是毋庸置疑的"。同时,作者用生动的语言描述了伊拉克监狱中犯人的"日常"惨状:"被斩首、受电刑,或者被关在牢房中直到他们互相残杀来获取食物",以唤起并引导读者的怜悯之心,最终对作者提出的"推翻萨达姆的军事行动是合理合法的"这一观点达至认同。

最后,以第三方个人为报道主体,英国主流纸媒呈现了民众中的意见领袖对萨达姆的厌恶情绪。

2002年10月16日,"《泰晤士报》2000年年度牧师"称号获得者希墨利·波缇奇(Shmuley Boteach)在《泰晤士报》发表署名文章《冲突不

---

① Julian Knowles, "Why War Is Legal", *The Times*, March 14, 2003, p.18.

是好事,但有时是必要的》("Conflict Is Never Good, But It Can Still Be Necessary")①,将推翻萨达姆的战争比作化疗,称"在生命受到威胁时,不能因为化疗会杀死有害细胞的同时也会杀死有益细胞,就拒绝接受治疗"。与此同时,牧师还为布什和布莱尔为倒萨而发动先发制人的战争作出了道德性辩护,称"如果说自卫是珍惜自我生命的表现,那么保卫我们的邻居便是对所有生命的珍视"。针对反战人士提出的出兵伊拉克是"干预他国内政"或"西方国家扮演国际警察"的观点,波缇奇牧师回应道,"虽然我们无法将每个国家从暴君的统治中解放出来,但我们可以将人民从世界第一刽子手的手中解救出来",以此美化对伊战争和强调对伊战争的必要性。

2003年1月15日,英国著名谍报小说家约翰·勒卡雷(John le Carré)在《泰晤士报》上发文表示"虽然自己十分反对布什的做法,却非常乐意看到萨达姆倒台"②。

同年1月29日,曾为《金融时报》《独立报》《泰晤士报》《华盛顿邮报》等多家知名媒体供稿的英国记者玛丽·安·西格哈特(Mary Ann Sieghart)发表文章《精神错乱的暴君理解什么语言? 只有暴力》("What Language Does A Psychopathic Tyrant Understand? Only the Language of Force")③,表示自己并不希望看到英国、美国或伊拉克人民在战争中死亡,但还是很信服布莱尔的观点,因为从历史的经验教训中可知除了武力威胁没有其他途径能使萨达姆服软。

---

① Shmuley Boteach, "Conflict Is Never Good, But It Can Still Be Necessary", *The Times*, October 16, 2002, p. 20.
② John le Carré, "The United States of America Has Gone Mad", *The Times*, January 15, 2003, p. 20.
③ M. A. Sieghart, "What Language Does A Psychopathic Tyrant Understand? Only the Language of Force", *The Times*, January 29, 2003, p. 3.

从这几个个体的选择可以看出,英国主流纸媒并非随意选择读者的观点进行报道,而是选择了几个有特定身份的"意见领袖",放大他们反对萨达姆的声音,帮助普通民众培养对萨达姆的负面情绪。

(四)着眼政府表现,塑造国家形象

全球化发展至今,国际公民社会力量已经成为一国不容忽视的"外交同盟军",对本国国家形象进行正面塑造则是壮大这股力量的有效手段。除了自然景观、民俗风貌、社会文化等因素,国际公众对一国形象的认知主要基于其对该国政府形象的认定,即"政府组织以其方针、政策、目标管理以及领导人、公务员的行为等要素作用于社会公众而形成的一种综合认知的结果"[1],包括政治制度、政府素质、国家领袖、政府行为等众多因素。在国家间彼此认知的过程中,无论民众多么的见多识广,受制于意识形态、信息短缺、感官随意性等因素,[2]其对外国感性世界的接触始终具有局限性,而媒体凭借其营造"拟态环境"(pseudo-environment)的能力,帮助民众延伸自我、丰富感官。由于公众接触到的信息需要经过媒体的过滤和把关,媒体便可将自身的价值倾向较为集中地传递给公众,其中便包括有利于塑造国家形象的信息。

1. 负责任的大国形象

1997年,随着大英帝国在远东的最后一块海外殖民地——香港被交还给中国,大英帝国彻底瓦解。[3] 但持续数百年的帝国荣耀和民族自豪感已被深深烙印在英国人民心中,也体现在其执意维护国际地位和

---

[1] 褚云茂:《公共关系与现代政府》,上海大学出版社2002年版,第139页。
[2] 赵可金:《公共外交的理论与实践》,上海辞书出版社2007年版,第126页。
[3] 宋雄伟、曾飚、罗铮:《保守党回来了:卡梅伦和他的联合政府》,人民日报出版社2010版,第118页。

大国形象的外交风格中。例如,为了改变英国在欧洲"夕阳西下"的印象,前首相布莱尔任期内还聘请专业咨询公司,成立"品牌传播委员会",以推广和提升英国在欧洲和世界上的形象;卡梅伦也曾推出"非凡英国"项目(The GREAT Britain Campaign)来树立英国的国家品牌。

在历届英国政府的国家形象塑造计划中,"承担大国责任"都是其中不可或缺的一部分。国家责任可以分为对内责任和对外责任,涉及外交事务的主要为国家的对外责任,也称作国家的国际责任,包括法律和道义两方面。一般来说,承担国际责任没有大、小国之分。但国际社会本质上是"无政府社会",在这种不存在最高权威的情况下,以"大国"自居的英国等国就要利用自己的影响力在国际社会发挥更大的作用。[1]

(1) 承担法律责任的大国形象

从法律层面上看,大国应承担的责任包括归属性责任和归咎性责任。归属性责任指大国应做好分内之事,例如积极遵守和维护国际法律和规范、不侵犯别国领土、不干涉别国内政等。归咎性责任主要指大国一旦违背国际法,应为其不法行为承担相应责任。[2]

2003 年美国与英国在没有取得联合国安理会授权的情况下对伊拉克发动战争,两国的国家形象均受折损。历时 7 年多的伊拉克战争最终以英美联军没有找到所谓的大规模杀伤性武器,反而找到萨达姆政权早已将武器销毁的证据而告终。2009 年,时任英国首相詹姆斯·戈登·布朗(James Gordon Brown)委托枢密院顾问官约翰·奇尔科特

---

[1] 胡文秀:《论大国的国际责任——兼论中国的国际责任》,载中国国际关系学会、云南大学国际关系研究院、外交学院编:《国际关系研究:探索与创新——2009 年博士论坛》,世界知识出版社 2010 年版,第 218 页。

[2] 胡文秀:《论大国的国际责任——兼论中国的国际责任》,载中国国际关系学会、云南大学国际关系研究院、外交学院编:《国际关系研究:探索与创新——2009 年博士论坛》,世界知识出版社 2010 年版,第 218 页。

(John Chilcot)对伊拉克战争进行调查。2016年7月6日,奇尔科特公布的伊拉克战争调查报告显示,布莱尔政府作出发动战争的决策基于"有瑕疵"的情报和评估,在发动战争之前,解决伊拉克问题的和平手段并未穷尽。报告一出,英国媒体几乎一边倒地对当年作出参战决定的布莱尔政府进行了批评,称布莱尔应为自己错误的判断和不当的指挥负责,时任英军将领和相关公职人员应该道歉和辞职。在抨击布莱尔政府的同时,英国主流纸媒也不忘对时任卡梅伦政府敢于认错、勇于担责的诚恳态度和负责形象予以肯定和突出展示。

调查报告公布的第二天,《泰晤士报》就刊文《卡梅伦称"我们都应承担责任"》("Cameron: We Must All Take Blame")[1]就卡梅伦对报告的态度作了较为全面且正面的报道:"卡梅伦表示包括自己在内的所有当年投票支持出兵伊拉克的议员都应承担一部分责任,我们无法使时光倒流,但我们要从中吸取教训:确保其他官员和专家能够不偏不倚地向首相进言,对于政府作出明智的决策至关重要,日后若再有意对其他国家进行人道主义干涉,一定要做好充分的善后计划,并确保英军装备得当。"

同日,《泰晤士报》还报道了英国最大反对党工党党魁杰里米·科尔宾(Jeremy Corbyn)的回应。报道指出,科尔宾承认出兵伊拉克是"英国及工党历史上的污点","这位狂热的反战活动家,代表曾作出攻打伊拉克这一'灾难性决定'的工党全体同仁,首先对伊拉克人民深深致歉,他们为近60年来最严重的外交灾难而饱受苦难的折磨;其次对在伊拉克牺牲或受伤、致残的英军士兵及其家人道歉;最后,对认为英国的民主政治因为布莱尔无条件支持小布什而遭到破坏的英国人民感到抱歉"[2]。

---

[1] F. Elliott, "Cameron: We Must All Take Blame", *The Times*, July 7, 2016, p. 10.
[2] Lucy Fisher, Natasha Clark, and Georgie Keate, "Corbyn Apologises to Families for Labour's Disastrous Decision", *The Times*, July 7, 2016, p. 10.

(2) 承担道义责任的大国形象

目前,学界对在道义方面大国应承担怎样的责任还存在争论,但普遍认为大国应该在人口、环境、粮食、毒品、疾病、恐怖主义、跨国犯罪等全球问题上发挥领导作用。①

以环境问题为例,2015年11月30日至12月11日,《联合国气候变化框架公约》第21次缔约方会议(下文简称"气候大会")在法国巴黎召开,英国主流纸媒对该会议的全程进行了跟踪报道。

会议召开前,媒体便开始为英国造势,表现其为落实环保目标献计献策的一面,称"英国深知缔约国向联合国开出的削减碳排放量的保证没有法律约束力,能源和气候变化大臣安布尔·路德(Amber Rudd)打算在大会上建议建立一套温室气体的监控与核查机制,即每五年对缔约国的温室气体排放量进行一次评估,以掌握各国实际减排量与目标量间的差距,缔约国根据这一情况重新提交减排计划,以确保各国减排的决心不会松懈"②。

对于气候大会上作出的种种决定,英国主流纸媒也在报道中展现出英国政府积极配合的一面,例如《泰晤士报》在报道中指出"岛屿国家正受到海平面上升的威胁,英国等富裕国家愿意出资支持吸收大气层中二氧化碳的科技研发"③。

即便英国脱欧公投后,英国主流纸媒也不忘持续追踪新任首相及

---

① 胡文秀:《论大国的国际责任——兼论中国的国际责任》,载中国国际关系学会、云南大学国际关系研究院、外交学院编:《国际关系研究:探索与创新——2009年博士论坛》,世界知识出版社2010年版,第219页。

② Editorial, "Global Warning: The Paris Agreement Has Exceeded Expectations in Its Recognition of the Energy Challenge Faced by the World. Now Capitalism and Innovation Must Rise to It", *The Times*, December 14, 2015, p.33.

③ Ben Webster, "UK Will Pay for Tougher Climate Deal", *The Times*, December 12, 2015, p.36.

其内阁对环保问题的态度:《泰晤士报》在 2016 年 9 月 21 日的报道中称,特雷莎·梅(Theresa May)表示"将继续承担在气候变化问题上英国的国际责任"①,并承诺"在年底前完成有关《巴黎协定》的各项审批手续"②。同年 11 月 18 日,该报指出"鲍里斯·约翰逊代表英国政府签署了《巴黎协定》,致力于将 21 世纪的全球气温上升值限制在 2℃以内,并努力将其降至 1.5℃"③。

2005 年英国遭受了"二战"以来最严重的袭击事件"伦敦地铁爆炸案"。此后,英国政府和媒体均对"反对恐怖主义"这一世界议题予以高度关注。

2015 年 11 月 13 日晚,极端组织"伊斯兰国"在法国巴黎的法兰西体育场、巴塔克兰音乐厅等 7 个地点制造多起爆炸、枪击事件,造成至少 132 人死亡、300 多人受伤,法国总统弗朗索瓦·奥朗德(François Hollande)表示,巴黎遭到史无前例的恐怖袭击,全国进入紧急状态。英国主流媒体对这一事件进行报道时,十分注重凸显国家领袖和公众人物的态度,着力塑造其反对恐怖主义、同情法国民众的形象。《泰晤士报》《卫报》和《金融时报》在提及法国总统奥朗德颁布反恐应急措施后,紧接着就会指出英国首相卡梅伦表示"对袭击事件感到震惊","英国民众为法国民众祈祷"以及"愿意向法国提供一切帮助"。④

即便在一篇报道中罗列了多国政要对恐怖袭击的态度,英国主流纸媒也倾向给予英国代表们更大的比重,例如《泰晤士报》在 2015 年 11

---

① "MPs Will Consider Paris Climate Deal 'in Weeks'", *The Times*, September 21, 2016, p.9.
② "MPs will Consider Paris Climate Deal 'in Weeks'", *The Times*, September 21, 2016, p.9.
③ "Climate Treaty Signed", *The Time*, November 18, 2016, p.4.
④ Zachary Spiro, "A Shocked World Comes Together in Condemnation", *The Times*, November 14, 2015, p.3.

月14日的消息《全球震惊　共谴恐袭》("A Shocked World Comes Together in Condemnation")①中报道了英、美、法、德、俄和联合国6方13人的反恐表态,其中英国的政治领袖有5个,占信源的近一半比例,而且这5个人分别代表不同的利益团体:时任英国首相及保守党领袖卡梅伦、英国最大的反对党工党党魁杰里米·科尔宾、苏格兰首席部长尼古拉·斯特金(Nicola Sturgeon)、英国首都伦敦时任市长鲍里斯·约翰逊(Boris Johnson)以及全英国教会的主教长、普世圣公宗的精神领袖坎特伯雷大主教贾斯汀·韦尔比(Justin Welby),帮助英国在媒体的国外受众面前树立更全面、更丰富的痛恨恐怖袭击、悲悯袭击受害者、愿意承担反对恐怖主义、维护世界和平艰巨任务的负责任的形象。

2. 干练的领袖形象

国家领袖形象是一个立体的概念,主要由外在和内在两种形象构成。外在形象包括领袖外貌、衣着等静态外在形象和言谈举止等动态外在形象。内在形象主要指民众对领袖的领导决策能力、文化道德修养、生活工作作风等的多方面综合评价。② 因此,英国主流纸媒在报道政府首脑时十分注重从外到内地塑造立体的领袖形象。

脱欧公投后,英国政府经历了首相变更,急需在国内、国外快速建立新首相特雷莎·梅的正面形象,以稳定社会、重建信心。英国几家大报首先从外在形象入手,对梅的穿着打扮给予肯定,称其穿着"薄荷和绿松石色的套装",样子"干净整洁",留着"迷人的发型",③从视觉上为梅争取在民众心中良好的第一印象。

---

① Zachary Spiro, "A Shocked World Comes Together in Condemnation", *The Times*, November 14, 2015, p. 3.
② 易钢、周振林主编:《现代领导学》,华南理工大学出版社2007年版,第176页。
③ Hadley Freeman, "Theresa May, Margaret Thatcher: Spot the Difference and the Sexism", *The Guardian*, July 23, 2016, Life and Style.

由于梅新上任,领导力等内在形象不易塑造,英国主流纸媒采用了类比的方法,将梅与世界政坛有名的女政治家进行对比,以凸显梅与其相似甚至更优之处。例如,《卫报》表示"数家美国和德国的报纸坚称梅是英伦版的安格拉·默克尔"①,以德国媒体对本国总理的肯定为梅争取英国及国际民众的信任。

作为英国第二位女首相,梅不可避免地要被拿来与英国首位女首相撒切尔夫人(Margaret Thatcher)作对比。英国主流纸媒的总体报道思路是:梅对撒切尔夫人"择其善者而从之,其不善者而改之"。2016 年 7 月 12 日,即梅当选保守党领袖的第二天,《泰晤士报》就采访了多名保守党成员,传达了党内人士对梅的信任。81 岁的瓦尔·斯科特(Val Scott)认为梅"很直率,没有那么多拐弯抹角,她会是不错的领导人"②。68 岁的科林·戴维森(Colin Davidson)表示"我喜欢鲍里斯·约翰逊,但我不认为他能当好首相,我十分尊敬特雷莎·梅,我相信她能管理好一个国家,她将成为下一个玛格丽特·撒切尔"③。38 岁的克里·史密斯(Kerry Smith)几年前脱离保守党加入了独立党,如今凭着对梅的喜爱,正打算重回保守党阵营。④ 从采访对象的选择可以看出,报纸有意向公众传达梅受到了保守党内各个年龄段人士青睐的良好态势,她的上任甚至可以达到壮大保守党的效果。

几天后,《泰晤士报》又刊登了英国保守党资深议员大卫·杨(Da-

---

① Hadley Freeman, "Theresa May, Margaret Thatcher: Spot the Difference and the Sexism", *The Guardian*, July 23, 2016, Life and Style.
② "She Could Be the Next Thatcher, Say Tories in True-blue Heartland", *The Times*, July 12, 2016, pp. 8–9.
③ "She Could Be the Next Thatcher, Say Tories in True-blue Heartland", *The Times*, July 12, 2016, pp. 8–9.
④ "She Could Be the Next Thatcher, Say Tories in True-blue Heartland", *The Times*, July 12, 2016, pp. 8–9.

vid Young)的署名文章《我们时代的撒切尔》("A Thatcher for Our Time")①。杨在文章中首先强调了在当前动荡的局势下,稳定社会、恢复信心是执政党的首要任务,同时指出在其过去几十年的从政经历中只有20世纪70年代末出现了这样的信心崩塌,但在1979年的时候玛格丽特·撒切尔让英国人民重燃希望。随后杨表示,"37年后,我相信能帮助英国人民重建信心的人只有一个,那就是特雷莎·梅,不是因为她是另一个玛格丽特·撒切尔,而是因为她有坚定的决心,这是政府未来几年急需的。我在联合政府时就与她共事,目睹了她多年的为人处世,即便我们在公投时不在一个阵营,我依然相信她有能力团结和治理好一个分裂的国家。正如玛格丽特是她那个时代的领袖,我相信特雷莎是我们这个时代的领袖"。

《卫报》在2016年7月23日的报道中指出"在接任首相一职时,梅比当年的撒切尔拥有更丰富的政治经验"②,另外,不像撒切尔"有被人诟病的过河拆桥倾向,且对其他有政治抱负的女性指指点点",新首相梅是保守党女性组织"女性胜利"(Women 2 Win)的发起人之一,致力于鼓励更多女性成为议员,她任命的内政大臣就是一位女性。③

另外,《卫报》还在一篇社论中对梅从政以来的突出成绩做了简要总结和评价:"她在保守党地方协会工作时非常敬业,她也是近几年少有的成功的内政大臣,她虽然野心勃勃,但从不在英国政坛卖弄自己的野心和良知,她在公司管理上有很先进的理念,她不仅对收入差距进行

---

① David Young, "A Thatcher for Our Time", *The Times*, July 7, 2016, p.26.
② Hadley Freeman, "Theresa May, Margaret Thatcher: Spot the Difference and the Sexism", *The Guardian*, July 23, 2016, Life and Style.
③ Hadley Freeman, "Theresa May, Margaret Thatcher: Spot the Difference and the Sexism", *The Guardian*, July 23, 2016, Life and Style.

抨击,还积极投身于职场民主改革,这是多年来任何一位资深政治家都不曾做过的事。"①

第三节　国际关系中法国主流媒体的角色:
以巴黎恐怖袭击、气候大会为案例

法国媒体对于本国政治和外交的参与由来已久,法国执政者在很早以前就非常重视媒体在外交战略中的作用。西方媒体总是标榜自己的独立自由,但是在国家的外交战略制定上,法国媒体从未真正切断和政府的合作。在封建和帝制时代的法国,其对内传播之媒体就开始作为巩固王权以及解释外交政策的工具而服务着,而其对外传播媒体也一直被统治者牢牢掌握着以提升法国的国际声望和维护国家利益,这种情况甚至延续至今日。近年已经有大量事例佐证法国媒体对国际关系的巨大作用以及显著效果,其中极具代表性的就是发生于2015年的"11·13"巴黎恐怖袭击以及巴黎气候大会召开这两大新闻事件。通过对法国代表性媒体在这两起事件当中的新闻传播活动进行整理和分析,可以对法国"媒体参与外交"的特点有所基本认识。

一、法国媒体参与本国对外事务决策的历史轨迹

在老牌新闻业强国法国,媒体对于外交的参与已经成为其对外战略的重要内容甚至是必不可少的组成部分,除了像《世界报》《费加罗

---

① Editorial, "The Guardian View on Theresa May as PM: Triumph of a Known Unknown", *The Guardian*, July 11, 2016, opinion.

报》(Le Figaro)这样蜚声遐迩的纸媒之外,以法国 24 小时电视台(France24)和法国国际广播电台(RFI)为代表的法国对外传播媒体平台在整个西方新闻界也都颇具声誉。而法国"媒体参与外交"的本质,就是在维护法国国家利益的基础上利用媒体这股重要的政治力量来影响法国对外关系并且对其进行宣传。媒体的长期存在,无疑会对受众产生潜移默化的影响,进而形成如同李普曼所说的"固定的成见"[①]。

法国作为西欧的枢纽,特殊的地理位置决定其自古以来就强敌环伺。直到第二次世界大战之后、国际新秩序被建立起来之前,与周边对手在经济、外交、文化、军事等各方面进行博弈周旋成为法国长时间的国际关系主题。在"二战"之前,法西斯主义在意大利发芽滋长,而后扩散到德国并最终盛行于整个欧洲。为了遏制法西斯主义的毒害,法国媒体界曾经发起反法西斯主义运动。法国的"媒体参与外交"战略除了在欧洲得以应用,在别的方面也曾大显身手,正如美国学者汉斯·摩根索所认为的,媒体就是国家间追逐权力的工具,这件工具为法国对外关系中获得权力甚至霸权,提供了必要的条件。另外,法国曾经是殖民主义大国,在亚美非各地都拥有大量殖民地,对这些殖民地进行紧密的遥控同样也是法国在对外政策制定和国际关系处理中不得不考虑的重要议题。20 世纪 30 年代,法国曾经专门成立过一个"殖民地电台"来对法属殖民地进行政治宣传活动,即使法国在"二战"中一度被纳粹德国击溃并被占领,这个殖民地电台也不曾停播。

进入 20 世纪后半叶,随着苏联势力日渐式微并最终解体,美国成为世界上唯一的超级大国并且开始进行全球化扩张,而西欧各国也是其渗透的重点目标。遏制美国的意识形态入侵以及维护本国政治、经

---

① 沃尔特·李普曼:《舆论学》,林珊译,华夏出版社 1989 年版,第 50、63 页。

济、文化利益成为时代赋予法国媒体"参与外交"的新任务和新主题,法国政府也积极和本国媒体合作,力图恢复法国在国际社会中的外交话语权,戴高乐(Charles de Gaulle)、蓬皮杜(Georges Pompidou)、德斯坦(Valery Giscard d'Estaing)等历届总统无不对媒体对外交议题的参与予以极大的重视,正如伯纳德·科恩(Bernard Cohen)在《报纸与外交政治》一书中指出:"在多数时间,报界在告诉人们怎么想时可能并不成功;但它在告诉它的读者该想些什么时,却是惊人地成功。"[1]法国媒体和法国政府在外交决策领域的合作逐渐来到了极为默契的阶段。其实法国历届领导人都很清楚地认识到,想要在战后国际社会中建立并且维持良好的国际形象,大众媒介必须成为法国进行自我评估以及收取外来评价的重要通道。通过合理地利用媒体参与外交操作,法国不仅可以摆脱其在国内所遭受的危机,还可以摆脱因"二战"中的耻辱表现而遭受国际社会孤立的窘境。而在20世纪70年代到80年代之间,德斯坦一直主张加强向第三世界的对外传播,在此期间,RFI电台开办了多个地区性频道,以向不同地区、不同文化背景以及处于不同发展阶段的人们传播来自法国的信息。其中最为重要的频道当属面向非洲受众的"法语非洲",而非洲至今都是法国媒体参与外交的重点对象。此外RFI的西方频道和东方频道面对的两股听众基本上就可以理解为当时的美国阵营受众和苏联阵营受众,这两个频道的设立使得法国在斡旋两大势力的过程中收获了一定的威信,逐渐成为法国平衡和遏制美苏的工具之一。

而在希拉克(Jacques Chirac)、萨科齐、奥朗德执政期间,世界全球化程度进一步提高,气候问题、恐怖主义等等国际社会共同的难题也层

---

[1] 转引自郭镇之:《关于大众传播的议程设置功能》,《国际新闻界》1997年第3期,第4页。

出不穷;另外,法国本国的政治生活和经济生活也都遭受了一些前所未有的挑战,包括法国国内改革问题使得政府和民众产生了对立,中东移民潮带来的社会问题不断加剧,法国特色的罢工以及骚乱愈加频繁,而经济危机带来的冲击也不容忽视。在综合实力相对下降的情况下,法国越发注重继承和发扬传统文化,以软实力谋求维持大国地位,提出在全球化时代,必须捍卫文化多样性,尊重不同民族、文化的多样性,允许有不同的现代化模式存在。①

在这种背景下,围绕着具体的新闻事件,法国政府在国际关系处理方面不断和国内外媒体加深合作,在新的国际局势挑战中提升法国外交政策的世界影响力已经成为法国"媒体参与外交"战略的新重点。

二、法国主流媒体影响法国对外关系决策的特点

媒体参与外交活动的现象在全世界范围内都不鲜见,而每个国家、每个民族独特的文化、意识形态、价值观使得本国媒体在对外交事务的参与过程中反映出不同的特点,法国媒体也不例外。法国的历史文化所带来的独特政治思维使得其国内媒体进行与媒体外交有关的新闻传播活动时,呈现出与其他西方国家迥然不同的一些特点。大体上来看,法国媒体参与法国外交议程的特点可以概括为以下三点:

1. 具有较强的"联合"意识

法国媒体在参与国家政治活动过程中的一个鲜明特色,就是该国新闻媒体的组织性和联合意识极强,在其国内各种新闻媒体的协会、工会系统非常发达,国家层面有法国报业同盟、新闻期刊联盟和专业新闻

---

① 王毅:《奥朗德执政以来的法国外交及中法关系》,《世界纵横》2013 年第 6 期,第 14 页。

期刊联合会,省级层面有巴黎新闻工会、巴黎周报工会以及其他各省的新闻日报工会,地方上也有各种日报工会,这些传媒协会发展完善,甚至能够代表法国传媒界与政府当局在社会、经济、政治等多方面开展合作。相比之下,其他很多国家的媒体却没有如此得天独厚的组织优势以建立与政府之间良好沟通的渠道。

2. 传播态度较为中庸

法国媒体参与外交有别于其他西方国家媒体参与外交的另一点,就是立场相对比较平衡、中庸以及温和。法国的传媒制度从某种意义上说走的就是一种权利与义务并重的中庸之道,其基本目的是确保传播自由,但同时也强调自由不是无限制的。它们特设专人24小时检视电视和电台的节目,并接受投诉,尤其重视保障法国语言和传统,保障少年儿童身心健康,并强调这是它们的重点工作之一,若在"自由"和"保护"之间作取舍的话,它们认为"保护"更为重要。这一点与中国的传统哲学、传统文化颇有切合之处。[①]

法国自古以来政治、学术派别林立,而这种较为平衡的对外传播舆论场的形成,与百家争鸣之中所形成的调和不无关系。有一个例子可以对此进行说明:在2006年12月,为了捍卫法语在世界上的地位并对抗英语在全世界范围内的优势,时任法国总统希拉克筹措了1.1亿美元的预算以及召集170余位记者,主导建立了法国电视24台,在全世界范围内提供国际新闻时事报道。而该电视台CEO阿兰·德·普齐拉克(Alain de Pouzilhac)在接受BBC采访时说:"我们的做法与美国不同。华盛顿试图向人们展现,世界是统一的;而我们将证明,世界是多样的,有各式各样的文化、宗教和观点。"另外,法国媒体参与外交和谐性较强

---

① 孙维佳:《法国报刊出版业的体制、结构及特点》,《国际新闻界》1999年第5期,第17页。

的特点还体现在对外交流合作方面,法国在对外进行媒体参与外交的同时,也非常重视与目标国家、组织、机构的主流媒体进行合作并且主动适应目标受众的传播习惯,通过良好的沟通与互动来取得更好的传播效果。而另一方面,欧洲人权事务机构已多次指出,法国的人权状况,特别在涉及新闻机构的领域正在退步。在这种气氛下,法国很多记者在敏感新闻、热点问题上,会有自觉禁笔的现象。①

3. 对本国文化利益极为重视

法国一直以来就是文化大国,在漫长的岁月中也一直作为欧洲核心文化输出国而存在。过去,欧洲其他国家的贵族阶层都以会说法语为身份的象征,而法国的文学、美术、音乐都曾在欧洲乃至世界范围独领风骚,这段辉煌的历史给予了法国极强的文化自信和文化优越感,这也使得法国对于以国家文化利益为代表的软实力极为敏感和重视。

法国向来把国家文化利益摆在与国家经济利益同等重要的位置,而媒体也成为法国保障以及争取本国文化利益的重要工具之一。媒体参与外交很大一部分的目的,在于对目标受众进行意识形态上的影响,优质的文化输出无疑是引导目标国受众作出有利于外交目标的态度和行为的有力手段。而与之相辅相成的是,文化区别于经济、法律、军事等较为强硬的议题,以文化为主题的对外传播活动往往具有较强的亲和力和吸引力。另外媒体参与外交和文化战略相结合后也具有更强的隐蔽性和长期深刻的潜移默化效应,其对于相关议题的设置更容易被目标受众所接受以及取得更加理想的效果,这与媒体参与外交本身的"和平外交"本质是非常合拍的。法国作为世界范围内颇具声望的文化大国,自然也对传媒、文化、外交三位一体的传播战略得心应手。

---

① 郑若麟:《从法国媒体的政治正确说开去》,《同舟共进》2009 年第 10 期,第 15 页。

三、法国主流媒体参与本国外交决策的具体案例

为了更好地分析了解法国主流媒体对于法国外交决策产生影响的路径、内容以及特点,本节选取 2015 年发生在法国国内的两件重大新闻事件即"11·13"巴黎恐怖袭击以及巴黎气候大会作为议程分析对象,借此解剖法国新闻媒体在发生重大政治外交事件时如何进行有效的参与和介入。2015 年对于法国来说可谓多事之秋,年初发生了"《沙尔利周刊》(Charlie Hobdo)遇袭事件",年底巴黎原本正在期待全球气候大会的顺利开幕,11 月又突然惨遭残酷的恐怖袭击。在这些足以吸引世界目光的新闻事件发生之后,第一线的法国媒体迅速反应,对新闻背后的政治外交进程进行了影响。在报道活动中,新闻媒体对于各方的发言表态、各国政府的外交活动以及媒体对于事件的总结思考都进行了精细的安排以对外传播,在这种周密的新闻议程设置过程中,新闻媒体已对政治进程产生了潜移默化的影响。

(一)"11·13"巴黎恐怖袭击

2015 年 11 月 13 日晚,恐怖组织"伊斯兰国"在法国首都巴黎市制造了一系列骇人听闻的恐怖袭击事件。在巴黎总共发生 5 次爆炸事件以及 5 次枪击事件,法国警方在经过激战之后击毙了所有恐怖袭击者,但是恐袭事件依然造成了 132 人死亡以及 300 多人受伤。此后,世界各国纷纷谴责恐怖袭击行径,向法国政府和法国人民表示支持和慰问。以 2015 年 11 月 13 日到 2016 年 11 月 13 日这一年作为统计区间,以"恐怖分子"(terroriste)和"恐怖主义"(terrorisme)作为检索关键词,作者将《世界报》对"11·13"巴黎恐怖袭击的报道进行归纳分析。

1. 有关外国表态的报道

《世界报》官网在2015年11月14日,也就是事发后一天刊登了文章《在意大利,"我是巴黎"登上报纸头版》(En Italie, «Je suis Paris» à la «une» d'un journal)。文章介绍了意大利知名日报 *IL Tempo* 在11月14日的头版大标题是"我是巴黎"(Je suis Paris),文章里还引用了意大利总理马泰奥·伦齐(Matteo Renzi)的表态:"恐怖分子侵犯了法国,也就触碰了欧洲的心脏。"他还补充道:"像所有意大利人一样,我确信恐怖分子最终必将失败,自由必将击败野蛮。"①从这篇报道可以看出来,在对外国媒体关于法国重大事件表态进行报道传播时,法国媒体最基本的手法就是将表态当中极能凸显法国国家地位以及民族自尊心的部分进行强调。以本篇报道为例,其直接借意大利总理之口将法国与"欧洲心脏"等同,并且代表了"自由"一方对抗野蛮,与法国自由、平等、博爱的价值观不谋而合。与之类似的还有《世界报》报道美国总统奥巴马对于巴黎暴恐事件的表态,《世界报》重点强调了奥巴马发言中"巴黎恐怖袭击事件是对整个人类社会的践踏"以及"自由、平等、博爱不只是法国的价值观,而是我们整个世界共享的价值观"这样的观点。该文章还介绍了德国总理默克尔、欧盟委员会主席容克、欧洲理事会主席图斯克、英国首相卡梅伦、意大利总理伦齐、西班牙首相拉霍伊等国家领导人以及来自梵蒂冈、俄罗斯、土耳其、以色列、摩洛哥、韩国、中国等全世界众多国家和地区的第一时间表态,其中绝大部分都是针对巴黎暴恐事件的哀悼和同情以及对恐怖主义的声讨。其中欧洲理事会主席图斯克(Donald Tusk)说:"这是恐怖主义对整个欧洲的挑战,而法国则不幸位于战场的最前线。"

---

① En Italie, «Je suis Paris» à la «une» d'un journal, *Le Monde*, 2015-11-14.

这些报道的共同主题其实都在于将法国在国际社会当中的重要性进行拔高以换取法国在国际社会中的舆论权力,其实恐怖主义本来就是当今社会的一大难题,而其带来的暴力事件在世界范围内也屡见不鲜,借其他国家的声音将法国巴黎遇袭事件的严重性加以间接地强调,这是法国媒体在此次事件的新闻传播活动中的一个主要报道方向。毕竟将法国与"欧洲心脏""自由对抗野蛮""整个人类社会""整个欧洲的最前线"这些概念联系起来的表述,比之"自卖自夸",借助其他大国领导人这样的政治领袖来进行传播所带来的说服力和传播效果要更为可观。

而法国对于报道其他国家关于该次空袭事件表态的另一个主攻方向和主要目的,就是通过报道大量其他国家,乃至中、美、俄这些很难说是"同一阵营"的国家都不约而同地对法国表达同情、支持甚至抱有建立合作关系的意愿,从而凸显法国在国际社会中左右逢源的"大众情人"形象。这与之前谈到的法国以"调停者"自居而在国际关系中采取圆滑的处世之道以及法国媒体重视"和谐""中庸"的特点不谋而合。

除了美国总统奥巴马,《世界报》官方网站在此次事件中还报道了时任美国纽约市市长白思豪(Bill de Blasio)和法国人民团结在一起去对抗恐怖主义的表态。而在此之后,《世界报》官网又报道了美国国务卿约翰·克里(John Kerry)对于巴黎暴恐事件的表态,文中特别提及克里再次表达美国对于"团结"(«la solidarité»)法国的意愿。

在俄罗斯方面,《世界报》11月19日刊登文章《普京认为法国已经变为其在叙利亚的盟友》(«Pour Poutine, la France est devenue une alliée en Syrie»)①。文章明确提出"俄罗斯、法国以及其他国家为了建设一个

---

① «Pour Poutine, la France est devenue une alliée en Syrie», *Le Monde*, 2015-11-19.

理想的全球共同体而无情地打击恐怖主义",这样的议程设置无疑为法国在叙利亚行动的正当合理性进行辅助支撑。此外,在2016年初《世界报》刊登文章《俄罗斯高加索地区面临"伊斯兰国"威胁》(«Le Caucase russe sous la menace de l'EI»)①,该报道同样把俄罗斯和法国作为盟友而置于"伊斯兰国"的对立面。同一天,《世界报》官网刊登文章报道法国和俄罗斯将会建立更加紧密的军事合作关系以打击"伊斯兰国"恐怖组织。

对于中国方面的态度,《世界报》刊发过文章《习近平主席希望就反恐展开合作》(«Xi Jinping veut collaborer sur le terrorisme»)②。文章介绍了各国领导人针对2015年11月20日法国前殖民地马里发生的恐怖袭击事件的表态,包括法国总统奥朗德表示法国将提供支援并且进行撤侨、美国总统奥巴马对恐怖主义行为进行谴责等等。文章最后着重说明了中国国家主席习近平表示中国将会就打击恐怖主义和法国等国家进行密切合作。在11月13日巴黎暴恐事件过后不久,再次以反恐事件为引子而巩固法国与多国合作的议题,虽然恐怖事件发生在非洲,但是文章也依然把法国作为主要角色来进行报道,有喧宾夺主之嫌疑,但是这也表现了法国媒体设置议程的手法。

除了备受关注的几个大国政府官方发出的声音,巴黎事件毫无疑问地同样在整个世界范围内引发了舆论热潮。在暴恐袭击案发生之后,《费加罗报》官网发布了专题视频,标题为《全球各地的记者齐聚巴黎》(«Notre rencontre avec les reporters du monde entier présents à Paris»)③。文章介绍了在巴黎暴恐袭击事件发生以后,从世界各个角落

---

① «Le Caucase russe sous la menace de l'EI», *Le Monde*, 2016-1-2.
② «Xi Jinping veut collaborer sur le terrorisme», *Le Monde*, 2015-11-20.
③ «Notre rencontre avec les reporters du monde entier présents à Paris», *Le Figaro*, 2015-11-16.

(quatre coins du globe)而来的记者齐聚巴黎。视频采访了不少外国记者,他们也都作为本国代表对巴黎遇袭事件做了简单发言和评论,这篇报道凸显出在法国发生的重大突发事件吸引世界关注度的情况。《费加罗报》官网还介绍了法国穆斯林宗教委员会主席阿努阿尔·克比贝什(Anouar Kbibech)以及公共政策专家穆罕默德·齐拉尼(Mohammed Chirani)接受电视采访的情况,他们都谴责了"伊斯兰国"发动的残酷的恐怖袭击活动。穆罕默德·齐拉尼说阿拉伯世界不应该是邪恶和狂热的代名词,而"伊斯兰国"的行为对于穆斯林们是一种伤害。这篇报道还是试图释放出法国对友好的伊斯兰国家的善意和理解。2015年11月18日,《世界报》刊登了二十国集团(G20)峰会中各国元首对于叙利亚冲突的表态,文章提到包括普京和奥巴马在内的多个国家领导人认为巴黎暴恐袭击事件证明了在叙利亚境内打击"伊斯兰国"恐怖组织的必要性和正义性,这对于积极在叙利亚进行空袭等直接军事活动的法国来说无疑是一种支持。第二天,《世界报》就又在国际版刊登评论报道《法国并不孤单,欧盟站在我们这边》(«La France n'est pas seule, l'UE est à ses côtés»)[①]。文章提出法国和欧盟不应该过分沉浸在悲痛当中,而是要"紧靠在一起"(«côte à côte»),反应迅速地作出决策以应对各方面的挑战,这些挑战并不仅局限于恐怖主义威胁和难民问题,还包括了经济危机、气候问题等多方面,此外文章认为即将在巴黎举行的联合国气候大会正是一个很好的平台。可以看到,恐怖袭击事件事实上使得法国吸引了国际社会众多目光,法国媒体也希望设置有关议程以提醒本国政府化悲痛为契机,以提升法国在国际事务中的影响力。

对于联合国的态度,《世界报》另外在国际版也刊登过文章《联合国

---

① «La France n'est pas seule, l'UE est à ses côtés», Le Monde, 2015-11-19.

授权对"伊斯兰国"采取任何手段》(«L'ONU autorise toutes les mesures contre l'EI»)①。文章提出法国着力推动为消灭"伊斯兰国"以及打击恐怖主义的国际行动争取到一个法律和政治框架。这篇报道的内容基本可以分为三个部分：首先是法国作为恐怖主义的主要受害国之一而迫切地希望成为国际反恐行动的主力；其次是法国作为联合国常任理事国之一非常尊重国际规则以及联合国组织；最后的结果是联合国表示默许针对"伊斯兰国"恐怖组织的任何打击行动。这样一来，就完成了法国拥有正义感、法国守规矩、联合国支持法国的多重议程设置。

非洲国家是法国非常关心的国际交往对象，法国媒体也很乐意将其与这次发生在巴黎的不幸事件结合起来进行议程设置。恐怖袭击事件发生后的第二天，《世界报》发表题为《非洲与法国团结一致并且决定向恐怖主义开战》(«L'Afrique, solidaire de la France, et déterminée à combattre le terrorisme»)②的文章，介绍了包括利比亚、肯尼亚、尼日利亚等在内的很多非洲国家对于巴黎暴恐袭击事件的态度。文章介绍了尼日利亚总统对于巴黎多次遭受恐怖袭击的原因分析，他认为法国为了所谓"普遍价值"(«valeurs communes»)过多地介入了诸多争端，包括在叙利亚、伊拉克以及非洲等地，而法国也因此付出了"干涉带来的代价"(«le prix pour ces interventions»)。从文章的标题和内容都可以看出，虽然对于一些抱怨和批评进行了如实的报道，但是《世界报》仍然力求报道和宣传非洲与法国团结地站在同一阵线。此外，之前由于法国的介入而引发政局剧变的利比亚更是法国媒体参与外交时所关注的重中之

---

① «L'ONU autorise "toutes les mesures" contre l'EI Le Monde», *Le Monde*, 2015-11-22.
② «L'Afrique, solidaire de la France, et déterminée à combattre le terrorisme», *Le Monde*, 2015-11-14.

重。《世界报》刊登了评论员夏洛特·波佐奈(Charlotte Bozonnet)的文章《如果我们在利比亚袖手旁观,"伊斯兰国"就会兵临欧洲》(«Si nous ne faisons rien en Libye, il y aura Daech aux portes de l'Europe»)[①],在巴黎暴恐事件发生之后,人们已经惯性地把目光投向叙利亚的时候,《世界报》刊登的这篇评论员文章却提到了被"冷落"多时的利比亚。和叙利亚一样,利比亚和法国也有剪不断理还乱的关系,这不仅是因为利比亚位于北非靠近欧洲,更重要的原因是利比亚是法国在非洲最重要的支点和利益所在,也就是与前法国殖民地阿尔及利亚的地缘关系。文章详细介绍了阿尔及利亚在北非对抗极端主义的历史,并且说明阿尔及利亚目前面临极端主义的新形态——"伊斯兰国"的重大挑战,接着作者又进一步说明了法国之前在利比亚进行军事行动后继续巩固在这个地区的军事力量的重要性和正当性:因为如果"伊斯兰国"势力大举侵入阿尔及利亚,那么这个恐怖主义组织将和法国隔地中海相望,威胁不可谓不大。而在这个特殊关头,《世界报》突然提起已经相对"冷却"的利比亚这一个议题,不能排除其是想借此影射法国在叙利亚的军事行动,以证明其在叙军事行动的正当合理性。同一天的《世界报》还刊登了专栏文章《非洲反恐之井深不见底》(«Le puits sans fond du contre-terrorisme en Afrique»)[②]。文章更加详细地分析了非洲其他法语国家如塞内加尔、马里等所面临的反恐局势,认为非洲动荡的政局给恐怖主义和极端主义提供了很大的生长空间。而对于法国方面,文章说道:法国希望在非洲加强军事合作机制,借此给非洲提供安全支援。从历史上来看,法国对于其在非洲的利益都非常看重,而在法国频繁发生恐怖活

---

① Charlotte Bozonnet, «Si nous ne faisons rien en Libye, il y aura Daech aux portes de l'Europe», *Le Monde*, 2015-11-21.
② «Le puits sans fond du contre-terrorisme en Afrique», *Le Monde*, 2015-11-21.

动已经让法国成为名副其实的"反恐尖兵",这也为法国重新加强其在非洲的势力提供了一个名正言顺的由头,而对于法国本国媒体来说,配合进行议程设置也就不足为奇了。

2. 对欧洲难民政策进行反思

法国对于世界范围内不同地区、不同人种、不同发展水平的国家纷纷对法国遇袭事件在正面表态进行了大量报道,但是有一个国家较为特殊,那就是法国最重要的邻国——德国。在事件发生之后,法国对于来自德国的声音报道相对较少,而更多的是主动出击,对德国表达了一些不满的情绪。近年法国屡次遭遇恐怖袭击,其国家安全威胁至巴黎恐袭事件时到达顶峰,这种情况的发生长期以来都被法国社会各界认为是伊斯兰世界对欧洲进行大面积渗透的结果,而德国在总理默克尔(Angela Merkel)治理下一直对中东难民采取包容和开放政策,为这种渗透打开了巨大缺口,此举曾经引起法国的较大抵触情绪。在恐怖袭击事件发生之后,法国媒体对于德国政府进行指责也就不足为奇了。而以对德国的一些政策进行批评为契机,法国媒体将话题引向欧洲对中东局势的态度以及对待移民和难民问题的态度,就自然而然地成为媒体参与外交活动的一个重要标靶。

恐怖袭击发生后的几天内,《费加罗报》就刊登文章《德国对于军事干涉犹豫不决》(《L'opinion allemande réticente à une intervention militaire》)①。文章对于德国在对伊斯兰国采取军事行动一事上犹豫不决的状况进行了批评,其直言道:"为了支持法国进行抗争,安格拉·默克尔应该审慎地稳步推进,作为法国的首要盟友,德国不能够逃避,即使他们手段有限。"文章将德国置于法国反恐战争协助者的地位,并且用

---

① 《L'opinion allemande réticente à une intervention militaire》, *Le Figaro*, 2015-11-24.

德国的不作为来反衬自己坚持正义的倾向也较为明显。而早在11月17日,《费加罗报》就在国际版发表过文章《对于和"圣战者"的战争,德国仍在犹豫》(«Face à la guerre contre les djihadistes, l'Allemagne hésite»)①,采用了同样的议程设置手法。

11月16日《世界报》在纸媒和官网刊发文章,题为《在德国,默克尔的反对者声称:"巴黎改变了一切"》(«En Allemagne, les anti-Merkel estiment que Paris change tout»)②。文章认为巴黎暴恐事件的发生对于德国总理默克尔的难民收容政策是个不小的打击,而德国国内默克尔的反对者们也借机提出:"新的时代开启了,欧洲大陆应该在事态严重之前把敌人隔离开,不受控制以及非法的移民活动不应该再继续下去了。"文章又介绍了恐怖袭击之后,法国总统奥朗德制定的边境控制措施,并且援引他的原话:"并不是所有的难民都是伊斯兰国的恐怖分子,但是相信难民里没有战斗人员无疑是幼稚的。"作为法国的主流媒体,《世界报》把恐怖袭击事件的发生更多地还是归咎于法国东邻德国、比利时等对于移民管控的不利,而对于法国本国的原因则有些模糊。

除了德国,《世界报》官方网站也曾把视线投向制造本次袭击的凶手的直接来源地比利时,文章关注到并转载了《夜报》(Le Soir)的文章《布鲁塞尔,圣战者的十字路口》(«Bruxelles, Carrefour des djihadistes»)③以及《比利时自由报》(La Libre)的专题报道《布鲁塞尔,巴黎枪手的大本营》(«Bruxelles, basearrière des tueurs de Paris»)④。《世界报》希望通过对这些专题文章进行持续地介绍和分析,以此来引起欧洲

---

① «Face à la guerre contre les djihadistes, l'Allemagne hésite», Le Figaro, 2015-11-17.
② «En Allemagne, les anti-Merkel estiment que Paris change tout», Le Monde, 2015-11-16.
③ «Bruxelles, Carrefour des djihadistes», Le Soir, 2015-11-16
④ «Bruxelles, basearrière des tueurs de Paris», Le Soir, 2015-11-16

乃至国际社会对比利时、德国等国家的难民收容政策及其带来的风险的关注。同一天,《费加罗报》在国际版刊发报道《默克尔的开放政策遭受批评》(«La politique d'ouverture de Merkel encore plus critiqué»)①。当巴黎恐怖袭击事件发生之后,德国默克尔政府遭受了很大压力,在国际社会上很多声音认为默克尔对于难民的宽大接纳态度是引发恐怖袭击事件的一大原因,而法国媒体自然也是不吝对默克尔政府进行批评,通过议程设置鼓动本国政府向德国以及其他接纳难民的国家进行施压。此外《费加罗报》在当天还刊发报道《移民,叙利亚:默克尔和奥朗德尝试缩小他们的分歧》(«Migrants, Syrie: Merkel et Hollande tentent de minimiser leurs divergences»)②。文章介绍了奥朗德和默克尔在巴黎会谈的情况,称:"弗朗索瓦·奥朗德期待德国对恐怖主义有所行动。"

2015年11月26日,《世界报》报道了法国总统奥朗德和德国总理默克尔的会谈,文章中着重提到了参与会谈的法国总理曼努埃尔·瓦尔斯(Manuel Valls)在讲话中号召欧洲其他国家尤其是德国关闭对移民者的大门。法国在近年经历了《沙尔利周刊》枪击事件和巴塔克兰音乐厅枪击事件等大型恐怖袭击以及其他多起小规模暴恐案件,这和以叙利亚为主的中东战乱国家难民潮和移民潮有着很大关联。法国社会一直很排斥难民群体,认为他们对法国各方面构成冲击,但是又对其他欧盟国家大量收容难民而无计可施。在巴黎系列暴恐袭击事件过后,当作为恐怖主义的严重受害国法国再次严正提出限制移民的号召时,分量无疑重了不少,文章也借此设置议题宣传领导人的强硬表态以及表达对大量收容难民的德国、意大利、希腊、奥地利等国的强烈不满。

---

① «La politique d'ouverture de Merkel encore plus critiqué», *Le Figaro*, 2015-11-16.
② «Migrants, Syrie: Merkel et Hollande tentent de minimiser leurs divergences», *Le Figaro*, 2015-11-16.

而当天除了这篇报道之外,《世界报》还刊登了题为《默克尔和奥朗德,貌合神离》(«Merkel et hollande, ensemble mais très seuls»)①的文章。文章开篇就提道:法国和德国这两个国家都寻求欧洲国家的团结,但是一个是寻求合作以收容更多难民,另一个则是寻求合作以求更有效地打击恐怖主义;一个处于难民潮的前线,另一个则被恐怖组织用枪瞄准。终于,这两种诉求在11月13日的巴黎暴恐袭击事件中产生了交汇。文章特意提到了瑞典这个因人口稀少而本应更欢迎难民的国家很果断地终止接收难民,以此对比德国等国家的态度。另外,文章在最后也特意提到奥朗德表态将向土耳其施压,文章写道:"奥朗德希望,叙利亚难民被靠近他们家乡的其他国家所收容。"从这些议程的设置情况来看,媒体一方面表达了对以德国为首的难民"收容大户"的强烈不满,另一方面也宣传了法国政府在发生暴恐事件之后狠抓源头、积极解决问题的姿态。

为了佐证自己的观点和报道倾向,《世界报》也曾刊登文章《东欧国家对移民潮感到焦虑》(«Crispations dans l'est de l'UE sur les migrants»)②。文章介绍了波兰、匈牙利、捷克等国家对于叙利亚难民的忧虑态度并且分别说明了这些国家的领导人表达反对接收难民的理由。而文章最后着重介绍了俄罗斯对待这一情况的态度,直言道:"从巴黎一月份遭遇《沙尔利周刊》事件以来,很多俄罗斯政客就认为,这说明法国正在遭受大量接纳穆斯林移民的恶果。"

对于中东难民潮这个困扰全欧洲的问题,法国媒体也曾试图从欧盟整体视角出发,《世界报》发表文章《"圣战"主义化欧洲开始威胁这

---

① «Merkel et hollande, ensemble mais très seuls», *Le Monde*, 2015-11-26.
② «Crispations dans l'est de l'UE sur les migrants», *Le Monde*, 2016-3-25.

个本不协调的联盟》(«Une Europe du djihadisme menace une Union mal coordonnée»)①。文章首先分析了巴黎暴恐事件带来的两个问题,一个是幕后黑手"伊斯兰国",另一个是行为实际实施者也就是一群法国和比利时国籍的年轻人,文章由此认为,这说明欧洲很大程度上已经被恐怖主义和极端主义思想所侵蚀,并且把批评矛头指向比利时、德国等对中东难民潮持包容态度开放的国家,暗指其正是欧盟"不协调"的原因所在。之后文章又分析了法国成为"圣战"恐怖袭击重灾区的原因,包括法国被宗教狂热分子认为是伤风败俗之地、被认为是反宗教之地、被认为是野心策源地(此处特别提到德国对于中东没有直接的干涉以及政治野心)、法国收容了大量难民等等。文章把法国站在极端组织恐怖袭击一线前沿的"紧迫情况"描绘出来,一方面目的在于分析原因,另一方面也能吸引更多注意力和博得更多同情,这样对于法国未来采取应对措施是一种宣传辅助。

通过以上内容可以看出,法国主流纸媒在巴黎暴恐事件发生之后积极地对事件发生的根源即发源于中东的极端主义对欧洲内部的渗透和入侵进行剖析,一方面大量报道其他不同地区、国家、组织机构的正面表态,突出这次发生在法国的恐怖袭击事件在全世界范围引起的巨大反响,凸显法国在国际社会中的"地位高"和"人缘好",并且对这些信息精心包装后进行进一步传播,从而使得法国的国际地位稳中有升;而法国在此次事件上进行媒体参与外交的另一方面表现就是"借题发挥",以该暴恐事件的发生作为强力论据,对长期以来在中东移民政策上和自己唱反调的国家进行点名批评和指责,尤其是对于在欧盟当中

---

① «Une Europe du djihadisme menace une Union mal coordonnée», *Le Monde*, 2015-11-18.

唯一一个在国家实力以及话语权方面能对自身构成竞争关系的德国，法国媒体颇有一些"得理不饶人"的意味，通过打击竞争对手的威信，从而极大地提升了法国在欧盟内部发言的分量并且树立其在欧盟中更为突出的权威地位。

3. 关于打击报复伊斯兰国的举措

在恐怖袭击发生之后，奥朗德发表电视直播讲话，宣布这是一次"规模空前的恐怖袭击事件"(«terrorist attacks of unprecedented proportions»)，法国全国将进入紧急状态，呼吁法国全国上下保持冷静、团结和坚强。另外奥朗德誓言，法国将"无情地"打击恐怖分子。在本土遭受如此严重的恐怖袭击之后，法国很自然地将对恐怖袭击的策源地进行反制措施，而媒体对这一议题设置议程无疑也是对本国外交事务的一种有力参与。2015年11月19日，《世界报》在国际新闻版刊登报道《叙利亚反政府军准备好加强对抗伊斯兰国的力度》(«Les rebelles syriens prêts à lutter davantage contre l'EI»)①。文章中介绍了总部在土耳其的反政府武装"叙利亚自由军"宣布将会加大打击极端组织"伊斯兰国"的力度。文中直接引用"自由军"发言人的表态："如果法国愿意给予我们援助，我们也随时准备合作。"众所周知，法国政府从一开始就对叙利亚巴沙尔政府持反对态度，而文章设置议题把叙利亚反政府武装和打击"伊斯兰国"恐怖组织的正义行动联系起来，并且借此鼓动法国政府加大对叙利亚反政府武装的协助，以此获得一箭双雕的效果。

除了军事打击的有关议题，在其他方面对恐怖主义势力进行限制的情况也会通过媒体报道得以传播。如2015年11月21日《世界报》刊发题为《银行呼吁加强对恐怖主义金融战争》(«Les banques appelées à

---

① «Les rebelles syriens prêts à lutter davantage contre l'EI», *Le Monde*, 2015-11-19.

mieux lutter contre le financement du terrorisme»)①的报道。文章介绍道，在2015年11月20日，由法国财政部长米歇尔·萨潘（Michel Sapin）牵头，法国推出了一系列政策以要求本国银行和其他金融机构担负起发动对抗恐怖主义黑金的经济战争这一职责。文章提到这一系列行动计划将提醒银行们执行好监督可疑银行交易的义务，而文章也提出该行动计划的重点目标将会是涉及叙利亚、伊拉克以及其他和恐怖主义有密切关联的国家，其中对于突然出现的新交易账户以及固定交易账户未有明确解释的活动都会进行严格的审核。这篇《世界报》的报道设置了一个法国向恐怖主义进行经济战的议题，并且顺便借此将话题引向叙利亚等国家。

《世界报》还在评论专栏刊登了文章《欧洲最终应该采取强硬措施铲除伊斯兰极端主义"癌症"》（«L'Europe doit enfin prendre des mesures fortes pour combattre le cancer del'islam radicalisé»)②。文章认为："巴黎暴恐袭击事件是"伊斯兰国"极端组织向西方宣战的标志，而欧洲社会应该团结起来采取三大方针以进行应对。第一是以以色列为榜样，吸取学习最优秀的反恐经验，因为以色列是迎战伊斯兰极端主义经验最为丰富的国家；第二是准备一次长期的意识形态战争，因为伊斯兰文化对于西方社会的入侵已经到了相当程度，其中也可能有极端主义思想糟粕；第三个措施则是对于难民、移民加强管控。"文章同样也是借巴黎暴恐事件为契机而号召欧洲社会联合起来，并且提出多项具体对策，顺其自然地把恐怖主义的主要目标国——法国放进"盟主"的角色里。

---

① «Les banques appelées à mieux lutter contre le financement du terrorisme», *Le Monde*, 2015-11-21.
② «L'Europe doit enfin prendre des mesures fortes pour combattre le cancer del'islam radicalisé», *Le Monde*, 2015-11-22.

(二)巴黎气候大会

环境问题和气候问题逐渐成为一个在世界范围内受到广泛关注的重要议题。因此,于2015年11月30日至12月11日在巴黎召开的第二十一届联合国气候变化大会,共有包括195个国家以及欧盟的代表出席大会,各方代表团人数总计达到17150人,与会的非政府组织有近2000个,而参加会议的记者数量也超过了4000人。法国作为气候大会的东道主,在气候变化、环境保护这样的重大议题上有着特殊的发言权。另外,由于与会嘉宾阵容庞大,各国元首齐聚一堂,所以该届大会也是一个各国最高领导层交换各方面意见的绝佳契机。面对这样的利好,法国媒体自然也不会放过参与外交活动的机会。此外,11月13日发生的巴黎暴恐事件更是让这次会议变得不同寻常,可以说在吸引目光和关注度以及承载国际舆论话题方面,在各种国际性重大会议中都是非常罕见的。本研究以法国开始筹备本届气候大会的2015年4月份到协定签署的2016年4月份这一年作为统计区间,以"气候"(climat)作为关键词,对《世界报》和《费加罗报》的报道进行了归纳分析。与暴恐袭击案这一突发悲剧事件有所不同的是,对于气候大会在法国巴黎召开这一新闻材料源来说,无论是"气候"这一重大议题还是"国际会议"这一组织形式,二者都具有极强的外交性。而在气候大会这一新闻材料来源的基础上进行媒体参与外交活动,法国媒体的基本操作手法就是将媒体参与外交与气候外交、会议外交相结合并且相互体现、相互辅助。

1. 媒体介入政府会议外交

法国政府对于本届气候大会非常重视,其准备工作在2015年上半年就紧锣密鼓地开展起来,而法国媒体一直对此予以关注。2015年5

第四章　报道国际事件与参与西方国家的对外关系:案例分析　215

月12日,《费加罗报》刊发报道《气候:巴黎协定正在稳步进行谈判》(«Climat: l'accord de Paris négocié pas à pas»)①,文章介绍了45个国家的代表已经来到巴黎对以控制全球变暖为目的的《巴黎气候协定》文本进行磋商。同月《费加罗报》在经济版刊登文章《气候:距气候大会还剩六个月,各大企业着手准备,1200名商界高管齐聚巴黎提出他们的有关方案》(«Climat: les entreprises s'engagent; À six mois de la COP21, 1200 dirigeants se réunissent à Paris pour proposer leurs solutions»)②,通过对会议前法国社会各界为会议所做的充分准备进行报道,凸显出法国对于举办本届气候大会,推动解决世界范围内气候问题的真诚形象。

2015年6月7日,《世界报》刊发报道《资金是达成气候协议的关键》(«Le financement est la clé d'un accord sur le climat»)③,文章介绍了发达国家和发展中国家难以就解决气候问题最终达成一致的症结就在于资金难以平衡,文章认为七国集团作为发达国家的代表应该表现出一定的责任心并且作出贡献,而法国已经准备为非洲的法语系国家提供支援。在提出建议的同时,媒体在一定程度上也完成了对于法国国家形象的美化。9月30日,后续相关报道《法国提高气候治理专项资金》(«La France va augmenter ses financements climat»)④便见于《世界报》上。

对于会议安保问题,即使在巴黎恐怖袭击事件发生以前,法国媒体也密集地予以关注。2015年10月23日,《世界报》刊文《警察们辛勤工作以保护巴黎气候大会的安全》(«Les policiers traînent les pieds pour

---

① «Climat: l'accord de Paris négocié pas à pas», *Le Figaro*, 2015-5-12.
② «Climat: les entreprisess'engagent; À six mois de la COP21, 1200 dirigeants se réunissent à Paris pour proposer leurs solutions», *Le Figaro*, 2015-5-20.
③ «Le financementest la clé d'un accord sur le climat», *Le Monde*, 2015-6-7.
④ «La France va augmenter ses financements climat», *Le Monde*, 2015-9-30.

sécuriser la COP21»)①,文章介绍了巴黎气候大会的安保情况,提到受《沙尔利周刊》遇袭事件的影响,这次会议的安保情况将会很严格。11月7日,《费加罗报》报道《气候大会:巴黎即将对边境进行管控》(«COP21: Paris varétablir le contrôle des frontières»)②,文章介绍为了预防恐怖袭击,巴黎气候大会的安保内容之一就是对边境进行控制。然而很讽刺的是11月13日巴黎发生了震惊世界的恐怖袭击事件。

也就在恐怖袭击发生的次日,《世界报》就已经对即将在巴黎举办的巴黎气候大会表达了忧虑,发表了《巴黎气候大会举办成疑,这是各国领导人的聚会》(«Incertitude sur la tenue à Paris de la COP21, grand rendez-vous des chefs d'Etat du monde»)③,报道介绍了气候大会对于法国的重要性,同时也在文中说明了恐怖袭击之后,法国当局在对事件进行善后工作的同时也组织有关负责人对巴黎气候大会的举办工作进行紧急商讨以应对危机状况,保障会议进行。这样的议程设置操作让人们可以通过这篇报道看到法国临危不乱、考虑周全的国家形象。几天之后,《世界报》在国际版刊登了法国政府为迎接巴黎气候大会而准备关闭边境的决定。文章介绍法国外交部长法比尤斯(Laurent Fabius)确认巴黎气候大会将会如期举行,但是11月13日恐怖袭击事件给法国敲响了警钟,法国将不得不采取一些特殊手段。接着,《世界报》对巴黎气候大会的特殊安保措施进行了报道,文章详细说明了这次会议中安保工作的重要性:来宾集团人数众多且均是各国政要,而11月13日巴黎刚刚遭遇极其严重的恐怖袭击事件,所面临的安保工作挑战极大,接着报

---

① «Les policierstraînent les pieds pour sécuriser la COP21», *Le Monde*, 2015-10-23.
② «COP21: Paris varétablir le contrôle des frontiers», *Le Figaro*, 2015-11-7.
③ «Incertitude sur la tenue à Paris de la COP21, grand rendez-vous des chefs d'Etat du monde», *Le Monde*, 2015-11-14.

道又介绍了法国政府所采取的严格安保措施。《费加罗报》在社会版刊登了报道《气候大会：11000 名警察和宪兵被动员》（«COP21：11 000 policiers et gendarmes mobilizes»）[1]。文章对于恐怖袭击之后即将举办的巴黎气候大会安保工作进行了介绍。11 月 28 日，《费加罗报》再次报道《气候大会：巴黎进入高度戒备状态》（«COP21：Paris sous haute surveillance»）[2]，文章继续介绍，大约有 120000 名士兵、警察、宪兵已经进入戒备状态，以保护巴黎气候大会的安全。

发生了如此严重的恐怖袭击事件，法国媒体更加积极地配合政府决策层，传播官方对于气候大会顺利举办的信心以安抚世界舆论。《世界报》在国际版刊登了该报对法国外交部长法比尤斯的采访稿并且以本次采访中法比尤斯最重要的表态为题目——《法比尤斯：法国对于气候大会的成功举办势在必得》（«M. Fabius："Le succès de la COP21 est à notreportée"»）[3]，在采访中法比尤斯大谈法国对于这届气候大会的展望、乐观与信心。在重大恐怖袭击发生之后举办如此重大的国际性会议是非常巨大的挑战，而这篇采访稿希望释放的是一个非常积极的信号，这对于抚慰法国人民受创的心灵是有一定作用的。另外《费加罗报》也刊发了报道《对于奥朗德来说，巴黎气候大会的关键不在于气候》（«Pour Hollande，l'enjeu de la COP21 n'est pas que climatique»）[4]，文章紧紧关注刚刚发生不久的巴黎暴恐袭击事件，鼓励奥朗德应该从恐怖袭击事件中冷静下来，合理利用这次迎来各国众多政要的机会来修补和提升法国外交形象，在目前情况下法国在气候大会上应该投入更多

---

[1] «COP21：11 000 policiers et gendarmes mobilizes»，*Le Figaro*，2015-11-25.
[2] «COP21：Paris sous haute surveillance»，*Le Figaro*，2015-11-28.
[3] «M. Fabius："Le succès de la COP21 est à notreportée"»，*Le Monde*，2015-11-29.
[4] «Pour Hollande，l'enjeu de la COP21 n'est pas que climatique»，*Le Figaro*，2015-11-30.

精力于安全问题以确保会议的顺利召开。

　　随着会议的召开,法国媒体对于会议的关注角度开始扩散,反恐问题、叙利亚问题都被法国媒体提出并设置相应议程,与法国政府在本届气候会议中借题发挥相互呼应。2015年12月1日《费加罗报》刊发报道《叙利亚危机被邀请在气候大会的沙龙中提出》(《La crise syrienne s'est invitée dans les salons de la COP21》)①,文章列举了围绕着叙利亚问题的多方博弈以及相关矛盾,并且认为这些话题注定会在巴黎气候大会这个政要荟萃的场合被提起。同一天,《费加罗报》刊发报道《法国的邀请》(《L'invitation française》)②,对法国关于巴黎气候大会的准备工作以及巴黎气候大会期望实现的目标进行了介绍和阐述,其中叙利亚问题以及国家安全问题都被列举。

　　而在会议后期,媒体对于这届会议开始作出正面、积极的总结。《世界报》刊发的报道题目十分直白:《气候大会:巴黎坐庄并且将广泛交换意见》(《COP21:Paris prend la main et change de méthode》)③。12月12日,《费加罗报》报道《气候大会:法国希望在本周末得到一致的协定》(《COP21: la France espère un accord à l'arraché ce week-end》)④,文章介绍巴黎气候峰会即将闭幕,而这届峰会的主要内容就是缩小南北国家在气候问题上的差距,文章希望上述主题在该届会议能够有一个圆满的结果。

　　2. 媒体外交与气候外交的结合

　　作为会议的东道主,法国媒体自然对于与会"宾客"的意见非常重

---

① 《La crise syrienne s'est invitée dans les salons de la COP21》, Le Figaro, 2015-12-1.
② 《L'invitation française》, Le Figaro, 2015-12-1.
③ 《COP21: Paris prend la main et change de méthode》, Le Monde, 2015-12-8.
④ 《COP21: la France espère un accord à l'arrachéce week-end》, Le Figaro, 2015-12-12.

视,通过传播和反映其他国家对会议整体过程的积极参与来对本国正面的外交形象进行构建是基于本议题进行媒体参与外交的核心理念,而尤其对于世界范围内一些温室气体排放大国,法国媒体也予以重点关注,通过报道这些大国对本届气候大会的积极态度来塑造法国负责任的领导形象。2015年11月3日,《世界报》刊登文章《弗朗索瓦·奥朗德寻求北京的支持》(«Climat: François Hollande cherche l'appui de Pékin»)①。文章介绍了法国总统奥朗德访问中国的情况,并且将其和即将举办的巴黎气候大会联系起来,说明了现在中国的温室气体排放量超过美国,并居于世界首位的现状,报道还介绍了中国总理李克强访问法国时所作出的减少温室气体排放的承诺。在这篇报道中,法国积极的外交形象得以构建。

会议开始之后,《费加罗报》也专门在科技版面刊登报道,以习近平主席在巴黎气候大会上的发言为题:《我们来到这里出席会议证明恐怖主义并不能阻挡我们解决气候问题》(«Notre présence ici apporte la preuve que le terrorisme ne peut freiner les efforts réalisés pour lutter contre le réchauffement climatique»)②,报道中也介绍了习近平主席引用雨果的名言"极端的情况就以极端的手段解决",此外文章着重强调了习近平主席带领的中国代表团对于来到巴黎参与会议的勇气和热情,以达到宣传国际社会支持法国、同情法国这种态度的目的,同时也营造安全氛围以协助本国政府安抚国内民众。

除了中国以外,媒体还设置议题表现出其他各国都积极展开行动,认真对待这届由法国举办的气候大会的场面,以此塑造法国在国际社

---

① «Climat: François Hollande cherche l'appui de Pékin», *Le Monde*, 2015-11-3.
② «Notre présence ici apporte la preuve que le terrorisme ne peut freiner les efforts réalisés pour lutter contre le réchauffement climatique», *Le Figaro*, 2015-12-1.

会中拥有强大领导力的形象。例如 2015 年 9 月 1 日,距离巴黎气候大会还有 100 余天之时,《世界报》刊登题为《气候:各国正在各自抱佛脚》(«Climat: les pays tentent de combler leur retard»)[①]。文章总结性地介绍了世界各国在巴黎气候大会举办之前尽可能地努力改善本国的气候问题。

2015 年 4 月 2 日,《世界报》刊登报道《美国和俄罗斯着手解决气候问题》(«Les Etats-Unis et la Russie s'engagent pour le climat»)[②],文章介绍了美国和俄罗斯在巴黎气候大会举行之前进行气候问题治理的情况。对于德国,《费加罗报》在五月刊发报道《默克尔就巴黎气候大会做准备工作:德国总理将支持法国顺利举办 2015 年 12 月的巴黎气候大会》(«Merkel s'engage pour la conférence de Paris sur le climat; La chancelière allemande soutient les efforts français pour éviter un écheclors de la COP21 en décembre 2015»)[③]。文章开篇就介绍说德法两国在面对国际危机的过程中已经被紧密地联系在一起,现在除了安全问题之外德法两国也开始在环境问题上进行紧密合作,文章明确表示默克尔决定为了巴黎气候大会的顺利举办而进行投资,文章最后也评论说德国在 2014 年就是欧洲二氧化碳排放量第一的国家,他们必须对这个局面进行一定的控制。同月,《费加罗报》又在经济版刊登文章《奥朗德和默克尔达成一份"强制"的协定》(«Hollande et Merkel pour un accord contraignant»)[④]。在文中这份"强制的协定"指的是德国对法国举办巴黎气候大会的支

---

① «Climat: les pays tentent de comblerleur retard», *Le Monde*, 2015-9-1.
② «Les Etats-Unis et la Russie s'engagent pour le climat», *Le Monde*, 2015-4-2.
③ «Merkel s'engage pour la conférence de Paris sur le climat; Lachancelière allemande soutient les efforts français pour éviter un écheclors de la COP21 en décembre 2015», *Le Figaro*, 2015-5-19.
④ «Hollande et Merkel pour un accord «contraignant», *Le Figaro*, 2015-5-20.

持,文中提道,"六年之后,法国希望在气候大会上取得成功,弗朗索瓦·奥朗德声称距离达成基础协议已经时间无多,安格拉·默克尔则确认德国会坚定地站在法国一旁尽力提供帮助"。对于美国方面,《世界报》刊登报道《气候:华盛顿和巴黎之间的冷战》(«Climat: coup de froid entre Washington et Paris»)①。文章首先对于联合国拟定并将在气候会议上签订的巴黎气候协定书进行了介绍,另外也提到美国为了保持国家竞争力而在气候问题一贯不合作的强硬态度,最后报道也介绍了东道主法国对于美国这种态度的不满,文中引用法国谈判代表劳伦斯·杜比亚纳(Laurence Tubiana)的评论语"这是明显的义务以及光荣的行为",来对美国等对协议态度暧昧的国家进行批评。

除去这些大国,个别在气候问题上的"刺头儿"也成为法国媒体的关注对象,这些国家态度的变化对于本届法国主办的气候大会获得正面评价是非常有帮助的。《世界报》就刊登过文章《委内瑞拉,气候大会中的坏学生》(«Venezuela, mauvais élève de la COP21»)②一文,报道中称在哥本哈根气候大会中阻止协议通过的委内瑞拉在本次会议中仍保持着强硬的态度,这反映发展中国家和发达国家在气候问题上的矛盾还是部分存在的。报道的最后显得有些"苦口婆心",表示世界的眼睛正在看着巴黎气候大会,认为有的国家应为后代着想并且表示巴黎气候协定是长期的、合法的。

巴黎气候大会结束之后,12月25日《世界报》刊发了题目为《气候大会:确认成功》(«COP21: un succès à confirmer»)的报道③,对于这届气候大会取得的阶段性成果,也就是12月12日签署的协议进行了介绍

---

① «Climat: coup de froid entre Washington et Paris», *Le Monde*, 2015-11-14.
② «Venezuela, mauvais élève de la COP21», *Le Monde*, 2015-12-10.
③ «COP21: un succès à confirmer», *Le Monde*, 2015-12-25.

和评论。文中也引用了不少专家学者对于气候大会的的赞赏,例如环境专家桑德琳·杜布瓦(Sandrine Maljean-Dubois)对这届会议的高度评价:"巴黎气候大会是气候问题谈判历史上的一个里程碑。"

2016年4月,《费加罗报》报道《160多个国家的代表在纽约签署〈巴黎气候协定〉》(«Réunis à New York, plus de 160 pays signentl'accord de Paris sur le climat»)[1]。文章介绍了《巴黎气候协定》被签署的情况,认为这标志着2015年的巴黎气候大会取得了圆满的成功。隔月《世界报》也刊发文章《气候:法国加速,欧洲分化》(«Climat: la France accélère, l'Europe se divise»)[2],文中介绍了巴黎气候大会上提出的协议书的签署情况,大部分国家对协议文本表示满意并签署,但是还有波兰、捷克这样以煤炭为主要燃料的国家仍有异议,而报道文中也表达出了坚持催促的意思。

同月,《世界报》也曾刊发报道《不,气候没有在巴黎得到拯救》(«Non, le climat n'a pas été sauvé à Paris !»)[3]。文章给刚刚结束的巴黎气候大会泼了一盆冷水,并且介绍了理由:协议虽然顺利地在巴黎被签订,但是发达国家和发展中国家在气候上的矛盾不是这么容易解决的,文章接着介绍了国际南北合作的难度和挑战,这种议程设置的方式对于法国负责任大国的形象也有着一定的加分作用。

对于中国和美国这两个温室气体的主要排放国,法国媒体通过报道这两个极具影响力的大国对巴黎气候协定的积极态度来衬托法国在本次会议组织工作中取得的成绩。《世界报》刊发文章《气候:中国,世

---

[1] «Réunis à New York, plus de 160 pays signentl'accord de Paris sur le climat», *Le Figaro*, 2016-4-22.

[2] «Climat: la France accélère, l'Europe se divise», *Le Figaro*, 2016-5-19.

[3] «Non, le climatn'a pas étésauvé à Paris !», *Le Monde*, 2015-12-17.

界第一排放国,认可了巴黎协定书》(«Climat: la Chine, premier pollueur mondial, ratifie l'accord de Paris»)①,报道介绍了中国最终签署了巴黎协定书。而同一天,《世界报》又刊发报道《气候:北京和华盛顿作出了好榜样》(«Climat: Pékin et Washington donnent l'exemple»)②来赞扬中国和美国最终认可巴黎协定书,以此来鼓励其他国家。

从以上介绍可以看出法国媒体将媒体参与外交这一新闻传播活动形式和气候问题这一重要外交议题加以结合的主要角度。尤其是对于特定国家的气候问题,法国媒体一直予以关注,一方面强化自己担负东道主责任、积极解决全球性问题并且国际声望较高的国际形象,另一方面也给予特定国家一定压力,以利于气候大会成功召开和相关协议顺利签署。最后,在2016年,法国媒体还追踪报道了巴黎气候大会相关协议的最后签署情况,尤其是对于美国这样"艰难"签署的国家予以了特别关注,侧面表现法国担任气候大会东道主的成功之道,其媒介外交的目的无疑是美化自身国际形象以及提升国际声望。

通过分析法国主流媒体对2015年两件重大新闻事件的报道,可以看出法国主流媒体对于法国国际关系决策是有一定程度的参与的。通过向决策层提供信息提供思考范围之外,还会通过信息传递、议程设置的方式来搭建公众舆论和国家决策层之间的桥梁。但是,我们也不难发现,大众媒体对于一个国家的影响也是有限的,这并不能说明媒体能直接操控政策的制定和规划,因为国家外交政策的制定除了要考虑信

---

① «Climat: la Chine, premier pollueur mondial, ratifie l'accord de Paris», *Le Monde*, 2016-9-4.
② «Climat: Pékin et Washington donnent l'exemple», *Le Monde*, 2016-9-4.

息的传递之外还要考虑大量专业因素。所以说法国媒体对于外交政策的参与更多的是作为政府制定政策系统中的一个有机构成,毕竟法国媒体虽然一直标榜自由表达言论,但是其与法国外交政策决策层从价值观、根本利益上讲是具有统一性的。

在第二次世界大战以前,法国都是西方世界屈指可数的综合性大国之一,积累下一定的声望基础,所以即使在第二次世界大战中一败涂地,但是法国在戴高乐将军的领导下仍然获取了联合国常任理事国的地位。在这种历史背景下,从"二战"结束之后,整个法国的建设、发展核心就只有一个,那就是重新夺回法国曾经大国地位以及在国际社会中举足轻重的话语权。然而现实情况是,世界的多极化已经不可避免,其中美国一家独大几无对手,而法国也必须和德国组成联盟并把整个欧洲联合起来"抱团取暖"。虽然硬实力不可缺少,但是单单凭经济、军事这样的指标是难以实现法国重回世界一流的野心的,所以在公共外交方面,法国也下了很多功夫,在其文化传播包括新闻传播活动当中,也无时无刻不在体现"复兴伟大的法兰西"这一理念。此外在当今国际社会中,不同国家之间的软硬实力差距往往非常明显,强国对于话语权的把控通常是有压制性的,所以会更重视和媒体合作设置各种国际关系议程从而为国家利益服务。在媒体作用于国际关系的过程中,媒体的叙事能力、叙事角度以及叙事方式决定了其发挥作用的效率,法国媒体在这方面无疑已经渐渐体现出老牌新闻传播强国的实力和野心。

第四节 媒体在西方中等强国外交中的参与：
以加拿大和澳大利亚为例

美国、英国、法国等西方大国的媒体非常发达，不仅有能力影响所在国的对外政策，也会影响到所在国参与的国际关系活动，在西方大国乃至国际社会的活动中处于第一方阵，备受本国国民与国际民众关注。除了上述提到的几个大国之外，一些中等强国的媒体在其本国的外交事务与国际关系活动中也会发挥自身的独特影响力，但目前学界仍重视不够，研究成果相对偏少。本节结合中等强国的国家力量特色，分析其在外交中与媒体互动的经验，结合传播学与外交学理论，力图在逻辑上验证媒体在中等强国的外交手段中是必需且适用的。

本节采用理论研究与实证研究相结合的方法，以加拿大和澳大利亚的媒体在外交中的运用为案例，对中等强国在外交中运用媒体的情况进行深入分析。媒体为中等强国实现外交目标提供了一个实用而适宜的手段，能够为其他国家提供实际的方法论借鉴。

一、西方中等强国在外交手段中运用媒体的动因及意义

中等强国没有统一的定义，传统上一直是指既非超级大国，又不是小国的国家，在国际社会上有一定的影响力。也有研究人员依据经济情况来划分中等强国，认为拥有中等国家经济体规模的国家就是中等强国。按照上述定义，中等强国在历史上一直存在。学术界普遍运用四种方法来界定中等强国，分别是根据国际社会等级、国家地理位置、

责任感和行为倾向。第一种是较为常见的方法,按照国际社会的等级来界定中等强国,即中等强国的国家实力处于国际社会的中间层次;第二种按照国家的地理位置来界定,地理位置上居于大国之间的国家,可属中等强国;第三种是从规范的角度看,认为中等强国是比大国或小国更具有道德感、不自私的国家,更愿意担负起一定的国际责任,并协助维持国际秩序;第四种是从行为的角度来界定,中等强国较多采用多边主义的方式解决国际问题,在国际冲突中习惯采用妥协的方式,拥有良好的国际形象。[1] 依据上述界定方法,加之加拿大有强烈的参与国际政治经济活动的意愿,故自 20 世纪 50 年代起,中等强国一词便被广泛用于定义加拿大的国际地位。"二战"之后面临美苏两极的强大力量,加拿大根据自身拥有的国际行为能力和利益重点,提出了将自身定位为中等强国的外交主张并进行大力推广。

带有强烈参与意愿的中等强国面临自身实力略有欠缺的局面,因而在外交手段中展现出对多边主义和国际主义的偏好,致力于推动国际合作,并在国际合作中提高自己的国际地位,增加与大国对话的筹码,争取在"低政治"话题上的发言权,最大限度延伸到谋求核心利益,发挥自身重要作用。因此,针对中等强国的行为模式,有学者提出按照议题的阶段进行分类:第一是中等强国作为催化剂,为某件议题提供概念上与政治上的支持,吸引追随者共同在国际社会中推动该议题的进程;第二是作为推动者,在议题发展的前期,中等强国积极游走,在结盟、合作中扮演积极角色;第三是作为管理者,在议题发展的后期,中等

---

[1] Andrew Fenton Cooper, Richard A. Higgott, and Kim Richard Nossal, *Relocating Middle Powers: Australia and Canada in a Changing World Order*, Vancouver: UBC Press, Vol. 6, 1993.

强国承担管理一职,强调建立规范化制度,稳固议题的成果。①

总结来讲,中等强国的外交特点是:倾向于合作而非对抗;倾向于客观而非武断;倾向于制度和规则而非强权和武力;倾向于凸显自身的国际存在感而非湮没于大国背后的人云亦云,尤其在乎大国对自己的重视程度。② 基于此,中等强国在外交实践中往往比较重视借助媒体的力量,其主要的动因如下:

第一,深化国家软实力战略部署。由上述分析推断,诸如军事力量的硬实力并不适合为中等强国重点使用,突出软实力便成为中等强国外交手段中的重要战略部署。国家对软实力的运用是通过对共有价值、动机的呼吁来占据他国人民的心理空间,特点在于吸引而不是强制。软实力的塑造并不只是简单的宣传过程,而是与国际受众一起培养对共有价值观的认同,是一个交流互动的双向过程。在传播中通过吸引,逐渐使不同受众达成对共有观念的认同,使其更易于理解和接受其他国家提出的外交政策。同时,软实力的塑造也不是一国的单独行为,不同国家的理念可能具有相同的区域特色,例如美国在推广其理念时其中也包含着加拿大所认同的理念,这种共同观念的交叉又进一步提高各国塑造软实力的能力。③

而国家拥有软实力的表现在于能够设定事务争论模式,使得争论向有利于它们的方向发展,因此软实力的发展必须借助媒体。媒体所具有的议程设置和塑造刻板成见功能,让其在设定事务争论模式上具有无可比拟的重要性。媒体所创造的拟态世界将受众与事务隔离开

---

① 林宗宪:《中等国家之国际参与》,《全球政治评论》2003年第4期。
② 刘樊德:《澳大利亚东亚政策的演变:在碰撞与融合中实现国家利益》,世界知识出版社2004年版,第86页。
③ Evan H. Potter, *Cyber-Diplomacy: Managing Foreign Policy in the Twenty-First Century*, Montreal: McGill-Queen's Press, 2002, pp.158-159.

来,将受众引导至政策所需要的关注点上。媒体的这种能力在信息电子技术发达后更加突出,在爆炸性的信息时代媒体能够为受众分拣关键信息,引导公众舆论。

第二,做强国家形象品牌力量。国家形象在国际上传播的国内意义可能远远超过国际意义,而成为一种以政治的方式来建构国家认同的途径。西蒙·安霍尔特(Simon Anholt)曾说过,国家品牌已经像商业品牌一样为全世界的消费者所理解,是一种长期建立起来的身份。在过去20年,直白的广告已经让位于可以给予人们情感认同的品牌塑造,在信息爆炸的今天,有强大影响力的国家品牌能够发挥强劲的政治影响力,也能够帮助国家发挥超越自身实力的影响。反过来,那些没有品牌的国家将失去政治吸引力。因此,形象和名誉成为国家战略的核心部分,成了中等强国的"战略资产"(strategic equity)。现代营销之父菲利普·科特勒(Philip Kotler)认为,顾客与品牌之间存在共鸣,共鸣的程度反映了两者的心理纽带的强度或深度,也反映了顾客忠诚造成的行为水平。

国家形象品牌的建立离不开媒体,媒体从中等强国的国家定位、行为方式等为其建构了无意于谋求世界性或地区性霸权的自由民主国际形象,突出其重视并平等对待各国权益,得到了无论是大国还是小国的共同认同,并在国际事务中发挥大国与小国都难以发挥的独特作用,成为国家间沟通国际事务的可信桥梁,充当国际冲突的可靠调停者和斡旋者。

概括地说,从中等强国倾向于非冲突的外交特点来看,在外交政策和活动中突出自身软实力是必要的选择。同时,不同于大国,中等强国受有限能力所牵制,并没有太多的外交手段可供选择;但是也不同于小国没有足够的资金或人力资源导致无力支持发展新式的外交手段。因此,虽然各国在外交上对媒体的运用十分普遍,但中等强国的运用更为突出。一方面是由于中等强国自身存在的外交特色导向,突出软实力更利于在国际社会中游刃有余;另一方面因为中等强国已经熟练于平衡各方,由此他们能够很快找到非传统的外交合作伙伴和熟练掌握新型的外交手段,对媒体资源在外交中的应用也能更得心应手。①

二、西方中等强国媒体参与外交事务的特点

为了进一步剖析中等强国媒体参与外交事务的特点,我们必须首先了解中等强国参与外交事务时自身所存在的特色。本文使用了加拿大学者针对研究中等国家力量提出的三种理论分析框架,分别是功能模型(functional model)、行为模型(behavioural model)和等级模型(hierarchical model)。上述三种模型显示,同一国家在三个模型下判断得出不同的外交特色。②

第一,在功能模型中,国家的影响力并不固定,具体环境能够决定国家影响力乃至改变大国、中等强国与小国的地位,使之随着在不同国际事务中发挥的不同作用而调整。相对而言,小国或中等强国能够利用特定事件和当前具有的优势去提高国家影响力,有时甚至可以发挥大国所无法企及的影响力。功能模型界定下的外交事务中,西方中等强国能够有机会把握关键信息甚至掌握话语的主导权,使得其国家的媒体有机会介入外交。外交决策的信息收集、决策过程及具体的政策

---

① Evan H Potter, *Cyber-Diplomacy: Managing Foreign Policy in the Twenty-First Century*, Montreal: McGill-Queen's Press, 2002, p.7.
② A. Chapnick, "The Middle Power", *Canadian Foreign Policy Journal*, Vol.7, No.2, 1999, pp.73-82.

执行不再仅仅受到媒体强国如美国的垄断,以往信息传播中"一夫当关,万夫莫开"的局面逐渐被突破,媒体强国不再是唯一的国际信息传播的"把关人"。如2003年,澳大利亚媒体《全球观察周刊》详细披露了美国修订伊拉克新版中小学生教科书的内幕,并指出美国为缓解国际舆论压力,同时也为了减少伊拉克人的反对与抵制,在编写教科书时还邀请了联合国教科文组织、英国、澳大利亚等国家和组织的相关专家共同参与。①

第二,从行为模型的角度讲,中等强国倾向于以多边外交来解决国际问题。其在国际争端中更容易妥协,在外交上倾向做良好国际公民,可以将中等强国的外交特色总结为崇尚多边主义、倾向在冲突管理中妥协、推崇道德力量三个方面。在行为模型界定下的外交事务中,作为关键的平衡手,西方中等强国政府在理念上有天然优势与媒体合作。妥协和沟通一直是西方中等强国外交实践的主要原则。在特定的国际事务中,西方中等强国是关键的平衡手,是比起小国更值得争取的盟友,比起大国则它们或因位居战略据点、扼守要道,能够对国际均势产生影响,发挥彼此制衡的效果。因此西方中等强国在平衡各方的能力方面日趋娴熟,由此它们能够很快找到非传统的外交合作伙伴并且熟练掌握新型的外交手段,对媒体资源在外交中的应用也能更得心应手。

第三,从等级模型的角度讲,中等强国固定的国家地位不会随着特定环境发生改变。其是在和大国、小国的相比较下而存在的,这种模型相对比较简单,将各国的力量对比简化为一次性、永久性的比较而不会改变。在等级模型界定下的外交事务中,西方中等强国的国家实力处于世界中上游水平,使得西方中等强国外交在硬件上有能力让媒体参

---

① 陆为:《澳大利亚媒体披露美国修订伊拉克新版教科书内幕》,《基础教育外语教学研究》2003年第9期,第43页。

与。西方中等强国在经济上处于世界中上游水平,有较为充足的资源可以发展新型外交手段,不同于小国没有足够的资金或人力资源可供使用。同时,西方中等强国一直在国际社会呈现良治国家形象,因此国际争论和矛盾的焦点很少出现在西方中等强国身上,使得西方中等强国有精力发展如媒体外交此类新型外交手段,有效提高了其外交能力和国际影响力。

综合上述三种模型的分析结果,概括地说,从西方中等强国倾向于非冲突的外交特点来看,在外交政策的形成和外交活动执行中强调沟通和交流是必要的选择。同时,不同于大国,西方中等强国受有限能力所牵制,并没有太多的外交手段可供选择。因此,在外交上对媒体的运用虽然在各国都十分普遍,但在西方中等强国中更为突出,而加拿大是其中的典型代表。

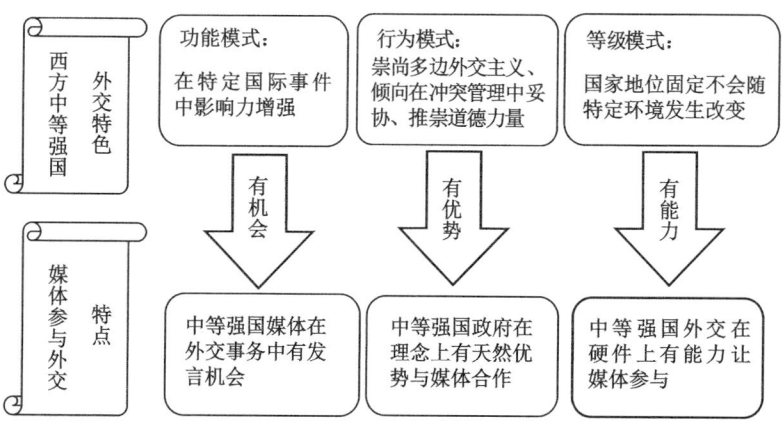

图 4-7 媒体发展特点与西方中等强国的外交特色对照

三、加拿大媒体资源与其外交的相互影响

近年来,加拿大以多元文化主义为思想基础在国际上塑造了良好的国家形象。加拿大良好国际形象的构建路径是"内外兼修":在国际上通过积极参与全球治理、慷慨实施援助、发展国际文化交流三大举措塑造"世界好公民"形象;在国内则通过推行宽容的移民政策、保护多样化的教育文化资源、营造良好的文化产业发展环境三种手段建设良好的国家形象。加拿大以多元文化主义作为指导,利用其媒体资源与其外交活动互动的模式值得借鉴。

(一) 加拿大的中等强国定位和媒体发展脉络

加拿大对第二次世界大战的胜利作出了不小贡献,"二战"结束之后,美苏两极对抗,加拿大结合自身能力、政策目标和国内选民民情,确定了自己在国际社会中中等强国的定位,以争取自己期望在国际社会上获得的决策地位。中等强国定位的提出标志是"二战"后期,加拿大外交官休姆·朗(Hume Wrong)提出:"加拿大遵循的原则是大联盟中的每一成员应该有一个与其战争所作贡献相称的声音,遵循的另一个原则是不同国家所能发挥的影响应该与它们最关心的那些事务联系最密切。"① 休姆·朗提出的这种说法在外交史上又称为"机能原则",即国际事务不能由单一国家支配,而要根据国际事务是否与国家利益相关、国家是否作出过贡献及国家的参与能力来决定。机能原则的提出目的是维护加拿大在特定情况下参与国际事务的能力和在国际性机构

---

① 潘迎春:《"中等国家"理论的缘起》,《世界经济与政治论坛》2009年第5期。

中的发言权。中等强国定位的提出也为加拿大带来了相应的形象效益，根据当时加拿大的综合国力，它极有可能竞争大国地位，但它对自身中等国家的定位显示出其没有追逐大国地位的野心。虽然从现实情况分析加拿大最终获得大国地位的可能性并不大，但是中等国家的定位既将其与小国区分开来，又不会使大国特别是邻国美国心存戒备，也使其能在特定的国际事务中拥有更大的影响力。

1. 报纸

加拿大的商业化报纸主要是经过两次世界大战及期间经济大萧条之后逐步发展起来的，至今基本为私有制性质。随着城市的不断扩大和经济的发展，报纸的发行量越来越大，广告收入也逐渐增多，由于政府对报业几乎没有什么控制，于是市场竞争日趋激烈，报业兼并与重组不断加剧，使得加拿大目前多数报纸为报业集团所有。加拿大的日报中，除五家为独立报纸外，其余皆分属霍林格国际公司、奥斯普雷媒体集团公司、布伦瑞克新闻公司等大型报业集团。

加拿大的报业十分发达，根据加拿大报业协会统计，加拿大共有112份日报，报纸每天总发行量约560万份，即加拿大每天五个成年人中就有一人读一份日报，在世界范围内也是较高的比例。加拿大号称拥有世界上历史最悠久的现存报纸：1764年6月21日创建于魁北克城的《魁北克公报》，此报如今仍在发行，现名为《魁北克记事邮报》。加拿大当前有三份主流英文报纸，《多伦多星报》(Toronto Star)、《环球邮报》(The Globe and Mail)和《国家邮报》(National Post)，一份法文报纸《蒙特利尔日报》(Le Journal de Montreal)。根据新华网2002年的统计数据，日报共有112家，日发行量566万余份。英文报纸《多伦多星报》日发行量35万份，周六版46.3万份，周日版30.9万份；《环球邮报》日发行量34.6万份，周六版40.7万份；《国家邮报》日发行量16.3万份，周六版 16.7 万份。法文报纸《蒙特利尔日报》日发行量 27.8 万份,周六版 29.1 万份,周日版 27.4 万份。杂志有 1300 种,年发行量 4.2 亿本。①

加拿大政府一直重视鼓励法语传媒的发展,以不断巩固法语文化和突出法语文化个性,并与英语报纸发展取得一定平衡。加拿大许多报纸都用法语出版,如比较著名的《蒙特利尔日报》以及在法语知识界和工商界有一定影响的《新闻报》(La Presse)。

2. 广播电视

加拿大是一个地广人稀的国家,广播电视对于加强其国内全国各地的联系和交流起着非常重要的作用,因此加拿大广播电视的发展一直受到政府的关注。加拿大广播公司(CBC)是唯一的国有传媒企业,主要的电视台还包括加拿大电视台(CTV)、环球电视网(Global TV)(均为全国性私营英语电视台)和魁北克电视网(TVA,地区性私营法语电视台)。

加拿大广播电视体制的发展变化都是以广播法的修改为标志。1932 年,加拿大政府通过了第一个《广播法》,并成立公共广播机构"无线电广播委员会"(CRBC)负责全国广播电台管理。公共广播网的收入主要来自广告收入和政府收取的执照费。根据《广播法》,私人被禁止经营广播网,但私人电台可以附属于公共广播网,这就是加拿大广播电视公私营混合体制的雏形。1936 年新的《广播法》诞生,加拿大建立了一个新的全国性广播机构——加拿大广播公司,其节目以具有加拿大特色为主。为了解决垄断问题,1958 年加拿大再次颁布新的《广播法》,由"广播董事会"(BBG)负责管理所有公共和私营广播电视。1961

---

① 《加拿大国家概况》,中国政府网,2016 年 9 月 13 日,http://www.gov.cn/zhuanti/2016-09/13/content_5108033.htm。

年,一个全国性的私营商业电视网——加拿大电视网成立,开始打破加拿大广播公司对电视网的垄断。1968年,加拿大又产生了新的《广播法》,以提高管理水平。广播电视的主管单位为加拿大广播电视和电信委员会(CRTC),代替了原先的广播董事会。该委员会主要确保广播电视台及其网络有效掌握在加拿大人手中,并致力于捍卫和加强加拿大的文化、政治和社会环境。20世纪90年代以来,加拿大开始进入公共广播电视和私营电视全面展开竞争的阶段。经过100多年的发展,加拿大终于形成了庞大复杂的公私营并存的广播电视体制。①

在法语与英语平衡方面,早在20世纪30年代,加拿大无线电广播委员会所属的电台就已全部用英法两种语言广播。加拿大广播公司建立后,除了注重用英法两种语言广播,分别建立英语广播网和法语广播网,还重视增强英语节目和法语节目的关系。1971年魁北克电视网开播,主要为魁北克地区和大西洋地区的省份提供法语节目。

3. 新媒体

在2012年国际通信协会的加拿大渥太华会议上,加拿大政府强调说,哈珀(Stephen Harper)政府将采取有力措施,促进加拿大电信业的竞争、投资和消费。加拿大产业部部长克里斯汀·帕拉迪斯(Christian Paradis)表示,"在数字科技的基础上,我们的政府正在帮助创造一个充满兴奋、潜力和转变的未来。随着世界变得更小和更数字化,加拿大必须通过创新科技、挖掘潜力和发挥优势,始终站在世界的前沿"。根据加拿大广播电视与电信委员会的《2013传媒业监测报告》(*CRTC: Communication Monitoring Report 2013*)显示,在2012年,全球电信产业收入总额为15340亿美元,而加拿大全国市场仅占其中的3%。即便在北美

---

① 《加拿大广播电视业观察与思考:民族性与多样化》,众视网,2009年4月21日,https://www.asiaott.net/index.php? m=content&c=index&a=show&catid=39&id=31474。

市场,加拿大的电信收入比例也仅为10%。然而,基于较少的人口基数(2012年全国总人口为3488万),数字网络科技已经和普通加拿大人的生活紧密相连,75%的加拿大人已经在通过多种渠道使用宽带互联网。基于这一领先世界的新技术普及率,加拿大在新媒体发展方面呈现出多姿多彩的产业化特征。根据世界银行公布的数据,加拿大每百人网民比例近五年来持续升高,2012年达到86.8%,固定宽带的普及率也提升到32.9%。近几年来,随着接入互联网渠道的多元化以及带宽的快速提升,加拿大个人和企业互联网注册用户都保持了较稳定的增长态势。根据加拿大广播电视与电信委员会的统计,在过去的十几年中,加拿大网民的周均在线时长都呈现出稳步增长的态势。[①]

(二)加拿大媒体与政府的关系

加拿大借重媒体资源服务于外交行为的主要动因为两大方面。一方面是中等强国的共有特性,硬实力不足:加拿大地广人稀,国家有形权力天然不足,再加上由于财政等问题连年削减军费,进一步减弱了其军事力量;另一方面是加拿大外交缺乏独立性,体现为被欧洲殖民的历史,在20世纪初期其外交事务仍受英国控制,到后期在重大内政和外交问题上必须参考美国的意见,如在2006年加拿大新政府的施政报告中,明确提出加拿大实现外交目标的首要步骤是加强和加拿大最好的朋友、最大贸易伙伴——美国的双边关系。

从上述的概况介绍可以总结,加拿大的媒体经营以私立为主,加拿大国家广播公司是唯一的公营媒体机构。广播公司的体制使其成为较为特殊的媒体,其获得了议会授权,成为享有国家特权、政府财政支持

---

① 姬德强:《加拿大新媒体发展概况 新媒体前沿2013》,社会科学文献出版社2013年版。

的独立公营机构,但是其理念是该媒体既不属于个人,也不属于政府,而是归属全体公民所有。加拿大国家广播公司每年接受政府财政拨款约为5亿加元(约合25亿元人民币),可是在管理上加拿大国家广播公司独立运转,不受政府的领导或控制。电视台的办台方针,财政预算,节目制作、播出,都由广播公司自己最终决定。广播公司的员工都否定自身的政府雇员身份,强调自己媒体人的职业角色。[1] 但是,加拿大国家广播公司也并非等同于完全脱离政府进行运转,政府以立法的方式,通过加拿大广播电视与电信委员会对加拿大国家广播公司与其他私营媒体进行依法管理,从节目内容到播出都需旨在推广加拿大的文化,宣扬加拿大的有关信息,既要求行业自律,也有严格的标准与规定对广播公司和其他媒体进行他律。

西方世界宣扬的新闻自由在加拿大的媒体与政府关系中是受限的,政府对媒体虽然不是直接管理的领导关系,但是通过立法形式和各类带有民间色彩的协会,对各媒体进行他律,以市场化与行政管理相结合的途径,实现政府观点在媒体上的有效传播。

(三) 加拿大媒体在外交中运用的具体实践

具体来说,加拿大媒体资源对外交的影响和功效表现在如下三个方面:塑造多元文化主义外交理念、提升国家内外形象、创新外交手段工具,使得媒体在加拿大外交活动中成为一种实用并不可或缺的外交手段。

1. 塑造多元文化主义外交理念

在政府对媒体实行法制的行政管理中,媒体是政府塑造国家身份认同、保护本土文化的"加拿大内涵"的有力武器。这种作用首先表现

---

[1] 张建敏、邹定宾:《民族性与多样化——加拿大广播电视业观察与思考》,《新闻记者》2009年第4期。

为政府早期就通过媒体抵制美国的文化入侵。由于在地理位置上与美国相邻和文化的同源性,加拿大人很容易收到和接受美国的电台和电视节目,因此也是美国电视节目输出的一大市场。20世纪90年代初期,加拿大超过90%的电影、电视剧都被以美国为主的外国文化产品所控制。如果不加以限制,美国文化将会成为加拿大文化产业的单一文化,完全占领加拿大的媒体市场。

加拿大政府长期以来一直把抵制美国文化作为广播电视管理机构的重要任务之一,早在1959年,广播董事会就颁布了第一个关于加拿大传媒内容的条例,规定电视台必须播出55%的加拿大内容。1965年,加拿大政府通过立法规定外国股份在加拿大报业份额不得超过25%。20世纪70年代政府对电视内容的管制更严,要求60%以上的电视节目必须为加拿大内容。与此同时,加拿大政府非常注重发展本国传媒文化,除了对本国报刊进行政府补贴外,1983年还成立了加拿大广播电视节目发展基金,支持私营制片商制作、播出高质量电视节目。加拿大广播电视与电信委员会还出台了一个评价系统,来评价某一广播电视媒体或者电视节目是否有资格播出并得到制作执照或政府资金支持。该评价系统采取加点打分制,达到8个点以上才算符合要求,如节目中的导演、音乐制作等为加拿大人就会有相应的加分。[①]

其次表现为塑造多元文化主义的国家战略文化。加拿大是一个种族多样、文化各异的移民社会,是世界上最早接受多元文化主义的国家。在20世纪基于加拿大种族多样、文化各异的移民社会特征的鲜明国情,一种能使法、英两股原殖民势力和平相处并融合新移民的社会思潮——多元文化主义在加拿大诞生。多元文化主义集现实主义功能和

---

① 张建敏、邹定宾:《民族性与多样化——加拿大广播电视业观察与思考》,《新闻记者》2009年第4期。

理想主义精神于一体,发展成熟后成为加拿大的共同的社会信仰和主流政治价值观。在加拿大,多元文化主义发展至今日,已不再是容易被时髦政治辞令替换的"潮语",而已然演变为深入人心、根深蒂固的国家战略文化。这其中与当时媒体报道的推动密不可分,从而最终促进政府将多元文化主义建立为国家共同信仰。多元文化主义现今已成为加拿大的外交精髓,为加拿大在全球治理、国际援助等问题上的积极表现奠定基础。

对于加拿大来说,20世纪60年代是寻找灵魂(soul-searching)的年代,共有身份认同的缺失成为加拿大人当时面临的一大难题。1961年7月1日,加拿大大西洋地区规模最大的报纸——《哈利法克斯记事先驱报》(Halifax Chronicle Herald)评论加拿大缺少健康有力的爱国主义,认为加拿大是一个人造的国家(artificial nation),甚至根本不算一个国家。1963年《多伦多星报》认为可能世界上没有其他国家像加拿大一样经常对国家身份是否存在和是什么进行讨论。1964年6月18日《多伦多星报》将加拿大之所以会成为美国的经济卫星国归结为缺乏有力的国家身份认同。1966年12月21日,《环球邮报》提出加拿大的国家身份认同危机会阻碍加拿大的发展。① 从媒体上带有严重质疑的争论可以发现,国家身份认同的模糊性已经影响了加拿大在国际上的定位与形象,国家身份认同的缺失不仅是一个国内问题,更使得加拿大失去外交活动的理念基石。

国家身份的塑造首先从二元文化主义开始。20世纪40到70年代,双语主义和二元文化主义(Bilingualism and Biculturalism, B&B)受到如加拿大反对党前领导人罗伯特·斯坦菲尔德(Robert stanfield)的支持。1965年7月1日,《蒙特利尔公报》强调加拿大是一个以两个伟

---

① Jose E. Igartua, *The Other Quiet Revolution: National Identities in English Canada*, Vancouver: University of British Columbia Press, 2006, pp.164-169.

大民族为基础的国家。英裔加拿大人和法裔加拿大人的平等和魁北克在邦联中的地位在当时引发了大量社论,其中媒体用语也出现了变化,民族(race)开始和国民(nation)交替使用。相比而言,民族更加明确地表示出法兰西人和大不列颠人在加拿大社会的平等基础,法国和英国都被视为两大主要民族融合于加拿大的社会中。同期双语委员会(B&B Commission)成立。1967年9月《渥太华新闻报》(*Ottawa Journal*)称英裔和法裔是加拿大的两个奠基民族(two founding peoples)。①

直到20世纪70年代,受移民浪潮影响,1969年双语委员会发表了报告强调非本土、非法裔、非英裔民族对加拿大文化建设的贡献,并呼吁建设完整和平等的公民权利,将所有民族都融合进加拿大的社会体制中。② 但此时的主流媒体倾向于塑造少数民族和外来工人的负面形象,再加上大多数移民团体只对同一民族的人更有好感(ingroup preference)的内在因素,主流媒体在推动国家共有身份认同上的贡献开始弱化。凭借有人数优势的媒体市场,原住民和族裔媒体(aboriginal and ethnic media)③成为新潮流,它们通过宣传加拿大民主建设和保护少数民族经济利益、推广跨文化意识和交流,间接推动政府建设多元文化主义。④ 1978年,加拿大族裔记者和作家俱乐部(Canadian Ethnic Journa-

---

① Jose E. Igartua, *The Other Quiet Revolution: National Identities in English Canada*, Vancouver: University of British Columbia Press, 2006, pp. 164-169.
② Michael Dewing, "Canadian Multiculturalism", *Septmber 15, 2009, Library of Parliament*, http://epe.lac-bac.gc.ca/100/200/301/library_parliament/infoseries-e/2009/prb0920-eng.pdf.
③ 是指由小型广播、电视、报纸、杂志为主要媒介,以土著、移民、难民等少数种族和民族群体为受众。
④ A. Fleras, "Ethnic and Aboriginal Media in Canada: Crossing Borders, Constructing Buffers, Creating Bonds, Building Bridges", in Rainer Geißler and Horst Pöttker, eds., *Media, Migration, Integration: European and North American Perspectives, Bielefeld*, Germany: Transcript, 2009, pp. 143-150.

lists and Writers Club)成立,即现今的加拿大族裔媒体协会(Canadian Ethnic Media Association, CEMA),该组织致力于发出加拿大原住民和少数民族的声音。①

1988年,加拿大制定了《加拿大多元文化法》,标志着多元文化主义正式成为加拿大社会的主流意识形态,为加拿大在多边外交中的积极表现奠定基础。媒体既是言论争议的平台,也是展现意识形态演变的阵地,间接推动了多元文化主义在加拿大社会的建立乃至对外交活动的理念指导。

2. 运用媒体提升国家的内外形象

媒体能够争取外交优势,而正面的国家形象力量不仅可以在国际社会上吸引忠实的追随者,还能够弥补中等强国硬实力的不足,因此良好的国家形象也是不可比拟的外交优势。

为了具体测量加拿大的国家形象从而考察媒体在其中发挥的作用,本文选择了2005年西蒙·安霍尔特开创的安霍尔特-捷孚凯·洛普国家品牌指数(Anholt-GfK Roper Nation Brands Index)来评估加拿大的形象和声誉,其中涉及其他国家的人民如何看待加拿大的人民、贸易出口、政府管理、文化、旅游、移民与投资六个方面,在此选择政府管理与旅游两个方面来研究媒体对加拿大国家形象形成的实际影响。

第一,以政府管理为例。随着教育程度的提高,公民有更强烈的意愿参与政策制定,政府对媒体的运用需要更加精确,原有的广泛传播模式(one-to-many broadcast mode)需转变为一对一多点传播模式(one-to-one multicast model)来满足需求。当今公民有更多途径接收政府外交活

---

① Canadian Ethnic Media Association, "About CEMA", http://canadianethnicmedia. com/? p=1.

动的相关信息,他们也更有意愿提出建议。① 旨在成为第一个将所有政府服务网络化的国家,2000年加拿大推出政府在线(Government Online)活动,其中包括建设一个网址为CanadaInternational.gc.ca的网站,为非加拿大人提供诸如贸易、移民和文化等方面的政府服务和网址导航。2003年,政府使用网站建立了一个问询平台——在外交政策上的对话(A Dialogue on Foreign Policy),每个提出的问题平均能收到3500个回复。2004年,外交部发起了一个国际政策讨论网站(International Policy eDiscussion),每隔几个月政府会在网上发布一个话题(如发展美加关系等),并会收集整理民众的回复,随后将之在部门内传阅,最后在网站上作出一个总结性回复。2005年,加拿大外交部的预算达到18亿加币,远超出投入发展信息技术的4亿加币。② 网站的利用使得政府在议程设置上更具主动性,传统的单向传播和双向对话交流能同时实现。

第二,以旅游为例,由于传染病、汇率、国际旅游市场的竞争等因素影响,加拿大在2005年遭遇了旅游业的冰点期。加拿大旅游局针对国家长久不变的刻板呆滞印象,在2007年开展了一项名为"Brand Canada"的推广加拿大品牌的活动,旨在将加拿大改造成体验式旅游品牌,重视旅客与人文地理的互动。加拿大旅游局用旅游日志的形式,加入手写、素描、个人感官制造了旅游图像集,同时用了简单且广受欢迎的枫叶造型,加上了"Keep Exploring"的字样制作了活动的品牌符号,商家可以下载符号素材并加在自己原有的商标中。旅游局还开发了一款问答测试游戏,让受众熟悉加拿大的自然风光和文化,还计划开发屏保、

---

① Evan H. Potter, *Cyber-Diplomacy: Managing Foreign Policy in the Twenty-First Century*, Montreal: McGill-Queen's Press, 2002, pp.155-156.
② Evan H. Potter, *Cyber-Diplomacy: Managing Foreign Policy in the Twenty-First Century*, Montreal: McGill-Queen's Press, 2002, pp.160-172.

动画游戏、可下载的加拿大艺术家的音乐等来增加官方网站的访问量。此外,该部门甚至还支持设计了一款在线自我测试工具——Explorer Quotient,为潜在的加拿大旅游者提供一个机会发现自己的"探索者类型",一旦类型确定,软件会提供一系列经验包鼓励他们真正来加拿大旅游。[1]

3. 借助新媒体手段创新公共外交的手段

相比于 BBC、《纽约时报》这一类有强势竞争力的媒体,加拿大媒体的国际传播公信力与传播力不足,不适宜运用专业观察者的角度,但是如果独辟蹊径,结合加拿大自身的国际特点,却能起到事半功倍的效果。

第一,在加拿大国际传播中,最有经验的参与者是加拿大国际广播电台(RCI),其任务是向国外受众提供加拿大信息,以提高国外对加拿大的认识和欣赏。该电台于 1945 年成立,目前提供九种语言的广播,包括俄语、西班牙语、阿拉伯语、英语、法语、葡萄牙语、普通话和粤语等,在 75 个国家设有站点,并且通过网络实现 24 小时不间断的音频访问。2005 年,电台与天狼星卫星广播(Sirius Satellite Radio)合作,使得加拿大国内受众也能接收多语频道的节目。[2] CBC 在 20 世纪 80 年代后期已经尝试建立可以全球接收的卫星电视服务,直到 90 年代才得到政府支持。在 1994 年到 2000 年间,CBC 和力量广播公司(Power Broadcasting Inc.)共同持有在美国的两个电视频道——Newsworld International 和 Trio,向美国播报加拿大、澳大利亚、英国的节目。20 世纪 90 年代,

---

[1] Simon Hudson, J. R. Ritchie, "Branding a Memorable Destination Experience: The Case of 'Brand Canada'", *International Journal of Tourism Research*, Vol. 11, No. 2, 2009, pp. 217-228.

[2] Radio Canada International, "About RCI: History", http://www.rcinet.ca/en/contact/#histoire.

加拿大外交部拥有最先进的电信基础设施——Signet 和 Mitnet,加之加拿大在早期就意识到网络对外交的重要影响,为其充分利用网络夯实基础。

第二,国际事务的复杂化和快速变化使得外交官需要更灵活和熟练地运用媒体来表达本国的意愿。随着信息与传播技术的发展,国家间的交流与意愿能够迅速地在全球传播,国家没有足够的时间去制定应对措施,这对国家协调分析的能力提出了挑战,因此也要求国家必须更有创意地运用媒体。[1] 例如,在韩国的 114 家外国大使馆和领事馆,虽然大多都会建立网站,但是加拿大能够抓住社交媒体的特点,使用社交媒体与韩国民众实时共享信息、交流互动,并开发了手机版主页、大使馆博客、大使博客、推特账号、脸书账号来实现与韩国政府的多方位对话。加拿大驻韩国大使馆博客的建设由于人力不足,使得加拿大使馆无法及时回应读者留言,所以使馆创新地在韩国雇用了志愿者(Volunteer Blog E-reporters),将两国外交的相关新闻放到了志愿者的博客上,既给了志愿者加强博客及时性和有用性的机会,同时也能及时回复受众,鼓励了受众的评论和回访。[2]

媒体的应用在外交中为加拿大实现外交目标提供了实用而适宜的手段。第一,媒体以塑造社会文化的功能初步介入加拿大的外交事务,在建构社会文化的过程中建构了多元文化主义的外交理念,为加拿大在全球治理、国际援助等领域的积极表现奠定基础。第二,通过运用媒

---

[1] Evan H. Potter, *Cyber-Diplomacy: Managing Foreign Policy in the Twenty-First Century*, Montreal: McGill-Queen's Press, 2002, pp. 152–155.
[2] Heewon Cha, Sunha Yeo, and Binnari Kim, "Exploring Websites of Foreign Embassies as a Dialogue Space for Diplomatic Offices and Foreign Publics: Based on Dialogic Theory of Public Relations", *International Journal of Multimedia and Ubiquitous Engineering*, Vol. 10, No. 2, 2015, pp. 297–308.

体资源,加拿大能够在特定国际事务中塑造负责、友好的国际形象,对内打造开放的公众政治参与途径,对外破除加拿大刻板呆滞的旅游形象。在联合国公共管理国家研究(UNPACS)提供的200个国家电子政务排名中,加拿大在2003年和2010年都位列第三。[1] 第三,借助电视和广播上的信息基础设施及社交媒体,加拿大赢得了外交先机。

四、澳大利亚媒体资源与其外交的相互影响[2]

2016年5月,中国和澳大利亚的媒体交流合作项目签约仪式在悉尼举行。在签约仪式上,澳大利亚外交部前部长鲍勃·卡尔(Bob Carr)表示,澳大利亚与真正了解中国、理解中国行事方式之间仍有很大距离,而媒体合作是实现这一目标的重要渠道。反过来思考,中国乃至国际社会对于澳大利亚媒体是否有足够认识,是否认识到澳大利亚媒体对其政府外交事务的影响?恐怕也不尽然。以下章节旨在研究澳大利亚媒体对国家外交事务的参与特点、动因与方式,发现澳政府对其媒体参与外交事务的干涉力较弱,媒体能产生明显的正、反面影响,再加上澳大利亚自身的外交需求,作者预测媒体在未来澳大利亚的外交中可能会扮演更重要的角色。

(一)澳大利亚的中等强国定位和媒体发展脉络

澳大利亚独立外交的历史并不长,虽然在20世纪30年代澳大利亚

---

[1] UNPACS, "Country Data-Canada", http://unpan3.un.org/egovkb/en-us/Data/Country-Information/id/31-Canada/dataYear/2010.

[2] 本节部分内容已作为专文发表,此处有修改。参见张纯、胡文涛:《澳大利亚媒体对国家外交事务的参与:特点、动因与方式》,《对外传播》2017年第12期。

已拥有了独立的宪政体制,但是直至"二战"开战,澳大利亚仍依靠来自英国的安全保护。然而随后爆发的珍珠港事件却将澳大利亚暴露在孤立环境下,英国政府由于将战争重心放在了欧洲战场,无暇顾及澳大利亚,澳大利亚政府转而向美国寻求帮助。战争结束之后,虽然澳大利亚期望回归传统的英澳关系,但冷战开始,澳大利亚当选政府决定再次追随美国以寻求安全的保障。受国内选举倾向影响,1971年,工党领袖惠特兰(Edward Gough Whitlam)在美国总统尼克松宣布访问中国之前访问北京。1972年惠特兰上台后马上宣布承认中华人民共和国,同台湾方面断绝外交关系,标志着澳大利亚最终在国际社会上树立起了独立的外交形象,摆脱了单纯依附英国或者美国的道路,这种外交倾向在工党执政时期表现得更加明显,为日后澳大利亚的中等强国定位奠定了基础。到了20世纪80年代澳大利亚积极推动亚太经济合作组织的成立,建设亚太地区国家的互动平台,努力促成美苏两国之间的对话,促进核裁军的实现;90年代澳大利亚的外长埃文斯(Gareth Evans)对澳大利亚中等强国的整体定位进行了总结,提出中等强国的实现需要合适的时机、足够的物质实力、想象力和创造力、良好国际信誉四个方面;21世纪初陆克文(Kevin Michael Rudd)执政时期有意推动亚太共同体成立,将自己的外交政策定义为"引领前行,不尾随于后"的"富有创造力的中等强国外交"。[①]

1. 报纸

到20世纪末期,澳大利亚90%以上的报纸是由新闻集团和费尔法克斯集团控制,报业的垄断程度在西方世界名列前茅。目前,新闻集团控制了《澳大利亚人报》(*Australian*)、《每日电讯报》(*The Daily Tele-*

[①] 唐小松、宾科:《陆克文"中等强国外交"评析》,《现代国际关系》2008年第10期。

graph)、《先驱太阳报》(*Herald Sun*)等澳大利亚70%的报纸,而费尔法克斯集团则控制了《悉尼先驱早报》(*The Sydney Morning Herald*)、《时代报》(*The Age*)、《澳大利亚财经评论》(*The Australian Financial Review*)等澳大利亚20%左右的报纸。尽管两大传媒巨头之间还存在着竞争关系,但总体来讲,在两大传媒巨头的掌控和布局之下,澳大利亚不同报纸之间的竞争很小,因为每种报纸都是基于特定的领域或读者群设计的,或者是在某个特定的城市、地域发行,实行差异化经营从而弱化竞争。其中,只有新闻集团所属的《澳大利亚人报》和费尔法克斯集团所属的《澳大利亚财经评论》在全国发行,但是由于澳大利亚地广人稀,人口集中在特定的若干城市如悉尼、墨尔本,所以澳大利亚城市报纸的影响力比所谓"全国"发行报纸的影响力更大,例如悉尼的《悉尼先驱早报》和墨尔本的《先驱太阳报》。

2. 广播电视

澳大利亚有两大公共广播电视。一是澳大利亚广播公司(Australian Broadcasting Corporation, ABC),该公司是澳大利亚的国家公共广播机构。其前身是1935年开始运作的澳大利亚广播委员会,包括12个电视台。澳大利亚广播公司在政府任命的董事会下运作,资金也来源于联邦政府,向澳大利亚和全世界提供电台、电视、互联网服务,其中澳洲广播电台就是其国际广播与网络服务部门。但是其节目制作和编辑决策与政府无关,是一个完全独立运作的媒体机构,同时也开设连锁店销售与其节目相关的图书和音视频产品。二是特别广播机构(Special Broadcasting Sevice, SBS),该机构是使用多种语言为少数民族服务的公共广播电视机构,只负责为澳大利亚输送电视节目和广播节目各一个,主要是摘播新闻进行配音或字幕注释,一半以上时间使用除英语之外的语言如华语、法语、德语、希腊语等,该电视机构也是由政府出资支持。此外还有三家主要的商业广播电视,包括第七频道电视网、第九频道电视网、第十频道电视网,覆盖澳大利亚90%的人口。

3. 新媒体

据费尔法克斯传媒集团2012年统计,在澳洲纸质媒体读者占23%,网络和手机终端读者占77%,未来传媒业的发展趋势必定是电子报纸、杂志加互动电视、广播加网络。当前澳大利亚两家传媒集团都十分看重新闻网或手机客户端等新媒体的建设,鼓励记者使用镜头和声音报道新闻,在新闻头条的报道上用视频置换文字,在纸媒读者渐渐流失的当下用较好的新闻网站挽留读者。费尔法克斯传媒集团认为澳大利亚的新媒体当前还处于多数免费的初级阶段,逐渐会向选择性付费调整,尽管会失去部分受众,但调查显示,一半的被调查者表示愿意购买新闻。因此该公司考虑将两份销量领先的大型日报《悉尼先驱早报》和《时代报》改为紧凑小报,既方便读者携带也节约成本,并转而在新媒体终端推出"个性化数字订阅"服务,并尝试部分收费。澳大利亚国家广播公司也开发了名为iview的电脑客户端,使受众可以随时随地收看电视节目,以弥补电视节目定时播放的不足。①

(二) 澳大利亚媒体与政府的关系

澳大利亚的报纸为私人所有,均没有政府背景,又为两大集团垄断,因此有可能导致两大传媒集团控制下的所有媒体都持有同一观点。所谓西方新闻自由、言论自由的竞争,就成了两大集团的竞争,而任一传媒巨头想针对某一话题进行炒作,都能够爆发巨大威力,如1972年费尔法克斯集团就利用其旗下的报纸支持自由党,反对工党;而1975

---

① 刘硕:《澳洲传媒对新媒体的认识及运用》,《中国记者》2012年第10期,第118—119页。

年默多克的新闻集团则利用其麾下的媒体全力出击反对工党。澳大利亚前通讯部部长康罗伊(Stephen Conroy)在接受电视采访时指责新闻集团所属的《每日电讯报》称:"它决定要举行新一轮大选。不顾澳大利亚刚在9或10个月前举行了一次大选,也不顾澳洲人通过国会选举,选出了一个少数党政府,它认为自己最行,人民应该以它马首是瞻。它根本是在推动改朝换代。"①20世纪90年代报业集中媒体兼并的情况十分突出,政府为了控制进一步的新闻垄断,推行了"交叉媒体拥有法",提出不能同时成为报业集团和电视集团的第一大拥有者,一个电视市场的老板只能拥有报业最多25%的份额,而一个报业老板只能控制电视市场最多5%的份额,以避免某个集团实现对澳大利亚整个媒体市场的控制。

(三) 澳大利亚媒体对外交的影响及成效

1. 参与外交决策

在澳大利亚,报业垄断不仅减少了不同报纸之间的竞争,而且由于包括报纸在内的大众传媒在现代社会中所具有的天然的巨大影响力,垄断着澳大利亚报纸的传媒巨头及其控制者对澳大利亚的社会和政治也具有巨大的影响力。在早期澳大利亚塑造国家身份认同的进程中,媒体并不只是扮演观察者、合作者,而是积极对政府所作出的政策进行评价。如19世纪在媒体报道以生理构造、生存空间等理由支持"白澳政策",大力排斥亚洲移民。在澳大利亚政府期望融入亚洲的过程中,反对融入亚洲的媒体又不断在报道中凸显澳大利亚的西方价值观——20世纪末澳大利亚总理霍华德(John Howard)上台后,媒体将其观点总

---

① 刘硕:《澳洲传媒对新媒体的认识及运用》,《中国记者》2012年第10期,第118—119页。

结为"霍华德主义",称霍华德将澳大利亚视为美国的追随者,不必成为亚洲国家,但霍华德本人认为这是媒体有意断章取义,营造敌对气氛。在随后对其电视采访中,媒体又放大了霍华德主张先发制人式防御的观点,虽然霍华德声明这只是为了国家安全的不得已之举,仍旧进一步引起亚洲国家的敌视。此外,部分媒体还对亚洲国家的人权状况表示不满,指责亚洲国家的政治文化、社会制度甚至是国家领导人,却在有必要时又在政治口号上将澳大利亚称为亚洲国家的一员。媒体散发的激烈、傲慢的信号使得政府只能在事后消极回应,甚至是被牵着鼻子走。

2. 打造外交平台

公共外交和文化外交是澳大利亚的重要外交手段,在政府报告和学术研究中强调这两种手段对澳大利亚中等强国实力的补足极为重要。通过公共外交和文化外交中政府和国际民众的沟通过程,可以增进国际民众对本国理念的了解,以此提升本国国家形象和影响力,进而协助达成本国在国际社会的战略目标,捍卫国家利益。在澳大利亚政府撰写的2014—2016年的公共外交战略中,明确提出需要媒体的加入。澳大利亚外交贸易部在悉尼设有国际媒体中心,同时还在举办国际媒体访问项目(International Media Visits,IMV),该项目内容是邀请有影响力的国际记者和评论家来澳大利亚进行短期访问,并伴有特定的主题,通过与官员、商人、学者等的交流接触,以增进其对澳大利亚的了解,进而反映在他们的报道中。例如,针对澳大利亚成为2014年G20峰会举办国这一话题,2014年9月澳大利亚外交贸易部邀请来自巴西、日本、中国、法国、德国和沙特阿拉伯的11名记者来澳大利亚参访。

国际广播相比公共外交的其他手段,如教育、访问、交流等,能够短时间、大范围地到达受众,并能保持一定频率持续输出,避免了周期过长或耗时太久。澳大利亚国际广播电视公司(ABCI)是澳大利亚向世界展示形象的一个窗口,根据其自我描述,澳大利亚国家广播电视公司是澳大利亚在电视、广播、网络的海外代表,目前在超过40个国家播放涵盖七种语言的广播与电视节目,平均一周受众达到2000万,多语种网站在2013年的访问页次将近2000万,其由两个部分,即澳大利亚广播电台(Radio Australia)和澳大利亚电视网(Australia Network)组成。它们虽然由澳大利亚国家广播公司运营,但是资金是来自于政府的,这两个机构的发射器等基础设施也都不由自己保管,而是交由不同的政府部门保管。对于突发事件,政府会对澳大利亚的媒体报道进行监察,同时政府还会落实信息与公共事务活动,去影响其国家形象和对澳大利亚的官方看法。澳大利亚电视网在1993年成立,向亚太地区提供电视服务,播放有关新闻、教育、艺术、文化和戏剧的当代电视节目;而澳大利亚广播电台的历史更悠久,在1939年成立。在东帝汶1999年公投表决独立时,澳大利亚广播电台网站在东帝汶和印度尼西亚的点击量超过200万,表现出色,近年又增开了实用英语教育栏目,分别是旅游英语和商业英语,并在亚太地区推动更多自由媒体的成立。

3. 创新外交工具

2014年,澳大利亚外交贸易部网站的访问者超过5000万人次,并有接近两亿的访问页次,其中34%的访问者,即接近2000万人次是来自海外。政府不断加大对专用网络和网站的投入,直至2015年6月,澳大利亚外交贸易部在68个国家开通了130个社交媒体账号,比2013年增加了一倍,使用的社交媒体也更丰富多样,包括脸书、推特、领英、微信、微博等。其中推特粉丝持续增加,例如澳大利亚外交贸易部围绕所要举办的亚洲杯足球赛和世界杯板球赛发布了20条推特,数据显示约有1000万人关注到了这些发布。

2014年澳大利亚外交贸易部的创新之举,是与Embassy Productions影视公司开展合作,拍摄了一部关于澳大利亚驻孟买总领事馆的纪录片,主要讲述了如何安全旅游、领事馆的职责等关键实用的服务信息。纪录片在澳大利亚第九频道播出后,平均每集至少有1000万观众,并最终获得2014年"人民选择奖"。在此基础上,外交贸易部建立了一个在线脸书论坛,吸引了约两万观众前来提问和评论。

此外,澳大利亚外交贸易部还开办了Smartraveller功能网站,为受众提供前往170多个国家的旅行建议,包括入境要求、健康问题、当地法律和安全问题等,在推特上已经收获了近一万粉丝。截至2014年底,大约为10万个有意旅行的网友提供了信息帮助,网站还与澳大利亚公益组织如红蛙(Red Frogs)和Nicole Fitzsimons合作,旨在引起年轻旅行者的关注。而且,驻各地区的大使馆工作中也不乏积极创新媒体资源,如澳大利亚驻德国大使馆开通官方博客;驻阿根廷的大使馆在脸书上开通了针对妇女和女孩的大使问答栏目;驻北京的大使馆在微博上开通了与大使在线对话的活动;等等。[①]

[①] *Department of Foreign Affairs and Trade Annual Report 2014-15*, Australian Government Department of Foreign Affairs and Trade, https://www.dfat.gov.au/about-us/publications/corporate/annual-reports/Pages/department-of-foreign-affairs-and-trade-annual-report-2014-2015.

第五章 西方媒体在国际重大事件中的角色:语篇分析

西方国家常用"第四权力"来形容媒体在政治生活中的影响力,尤其在国际政治问题的报道中,西方媒体能够敏锐地抢占报道先机,灵活使用框架、议程设置等传媒功能针对国际重大事件输出代表西方国家的立场和价值观。然而近年来,西方媒体在国际报道中所扮演的角色已然跨越了"政府喉舌"这一传统印象,甚至有学者认为"媒体已经不只是'第四权力',而是一种上升到领导地位的权力"[①],因而重新评估西方媒体具有的影响力显得尤为必要。对西方媒体而言,报道话语仍然是其输出话语霸权的最大利器,在当前全球化背景下语言出现"同质化"倾向、媒体语言偏好"亲西方"的情况下,研究西方媒体如何通过话语报道对国际重大事件进行主动定性、主观创造语境并形成国际共识从而传播西方话语,具有重要意义。

为此,本章精选近年来典型的国际重大事件如"颜色革命""阿拉伯之春""南海争端"作为西方媒体报道话语分析案例,充分利用课题组成员熟悉多种外语的优势,借助 EBSCO Newspaper、LexisNexis Academic 和 BYU Corpus 三大数据库,从中筛选、统计、分析美国、英国、法国、意大

---

① 参见《外媒:媒体已不止是"第四权力"》,参考消息网,2014年8月28日,http://world.cankaoxiaoxi.com/2014/0828/477227.shtml。

利、加拿大、澳大利亚等主要西方国家主流媒体报刊相关报道语篇和问卷调查，溯源西方媒体对事件的报道及其如何通过报道话语建构受众对事件的认知，从而抓住和占据媒体话语权，服务其价值取向。

第一节　西方媒体积极介入"颜色革命"：以乌克兰"橙色革命"为例

大众传媒作为政治与社会的"两栖组织"，在塑造舆论和影响政治方面有着独特的优势。不论是从工具性的选举服务还是解构性的价值批判出发，西方媒体都在"颜色革命"的过程中发挥了不可小觑的作用。2004年11月，乌克兰发生了史无前例的"橙色革命"运动，在这场抗议活动中，西方媒体通过话语框架影响乌克兰公民，塑造了一种以西方媒体为主导的政治舆论环境，助推"颜色革命"。

由于"颜色革命"发生于社会与历史及意识形态不同于西方的国家，在这些国家，媒体机构与舆论氛围跟西方国家具有非一致性，因此，探知西方媒体以何种议程框架、传播脉络影响舆论，对于考察"颜色革命"的源起具有重要意义。从以往的研究看，从理论上推测媒体对"颜色革命"的影响多于实证研究媒体的影响与公民转向和平抗议之间的联系。作为国内首个考察媒体在"颜色革命"中作用的实证研究，本研究基于传播文本的数据分析和对亲历者的调查，深入分析了西方媒体在乌克兰"橙色革命"中的角色地位并延续性地跟踪了其后续反馈。

研究从所选西方媒体报道的内容和主要特征出发，探讨了影响受访者参与抗议的因素与西方媒体的联系，以及西方媒体通过哪些手段对乌克兰"橙色革命"进行影响；以媒体文本内容和对乌克兰"橙色革命"目击者和支持者的采访为数据支撑,意欲查明、分析和描述2004年乌克兰总统选举中两位主要候选人在西方报纸媒体上的形象,并解释西方媒体是如何塑造候选人形象、编织概念来影响选举结果,促成这场"颜色革命",使之成为提供预期选举结果的工具。

一、西方媒体对"橙色革命"的舆论场域构建——基于文本的分析

事实上,在基辅游行发生的前后,乌克兰大众媒体也上演了一场"传媒界的橙色革命",其中,新兴网络媒体、独立媒体与反对派媒体、西方媒体多元合力助推事态发展,体现了媒体、资本与权力的交织。[①] 通过对舆论环境的构造,媒体可作用于现实,实现精神人文到现实行动的孵化。综合乌克兰地区新闻媒体的发行量和读者群,衡量研究的人力物资可达性后,课题组决定选取法国《费加罗报》、美国《纽约时报》和意大利《新闻报》(La Stampa)三家西方媒体为研究样本,针对所报道文章中提及2004年乌克兰大选中两位候选人的语气,以及"民主"和"自由"这两个概念词在选定文章中的使用频率,评估三家媒体特色,以具体分析"橙色革命"发酵前的舆论环境。

1. 法国《费加罗报》

主要以《费加罗报》印刷版报道、《费加罗报杂志》印刷版报道及网络版的报道作为样本来源,研究析出并选取了该报对于事发前乌克兰大选的相关报道作为样本,共得到152篇关注2004年乌克兰选举的报道,并在此基础上区分了体裁框架和关键词频。

[①] 赵永华:《大众传媒与政治变迁》,中国书籍出版社2013年版。

表 5-1 《费加罗报》对 2004 年乌克兰选举的报道体裁

报道类型	报道数量
消息	58
评论	35
深度报道	48
人物专访	10
其他	1

表 5-2 《费加罗报》对 2004 年乌克兰选举的词频占比

报道类型	"民主"与"自由"类词频占比
消息	30%
评论	52%
深度报道	39%
人物专访	13%
其他	6%

从报道体裁看,《费加罗报》主要以消息和深度报道的形式对整个事件进行播报,并以深度报道为重点平台,传播"民主"与"自由"价值概念。同时,研究进一步析出了该报中对两位候选人相关的报道,并以候选人、俄罗斯和美国以及候选人支持者为目标对象评估了《费加罗报》的情感倾向。

在以候选人为目标的样本析出中,分别有 19 篇文章提及尤先科(Viktor Yushchenko),17 篇文章提及亚努科维奇(Viktor Yanukovych)。17 篇文章对尤先科表示正面的评价倾向,而 2 篇文章对尤先科表示中性客观的评价倾向。通过考察原始的报道文本可知,该报倾向美化尤先科。其中,较为多见的形容与描述有:"乌克兰人的亲孩子"(enfant chéri du peuple d'Ukraine)、"国家的孩子"(enfant du pays)、"帅哥"(le beau gosse)、"改革者"(le réformateur)等等。相对比之下,亚努科维奇则饱受诟病,13 篇文章对亚努科维奇表示负面的评价倾向,而 4 篇文章对亚努科维奇表示中性的评价倾向。其中,"显得极其虚弱"(apparaît extrêmement faible)、"控制媒体和绝对无耻"(contrôles par les autorités, les médias appuient avec une totale impudeur)、"是乌克兰政治冲突的主要输家"(Le premier ministre est, en effet, le principal perdant de étrange affrontement politique ukrainien)、"声名狼藉"(une réputation sulfureuse)等词汇常现。而在以俄罗斯与美国为目标的样本析出中,共有 62 篇文章提及莫斯科官方。其中 49 篇文章对莫斯科官方表示负面的评价倾向,13 篇文章表示中性的评价倾向。部分媒体批评了普京对亚努科维奇的态度,如 2004 年 11 月 27 日《费加罗报》国际专栏强调"弗拉基米尔·普京所在的克里姆林宫使乌克兰落入陷阱"。相对比下,样本里有 14 篇文章提及华盛顿官方。1 篇文章对华盛顿官方表示正面的评价倾向,1 篇文章对华盛顿官方表示负面的评价倾向,12 篇文章对华盛顿官方表示中性的评价倾向。在尤先科的支持者和亚努科维奇的支持者样本中,有 36 篇文章提及尤先科的支持者,其中 25 篇文章对尤先科的支持者表示正面的评价倾向,而 11 篇文章对尤先科的支持者表示中性的评价倾向。样本里有 36 篇文章提及亚努科维奇的支持者,其中 6 篇文章对亚努科维奇的支持者表示负面的评价倾向,而 12 篇文章对亚努科维奇的支持者表示中性的评价倾向。关于尤先科支持者的大部分文章强调了他们的坚持、决心及信心。

2004 年 12 月 4 日《费加罗报》国际专栏发表了《一个民族的伟大觉醒》(«Le grand réveil d'une nation»)一文,该文章的第一段描述了"革命"支持者的态度:"我们必须看到这些充满活力和坚定的人们,基辅街头回荡着他们所唱的歌曲,也在揭示着乌克兰革命的本质","你必须听这些没完没了的谈话,在广场矗立的3000顶帐篷代表了这个国家所有的地区",以及"我们再也不能让自己被三或者四个'独裁者'统治的命运所吞没,我们要认识到国家掌握在我们自己手里"。这些语言都表达了该文章对于运动的支持倾向。在第四段,该文章介绍了莫斯科官方对"革命"的看法及态度。根据该文章:"莫斯科认为乌克兰的'革命'在所有的电视频道上都被感知并呈现为华盛顿和他的傀儡煽动的地缘政治阴谋,旨在将乌克兰变成在欧洲的北约营地。"在"橙色革命"过程中尤先科的支持者尤利娅·季莫申科(Yulia Tymoshenko)也具有重要的角色及影响:"这时候季莫申科当年搞街头政治的经验派上了用场。她身穿一件皮大衣,盘着发辫,站在尤先科身边,号召人们走上街头抗议示威,和平包围总统府、政府大楼和最高苏维埃大楼。"①2004年11月26日《费加罗报》国际专栏发表了《尤利娅与激情》(«Ioula, la passionaria»)一文章。该文章描述了尤利娅·季莫申科在"橙色革命"中是如此"具有魅力、点燃了激情、使人们激动"(elle charme, enflamme, électrise)。还有2004年12月21日《费加罗报》专栏发表的《被羞辱的顿涅茨克》(«Les humiliés du Donetsk»)一文,试图发现顿涅茨克地区对于竞选者的态度。其中,文章将亚努科维奇的支持者科斯佳与亚努科维奇进行了类比,曝光亚努科维奇早前的犯罪经历,以贬低竞选者的形象。根据记者报道:"19岁的科斯佳几乎和正在休假的总理、乌克兰共和国总统候选人维克托·亚努科维奇一样高。一样在监狱中摸爬滚打,在贫困里挣扎。"

2. 美国《纽约时报》

本节主要以《纽约时报》印刷版报道及网络版的报道作为样本来

---

① 廖生编著:《美丽与政治——乌克兰女政治家季莫申科》,社会科学文献出版社2006年版,第66页。

源,根据对乌克兰2004年大选报道的体裁统计显示,《纽约时报》对乌克兰2004年大选报道的体裁以评论居多,其次是深度报道。在词频占比中,"民主"与"自由"类多见于消息类文章,具体情况见下表。

表5-3 《纽约时报》对2004年乌克兰选举的报道体裁

报道类型	报道数量
消息	39
评论	52
深度报道	50
人物专访	0
其他	1

表5-4 《纽约时报》对2004年乌克兰选举报道的词频占比

报道类型	"民主"与"自由"类词频占比
消息	35%
评论	20%
深度报道	18%
人物专访	0%
其他	2%

在所有样本里有10篇文章提及尤先科,6篇文章提及亚努科维奇。8篇文章对尤先科表示正面的评价倾向,而2篇文章对尤先科表示负面的评价倾向。5篇文章对亚努科维奇表示负面的评价倾向,而1篇文章对亚努科维奇表示中性客观的评价倾向。从西方媒体对华盛顿官方和莫斯科官方的报道情况来看,样本里有46篇文章提及莫斯科官方。1篇文章对莫斯科官方表示正面的评价倾向,39篇文章对莫斯科官方表示负面的评价倾向,6篇文章对莫斯科官方表示中性的评价倾向。与之

相对,有15篇文章提及华盛顿官方,其中3篇文章对华盛顿官方表示正面的评价倾向、11篇文章对华盛顿官方表示中性客观的评价倾向、1篇文章对华盛顿官方表示负面的评价倾向。对于两方的支持者,样本里有7篇文章提及尤先科的支持者,其中3篇文章对尤先科的支持者表示正面的评价倾向、1篇文章对尤先科的支持者表示负面的评价倾向、3篇文章对尤先科的支持者表示中性客观的评价倾向。有38篇文章提及亚努科维奇的支持者。21篇文章对亚努科维奇的支持者表示负面的评价倾向,而17篇文章对亚努科维奇的支持者表示中性的评价倾向。

与《费加罗报》一致的是,在大选过程中两家报纸一致抨击的重点对象都为莫斯科官方,但《纽约时报》中对自身所在国的报道情感比较"中立"。相对于《费加罗报》,《纽约时报》对候选人以及候选人支持者的关注更少,因此,更显其媒体战线主要在于与莫斯科官方的抗衡。

3. 意大利《新闻报》

以意大利《新闻报》印刷版报道及网络版的报道作为样本来源,统计后发现意大利《新闻报》对乌克兰2004年大选报道的体裁以消息居多,"民主"与"自由"类词频同样也与消息成为正比,具体见下表。

表 5-5 《新闻报》对 2004 年乌克兰选举的报道体裁

报道类	数量
消息	40
评论	11
深度报道	18
人物专访	3
其他	2

表 5-5 《新闻报》对 2004 年乌克兰选举报道的词频占比

报道类型	"民主"与"自由"类词频占比
消息	42%
评论	35%
深度报道	10%
人物专访	3%
其他	1%

根据第一个指标,所提取样本里有 14 篇文章提及尤先科,有 14 篇文章提及亚努科维奇。8 篇文章对尤先科表示正面的评价倾向,而 6 篇文章对尤先科表示中性客观的评价倾向。13 篇文章对亚努科维奇表示负面的评价倾向,而 1 篇文章对亚努科维奇表示中性客观的评价倾向。2004 年 12 月 21 日《新闻报》对外专栏发表了《电视前 26 位乌克兰新总统参选者的竞争》(Di fronte in tv i leader che il 26 si contenderanno di nuovo la presidenza Ucraina)一文,将亚努科维奇描述为"幸存者和孤儿"(sopravvissuto all'abbandono del padre-padrone Leonid Kucma)。在样本里有 31 篇文章提及莫斯科官方。29 篇文章对莫斯科官方表示负面的评价倾向,2 篇文章对莫斯科官方表示中性的评价倾向。其中有 14 篇文章提及华盛顿官方,1 篇文章对华盛顿官方表示正面的评价倾向,13 篇文章对华盛顿官方表示中性的评价倾向。提及尤先科支持者的共有 9 篇文章,5 篇文章对尤先科的支持者表示正面的评价倾向,而 4 篇文章对尤先科的支持者表示中性的评价倾向。有 8 篇文章提及亚努科维奇的支持者,1 篇文章对亚努科维奇的支持者表示正面的评价倾向,而 7 篇文章对亚努科维奇的支持者表示负面的评价倾向。在对莫斯科官方进行报道的样本中,该报经常批评俄罗斯总统普京对事件的态度。2004 年 12 月 4 日该报发表的《莫斯科的外交实力》(Per Mosca grave sconfitta diplomatica)一文称"克里姆林宫的老板在乌克兰选举中被曝光,成为干涉选举的主角"。

通过统计三家有影响力的境外西方媒体对"橙色革命"的报道,可以看出,三种境外西方媒体所选体裁各有侧重,《费加罗报》对乌克兰2004年大选报道的体裁以消息为主,而《纽约时报》和《新闻报》则分别选择了评论和消息。在情感偏向性上,相对于《纽约时报》,《费加罗报》和《新闻报》对所评的三个指标情感倾向更为明显和均衡。三家报纸形成了一种互补与造势的模式,在受众面前强调了舆论的统一性。而通过具体文本来分析三家报纸对两位候选者的塑造,其手法清晰可见:首先,三家媒体都使用了主观与客观相结合的形式,一方面主动使用褒贬性词语定性候选人,另一方面又通过候选者支持者、主要联系国侧面烘托候选人形象,形成受众的一个立体面认识。其次,注入西式价值观以引导受众,挖掘受众潜在幻想,树立"善"与"恶"的对立,美化与包装自己所支持阵营,营造出一种与独立反对派媒体交相呼应的舆论环境。在这其中,由于乌克兰地区独立媒体的历史影响,西方媒体可能对于群众的煽动性不如当地独立媒体,但西方媒体却巧妙性地利用第三方的身份,降低了受众的心理防线,与独立反对派媒体"沉瀣一气",助推"橙色革命"成为现实。

二、媒体与公民转向和平抗议之间的联系——参与者谈西方媒体对乌克兰"橙色革命"的影响

马越丹和张崇防在《西方传媒在苏东剧变和"颜色革命"中扮演什么角色》一文中概括了西方传媒在整个政权更迭过程中的八种角色:

"民主"推销者、颠覆信息传播者、谣言制造者、"形象"塑造者、"民意"调查者、舆论操控者、现场指挥者与话语垄断者。[①] 对于西方媒体对乌克兰"橙色革命"的影响,本研究认为媒体的传播脉络和定位虽然可以从理论上架构起一套传播链条,却不能解释事件背后更为具体的原因以及看到其中的不稳定性。在基于文献研究的基础上,本研究进一步提出了更为具体的问题,包括当事人对全国选举的评估、民族认同以及某些所谓"意见领袖"或者有影响力的政治家对他们的影响。由于试图了解调查对象的某些详细问题,研究者使用了一种结构化访谈(structured interview),并将受访者分为两类:第一类包括记者、社会科学类学生、政治活动家和学术界人士;第二类包括其他公民,譬如非社会科学类学生。研究者调查了总共29名当事人并使其分享了影响他们加入或以任何其他方式支持基辅和平抗议的决定因素。问卷包括多重选择,最后统计出主要的影响因素。

为了提供准确的信息,研究首先提问受访者于2004年3月到2005年1月(即总统选举的竞选阶段开始到"橙色革命"结束)在乌克兰的职业地位,并要求受访者填写以下五个问题。

问题一:您是通过哪些媒体关注了从2004年3月总统选举开始到2005年1月乌克兰中央选举委员会正式宣布尤先科赢得了总统选举期间的一系列事件?受访者可进行多选,选项包括乌克兰媒体、西方媒体、俄罗斯媒体及其他,也可以指定特定的媒体。(由于2004年乌克兰大选提出了乌克兰身份认同的问题,所以我们一定要关注俄罗斯媒体。)

问题二:您是否读过和/或者听过有关发生于2000年南斯拉夫"推

[①] 转引自刘明主编:《街头政治与"颜色革命"》,中国传媒大学出版社2006年版,第326—336页。

土机革命"和/或者发生于2003年格鲁吉亚的"玫瑰革命"的媒体报道？受访者可进行多选,选项包括乌克兰媒体、西方媒体、俄罗斯媒体及其他。同样,受访者可以指定特定的媒体。此外,还提问了2004年11月在乌克兰迈丹广场举行的和平抗议事件的参与者对"颜色革命"的了解。

问题三:从2004年3月18日至2005年1月10日期间,您认为哪些媒体的报道是可靠并且真实的？

问题四:

1. 是否有任何媒体报道影响您参加或者支持2004年11月在乌克兰迈丹广场和平抗议的决定？

2. 如果您认为某些媒体报道已经影响到在2004年11月加入或者支持乌克兰迈丹广场和平抗议的决定,请您说明来源。

3. 如果您在2004年11月加入或者支持乌克兰迈丹广场和平抗议的决定受到了媒体报道的影响,请说明是什么内容影响了您的决定。访谈提供多选,包括:选举结果的预测、乌克兰或/和外国政府的声明、欧盟或者国际组织代表的声明等等,调查者还让受访者添加详细信息。同时,也让受访者对2004年11月加入或者支持乌克兰迈丹广场和平抗议的行为提供解释。

问题五:您认为"橙色革命"的目标是否实现？受访者可进行多选,选项包括:第一,是的,完全实现了;第二,部分,令人满意;第三,部分,但并未令人满意;第四,否。关于该问题,研究者还让受访者解释其看法。

访谈问卷的具体文本及样本见附录二。

根据问卷设计,统计方法采用的是重合统计法。通过对问题一和问题二的数据统计得知,29位受访者中接收信息的主要来源都依赖于乌克兰媒体和西方媒体,其占比分别为99%和25%;俄罗斯媒体与其他媒体各占比为13%。从2004年3月总统选举竞选开始到2005年1月乌克兰中央选举委员会正式宣布尤先科赢得总统选举期间,受访者对事件最主要的关注渠道是通过电视频道。

对于问题三,19名受访者认为乌克兰媒体在的特定时期是可靠和真实的,17名受访者认为西方媒体在特定时期是可靠和真实的,1名受访者认为俄罗斯媒体是可靠和真实的,4名受访者认为其他媒体是真实的。也有部分受访者发表了自己的看法。如2017年3月5日受访的N. T. (化名)在谈及关于当代乌克兰媒体报道的可靠性及真实性时,表示:"我认为一些乌克兰媒体是可靠并且真实的,但大多数和重要的乌克兰媒体在2004年播出关于竞选活动的假新闻。1+1电视频道的记者证实了这一说法。"O. Ch. (化名)作为2004年乌克兰独立媒体的一名记者,在我们进行访谈时认为:"这是一个难回答的问题,因为实际上乌克兰媒体和西方媒体的所有者不同,也具有不同的政治信息,因此他们具有不同的观点。有些是可靠的,有些则不是。"

对问题四结果统计后发现:大部分受访者认为影响他们想法的因素主要来自媒体对于选举的煽动报道,其次为负面的声明。我们规划中的两类受访者的选择也出现了一些变化:社会科学类人士,比如教授、政界人士、记者认为,负面的声明是影响他们的主要因素。

M. M. (化名)是基辅莫希拉学院的副教授,在2017年3月14日的访谈中他写道:"我研究了乌克兰的政治,而且了解政府和'顿涅茨克氏族'①在选举过程中的大规模操纵。"受访者D. K. (化名)认为:"大学意见领袖的个人言论、群众争取同行支持的行为都是影响了我们决定

---

① 指以亚努科维奇为核心的政治集团,包括亚努科维奇本人在内,该团体大部分成员来自乌克兰东部的顿涅茨克地区。

的因素。此外,还有关于尤先科要求支持乌克兰独立广场的公平选举的消息,增强了这种推动力。"

除此外,也有一些新鲜的观点。如2017年3月3日,I. R.(化名)在访谈中称:"虽然革命主要是经济压力造成巨大不公的结果,但媒体的攻击是抗议活动的重要催化剂。实际上运动开始于记者的抗议,但主要的支持来自早已厌倦的群体,尤其是受到税收勒索的中小企业家。"

对问题五结果的统计显示:超过一半的受访者表示"橙色革命"的目标得到部分实现,但并未让人完全满意;只有2位受访者认为目标实现并且满意;其余近半数受访者认为"橙色革命"的效果并未达到。持正面想法的人认为,抗议的产生,是乌克兰政治和意识形态多元化的结果,宪政改革为乌克兰创造了5年发展民主议会共和国的机会。虽然短期和长期目标存在巨大差异,但它是革命的基础,也是和平抗议可取的例子。持负面想法的人认为,这只是乌克兰政局不稳定背景下,媒体和精英对于民众的一场煽动,并没有取得民众自己真正想要的结果,在此次运动中,自己受到了利用与欺骗。

按照政治参与的程度划分,政治参与的三种形态包括低度参与、适度参与和参与爆炸。① 通过对收到的答复筛分后发现,虽然乌克兰的独立媒体是当时乌克兰民众接收信息的主要来源,但西方媒体却是引起乌克兰民众由"适度参与"转为"参与爆炸"的催化剂。首先,西方媒体引起了乌克兰民众对于自身利益的考量。其中,西方媒体对2004年大选的报道中经常提到乌克兰认同的问题、乌克兰特殊的历史条件、乌克兰和西方国家政治和文化的关系,以及乌克兰与俄罗斯政治和文化的

---

① 谢岳:《大众传媒与民主政治——政治传播的个案研究》,上海交通大学出版社2005年版,第154页。

关系,这与受访者问卷填写的回答具有重叠性。其次,西方媒体分不同受众进行信息传达,激发民众情绪,以强化个人身份认同、强调民主自由价值观、将竞争对手个人及其支持者同"贪腐"和"无能"进行捆绑,煽动部分处于水深火热的中小企业家和青年学生群体作为先锋,以偏概全,将其导演为一场"必要的革命",导致群众游行示威。最后,掌握信息传播的关键节点:记者和重要政治人物,经由其亲手制造公信力。透过对当初革命时部分独立媒体记者和部分政治人物的采访后我们发现,作为信息传播的经手人,其立场与西方媒体也基本吻合。而在事件亲历者所反馈的影响因素中,记者和重要的人物是两大关键的影响因素。在与独立媒体的联合下,西方媒体通过强化身份认同、制造非民主氛围激起群众情绪,同时为行动冠以"正义民主"标签,并认为是大势所趋。但在调查里,当时事件的大部分亲历者却并未认可乌克兰的抗议行动取得了他们想要的结果。

本研究的目的在于提供一个更为直接的视角,以看待西方媒体在"颜色革命"当事国所扮演的角色及影响。抛开老生常谈的媒体间政治收买和强权逼压,本研究以普通受众为第一视角对现场进行还原与理性回顾,通过现实来证实理论假设并试图从中推陈出新。

李普曼曾在其《公众舆论》中称:"当代意义最为重大的革命不是经济革命或是政治革命,而是一场在被统治者中制造'同意艺术'的革命。"[①]对于一个历史文化与之截然不同的乌克兰,西方媒体之所以可以轻易造势,绝不仅仅局限于传播策略上的优势。从调查中可见,西方媒体在"橙色革命"发生前就在乌克兰民众中具有了不容小觑的影响力,

---

① 沃尔特·李普曼:《公众舆论》,阎克文、江红译,上海人民出版社2006年版,第182页。

乌克兰民众不仅将西方媒体视为次要信息源,同时还赋予了较高的信任度。这与西方媒体一直强调的"公正民主"的传播风格以及维持良好的国际社会形象公关有关。美国政治学家 J. 赫伯特·阿特休尔(J. Herbert Altschull)认为:"一切媒介——不论是以往的还是现存的,都不是独立的、自为的,媒介历来都是受某种权势控制的工具,都是为某种权势卖力的'吹鼓手'。"[1]不管西方媒体多么精通语言策划、包装炒作,需要注意的是,当媒体作为政治工具时,"概念偷换"的现象时常会出现,因为此时的媒体已经不再作为一名监督者,而是一位煽动家,因为国家利益始终高于一切。在整个过程中,西方媒体不断抛出的一些信息源如竞选人的背景、国际社会的声音等等并不是其核心竞争力,最关键的是启发受众如何进行行动并且在事件定性上取得优先权。在文字上以"美好未来"激发民众变革,以政治重要人物、记者精英的预测引导民众对于结果进行预先判断,甚至在事件过后抢先取得事件的定性权,却没有考虑西方的发展模式是否能够在乌克兰复制。且不论由于政治需要媒体必须要有自己的政治立场,不可否认的是,媒体的确需要肩负社会责任,但在部分"颜色革命"中西方媒体可以说毫无作为。历史证明,乌克兰的"橙色革命"中不乏虚假和闹剧,西方媒体鼓吹的"民主"和"自由"的"先进制度"并没有使乌克兰成为当初所想的富裕国家,民主改革推进速度缓慢,一场"橙色革命"过后的15年,当事人也没有办法提供一份自己完全满意的答卷。因此,不论是作为政治立场的一种功利性需要,还是乌克兰自身追求改变的内在动力,西方媒体的积极干预都仅仅是给了乌克兰一个选择方案而不是最优选择。

---

[1] J. 赫伯特·阿特休尔:《权力的媒介——新闻媒介在人类事务中的作用》,黄煜、裘志康译,华夏出版社1988年版,第125页。

第二节 西方媒体对"阿拉伯之春"报道的话语塑造与呈现

"阿拉伯之春"(the Arab Spring)是西方媒体对阿拉伯世界自 2010 年底开始发生的一系列"革命"浪潮经过的概括性表述。2010 年 12 月 17 日,突尼斯街头小贩穆罕默德·布瓦吉吉(Mohamed Bouazizi)选择自焚以抗议当地执法人员的滥用职权和过度侮辱行为,从而掀起了突尼斯"革命"浪潮。在随后的一个月里,浪潮迅速波及埃及、也门、巴林、利比亚、叙利亚等国。这场政治运动引起了国际舆论对阿拉伯世界的空前关注与讨论,其中西方媒体表现尤为活跃。从 2011 年初开始,西方媒体为此次在阿拉伯国家不断蔓延的政治运动赋予"阿拉伯之春"的美好期待,并展开了大量报道。根据全球语言监测机构(Global Language Monitor)统计,"阿拉伯之春"这一事件代名词成为当年世界最热词组。① 然而,时隔多年反观事件的发展,阿拉伯地区局势不仅没有像西方媒体当初描述的那样迎来"春天",恰恰是背道而驰,陷入更加混乱的局面。许多国内外学者也曾对西方媒体用"阿拉伯之春"来概括这场地区联动事件表示批判,但更多的是质疑大于论证,对于西方媒体如何仅凭既有认知塑造与呈现"阿拉伯之春"相关报道的过程,也缺乏深度分析。因此,本节通过搜索西方媒体以"阿拉伯之春"为关键词的相关报道语篇,从三个方面全面解析西方媒体将阿拉伯地区政治运动塑造成"阿拉伯之春"的过程:一是从整体语言把握西方媒体在不同阶段对"阿

---

① "BBC America, 'Millionth English Word' Declared", January 27, 2020, Global Language Monitor, https://www.languagemonitor.com/page/2/.

拉伯之春"一词及其内涵塑造的过程;二是解构报道语篇及其措辞,找寻西方媒体如何呈现主观架构的语境;三是透视西方媒体在类似重大国际事件中的报道特性,揭示其报道深意。

一、西方媒体塑造"阿拉伯之春"报道话语的阶段性特点

根据对事件进展关注度的高低及其报道数量进行划分,西方媒体围绕"阿拉伯之春"的报道话语塑造过程分为三个阶段:2011年1月突尼斯骚乱爆发之前为第一阶段;从2011年1月中旬突尼斯政变到2011年11月北约宣布结束利比亚战争为第二阶段;2011年底以后的报道为第三阶段即"后阿拉伯之春"阶段。

(一)第一阶段:初步提及"阿拉伯之春",为后期报道蓄势

通过对关键词"阿拉伯之春"的搜索,西方媒体在2011年1月前即突尼斯骚乱发生前使用"阿拉伯之春"一词的报道数量较为有限。在2005年之前,西方媒体没有使用"阿拉伯之春"一词来报道或塑造与本文所研究的阿拉伯地区政治运动类似的事件,此时涉及"阿拉伯之春"的报道话题也尚未统一,使用该词语多是为了表达字面意义"阿拉伯"(Arab)、"春天"(Spring)、"温泉"(Spring)等。比如搜索结果中最早的一篇是1979年10月4日美国《华盛顿邮报》的《西岸干枯的井是不信任的标志》[1],该词用于描述阿拉伯春旱;而2004年6月26日的英国《泰晤士报》使用该词是评论当时欧洲杯上英格兰球员鲁尼的精彩表现[2]。2005年初到

---

[1] William Claiborne, "West Bank Dry Well Is Sign of Distrust", October 4, 1979.
[2] Simon Barnes, "The Agony, the Ecstasy and then more Agony: how a Dream Ended", *The Times*, June 26, 2004.

2006年6月左右,以美国为首的西方媒体开始初步使用"阿拉伯之春"一词进行相关事件的报道,这一短暂时期出现了西方媒体对阿拉伯地区事件报道数量的小高峰,而之后的2006年6月到2011年1月,西方媒体对"阿拉伯之春"的报道又再次归零。以法国《费加罗报》为例,2005年3月18日到2006年6月6日期间《费加罗报》以"阿拉伯之春"(检索词:leprintempsarabe)为关键词进行的报道共计7篇,造成报道数量增长的主要原因是美国总统小布什2003年发动了对伊拉克的战争,以及2004年对阿拉伯地区推行的"大中东民主计划"产生的影响。2006年6月6日,《费加罗报》刊发的评论性文章《面对专制政治制度,"阿拉伯之春"逐渐凋谢》(Faceauxrégimesautoritaires, le «printempsarabe» sefane)认为"在布什发出宣言的三年之后,这种(民主化)势头似乎停止了"。之后的再次报道时间便跳跃到了2011年2月16日,而在这间隔的五年多时间里,西方媒体对"阿拉伯之春"关注度下降主要是布什政府陷入伊拉克战争泥潭和当地局势的混乱,导致西方媒体对"阿拉伯之春"的报道大大减少。

同时,西方媒体在第一阶段没有对布瓦吉吉自焚事件进行即时报道。2010年12月中旬,布瓦吉吉因与一名女"城管"发生口角被对方扇了一巴掌,"在男权盛行的阿拉伯世界,被女人当众扇耳光是男人莫大的屈辱,是不可想象的举动。布瓦吉吉在向当地部门申诉无果的情况下悲愤自焚"[①]。该事件后来被认为是"阿拉伯之春"的直接导火索,然而西方媒体在这一时期"低估"了该事件的价值,没有在第一时间展开报道,也没有与之前的"大中东民主"等话题作联系,事件被当地媒体当作社会民生事件报道。所以,第一阶段是西方媒体围绕"阿拉伯之春"

---

① 潘晶:《突尼斯:29天改朝换代》,载马晓霖编:《阿拉伯剧变:西亚、北非大动荡深层观察》,新华出版社2011年版,第4页。

展开报道的酝酿阶段,尽管在报道数量和内涵塑造上有所不足,但西方媒体也将"阿拉伯之春"一词成功推出。

(二)第二阶段:积极扩大报道量,分层塑造内涵

从 2011 年 1 月中旬突尼斯政变到 2011 年 11 月北约宣布结束利比亚战争,为西方媒体报道的第二阶段。本阶段西方媒体成功地将"阿拉伯之春"重新包装,使其成为此次阿拉伯"革命"浪潮的代名词。那么媒体如何将冲突、流血的"革命"成功打造成美好光明的"春天"这一话语呢? 其语言设置过程值得深究。

从 2011 年 1 月起,西方媒体开始扩大报道量,积极塑造"阿拉伯之春"的"民主""光明"内涵,煽动话题关注度。2011 年 1 月到 2011 年 11 月,西方媒体涉及"阿拉伯之春"一词报道的新闻数量在 EBSCO Newspaper 中达到 964 条,而在这之前收录的所有年份的报道总和仅为 28 条,该数据反映了媒体对这一地区事件的空前关注。此外,西方媒体开始先入为主,塑造"阿拉伯之春"的"民主""光明"等内涵。其报道明显倾向于塑造阿拉伯地区"春天"的形象,极力赞扬"革命"的美好与积极面,"民主""打破""鼓舞"是其常用词汇。例如,加拿大《多伦多星报》的报道中便包含如下语言:"阿拉伯之春,他们在呼唤它","抗议活动跨越意识形态和宗教","他们反对贫穷、失业、负担不起的住房、粮食和燃料价格;反对腐败、裙带资本主义、富人和穷人之间的不合理差距;反对滥用权力、镇压、王朝统治和缺乏民主"。该报道还开始强调参与人群:"他们大部分是年轻人,包括妇女。"[1]加拿大媒体努力突出这些人的变化,例如青年人使用社交媒体与外面的世界进行联系来推动国家改革;形

---

[1] Haroon Siddiqui, "Moment of Truth for Us as Well in Middle East", *Toronto Star*, Feburary 17, 2011.

容妇女则常常使用到"勇气""平等""进步"等突出其积极参与到政治中来的新形象。"阿拉伯之春"这一象征性词语被西方媒体频繁地使用而出现在新闻报道中,逐渐被受众接受,并得到了广泛且有效的传播。

同时,西方媒体不断丰富"阿拉伯之春"事件报道视角,层层递进打造报道层次,推高舆论关注度。从时间和事件发展进程来看,西方媒体以"阿拉伯之春"的"民主""光明"内涵为事件报道,连续打造了社会视角、国家视角和国际视角三大报道角度。首先,西方媒体在这一阶段对"阿拉伯之春"以大量报道布瓦吉吉自焚等当地社会民生视角为开端,以期获得舆论对该事件的关注。事实上,前文已经谈及西方媒体没有选择即时报道布瓦吉吉自焚这样的当地社会问题,而是直到突尼斯国家内部抵抗声音的出现,布瓦吉吉自焚事件及其类似社会性事件才开始被西方媒体拿来进行广泛报道。其次,社会视角的报道成为西方媒体后来从国家视角进行报道的铺垫。西方媒体通过报道不断暗示社会性事件、民生问题就是造成阿拉伯国家动乱和抗议的原因,以期塑造阿拉伯国家内部民主派反抗浪潮这一形象的同时,划清西方国家与此次事件的界线。从 2011 年 1 月下旬到 2 月期间,西方各大报刊开始大量报道分析布瓦吉吉自焚的社会性事件在阿拉伯国家的影响,例如美国《基督教科学箴言报》(*The Christion Science Monitor*)的《在突尼斯起义的中心城镇,23 年的压抑情绪爆发了》("In Town at Center of Tunisia Uprising, 23 Years of Repressed Emotions Burst Forth", 2011.1.19)、《为什么布瓦吉吉点燃了阿拉伯之火》("Why Bouazizi Burning Set Arab World a Fire", 2011.2.8);《费加罗报》的《西迪布济德,这个革命开始的城市》(«À Sidi Bouzid, la ville où a commencé la revolution», 2011.1.19)、《突尼斯:一个叫"穆罕默德·布瓦吉吉"的地方》(«Tunis: une place «Mohamed Bouazizi»», 2011.2.17);《纽约时报》的《打倒一个男人的骄傲掀起了突尼斯动乱》("Slap to a man's pride set off tumult in Tunisia", 2011.1.22)、《极限举措:一根火柴如何能够点燃革命》("EXTREME MEASURES: How a Single Match Can Ignite a Revolution", 2011.1.23)、《这只是开始》("This is just the Start", 2011.3.1);加拿大《多伦多星报》的《暴徒抢夺了人民的所有希望》("Tyrants Rob Their People of All Hope", 2011.2.7);等等。这些标题都在试图强调,阿拉伯国家内部的社会民生问题就是造成当地"革命"爆发的原因。

此外,随着西方国家以战争形式介入"阿拉伯之春",西方媒体的报道迅速调整到国际视角上来。前期从社会视角和国家视角对"阿拉伯之春"的报道又被西方媒体利用来为国际视角的报道服务,着重强调阿拉伯国家的民众渴望"民主""自由",同时也为西方国家的干涉行为进行开脱,让西方国家可以打着"支持当地民主"和"制裁暴行"的旗号介入和干涉阿拉伯国家内政。西方媒体在该类报道表述上,突出阿拉伯国家通过革命和内部调整,终将会实现西方式的民主社会。如英国《泰晤士报》的《阿拉伯之春宏愿将会席卷世界》("Arab Spring Aspirations Will Sweep the World, Says Hague", 2011.5.5)、意大利《共和报》的《帮助突尼斯》(Aiutare la tunisia, 2011.5.20)、加拿大《多伦多星报》的《叙利亚民主黎明的可能》("Possible Dawn of Democracy in Syria", 2011.8.7)、美国《基督教科学箴言报》的《突尼斯民主之花绚放为阿拉伯之春典范》("Tunisia's Democracy Blooms as Model for Arab Spring", 2011.11.12)等。各大媒体在报道上层层推进,努力加深塑造"阿拉伯之春"的"民主""自由"的内涵。

(三) 第三阶段:逐步弱化报道,消减"阿拉伯之春"内涵

2011年底,北约宣布结束利比亚战争后,西方媒体报道逐步收缩,

开始塑造"阿拉伯之春"已成"阿拉伯之冬"的报道议程。尽管以美国为首的北约国家认为它们为消除"独裁"作出了巨大贡献,但事实是战争不仅没有为阿拉伯地区带来真正的"春天",反而造成当地民生问题严重恶化,难以结出"民主"的硕果。因此一方面,自2011年11月底开始西方媒体的报道"经验性"地设定了悲剧结尾,转而批判"阿拉伯之春"的失败,消减前期塑造的"民主""光明"内涵的印象。美国媒体称对结果感到失望;法国《世界报》称"阿拉伯之春"变成了"阿拉伯之冬";英国《每日邮报》称"阿拉伯之春正在走向冬天";加拿大CBC称"春天永远不会来临";意大利《共和报》认为"所谓的'阿拉伯之春'正在褪色,并且正在走向另一种颜色,血红色"[1]。另一方面,西方媒体也"意识"到对"阿拉伯之春"一词的继续使用不太恰当,开始否定"阿拉伯之春"一词,以减少受众对该内涵的解读。英国《独立报》在一篇报道中写道,"'阿拉伯之春'长期以来就是一个具有误导性的词语,这个不当用词,暗示着导致抗议的政治因素被过度简化了"[2]。这一阶段,西方媒体的表述与前阶段的"民主""光明"全然不同,"阿拉伯之春"只是事件的"标签性"词语,失去了原来塑造的意义,其内涵完全被消减和模糊。西方媒体在之后报道"后阿拉伯之春"阶段时,对该词语的使用率逐渐回落,对事件发展后续的关注主题变成那些经历"阿拉伯之春"后的国家是否选择西方的民主制度及其发展状况,以及ISIS问题和叙利亚乱局等。

此外,当"阿拉伯之冬"已成为事实后,相较2006年后期西方媒体对"阿拉伯之春"关注的骤减,这一阶段西方媒体的报道具有一定的延

---

[1] Tahar Ben Jelloun, «Sangue a Piazza Tahrir il Furto Di Una Rivoluzione», *La Repubblica*, 2011-12-24.
[2] 陈婧:《难熬的"阿拉伯之冬"》,《中国青年报》2016年1月14日5版,http://zqb.cyol.com/html/2016-01/14/nw.D110000zgqnb_20160114_2-05.htm。

续性。本阶段西方媒体又将国际问题以社会性视角呈现在大众面前。2015年9月3日,一张三岁叙利亚难民小男孩陈尸海滩的照片在国际社会引起震惊。西方各大媒体几乎都展开了连续追踪报道,媒体采取图片加写实的手法,从小男孩的家庭历史、抓捕帮助他们偷渡的"蛇头"、小男孩去世一周年这样的角度唤起人们对难民问题的认识。① 在刊登小男孩陈尸照片时,《今日美国》(USA Today)专门加入了一段编者注解道:"《今日美国》通常不会刊登带有死者尸体的照片。决定使用以下这张照片是因为它就是这个故事的组成部分,它代表了成千上万到欧洲寻求庇护的难民面临的恐惧。《今日美国》认为这张照片的价值远远大于那些我们不愿发表的照片。"②类似的例子还包括2016年对叙利亚内战中受伤的小男孩奥姆兰·达纳什(Omran Daqneesh)的报道。随着西方媒体对叙利亚难民问题的报道数量不断上升,围绕"阿拉伯之春"的报道逐渐弱化。

二、西方媒体围绕"阿拉伯之春"的语境变调过程

西方媒体在塑造"阿拉伯之春"过程中,打造了丰富的报道层次,从中可以看出它们围绕"阿拉伯之春"语境不断变调的过程。

(一)形象架构上"二元对立"的沿用与变调

在人物形象方面,西方媒体基本沿用了"二元对立"的描述方式,强

---

① 参见 http://www.mirror.co.uk/all-about/aylan-al-kurdi.
② "One Year after Photo of Drowned Syrian Boy, Migrant Flow Blocked", *USA Today*, September 1, 2016, http://www.usatoday.com/story/news/world/2016/09/01/one-year-after-shocking-photo-drowned-syrian-boy-migrant-flow-blocked/89574034/.

调被报道国"独裁者"与民众形象的强弱反差。西方媒体在对发生"阿拉伯之春"事件的国家政府与大众人物形象进行表述时,一方面使用"腐败""独裁""残暴"等词汇报道当地政府的强硬形象,另一方面突出民众"疾苦""受压迫"的弱势一面,强调二者的"强""弱"反差。在突尼斯,之前被澳大利亚媒体称为象征"开放与改变"的总统本·阿里(Ben Ali)的妻子这一积极女性形象,因她"贪婪"总统"宝座"后的权力和对金钱、豪车、豪宅的热爱,被称为"迦太基摄政王"(The Regent of Carthage),①而此时的布瓦吉吉"象征了所有贫困的突尼斯人的失望,受够了猖獗的腐败、镇压和经济停滞"②。在埃及,"尽管总统穆巴拉克(Muhammed Mubarak)可能会被赶出去,但其家族早就藏匿了高达400亿美元的海外财富","他已经积累了100亿美元,妻子苏珊拥有高达50亿美元,长子阿拉据说拥有价值80亿美元的美国财产,而二儿子贾迈勒拥有价值170亿美元的投资组合",③而"许多埃及人的日常现实则一直是政治压制和经济停滞"④。对于利比亚领导人卡扎菲,西方媒体的描述则直接妖魔化,英国《泰晤士报》称其为"穆罕默德·'疯狗'·卡扎菲",他"毫无疑问的残忍、小心眼和爱出风头,当然还有那任性的、过度打扮的、冗长和怪异的发型","没有一个现代的独裁者能在权力的计算中与他匹敌:穿着和散发的感觉都是让利比亚人敬畏和害怕的行为的

---

① Nabila Ramdani, "How One Greedy Wife Caused this", *The Daily Telegraph*, January 18, 2011.
② Liane Hansen, "Tunisia Simmers after Sudden Uprisings", *Weekend Edition Sunday*, January 23, 2011.
③ "Family Amassed a ＄40 Billion Fortune-Egypt Burns", *The Daily Telegraph*, Febuary 3, 2011.
④ Steven Jermy, "The People Can't Speak if We back Their Oppressors", *The Times*, Febuary 1, 2011.

一部分"。①

在国家形象方面,西方媒体回避建构西方国家与被报道阿拉伯国家双方的对立形象,选择了集中精力作被报道国的国家形象构建。通常西方媒体在对国际事件的报道中会构建西方国家制度、文化、政府、民众、原生环境等的积极形象与被报道国政权、制度、原生环境等方面的消极形象,从而在这样的"优""劣"反差中形成对立。然而在对"阿拉伯之春"进行报道时,对西方国家态度进行描述却多是为了强化被报道国的积极面,并呈现一个具有国际水准的改革国家形象,从而试图树立西方国家并未参与其中的报道语境。例如意大利《晚邮报》(Corriere Della Sera)长文描述了一位长期住在意大利的突尼斯女性在政变后回国参与议会选举的经历,并巧妙地赞美道"这是一个以和平方式了解革命重要性的国家"②,以突出"阿拉伯之春"民主内涵的发展。即使在北约国家开始对利比亚进行军事干预时,意大利媒体仍选择总统乔治·纳波利塔诺(Giorgio Napolitano)更为"温和"的发言:"'阿拉伯之春'正在进行中,民间社会和民主的积极发展有很多可能性……这些变化需要我们的支持"③;在对本国政府进行描述时,西方媒体的态度开始显得模糊,它们的言论有时看起来更像在为政府对利比亚问题的干涉寻找掩护,有时又为了不显示出自己与政府的"共生关系",开始批判政府。在北约对利比亚发动战争之际,西方媒体往往以执行联合国决议为由,

---

① Ben Macintyre, "Gaddafi's Model Dictatorship is Turning to Dust", *The Times*, February 22, 2011.

② Eugenio Dacrema, «Tunisia al voto, la deputata: «Elezioni che sfidano il fondamentalismo»», *Corriere Della Sera*, 26 October, 2014. https://www.corriere.it/esteri/14_ottobre_26/tunisia-voto-deputata-elezioni-che-sfidano-fondamentalismo-ddc5ab0a-5cf0-11e4-abb7-a57e9a83d7e3.shtml.

③ Napolitano, May 21, 2011, *la Repubblica.it*, http://ricerca.repubblica.it/repubblica/archivio/repubblica/2011/05/21/napolita no.html?ref=search.

介绍战争的发展;而当北约成功推翻利比亚独裁领导人卡扎菲时,《费加罗报》又发文批评法国:"阿拉伯人民的'自由',在经历过西方支持下的独裁政权几十年长期统治后,将不会通向任何可预见的未来以变成我们所认识的民主国家……法国本在阿拉伯世界有一个重要的角色需要扮演,可惜的是我们的外交进程却搁浅了。"①

(二) 用词倾向上的积极标签化与消极内涵的含糊处理

为了充分论证上述西方媒体塑造"阿拉伯之春"所谓"民主""光明"的过程,研究还加强了近义词对比与搭配用词举例,以此说明西方媒体在对"阿拉伯之春"进行报道时对标签的积极使用,并对西方媒体在事件演进中对标签的消极内涵进行含糊处理的情况作了分析。

1. 在用词倾向上积极打造"阿拉伯之春"标签

西方媒体给整个事件的报道都贴上了一个理想而积极的代名词标签——"阿拉伯之春"。首先,在词组的报道数量方面,西方媒体对"阿拉伯之春"一词的使用次数大幅高于其他指代该事件的同义词组,如"阿拉伯起义"(Arab Uprisings)、"阿拉伯革命"(Arab Revolution)、"阿拉伯动乱"(Arab Unrest)、"阿拉伯反抗"(Arab Revolt)、"阿拉伯动荡"(Arab Turmoil)等。以美国媒体报道数据为例(见表 5-7),在 BYU Corpus 语料库 COCA 中检索上述 6 个词组,在 2011 年至 2015 年收录的报道量共计 189 篇,其中使用"阿拉伯之春"进行相关事件报道的篇数为 169 篇,而其他 5 个近义词组的报道数量总和为 20 篇,这一类词组使用率极低。也就是说,美国媒体平均 1 年以"阿拉伯之春"一词展开的报道数量就超过其他 5 个近义词组 5 年报道数量的总

---

① «Après le printemps arabe, la bataille idéologique», *Le Figaro*, 2011-11-2.

和。其次，相比其他词组的使用，检索样本中"阿拉伯之春"一词的报道媒体覆盖面也更广泛，除美联社、《华盛顿邮报》、《今日美国》等知名美国媒体以外，还被《旧金山纪事报》(San Francisco Chronicle)、《匹兹堡邮报》(Pittsburgh Post-Gazette)、《圣路易斯邮报》(St. Louis Post-Dispatch)等美国地方新闻媒体报道使用，可见"阿拉伯之春"一词使用和媒体认同的广泛。

在该事件报道过程中，西方媒体明显倾向使用"阿拉伯之春"一词而非"阿拉伯起义"等词语报道系列骚乱事件，努力使事件的标签呈现出积极向上内涵。事实上，从表5-7可以发现"阿拉伯之春"一词的设定与其他词语相比更能呈现出对事件正面的理解，以及达到包容效果；从内涵上来看，"阿拉伯之春"还能更好地突出阿拉伯地区民众对"民主""和平""光明"的向往，传达给受众的事件印象也更正面积极，使受众对事件的理解也更为包容，而非传达出战争杀戮等负面感观。此外，从表5-7词组使用的次数上的不平均和巨大落差来看，即使在"阿拉伯之春"一词明显不足以准确全面报道当地状况的情况下，西方媒体仍然倾向避免使用"阿拉伯起义""阿拉伯革命"等词组。这也反映了西方媒体刻意回避强调事件本身带来的动乱、战争等消极面的事件表态，尤其是对"春天"一词的使用恰恰掩盖和抵消其背后的流血与杀戮所传达出的负面感受，就像加拿大《环球邮报》的表述："'阿拉伯之春'消除了黑暗、苦涩、无尽'冬天'里的罪责和外国共谋的因素——那些我们忍受了三代的、无能的阿拉伯警察和家庭黑手党国家"[1]，在这一表述中"阿拉伯之春"就被单纯地理解为阿拉伯国家内部的正义势力对国家黑暗势力的反抗。西方媒体的报道中，在宏观形容整个事件时就多选择"阿

---

[1] Rami Khouri, "Arab Spring or Revolution?", *The Globe and Mail*, August 18, 2011.

拉伯之春"来指代,而将"革命""起义"等词语转而用在具体事件中,比如使用"突尼斯骚乱""埃及革命""利比亚内战"等,形成这样的报道方式的原因就是西方媒体在试图架构出积极的"阿拉伯之春"事件标签,并倾向于反映民主走向的报道,"反抗""动乱""动荡"等词语不合语境设定的词语出现次数就相对减少了。

表 5-7 2011—2015 年美国媒体使用"阿拉伯之春"近义词报道数量对比

序号	词组	检索词	出现频次					
			2011年	2012年	2013年	2014年	2015年	总计
1	阿拉伯之春	Arab Spring	65	42	14	23	25	169
2	阿拉伯起义	Arab Uprisings	5	6	1	0	0	12
3	阿拉伯革命	Arab Revolution	1	0	0	1	0	2
4	阿拉伯动乱	Arab Unrest	3	0	0	0	0	3
5	阿拉伯反抗	Arab Revolt	0	1	1	0	0	2
6	阿拉伯动荡	Arab Turmoil	0	0	0	1	0	1

资料来源:BYU Corpus 语料库 COCA;检索时间:2016 年 6 月 3 日 14:00

2. 含糊表述标签的消极内涵

尽管西方媒体从报道数量和宏观框架上积极使用"阿拉伯之春"的标签化表述,但仍然不能够掩盖负面事实的出现。对此,西方媒体在具体的表述中也没有完全把与"阿拉伯之春"标签相矛盾的"革命""反抗""动乱"这类词组割离开来,而是采取组合使用词组的话语描述方式,如"阿拉伯之春的革命"(revolution of the Arab spring)、"动乱的阿拉伯之春"(the Arab spring of unrest)等。从具体理解来看,相比对"阿拉伯之春"作"民主""光明"的积极定义,对其是否包含"革命""动乱""起义"这些行为,西方媒体的定义就显得含糊与不稳定了。对此我们选取了西方媒体如何具体表述"阿拉伯之春"与"革命"关系的报道话语样本进行分析(见表5-8)。

表5-8 西方媒体对"阿拉伯之春"与"革命"关系的报道表述举例
(按报道时间排序)

序号	出处与时间	原句	理解
1	《纽约时报》美国 2011.4.26	Egyptians are looking forward with extraordinary confidence and enthusiasm to their first free and fair elections this fall after the defining **revolution of the Arab Spring**, according to the first major poll since the ouster of Hosni Mubarak.	"阿拉伯之春"有革命的意思,并且暗指其得到人民支持和前景光明。
2	《每日邮报》英国 2011.5.13	... there was **a revolution** in Syria, the "**Arab Spring**" came unstuck and a migration crisis loomed between France and Italy.	在叙利亚发生的是革命,它导致了"阿拉伯之春"的不稳定。"革命"与"阿拉伯之春"关系表达模糊,倾向解读为叙利亚革命不是"阿拉伯之春"。
3	《泰晤士报》英国 2011.5.30	**The Arab Spring**, most vividly, the **revolution** in Egypt powered largely by people under 25, was predicted by no one.	埃及革命是"阿拉伯之春"最生动体现。
4	《泰晤士报》英国 2011.6.14	... Japan's nuclear disaster and the **Arab Spring of unrest and revolution** have exposed the dangers of becoming more dependent on imports.	"阿拉伯之春"是动荡的和革命的。

（续表）

序号	出处与时间	原句	理解
5	《多伦多星报》加拿大 2011.6.21	Tunisian court sentenced former President Zine El Abidine Ben Ali in absentia on Monday to 35 years in jail, six months after his overthrow in a revolution helped to inspire **the "Arab Spring"**.	推翻本·阿里的突尼斯革命后来激发了"阿拉伯之春"。突尼斯革命不是(或不属于)"阿拉伯之春"。
6	《共和报》意大利 2011.8.2	**La primavera araba** non è stata tradita.... È una rivoluzione profonda e come tutte **le rivoluzioni** è contrasta, tormentata, conosce momenti di euphoria ed altri di smarrimento.	"阿拉伯之春"尚未被出卖……这是一场深刻的革命。
7	《澳大利亚人报》澳大利亚 2011.9.12	The assault on the Israeli embassy by an enraged mob in Cairo over the weekend and the threatened lynching of six embassy personnel marked the first direct impact of **the Arab Spring** on Israel since **revolution** began sweeping the Arab world last December.	"阿拉伯之春"是革命的,但暗示其有暴力性质,革命一词带有贬义。
8	《纽约时报》美国 2011.9.13	His visit comes at a moment when **the revolutions of the Arab Spring** have thrown into question much of the established order that has prevailed in the region for the last 30 years, including the terms of Israel's uneasy peace with its neighbors, in particular, Egypt.	"阿拉伯之春"革命

（续表）

序号	出处与时间	原句	理解
9	《基督教科学箴言报》美国 2011.10.4	Syria's myriad opposition groups are forging a newly unified Syrian National Council（SNC），after more than six months of streets protests have challenged the rule of President Bashar al-Assad and raised the possibility of another successful **Arab Spring revolution** to follow those in Tunisia，Egypt，and Libya.	"阿拉伯之春"就是突尼斯、埃及、利比亚等一个又一个成功的革命。
10	《邮报》法国 2011.10.23	l'enjeu l'est aussi pour **le Printemps arabe**：sa réussite ou son échec enverront un signal déterminant aux peuples qui se sont soulevés dans la foulée de **la révolution tunisienne**.	"阿拉伯之春"也面临着挑战：它的成败将向突尼斯革命后崛起的人民发出一个决定性的信号。
11	《多伦多星报》加拿大 2011.10.25	A moderate Islamist party claimed victory Monday in Tunisia's landmark elections as preliminary results indicated it had the most votes, assuring it will have a strong say in the new constitution of the country whose popular **revolution sparked the Arab Spring**.	突尼斯大众革命引发了"阿拉伯之春"。突尼斯革命与"阿拉伯之春"存在先后关系。
12	《基督教科学箴言报》美国 2011.10.26	Nine months after **the first revolution of the Arab Spring**, Tunisia has given birth to the first freely elected political body of its history, following 23 years of dictatorial rule by ousted president Zine El Abidine Ben Ali.	突尼斯革命是"阿拉伯之春"第一场革命。

(续表)

序号	出处与时间	原句	理解
13	《共和报》 意大利 2011.11.18	«QUELLA che l' Occidente continuaa definire "**primavera araba**" non è stata né una primavera né tantomeno **una rivoluzione**; ma soltanto una sollevazione, di cui ancora non conosciamo gli esiti».	"阿拉伯之春"既不是春天也不是革命,而是一场结果仍未知的起义。
14	《多伦多星报》 加拿大 2011.11.26	This was the week when the unfinished **Arab Spring** became the enduring **Arab Revolution**. Hard and unflinching.	"阿拉伯之春"成为了持久的"阿拉伯革命",二者存在转变关系。
15	《华盛顿邮报》 美国 2011.12.17	A year later, it's clear that **the Arab revolutions** are different in some fundamental ways, and may not deserve the label of "**spring**".	是"革命"但可能不是"春天"。

资料来源:EBSCO Newspaper Source,检索时间:2016年6月22日10:30—2016年6月30日17:00。

从报道内容来看,表5-8中西方媒体在报道中使用"阿拉伯之春"和"革命"时,对二者关系的定义概括起来存在以下多种表述方式:一是"阿拉伯之春"本身即有"革命"的意思,即"阿拉伯之春革命"的表述,如表5-8序号1、4、6、7、8;二是"阿拉伯之春"中包含着几场革命——"突尼斯革命""埃及革命""叙利亚革命"等,如序号2、3、9、12;三是"革命"和"阿拉伯之春"之间存在先后关系,如序号10、11、14;四是认为"阿拉伯革命"不是"春天",如序号15;五是认为"阿拉伯之春"不是"革命",如序号5;六是认为"阿拉伯之春"既不是"春天"也不是"革命",如序号13。以上表述反映出西方媒体在报道"阿拉伯之春"一系列事件中的自相矛盾,及其对事件消极内涵定义上态度的模糊。

纵向从举例中的报道时间来看,西方媒体在2011年期间对于"阿拉伯之春"系列局势的认知解读存在三个阶段:第一阶段大致是2011年的上半年,媒体倾向于对"阿拉伯之春"作积极光明的解读表达,如序号1到3;第二阶段大致是2011年下半年开始到10月份,媒体开始倾向解读"阿拉伯之春"中包含的"革命性",如序号4到12;第三阶段则表现出倾向事件"革命性"而质疑其"春天"的积极面,如序号14到15。

也就是说,西方媒体在一边积极确立"阿拉伯之春"标签的同时,没有明确该标签与诸如"革命""动荡"等消极内涵的关系,随着使用语境的不同,"阿拉伯之春"可以具有"革命"内涵也可以不具有"革命"内涵。对此,西方媒体的表述立场是含糊的。

三、西方媒体话语塑造与呈现方式的特点与动因

总的看来,自2011年起对"阿拉伯之春"的报道中,西方媒体全凭主观臆想打造了"阿拉伯之春"这一事件代名词并展开话题报道。在报道的过程中,西方媒体呈现了一个从酝酿"阿拉伯之春"一词出现到赋予词语内涵并广泛使用"阿拉伯之春"一词,到后阶段模糊词语消极内涵的报道过程。在报道角度的呈现上,西方媒体打造了以社会视角、国家视角报道为切入点逐渐转向国际视角的报道,最后再转回社会视角报道的循环。西方媒体呈现在我们眼前的新闻报道有着完整且成熟的西方话语框架,"阿拉伯之春"一词被赋予了西方愿景内涵推出,使用"阿拉伯之春"表达阿拉伯地区此时发生的革命动荡的形象表述方式被社会广泛接受,抢占了国际报道的话语先机,一定程度上也掩饰了事件爆发的实质。有学者曾指出,"'阿拉伯之春'这个词本身是错误的",

西方媒体"面临的一个主要问题是缺乏对阿拉伯世界过去和当前事件的理解,因为他们以欧洲或美国为中心的视角看待了中东和北非。这不可避免地导致他们使用术语、概念、隐喻和欧洲经验比较,甚至创造了类似'1848欧洲之春'与'1968布拉格之春'的'阿拉伯之春'一词的使用"。① 自事件发生伊始,"阿拉伯之春"便作为西方国家既有知识下塑造的词语,被西方以自己的一套"民主"去衡量他国发生的暴动、流血和牺牲,将其称为即将来临的"春天"。西方媒体将"阿拉伯之春"这个词语作为一种概念,被不同立场语言的媒介、学界完全接纳并释放出一种强大的影响力。

从此次研究中,我们可以看到,近年来西方媒体在塑造与呈现重大国际事件的报道话语过程中具有以下特点:

首先,西方媒体擅长为国际重大事件塑造"标签化"的报道符号,将主观认知上升为主流认知。在重大国际政治问题的报道中,西方媒体总是能够"准确"迅速地找到一个标志性的词语,例如"阿拉伯之春"(the Arab Spring)、"占领华尔街"(Occupy Wall Street)、"铁娘子"(Iron Lady)、"通俄门"(Russiagate)等,这些口号化、标签化的符号不仅能快速地吸引受众眼球,而且能够迅速地被不同阶层的受众理解,从而使该标签得到很好的传播而成为社会主流认知。事实上,这些标签的背后往往隐含的是西方媒体对事件或人物的态度和评价,而这些评价极有可能并不客观或者以偏概全。"标签化"报道符号的引导让媒体与媒体之间的报道角度和报道倾向逐渐趋于一致,形成媒体之间的话题共识,在客观上增加了共同的话题观点报道数量,进一步提升对事件认知。在重大国际关系事件的报道中,"标签化"报道符号的塑造是西方媒体

---

① Meron Medzini, "The Arab Spring Re-visited: Why the Western Media Got It Wrong", *Journal of Applied Journalism & Media Studies*, Vol. 3, No. 3, 2014, pp. 375-387.

的首要任务,其作用主要是为事件争取更多舆论关注度以及为受众确立观察视角,从而达到建构主流认知的目标。

其次,在近年来国际重大事件的具体呈现上,西方媒体开始淡化西方国家在事件中的参与形象,但不淡化西式价值观。与以往动辄夸耀西方或迎合本国政府的表达相比,当下西方媒体更多是抛出西方价值观作为评论事件发展的基础。例如在"阿拉伯之春"的报道中,媒体重点报道突尼斯和埃及两个国家的西方式发展进程,而对本国政府的发言表态反应平淡。然而,西方媒体这样做法的目的并非出于与政府关系的对立,而是为了减少呈现西方国家在国际事件中的"挑事者"和"肇事者"的形象。进入 21 世纪以来,一些西方国家在国际问题中表现出的霸权心态和不负责任的行为已被国际社会所看透,西方媒体转而寻找他国尤其是非西方国家与西方理念、价值观的切合点,试图架构和引导他国民众对西方价值观的支持。

最后,西方媒体常常以"人道主义"视角来掩盖或附带对战争问题的报道。20 世纪 70 年代开始,以美国为代表的西方媒体在国际政治问题的报道中以"真实还原"战争残酷惨烈场面(如"尸体袋效应")而名声在外。然而,随着国际政治局势的复杂变化以及大众对战争行为的厌恶与抨击,为了迎合受众,西方媒体视野更多从"硬"政治转变到关注当地女性、儿童等弱势群体的"软"社会现象上来。21 世纪以来,西方国家往往是许多自身领土外地区战争的参与者,西方媒体的报道既为西方国家的干涉行为起了很好的掩饰作用,还能转移国际焦点,突出与强化西方媒体在国际社会的发言权。

西方媒体在重大国际政治事件话语报道中呈现出塑造"标签化"的报道符号,淡化西方国家的参与并重视西式价值观输出,借助人道主义视角附带战争问题等特点,是有多重因素综合作用的结果。其主要的影响因素在于媒体自身的发展、西方国家的媒体生态和国际社会中的传媒发展。

从媒体自身来看,西方媒体试图率先占领国际事件报道高地,从而掌控对国际事件报道的发言权和主导权。一直以来,西方媒体不论是媒体技术还是专业素质都为其在国际事件报道中获得绝对优势奠定了基础。而且西方媒体通过占据报道的话语权不仅有利于不断提升媒体实力,也能更好地塑造西方媒体的影响力、公信力、传播力和引导力。这也是西方媒体发展一直以来的追求和价值所在,即在追求媒体自身发展的同时,通过为受众提供丰富多元的信息,实现媒体的功能性,凸显媒体无与伦比的影响力。

从西方国家来看,西方媒体的角色本质仍然是西方国家利益的服务者,难改服务本国的"单边"心态。在国内,西方媒体是政客们的"喉舌",以便传达渲染国家政策、利益宗旨;在国际事件中,即使面对的传播受众是整个国际社会,西方媒体也依然需要按照符合本国利益、价值观的报道角度展开报道,从舆论上为国家对外政策和行动赢得有利地位。同时,西方媒体也是西式价值观的重要输出者,通过引导受众对其价值观的支持,进一步服务西方国家的战略追求。

从国际社会来看,只有打造被国际社会所广泛认同的话语报道角度,西方媒体才能长期处于国际传播中的领先地位。为此,西方媒体需要将重要事件的议程设置转向国际社会,并努力建构国际认同。而只有选择受众关注的热点角度进行报道,才能获得国际社会的高度关注,提高自身的国际传播力,从而巩固和凸显西方媒体在国际传播领域的领先地位,成为国际社会发展不可或缺的重要力量。

第三节　南海争端期间西方媒体的"大合唱"：基于五国的分析

南海争端由来已久，尤其是在美国奥巴马总统执政后期所推出"重返亚太"战略的影响下，有关主权声索国对南海地区的主权之争愈发激烈。本章重点研究时段为 2010 年到 2017 年期间的南海争端问题，尤其关注中国与菲律宾之间在此段时间中的争端问题。2013 年 1 月 22 日，菲律宾政府单方面就中菲在南海的有关争议提起"仲裁"，将南海争端推向高潮。2016 年 7 月 12 日，所谓"海牙常设仲裁法院"对"南海仲裁案"作出非法无效的所谓"最终裁决"。对此，中国坚决表示"不接受、不参与、不承认、不执行"。

在这一过程中，一向追逐社会热点的新闻媒体，也给予"南海争端"颇高的关注度。作为国际公众了解中国、了解南海问题的主要途径，西方媒体，尤其是掌握大部分国际话语权的西方大国、中等强国的主流媒体如何对该问题进行报道，将影响到西方国家内部乃至国际社会的舆论环境，部分权威媒体的意志甚至可触及政府决策层，进而影响议题的走势。因此，对西方国家主流媒体有关南海问题的报道进行分析和研究，有助于我们全面深度地了解西方社会对南海问题的舆论形成和主要特征，从而探索西方主流媒体近年来在与中国联系紧密的国际热点议题中所扮演角色与行动规律，准确把握其基本动因、主要手法、话语特征等方面的共性与差异，有的放矢地做好舆论应对。在此意义上，本研究具有一定的理论意义和现实意义。

一、研究样本与方法

根据国家综合国力、媒体地位以及在南海问题中的表现,笔者组织三组不同外语背景的研究人员,选择了美国、英国、法国、意大利和加拿大这五个国家的媒体作为研究对象。这五国涵盖了西方大国、中等强国,其国内媒体的整体实力较强,"具有超过了国家界限的巨大规模和影响力"[1]。另外,这五国媒体对南海问题的报道相对比较活跃,在南海话题中的参与度比较高,媒体态度也较为鲜明,在西方国家媒体中具有一定代表性。

依据媒体的国内、国际影响力,本书选择了美国的《华盛顿邮报》、《纽约时报》,英国的《泰晤士报》、《卫报》、《金融时报》,法国的《费加罗报》、《世界报》,意大利的《共和国报》(La Repubblica)、《晚邮报》、《新闻报》、《意大利日报》(Il Giornale),以及加拿大的《环球邮报》为研究对象,分别以"South China Sea"(美、英、加)、"mer de Chine méridionale"和"mer de Chine"(法)、"Mar Cinese Meridionale"(意)为关键词在数据库LexisNexis 和媒体官网上进行搜索,时间范围设置为 2011 年 1 月 1 日至 2016 年 9 月 30 日。

剔除中度相似内容后,笔者在数据库中搜索获取报道数为《华盛顿邮报》538 篇、《纽约时报》879 篇、《泰晤士报》389 篇、《卫报》897 篇、《费加罗报》108 篇、《环球邮报》842 篇、《晚邮报》84 篇,在媒体官网搜得《新闻报》有相关报道 34 篇,《意大利日报》有 7 篇。"报道"涵盖了消息、通讯、评论、社论、专栏文章、读者来信等体裁。

---

[1] 黄廓、姜飞:《国际主流媒体发展战略研究及其对中国国际传播的启示》,《现代传播》2013 年第 2 期。

随后，课题组选取南海问题进程中具有代表性的"南海仲裁案"为节点，根据其发展进程，将南海问题分为三个阶段，并对获取的报道进行归类，挑选出具有代表性的文章进行文本分析，从而概括各国主流媒体在南海问题上的态度倾向，并通过比较分析，找出各国在南海问题的报道上的异同点。

上述三个阶段分别为："仲裁"前（2011年1月1日至2013年1月21日）；"仲裁"中（2013年1月22日至2016年7月11日，2013年1月22日菲律宾单方面提起"仲裁"）；"仲裁"后（2016年7月12日至2016年9月30日，2016年7月12日"海牙常设仲裁法院"宣布"仲裁"结果）。

二、五国主流纸媒涉南海争端报道的共性

整体上看，美、英、法、加、意五国主流纸媒对南海问题皆有不低的关注度。南海的渔业、油气等资源丰富，是全球最繁忙的航线之一，其重要的政治和经济作用、引发的复杂国际纷争，时常成为热门的国际议题，关于南海的报道容易吸引关心世界时局的国内外受众的注意力，这些因素都使南海问题成功吸引了西方五国媒体的注意力。

从报道数量和报道频率上可以看出，美、英、法、加、意五国主流纸媒对南海问题的关注程度存在差异：美国媒体高度关注南海问题的进展，英国次之，法国、加拿大紧随其后，意大利媒体对南海问题的关注度在五国中最弱。

从南海争端"仲裁"事件前后五国媒体的整体报道倾向上来看，尽管各媒体的言辞激烈程度不一，但五国媒体基本都对"仲裁"结果予以支持，并在报道手法上具有相似之处，只是在具体的语言表达和叙事手

法上呈现出了差异和各自的特点。

(一) 西方五国主流纸媒的常用报道手法

1. 先声夺人

这类报道通常在标题里即亮明观点或倾向,甚至有"标题党"的嫌疑。例如,在"仲裁"结果公布当日,《泰晤士报》发表报道《北京对仲裁结果大为光火》("Beijing Cries Foul Over Islands Ruling");《纽约时报》于2016年7月14日刊发题为《中国以武力反抗海洋仲裁》("China Flexes Its Muscles in Protest of Sea Ruling")①的文章。

2. 歪曲事实

这类报道通过词语的选择,传达有歧义甚至曲解事实的表意,或者直接对中国使用具有攻击性的词语。例如,《华盛顿邮报》在2011年6月23日的报道中称"中国对整片南海海域主权的声索早就使东南亚国家怨声载道"②,其中使用了词语"entire"(整片),这很容易使受众产生中国试图规制南海范围内所有活动、要把南海变成"中国内湖"的错误认知。实际上,在南海350多万平方公里的海域内,中国提出声索的只是九段线内约210万平方公里海域中岛礁及其附属海域的相关权益。而这片区域内的大部分岛屿事实上都被越南、菲律宾、马来西亚等国家非法侵占。另有一些报道使用"攻击性的"(aggressive)③、"强硬的"

---

① Jane Perlez, "China Flexes Its Muscles in Protest of Sea Ruling", *The New York Times*, July 14, 2016, p.11.
② Keith Richburg, "W. Wan. China Warns U.S. in Island Dispute", *The Washington Post*, June 23, 2011, p.10.
③ Keith Richburg, "W. Wan. China Warns U.S. in Island Dispute", *The Washington Post*, June 23, 2011, p.10.

(assertive)①、"扩张性的"(expansive)②、"挑衅性"(provocative)③等词语,传达了其在南海争端中对中国的负面态度。

3. 片面报道

这类报道通常通过操纵事件的选取与组合,模糊事件真相,营造出对中国不利的局面。例如,在报道中菲、中越争端时,一味截取中国的强硬态度,淡化菲律宾、越南等国的无理行径。例如,2012年8月23日,《费加罗报》刊文称:"自从和菲律宾在黄岩岛激烈交锋以来,四月份,北京派出了海警船舶。如今他们仍然驻扎在黄岩岛。另外中国毫不犹豫地动用了经济的力量,提出了更严格的热带水果进口条件,这导致菲律宾方面亏损了3400万美元。"④

4. 夸张渲染

西方媒体在进行新闻报道活动时,总是希望挑动南海的紧张局势,提升国际社会对于南海争端的关注程度以及刺激中国与周边国家的海洋权益争端成为国际社会长期关注热点,从而对中国的"一带一路"倡议进行遏制。另外,从地理角度来说,西方各国距离南海海域其实非常遥远,但是以美国的"重返亚太"战略为代表,西方各国以南海为突破口谋求在亚太地区攫取其他经济、军事、政治利益的企图是非常明显的,而西方媒体在报道南海问题时的夸张渲染手法,其真实目的在于将南海问题"国际化",从而为本国介入遥远的南海事务进行必不可少的铺垫。

---

① Demetri Sevastopulo, "Disputes flare in South China Sea", The Financial Times, May 8, 2014, p.3.
② Edward Wong, "New Map Shows China's True Expanse, General Says", The New York Times, August 21, 2014, p.10.
③ Eloy Garcia, "Aggressive China Must Learn to Play by Maritime Rules", The Times, June 1, 2016, p.26.
④ Stephanie Kleine-Ahlbrandt, «Mer de Chine: tension en eaux troubles», Le Figaro, 2012-8-23, p.19.

（二）西方五国主流纸媒的常见报道误区

在西方五国主流纸媒涉南海问题的相当一部分报道中，都存在与事实不符的认识误区。这些谬误一部分源自媒体从业者不够严谨甚至是故意偷换概念而造成的常识性错误，另一部分源于西方国家对中国一贯的意识形态偏见。

1. 常识性错误

西方五国的主流纸媒和一些政要，在"南海仲裁案"中"海牙常设仲裁法院"的合法性上存在误解，将其视作联合国旗下机构。需要明确的是，接受菲律宾"仲裁"申请的是"海牙常设仲裁法院"（Permanent Court of Arbitration，PCA），也叫"海牙仲裁法院"，是一个于1910年创立的国际争端仲裁机构，仲裁异于诉讼和审判，需在双方自愿的前提下进行，其仲裁结果没有法律效力。而依据《国际法院规约》（*Statute of the International Court of Justice*）设立的海牙国际法院（International Court of Justice，ICJ）和依据《联合国海洋法公约》（*United Nations Convention on the Law of the Sea*）设立的国际海洋法法庭（International Tribunal for the Law of the Sea，ITLOS）与"海牙常设仲裁法院"并非一物，联合国与之也不存在从属关系。

另外，西方媒体对南海问题的片面报道还体现在割裂该问题的历史上。五国主流媒体基本都只着眼于近几年少数东南亚国家同中国对于南海岛屿的主权争端，却忽视了20世纪70年代前越南曾多次承认西沙群岛、南沙群岛主权归属中国的事实。

2. 意识形态偏见

西方五国之所以在"南海仲裁案"的报道中存在诸多相似点，与其具有共通的意识形态，进而形成了相似的价值判断密切相关。五国主流纸媒在引用中国媒体对南海的报道时,经常为其扣上意识形态的帽子。例如,英国主流纸媒在提及中国媒体观点时,常以"国营媒体"(China's state-run media)、"执政党中国共产党的旗舰报纸"(the ruling Chinese Communist party's flagship newspaper)定义《人民日报》,以"中国人民解放军主要喉舌"(chief mouthpiece of the People's Liberation Army)定义《解放军报》,以"政府控制的民族主义小报"(state-controlled nationalist tabloid)定义《环球时报》;美国主流纸媒惯用"中共的报纸"(the Chinese Communist Party newspaper)或"中共控制的官方媒体"(the official paper of the ruling Communist Party)来定义《人民日报》等中国媒体。西方国家的政客、评论员、媒体从业人员必然是知晓西方语境中"communist"(共产主义者)一词的"负面"意义的,"所以,当他们要贬低中国的时候,就往往不动声色地甩出这个词"①。类似的报道方法还有用"民族主义者"(nationalist)而非"爱国主义者"(patriot)指代中国领导人及中国民众等。这种从意识形态出发阐述媒体性质的表达方式,有企图引导读者质疑中国媒体及民众观点正当性的嫌疑。

除此之外,对于消息来源,西方媒体同样具有较为明显的倾向性。在报道南海问题时,西方各国媒体主要采用自家记者采访、本国政府官员的表态以及援引那些与本国意识形态相近的媒体的新闻消息,对于中国新闻媒体的表达则绝少采用,仅在报道中方对某事件的回应情况时才被迫引用来自中国的声音,这也导致在报道内容的呈现上,西方媒体的报道集中于越南、菲律宾等国家对中国在南海行动的反应,而对中国为冲突根源及过程提供的解释视而不见、听而不闻,造成了明显的信息不对称现象。"新闻具有选择性是媒介可以影响公众的重要原因之

---

① 范勇:《美国主流媒体涉华报道中的意识形态偏见词汇与"中国形象"塑造——基于对〈纽约时报〉的实证研究》,《湖北社会科学》2009年第8期。

一,是媒介权力的一个来源。"①西方各国媒体在涉南海问题报道的素材选择上都经过了精心安排,试图通过自身的强大国际社会影响力、通过对报道素材进行取舍来传递自身对南海问题的态度,以左右国际受众对南海问题的看法。

三、西方五国主流纸媒涉南海报道的差异性

由于美、英、法、加、意五国的政治、经济、外交等大环境存在差异,媒体的政治地位和国际影响力亦不尽相同,这五国主流纸媒在报道南海问题时也呈现出各自的特点。

(一) 美国:利用话语权优势,建构"国际公众议题"

议程建构理论根据议题与受众的接近程度,将议题分为低门槛议题、中门槛议题、高门槛议题三类。低门槛议题指与公众接近程度高、大部分公众都关心的事件;中门槛议题指仅有部分公众会关心的事件;高门槛议题指与公众接近程度低、比较抽象的事件。由于公众基本很难通过直接经验认知高门槛议题事件,因此媒体通过"饱和报道"(saturation coverage),就能充分发挥其议程建构功能。

南海问题作为高门槛议题,全程获得了美国媒体的高度关注。美国媒体利用其话语权优势,以长期且足量进行饱和报道的方式,建构国际公众在南海问题上的议题。

1. "仲裁"前:话语预设,维持南海议题活跃度

在南海问题较为缓和阶段,美国媒体故意制造议题,竭力保持南海

---

① 郭永虎:《近代〈泰晤士报〉涉藏报道初探》,《西藏研究》2010 年第 6 期。

问题在国际公众议程中的鲜活度,在报道内容方面也以抹黑中国声索南海主权的正当性为主。

例如2011年1月至4月,在南海海域主权争端自身较为平静时期,美国媒体依然接连发表对南海的报道和评论,并将矛头指向中国。2011年3月31日,《纽约时报》刊登报道《中国回避南海是否为中国值得动武的"核心利益"这一问题》,将矛头对准中国领导层,称"尽管公众议论纷纷,但中国领导层仍未明确指出南海是否为中国的'核心利益'",肆意揣测中国"领导层内部存在意见分歧";同时,报道将《环球时报》定义为"民粹主义"的中国报纸,引用其反驳时任美国国务卿希拉里·克林顿干涉南海问题时刊登的评论"中国绝不会放弃用军事手段捍卫核心利益的权利",又指出国防大学一位教授在《瞭望》周刊上发表文章称"目前中国的综合国力尚不足以捍卫所有的核心国家利益,因此,当前并不是公开宣称核心国家利益的好时候"。《纽约时报》将这两种在不同场景下发表的观点进行对比,进而得出歪曲结论——"中国领导层在南海问题上存在分歧",并称"此后,媒体被禁止讨论该问题"。[①]显然,这篇报道企图在南海问题较为平静时期,选择中国作为切入点,刻意制造与南海相关的话题,以保持南海议题的活跃度,并释放诋毁中国的媒体话语,煽动反华情绪。

又如,2011年9月至12月,受时任菲律宾总统阿基诺三世(Benigno Simeon Cojuangco Aquino III)和越共总书记阮富仲(Nguyễn Phú Trọng)访华的影响,菲、越等南海问题当事国的舆论普遍趋于缓和,美国媒体却依然在大张旗鼓地煽动南海问题中各方矛盾,并将矛头直指中国。9月

---

① Edward Wong, "China Hedges Over Whether South China Sea is a 'Core Interest' Worth War", *The New York Times*, March 31, 2011, p. 12.

18日《华盛顿邮报》刊登报道《争议之地》("Disputed Territory")①称"当中国最大的离岸石油生产商今夏开始钻井,1500英里外的菲律宾军事将领萨班便开始准备挑衅",并表示包括中国在内的多国都对南海的石油资源感兴趣,但"中国执意独自控制整个海域已经成为这片海域的不安定因素"。

2."仲裁"中与"仲裁"后:话语助推介入南海问题报道

在南海问题当事方摩擦较为频繁时期,美国媒体积极参与事件的报道与评论,输出本国媒体和政府的观点和态度。

在菲律宾单方面提出南海"仲裁申请"后,《华盛顿邮报》经常在社论版块刊登分析人士的评论,旗帜鲜明地发表反华论断,并向白宫提出行动建议。2014年5月16日,《华盛顿邮报》发表美国对外关系委员会高级研究员的评论文章《一个来自中国的挑战》("A Chinese Challenge")②,指出南海争端的原因之一是中国的"民族主义",称中海油的西沙项目位于"越南的200海里专属经济区内"、中国基于"开发历史和有效行使主权"自1974年起就"占领"了这片区域。该文试图将南海矛盾激化的责任归结在中国一方。

为了更进一步地向白宫展示自己在南海问题上的态度,《华盛顿邮报》于2015年3月13日刊登两位从事亚洲问题研究的学者的评论《中国新的海上挑衅》("China's New Maritime Provocation")③,明确提出对华的三项主张:一是美国应继续投资菲律宾和越南的能力建设;二是美

---

① Andrew Higgins, "Disputed Territory", The Washington Post, September 18, 2011, p. A01.
② Elizabeth Economy, Michael Levi, "A Chinese Challenge", The Washington Post, May 16, 2014, p. A21.
③ Michael J. Green, Mira Rapp Hooper, "China's New Maritime Provocation", The Washington Post, March 13, 2015, p. A19.

国海军应通过派遣舰艇等方式告知中国,中方"无法限制南海区域的航行自由";三是美国应采取外交和法律方式协助东南亚国家对抗中国。在第三项主张中,文章直指"南海仲裁案",表示"长久以来,美国都在积极鼓励中国与东盟(ASEAN)就南海行为准则进行和谈,但中国似乎在拖延和谈的步伐,不过目前仍存在美国挺身而出支持正在进行中的国际法律纠纷的空间,中国(在南海)的建设很明显至少是为了破坏菲律宾提出的仲裁,华盛顿方面应向仲裁法庭提供中国改造南沙群岛的详细资料,确保菲律宾有出头之日"。

"南海仲裁"结束后,《纽约时报》多次刊登社论,发表对华的消极言论,企图引导读者对"南海仲裁案"的看法。

在"仲裁结果"公布当天,《纽约时报》刊文《南海与法治》("South China Sea and the Rule of Law")①,指出"中国面对仲裁结果的反应,将在很大程度上向世界展示其将如何对待国际法规、怎样使用自己强大的力量,并能彰显其在全球范围内的野心,从目前的迹象看来,令人十分不安","法院没有强制执行其裁决的权力,而抵制仲裁结果的中国,威胁将使用武力保护其已被裁定为非法的海洋权利"。

2016年8月14日,《纽约时报》刊文《中国在南海的挑衅》("China's Defiance in the South China Sea")②,称"中国拒绝参加仲裁过程并拒不接受仲裁结果的行为,从多方面表明其挑衅意图",通过列举中国在南海巡航、将与俄罗斯举行联合军演、干涉菲律宾渔民捕捞等行为支持自己的论断,并将中国对海上邻国的态度描述为"欺凌与占领"。

---

① The Editorial Board, "South China Sea and the Rule of Law", *The New York Times*, July 13, 2016, p. 18.
② The Editorial Board, "China's Defiance in the South China Sea", *The New York Times*, August 14, 2016, p. 8.

3. 话语操纵,挑选报道角度输出价值取向

在词语选用和话语的表达上,美国媒体不假掩饰地进行了价值观输出和"选边站队"。例如,在提及南海时,美国媒体经常用"有争议的水域"(disputed waters)、"有争议的岛屿"(disputed paracel islands 或 disputed spratly islands)、"有争议的领土"(disputed territories)、"多事的水域"(troubled waters)、"领土之争"(the territorial conflicts)、"紧张的领土之争"(a tense territorial standoff)等表达方式,把中国毫无争议的领土和水域污蔑为存在主权争议。

在谈及南海争端各当事国时,美国媒体极力营造出中国"恃强凌弱"的假象。例如,2012年6月9日,《华盛顿邮报》撰文《马尼拉寻求与美更紧密联系》("Manila Is Seeking Closer Ties to the U. S.")[①],在导语部分就指出"由于身陷与中国领土纷争,军事实力较弱的菲律宾寻求美国白宫帮助",意在塑造菲律宾为"弱势"一方的形象;并在下文中以"(与中国)相反,菲律宾战斗机匮乏,其海军力量薄弱到其最大的军舰是去年从五角大楼获得的一艘退役的美国海岸警卫队舰艇"来进一步渲染这种"实力差距"。与之相对应的是,该报道用"拥有亚洲最强军事力量并仍在增加军事开销"来形容中国,旨在为读者营造"中强菲弱"、中国"恃强凌弱"的印象。同时报道表示,由于"中国声称拥有南海的大部分主权,菲律宾、越南、马来西亚这些海岸线距南海更近的国家感到惊恐",并指出中国的行为"导致了中菲关系恶化,菲律宾领导人对中国在南海区域的战略野心感到担忧",意图将南海争端的责任归咎到中国一方。此外,该报道用"长期的盟友"和"更紧密的联系"来定义和形容这一时期的美菲关系,强调菲律宾政府"希望得到五角大楼的帮助"并

---

① Craig Whitlock, "Manila Is Seeking Closer Ties to the U. S.", *The Washington Post*, June 9, 2012, p. A08.

"对陆基雷达格外感兴趣",从而为美国"重返亚太"寻找借口,即美国在菲律宾建立军事基地并非出于自身考虑,而是"应菲律宾的请求",援助"弱小的"菲律宾对抗中国的"欺凌"。

从美国媒体的新闻报道习惯来看,"矛盾"和"冲突"一直是具有支配地位的重要题材,"冲突构成新闻"也是美国新闻业界一直贯彻的方针。在有关南海问题的报道中,"矛盾"和"冲突"也一直是频繁出现的关键词,此外对于南海问题当事国之间的摩擦和对立,美国媒体也有夸张、渲染的倾向。这些倾向显然有着更为深刻的社会背景渊源,其本质依然是西方媒体中冷战报道框架的一种延伸。对于美国新闻业界来说,在涉及不同意识形态国家的新闻报道时,冷战报道框架总是一种"良好模板"。随着苏联解体,这种报道框架的主要对象已经变成中国。南海问题为美国媒体提供了一个发挥空间。

另外美国媒体在重大国际议题和涉及美国国家利益的议题方面,基本会积极配合本国政府,服务于国家利益。在通过新闻报道对南海问题进行介入时,美国媒体除了将中国塑造成国际秩序的"破坏者"从而打压中国背后所代表的"意识形态威胁"之外,另一方面也建立起美国作为"国际秩序维护者"的"良好形象"。

(二)英国:调整报道倾向,契合外交政策

"南海仲裁案"发生在戴维·卡梅伦任期(2010 年 5 月 11 日至 2016 年 7 月 13 日)内。其间中英关系随着两国领导人互访而达到了新世纪以来前所未有的高度。鉴于此,笔者在对英国媒体进行分析时,着意同该时期英国政府的对华政策进行交叉比较,发现英国主流纸媒会根据政府政策的变化,适时调整其报道倾向,以契合外交政策。

1."仲裁"前:反华情绪占上风

2010年5月11日,以保守党领袖卡梅伦为首相、自由民主党领袖克莱格(Nick Clegg)为副首相的"二战"后英国首届联合政府入主唐宁街10号。执政初期,新政府在对华政策上仍具摇摆性——上任半年后,卡梅伦就率"史上最大规模"的贸易代表团访华,其间展开多次中英经济对话,签署多项合作协议,成功地开展了对华经济外交;同时英国政府却也不放弃在西藏问题上干涉中国内政,实行对华"人权外交"。

在此背景下,2013年以前英国主流纸媒对南海争端的报道主要从两个层面展开。

一方面,在报道南海"岛争"各方摩擦时,英国主流纸媒倾向展示其他国家的声音,而忽略中国的声音,并有意给读者造成一种南海紧张局势升级的原因在于中国"无理的领土要求"的印象。

例如,2012年3月28日,《泰晤士报》刊文《奥巴马加强与澳大利亚同盟关系,开辟对抗中国新战线》("Obama Opens New Front Against China with Reinforcements for Australian Ally")[1],提道"澳大利亚及其他东南亚国家对中国日益膨胀的军事力量感到不安"。同年5月23日,《卫报》刊文《菲律宾指责中国在黄岩岛部署舰艇》("Philippines Accuses China of Deploying Ships in Scarborough Shoal")[2],指出"菲律宾称,中国在存在争议的南海区域部署了近100条船只,引发了对该地区紧张局势的担忧",并援引菲律宾外交部发言人和"国际危机组织"东北亚负责人的说法加以佐证。

---

[1] Anne Barrowclough, "Obama Opens New Front Against China with Reinforcements for Australian Ally", *The Times*, March 28, 2012, p. 12.

[2] Tania Branigan, "Philippines Accuses China of Deploying Ships in Scarborough Shoal", *The Guardian*, May 23, 2012, p. 10.

2012年8月7日,《卫报》在报道《河内街头越南抗议者指责北京"霸凌"》("Vietnam: Protests in Hanoi Streets as Anger at 'Bully' Beijing Grows")①中指出,越南民众在明知道南海争端涉及中国、越南、菲律宾、文莱等多方的情况下,只将矛头指向中国,因为"有国家支持的中国海洋石油公司在越南的主权水域上进行石油勘探竞标",且中国"在争议水域附近扣押了越南渔民"。南海争端涉及多个国家和地区,但英国主流报纸在选题时出现了较为严重的不平衡现象,即基本无视中方的态度,也不报道争端其他国家和地区间的摩擦,只一味展现其他国家和地区对中国的敌对情绪,恶意塑造了中国"失道者寡助"的不实形象。

2012年5月起,我国公安部开始向公民发放普通电子护照,包含南海"九段线"暗纹的中国地图出现在新版护照的第八页左上角。同年11月23日,《金融时报》头版头条刊文《印度指责中国护照地图越界》("India Accuses China of Crossing the Line with Disputed Passport Map")②,称中国新版护照的地图同时激怒了印度、越南和菲律宾等亚洲国家,印度外长表示"拒绝接受"。27日《卫报》在文章《中国护照地图造成外交争端》("Chinese Passport Map Causes Diplomatic Dispute")③中,不仅列举了越南和印度驻华大使馆拒绝为印有南海水域的新中国护照盖章的反制举措,还引用了澳大利亚莫纳什大学北亚研究院一位教授的评论,称"新地图凸显出中国在有争议的水域愈发大胆"。

此间,中国外交部多次回应道"该类护照有关图案设计并非针对特

---

① Esmer Golluoglu, "Vietnam: Protests in Hanoi Streets as Anger at 'Bully' Beijing Grows", *The Guardian*, August 7, 2012, p.14.

② Victor Mallet, "India Accuses China of Crossing the Line with Disputed Passport Map", *The Financial Times*, November 24, 2012, p.1.

③ Jonathan Kaiman, "Chinese Passport Map Causes Diplomatic Dispute", *The Guardian*, November 27, 2012, p.10.

定的国家",并"愿意同有关国家保持沟通,确保中外人员往来正常进行,并为他们提供便利"。① 另外,美国国务院发言人也声明美方将接受中国新版护照为合法有效证件。但这些有利于中国形象的信息并没有在英国主流纸媒上得到呈现。

另一方面,在分析南海争端时,尽管英国主流纸媒能够看到在南海各利益方对立的背后实际是中美两大国家的海洋博弈,仍未能平衡对中美双方的报道比例和报道态度,呈现出较为明显的亲美反华倾向。

2010年至2013年之间,英国主流纸媒在南海问题上为中国提供的发声机会不多且报道手法较为单一,多为引用外交官或外交部发言人的回应或翻译《人民日报》《解放军报》《环球时报》的报道和评论。例如,2011年6月23日,《金融时报》在《中国就南海问题向美国发出警告》("China Warns US over South China Sea")②一文中,援引了时任中国外交部副部长崔天凯对美国的警告:"如果美国真的想扮演一个角色,它可以劝告那些经常采取挑衅行为的国家,并要求它们对自己的行为负责","我认为个别国家正在玩火,希望美国不要引火上身"。2012年8月7日,《卫报》刊文《北京警告美国不要插手南海事务》("Beijing Warns US to Stay out of South China Sea Dispute")③,称"中国国营媒体严斥美国对南海事务的干预,愤怒的评论员命令华盛顿'闭嘴',并指责其在该地区'煽风点火,挑起分裂'"。

相比之下,英国主流纸媒对美国压制中国的报道不仅比例大,且信

---

① 《驻日使馆:中国新护照有关图案设计并非针对特定国家》,人民网,2012年11月29日,http://world.people.com.cn/n/2012/1129/c1002-19742296.html。
② Anna Fifield, "China Warns US over South China Sea", *The Financial Times*, June 23, 2011, p.6.
③ Tania Branigan, "Beijing Warns US to Stay out of South China Sea Dispute", *The Guardian*, August 7, 2012, p.14.

源丰富,报道形式多样。例如《泰晤士报》2012年1月6日的报道《奥巴马削减军费并警告中国:别惹我们》("Don't Mess with Us, Obama Warns China as He Shakes up the Military")①、《金融时报》2012年9月4日的文章《克林顿就海洋争端警告中国》("Clinton's Maritime Dispute Warning to China")②和2011年7月20日的报道《北京就南海问题受到警告》("Beijing Warned over South China Sea")③,分别引用了时任美国总统奥巴马、时任国务卿希拉里·克林顿和两位国会议员这三个不同政治等级的美国政府代表就南海问题对中国发出的威胁言论,"震慑力"比在报道中国警告美国时要大得多。

此外,为了给美国的"重返亚太"战略做舆论准备,英国主流纸媒还安排了一些亚洲国家"呼吁美国援助"的报道。2012年6月13日,《金融时报》在头版头条位置刊文《越南呼吁美国介入中越争端》("Vietnam Calls on US over China Spat")④,指出"越南外交部欢迎美国以及其他国家帮助其解决与中国在南海的冲突"。《泰晤士报》在2012年3月28日的文章《奥巴马加强与澳大利亚同盟关系,开辟对抗中国新战线》("Obama Opens New Front Against China with Reinforcements for Australian Ally")⑤中,引用澳大利亚国立大学一名从事战略研究的讲师的话称,"我们不希望中国占领亚洲,我们希望看到美国对亚洲负责"。同年

---

① Alexandra Frean, "Don't Mess with Us, Obama Warns China as He Shakes up the Military", *The Times*, January 6, 2012, p. 29.
② Ben Bland and Geoff Dyer, "Clinton's Maritime Dispute Warning to China", *The Financial Times*, September 4, 2012, p. 6.
③ Kathrin Hille, Demetri Sevastopulo, Roel Landingin, "Beijing Warned over South China Sea", *The Financial Times*, July 20, 2011, p. 2.
④ Ben Bland, "Vietnam Calls on US over China Spat", *The Financial Times*, June 13, 2011, p. 1.
⑤ Anne Barrowclough, "Obama Opens New front Against China with Reinforcements for Australian Ally", *The Times*, March 28, 2012, Asia.

11月9日,《金融时报》在《日本惧怕中国而向美国求助》("Japan Turns to US Amid Fears over China")①中表示"出于对中国愈发独断专行的海洋军事政策的担忧,日本防卫相呼吁修宪以增强与美国的军事联盟关系"。这类报道为读者营造出拟态环境,即美国干预亚太事务是"顺应"该地国家和民众的请求,这些主权国因受到中国"侵略"又无力抵抗才转向美国寻求保护,为美国"国际警察"的形象添加正当性。

2. "仲裁"中:反华情绪逐渐收敛

2013年1月22日,菲律宾时任政府单方面就中菲在南海的主权争端向所谓"海牙常设仲裁法院"提出"仲裁请求",将南海争端推向一个新阶段。不过,英国主流纸媒对这项"仲裁申请"并未给予过多关注,在三家涉外大报中,只有《金融时报》于2013年1月23日刊登报道《马尼拉将争端交给联合国法庭》("Manila Takes Dispute to UN Tribunal")②,指出这是南海问题中首次有当事方采取仲裁形式寻求争端的解决,文章同时提及,中方重申其立场,认为争端应由相关方通过协商解决。这篇报道虽然较为中立,但文中出现了常识性错误,即认为"海牙常设仲裁法院"是联合国的子机构。

在"南海仲裁案"持续发酵的过程中,英国主流纸媒对南海问题的报道呈现出一个态度变化的趋势——其亲美反华的倾向由非常明显向逐渐收敛过渡,同时更加注重报道的平衡性和客观性。

2013年左右,英国主流纸媒在对南海争端的报道中仍使用情感倾向比较鲜明的话语表达方式,传达出反对中国、支持越南和菲律宾等国

---

① Mure Dickie, "Japan Turns to US Amid Fears over China", *The Financial Times*, November 9, 2012, p. 1.

② Roel Landingin, "Manila Takes Dispute to UN Tribunal", *The Financial Times*, January 23, 2013, p. 6.

家和地区的立场。例如,《金融时报》在2013年5月30日刊登评论《勇敢或鲁莽,菲律宾挑战中国是正确的》("Rash or Plucky, the Philippines Is Right to Challenge China")①,文章指出菲律宾的"仲裁申请""非常重要,是一个根据法律而不是丛林法则来为有争议的亚洲海域划定边界的过程的开端","对解决中日东海岛争等区域领土争端有潜在的巨大影响","亚洲其他国家,尤其是与中国有领海争端的国家都高度关注这一仲裁案,但它们对于中国敢怒不敢言","可惜其他国家没有菲律宾的勇气申请国际仲裁,越南、日本和印度尼西亚应该勇敢起来",整篇评论煽动反华情绪的意图十分明显。

然而到了2014年,英国媒体的强硬反华态度却出现松动。当年5月,中国"海洋石油981"钻井平台进行钻探活动,越南随即出动包括武装船只在内的大批船只,非法强力干扰中方作业,冲撞在现场执行护航任务的中国公务船。《卫报》于5月8日对此刊登报道《中国指责越南在南海冲撞其船只》("China Accuses Vietnam of Ramming Its Ships in South China Sea")②,全文有6个信源、10处观点引用,分别来自中国外交部边界和海洋事务司副司长(3处)、莫纳什大学东亚安全专家(1处)、某越南高官(1处)、越南海警副警长(3处)、香港城市大学越南研究专家(1处)、越南国家边界委员会副主席(1处),且两位专家学者持支持越南的立场,因而尽管报道三次提及中方态度,也被紧随其后的援越观点所包围和冲淡。相比之下,《泰晤士报》对这一事件的报道更具有客观性,该报分别于8日与9日刊登了两条来自美联社的消息,只简

---

① David Pilling, "Rash or Plucky, the Philippines Is Right to Challenge Chin", *The Financial Times*, May 30, 2013, p. 9.

② Jonathan Kaiman, "China Accuses Vietnam of Ramming Its Ships in South China Sea", *The Financial Times*, May 8, 2014, p. 12.

单呈现了冲突情况和中、越双方的态度,并未做过多补充或评论。

中英两国外交关系在 2015 年迎来了一个小高峰:3 月,威廉王子到访中国,启动首个中英文化交流年英国文化季;同时,英国向中国提交成为亚洲基础建设投资银行意向创始成员国的申请,并在西欧引发效仿效应;9 月时任财政大臣乔治·奥斯本(George Osborne)访华,宣称英国要做"中国最好的贸易伙伴";10 月 19 日至 23 日,国家主席习近平对英国进行国事访问,是过去十年中国国家元首首次出访英国,标志着中英从全面伙伴关系上升为全面战略合作伙伴关系。

与外交关系变化相照应的是英国主流纸媒在南海问题上"亲美反华"态度的进一步松动。在报道南海冲突时,几家大报多以各利益当事方你来我往的声音为主要内容,更加注重报道的平衡性,减少使用明显体现报纸立场的词句。另外,与 2010 年到 2013 年的报道相比,2016 年以来,英国主流纸媒在南海问题上给予中国更多的发声机会。2016 年 5 月 4 日,《泰晤士报》刊登了时任中国驻英大使刘晓明捍卫中国主权的文章《停止插手南海事务》("Stop Meddling in the South China Sea")①。刘晓明在文中对多项对中国的无端指责作出回应,他表示"认为中国的'强硬路线'造成了南海摩擦升级的看法是没有根据的,最早发现并管辖南海岛礁的就是中国,尽管仍有 40 多处岛礁被其他国家非法占据,中国仍坚持与邻国通过对话形式和平解决争端","中国在自己的岛礁上进行建设是内部事情,并不针对其他国家,且除了极小一部分用于国防外,其余均为基础民用建设","一些人因中国拒绝仲裁而急于给中国贴上'不遵守国际法'和'破坏国际体系基本规则'标签,但中国早在 2006 年就基于《国际海洋法公约》发表了免除在主权争端及领海边界

---

① Liu Xiaoming, "Stop Meddling in the South China Sea", *The Times*, May 4, 2016, Comment.

问题上接受强制仲裁的声明,另有包括英国在内的30多个国家均发表了相似声明",同时指出"一些不在南海海域内的国家,声称自己在争端中保持中立,却时常派遣舰艇和飞机入侵南海,并抹黑中国形象,这种些言行不一的国家才是南海争端升级的始作俑者"。

3."仲裁"后:反华情绪较为隐蔽

"南海仲裁结果"出台后,英国主流纸媒都采取较为隐蔽和委婉的方式表达自己对结果的态度,情感倾向比较鲜明的语句所占比例非常小,一般采用挑选一些能够支持自己态度的事例进行呈现,使读者意会自己的态度。

例如,在"仲裁结果"公布的第二天,《卫报》相继刊登两篇报道《澳工党:澳大利亚在南海问题上"佯装"与中国对立》("Australia 'Pretending' to Stand up to China over Disputed Islands, Labor Says")①和《澳大利亚自由党领袖斥责史蒂芬·康罗伊"加剧"南海紧张局势》("Liberal Leaders Slap down Stephen Conroy for 'Escalating' South China Sea Tensions")②,表面上看是在客观反映澳大利亚执政党和反对党的相互指责,暗地里则通过争议双方意见的重合点透露出自己对"仲裁结果"的态度——工党:"裁决明确表示中国对南海资源的主权声明没有法律依据",自由党:"中国若忽视海洋法,将造成严重的国际侵权,同时有损中国的声望"。

(三) 法国:主流纸媒倾向与官方态度吻合度较高

从地缘位置上看,法国距离南海较远,但其自我定位为"有全球影

---

① Paul Karp, "Australia 'Pretending' to Stand up to China over Disputed Islands, Labor Says", *The Guardian*, July 13, 2016, World News.
② Paul Karp, "Liberal Leaders Slap down Stephen Conroy for 'Escalating' South China Sea Tensions", *The Guardian*, July 13, 2016, World News.

响力的大国",并自认为是美国的"老盟友",因而在南海问题上,法国政府(尤其是奥朗德执政后)积极配合美国的"亚太再平衡"战略。2013年8月,时任法国外长洛朗·法比尤斯明确提出"法国要转身亚洲"。2015年法国新版国防白皮书提出"法国在亚太有特殊安全责任"。2016年3月时任法国太平洋舰队司令表示"法国要继续通过从本土派出主力战舰以增强其在该地区的永久性存在,并且要在南海紧张局势升级之际继续为维护亚太地区稳定发挥重要作用"。法国主流纸媒在南海问题上也呈现出较为明显的"亲美反华"倾向。

1. "仲裁"前:对南海问题关注度较为平缓

在菲律宾单方面提出"南海仲裁"之前,法国主流纸媒对南海问题的关注度不算高,从整体报道风格来看,《费加罗报》文字相对温和,多数情况下立场不甚明显,而《世界报》有较为明显的反华倾向。

2012年8月23日,《费加罗报》刊发文章《中国海:紧张的源泉》(《Mer de Chine: tension en eaux troubles》)[1]。文章称"'国际危机组织'的东北亚项目主任对南海各方力量对比的演变进行了分析……中国最初的手段仅仅是对争议海域中被认为是挑衅的行为以武力应对,但目前似乎被更加强硬的一种态度所取代",并列举了南海几个争端方的行为,例如"自从和菲律宾在黄岩岛激烈交锋以来,四月份,北京指责菲律宾方面动用武装力量而使得普通的渔业矛盾升级为外交危机并且也派出了海警船舶……在6月,越南建立了针对南沙和西沙群岛的新导航规则,而中国则设立了三沙市这样一个位于争议领土上的大行政单位,并且在此设立了军事驻地"。总的来说,《费加罗报》没有表明确切的立场,而是直接描述和介绍在南海问题上各方你来我往的角力,更像是一

---

[1] Stephanie Kleine-Ahlbrandt, 《Mer de Chine: tension en eaux troubles》, *Le Figaro*, 2012-8-23, p.19.

个"客观"的解说员。

2012年7月28日,《世界报》刊登报道《北京在南海的野心使得它的邻居担心》(«Les ambitions de Pékin en mer de Chine méridionale inquiètent ses voisins»)①。文章开篇说,"中国已经在同样被越南和菲律宾声索的争议海域中设置了行政单位。对于中国政府以及媒体来说,这是一个欢乐的爱国主题。但是对周边的国家,比如越南和菲律宾来说,这是另一个担心面对中国政府在南海的野心,这片海域拥有着丰富的天然气和渔业资源",并表示"中国政府设立三沙市的做法遭到了越南和菲律宾的反对,这两个国家对南海一部分区域的主权进行了声索"。

总的来看,《世界报》在《费加罗报》旁观者态度的基础上更进一步,在"南海仲裁案"之前,法国媒体普遍对南海问题关注度不高,然而《世界报》依然把中国在南海地区的主权声索活动归为"野心",极少认真分析中国对主权声索的正当性,表现出了一定的偏见。

2. "仲裁"中:新闻素材与外交战略的重合

菲律宾单方面提出"南海仲裁"申请后,恰逢法国《国防与国家安全白皮书》公布,白皮书阐述了法国2014—2019年的国防发展战略计划和军事防御重点,"亚洲的稳定和航行自由"成为法国的外交和经济事项。因而,作为一个新闻热点素材和国家外交战略重点的重合区域,南海问题相应地得到了法国主流纸媒愈发热情的关注。

由于存在对中国实力不断加强的判断,法国媒体依然呈现出了反华的倾向。2014年5月16日,《世界报》刊文《莫斯科,北京和他们的小

---

① Francois Bougon, «Les ambitions de Pékin en mer de Chine méridionale inquiètent ses voisins», *Le Monde*, 2012-7-28, p.7.

邻居》(«Moscou, Pékin et leurs petits voisins»)①,开篇介绍道"在黑海边出现的'小绿人'和在南中国海漂浮的庞然大物有什么共同点?这个问题并不是为科幻小说迷准备的,这是个战略性问题,'小绿人'和'庞然大物'代表着当今世界俄罗斯和中国在面对美国时力量的增强。在世纪之初这个多极化的时代,他们讲述了同一个故事,这是个危险的世界"。文章将出现在克里米亚的没有身份标志的俄罗斯精锐特种部队称作"小绿人",把中国在南海的石油钻井平台称为"庞然大物",并在文末写道"如果俄罗斯准备在国内投票解决乌克兰事务,那么北京也希望对与日本和越南的一系列领土争端说一不二"。看得出来,报道对于俄罗斯和中国对"小邻居"的做法是颇有微词的。

与此同时,法国媒体也看出南海争端的背后是大国之间的利益纷争,时常将中、美两国作为在南海掰手腕的真正对手。2015年10月16日《费加罗报》的报道《北京-华盛顿:南海陷阱;美国在中国后院争议水域巡逻挑战中国》(«Pékin-Washington: piège en haute mer de Chine; Les États-Unis défient la République populaire dans son arrière-cour en lançant des patrouilles dans des eaux qu'elle revendique»)②。文章称"世界上在亚洲力量最强的两个大国之间的竞争加剧了南海的紧张局势。中国在自家'后院'遭受了美国的挑战,这也激起了中国的愤怒。美国国防部长卡特在周二宣布,美国军队可以在国际法允许的任何地方巡逻,包括中国'人工岛'周围的南海海域,而这些'人工岛'在争议海域使得中国对领土的要求愈加咄咄逼人";"'没有人会误会,美国将在国际法允许的

---

① «Moscou, Pékin et leurs petits voisins», *Le Monde*, 2014-5-16, p. 23.
② Patrick Saint-Paul, «Pékin-Washington: piège en haute mer de Chine; Les États-Unis défient la République populaire dans son arrière-cour en lançant des patrouilles dans des eaux qu'elle revendique», *Le Figaro*, 2015-10-16, p. 8.

任何地方航行、飞行甚至作战,就如同我们在世界各地所做的一样,而中国南海也不例外。'国防部长如此警告道。这番话毫无疑问是针对北京发出的……第一批次进入中国人工岛12海里的巡逻可能会在下周进行"。《费加罗报》作为旁观者对中美双方在南海你来我往的"过招情况"展开报道,不排除该报有引导读者从中美博弈角度思考南海问题的可能性。在其看来,这只是世界唯一的超级大国及其最大挑战者进行博弈的一个"战场"而已。

3. "仲裁"后:或明或暗传递反华信息

在2016年7月"南海仲裁结果"出台后,法国主流纸媒或暗或明地表达了自己支持"仲裁结果"的态度。

2016年7月13日,《费加罗报》刊发报道《仲裁法庭否定中国在南海的权益;投资造岛的中国拒绝这份偏袒菲律宾的裁决》(«La Cour permanente d'arbitrage désavoue Pékin en mer de Chine; La Chine, qui a investi plusieurs îlots, a rejeté le jugement favorable à Manille»)①。文章表示"这对于北京是一记重击。在周二公布的一份明确的判决中,'海牙常设仲裁法院'表示中国对南海的大部分水域并没有'历史的权利',其判决也支持了菲律宾的主张。仲裁法庭认为中国在南海的行动是'非法的',中国在争议岛屿的行动加剧了争端并且对环境造成了破坏。而北京方面则拒不接受此次仲裁并且重申其'历史权利'以及对西沙群岛和南沙群岛的主权",该报道列举了仲裁法庭声明中不利于中国的部分,同时称"为了支持自己的主张,中国扩建了那些岛礁并且安设了机场跑道、港口以及其他设施。新华社周一证实最近岛礁上已经有了四

---

① Patrick Saint-Paul, «La Cour permanente d'arbitrage désavoue Pékin en mer de Chine; La Chine, qui a investi plusieurs îlots, a rejeté le jugement favorable à Manille», *Le Figaro*, 2016-7-13, p. 7.

个灯塔,第五个也正在建设当中。法庭认为中国在这个海域的建设作业活动加剧了争端,并且'对海洋环境造成了无法挽回的损失'。法庭还谴责中国政府容忍中国渔民捕捞海龟等保护物种,这些捕捞方法对于珊瑚礁以及生态系统都造成了严重的破坏"。可以看出,报道全文并没有发表媒体自己的看法,只是将"海牙常设仲裁法院"对于中菲南海争端"仲裁结果"的关键要点进行了转述,但是报道选取了"仲裁结果"中大量不利于中国的言辞也属于一种主观倾向,《费加罗报》很擅长用隐性报道的方式来设置议程以表达其好恶。

2016年7月17日,《世界报》刊登文章《中国虐待它的弱小邻居》(«La Chine maltraite ses «petits» voisins»)[1],文章直接借用"南海仲裁案"的荒谬结果来对中国进行无理指责,对于"仲裁结果",《世界报》评价道:"海牙常设仲裁法院的一致判决就像巴卡拉水晶玻璃一样清晰明确:中国在南海滥用它的强大国力;它不尊重海洋法规;它践踏了菲律宾的主权。美国对此则感到有些不自在,这是真的:因为它自己也从来没有认可过联合国的海洋法规。"另外,报道指出:"中国犯了两个错误。它违背了和平崛起以及遵守国际规则的承诺。另外它提升了地区的军备紧张局势,在这里与之冲突的国家大多是美国的盟友。"不难看出,这篇文章是"南海仲裁案"结果公布不久之后《世界报》对中国进行无理指责言辞较为犀利的一篇报道,从标题到内容都充满了对中国的严重偏见。

(四)意大利:对南海问题关注度较低,涉华报道以负面为主

意大利媒体对南海争端的关注相对较少,在菲律宾提起"仲裁"前,

---

[1] «La Chine maltraite ses «petits» voisins», *Le Monde*, 2016-7-17, p.32.

大部分报道主题围绕"中国的军费问题"展开。

例如,2011年3月5日,《新闻报》发表文章《中国军费预算增加12.7%》(«Cina, crescono le spese militari Il budget sale del 12.7%»)①。报道称"华盛顿一向质疑中国的军费数字","很明显,中国从南海群岛上获取的贸易、战略、能源等方面的利益向来比其邻国多"。报道表示,看一眼中国的军费项目就可以肯定"控制太平洋是中国真正的目标",同时指出中国有两个"动机":一是"如果不能限制美国,就要把美国从'自家后花园'(即南海和部分太平洋)中踢出去";二是要"确定自己对海上贸易与能源路线的'霸权'"。在文末,报道总结道,"南海是中国的美梦,是美国的噩梦"。文章对中国的国防建设妄加揣测,这样的报道容易给不明真相的西方读者造成中国推行"霸权主义"的负面形象。类似的报道还有2012年3月5日《晚邮报》的《中国的军力令世界恐慌》(«Il Riarmo della Cina Mette Paura al Mondo; L'analisi»)②,其中也提到了美国对中国军费总额的质疑。

"南海仲裁结果"公布后,意大利媒体普遍采取支持"仲裁结果"的立场,且报道中的涉华内容大多为负面表述,反华的情感倾向较为明显。

2016年7月13日,《共和国报》刊文《当北京输掉岛屿之战》(«Se Pechino perde la battaglia delle isole»)③。报道认为中国政府的政策"一

---

① Alberto Simoni, «Cina, crescono le spese militari Il budget sale del 12,7%», *La Stampa*, 2011-3-15, http://www.lastampa.it/2011/03/05/blogs/risiko/cina-crescono-le-spese-militari-il-budget-sale-del-vazw2RIizS KfRfCtfMILqM/pagina.html.

② Marco Del Corona, «Il Riarmo della Cina Mette Paura al Mondo; L'analisi», *Corriere Della Sera*, 2012-3-15.

③ Roberto Toscano, «Se Pechino perde la battaglia delle isole», *La Republica*, 2016-7-13, http://ricerca.repubblica.it/repubblica/archivio/repubblica/2016/07/13/se-pechino-perde-la-battaglia-delle-isole30.html? ref=search.

向更具侵略性",称"仲裁结果"是"代表国际关系的重要转折点,人们希望中国能从中得到教训,明白没有法律支持的武力虽然是迅速而有效的途径,但非法的行径必然会付出代价,这代价不仅包括丧失信誉和至关重要的软实力,也包括该非法武力因不稳定而告终的结局"。值得注意的是,尽管称"布什政府奉行单边主义",报道仍表示"作为经济和军事上真正的超级大国,如果美国无法忽视国际法中的免责行为,中国怎么可能做到(不受法律惩罚)"。

同一天,《意大利日报》发表文章《打脸:"中国在争议岛屿不再拥有权利"》(«Schiaffo alla Cina sulle isole «Non ha diritti di sovranità»»)①,开篇指出"仲裁结果""具有法律效应",且"打了北京傲慢的脸",对华态度十分不友好。随后报道称"仲裁可能会增加作为中国'侵略行为受害者'的东南亚其他国家对中国的法律诉求"。

(五)加拿大:存在与官方不一致声音

尽管加拿大在南海有地缘政治、外交、安全和贸易的利益,但作为一个域外中等国家,加拿大从不是南海政治的主要"玩家"。在南海问题上,加拿大通常通过双边和区域机制来追逐其国家利益。整体上看,加拿大基本没有在南海争端中采取过站边立场,经济关切是其南海政策的基点,而国内北极水域通道和领土声索是其持"不站边"立场的潜在因素。

2014年5—6月,中越在南海发生冲突,时任加拿大外长约翰·贝尔德(John Baird)呼吁各方尊重国际法,鼓励各方寻求解决争端的和平方

---

① «Schiaffo alla Cina sulle isole «Non ha diritti di sovranità»», *Il Giornale*, 2016-7-13, http://www.ilgiornale.it/news/politica/schiaffo-cina-sulle-isole-non-ha-diritti-sovranit-1283406.html.

案,避免采取任何进一步加剧区域紧张局势的对抗性或胁迫性行动。他还表示,加方关注可能危及海上航行自由、国际贸易和海上安全的行动。

2015年4月15日,加拿大支持由日本推动的七国集团外长会议后发表涉及东海和南海局势的《关于海洋安全的声明》。此《声明》对东海、南海改变现状、提升紧张氛围的单方面行动表示关切,并支持建立地区海洋安全合作机制,强调东盟-中国"南海行为准则"磋商在建立信任措施方面具有积极意义。

2016年8月30日—9月6日,加拿大总理贾斯汀·特鲁多(Justin Trudeau)应邀对中国进行首次正式访问并出席杭州G20峰会。9月1日,中、加发表了《中华人民共和国和加拿大联合新闻稿》,同意共同努力开辟中加战略伙伴关系发展新局面,就深化经济合作、扩大文化交流、深化司法执法合作、继续开展两军合作达成共识,并在17个领域达成合作协议,其中有利于中加南海合作的主要有三项:建立两国总理年度对话机制、加拿大正式申请加入亚投行、双方决定建立中加高级别国家安全与法制对话。

可见,加拿大在"不站队"原则下,希望通过多边机制,在一定条件下充当南海问题"调停者"的角色。但加拿大媒体的"站队"情况较为明显,言辞中不乏对中国不友善的声音。

在菲律宾提出"南海仲裁"前,加拿大主流纸媒倾向将南海争端看做是中美两个大国间的博弈,但在中美两大阵营中,加拿大主流纸媒存在偏袒美国的情形。2012年5月29日,《环球邮报》刊文《大国在小岛上的游戏》("A Great Game of Superpowers Played over A Minuscule Atoll")[1]指出"有人说南海问题就是中亚'大博弈'的海洋版,19世纪英俄

---

[1] Mark MacKinnon, "A Great Game of Superpowers Played over A Minuscule Atoll", *The Globe and Mail*, May 29, 2012, p.A1.

两国在中亚地区较量时从未有过正面冲突,用的都是代理军队,如今争夺南海的就是中美这两个超级大国",并表示"在争端背后有一张复杂的竞争利益网,其中就有日益强大的中国,它正试图以历史上的归属来'强占350万平方公里的南海',迫使其弱小的竞争对手不得不转而投向美国求助",为美国推行"亚太再平衡战略""与菲律宾在黄岩岛举行联合军演"寻找借口。同时,报道援引菲律宾的一面之词,称"中国一直试图'欺凌'包括菲律宾在内的临南海国家",并断章取义地节选"有民族主义情节的中国《环球时报》"中"和平将会是个奇迹"的说法,试图塑造中国"霸权主义"和"践踏和平"的负面形象,其撑美反华的意图不言而喻。

在2013年1月菲律宾单方面提出对南海的"仲裁申请"后,加拿大媒体的反华意图更为明显。

2014年2月10日,《环球邮报》发表社论《中国与菲律宾:法定总比打仗好》("Better Law than War between China and the Philippines")①,开篇便写道:"阿基诺三世将中国比作希特勒统治下的'第三帝国',这虽然激怒了中国,但其言论命中了一个核心事实:与20世纪30年代末的捷克斯洛伐克类似,菲律宾在其强大邻国的重压下,面临割让领土的危险,如果没有国际法庭的援助,菲律宾取胜的可能性几乎为零。"这一句话便奠定了《环球邮报》编辑部在"南海仲裁案"中支持菲律宾、反对中国的主基调。文章还提道"在与海上邻国交往时,中国总是遵循一种令人不安的行为模式:先发表单边的主权声明,一旦被驳斥又含蓄地表示自己会动用武力",并表示"这是一种不会善终的懦夫行为"。尽管在文

---

① "Better Law than War between China and the Philippines", *The Globe and Mail*, Feburary10, 2014, http://www.theglobeandmail.com/opinion/editorials/better-law-than-war-between-china-and-the-philippines/a rticle16788522/.

末称"中国的说法也有一定合法性",该社论依旧指出"最终结果要依照仲裁庭的裁决,不能被中国左右"。

不容忽视的是,2015年5月19日,《环球邮报》别有用心地刊登了一篇驻香港记者的反华报道,企图给加拿大读者造成"中国人内讧"的假象。这篇题为《中国有被孤立的危险》("China Risks Becoming An Outlier")①的报道声称"中国只愿意接受双边谈判方式,即军事与经济皆强的中国与各方面都弱的邻国进行一对一的谈判",以及"中国的确进入了全球体系,不过它被视作一个'流氓'国家。如果中国继续拒绝接受争端仲裁机制等其他国际惯例,它将面临被各国孤立的危险"。

"南海仲裁结果"出台后,《环球邮报》刊文《仲裁后中国将成为合作者还是失败者?》("Will China Become A Partner or Pariah after Court Decision?")②,称"500页的判决非常明确,中国在南海上用来勾画'历史权利'的九段线根本没有法律依据",而这恰好与该报于2014年2月10日发表的社论中"中国的说法也有一定合法性"的说法自相矛盾。同时,报道表示"仲裁庭作出如此裁定,中国只能自责。1996年,当中国签署并批准《联合国海洋法公约》时,它就接受了根据条约对任何争端作出的裁决","如果中国执意控制南海,它不仅违背了仲裁庭的决议,也与国际社会中'条约必须无条件遵守'这一基础背道而驰"。另外,报道指出,加拿大正在考虑是否加入由中国主导的亚投行,如果中国不能遵从海牙仲裁庭的决议,加拿大也不能肯定亚投行的规定是否可靠,如此表述不得不使人认为《环球邮报》有为加拿大政府和民众设置经济议

---

① Frank Ching, "China Risks Becoming An Outlier", *The Globe and Mail*, May 19, 2015, http://www.theglobeandmail.com/opinion/china-risks-becoming-an-outlier/article24491892/.

② Michael Byers, "Will China Become A Partner or Pariah after Court Decision?", *The Globe and Mail*, July 12, 2016, http://www.theglobeandmail.com/opinion/will-china-become-a-partner-or-pariah/article30882108/.

题、企图阻碍加拿大加入亚投行的意图。

纵观美、英、法、加、意五国对于南海问题在各个时期的报道,尽管各国主流纸媒对该问题的关注度和言辞激烈程度有差异,报道中主要突出的议题角度也不尽相同,但本质上可以分为几大类:(1)认为中国在南海的建设发展是一种以大国之姿进行的"霸权主义"行为;(2)认为中国在南海的行为受到来自各个国家的抗议和声索,尽显孤立之势;(3)认为"南海仲裁结果"合理合法,中国的行为是"非法的"。在这个报道框架之下,中国的活动以及对外形象几乎"一无可取"。

西方五国主流纸媒在"南海仲裁案"中报道的异同点,充分说明了在意识形态的大背景下,西方国家媒体从业人员参与国际关系问题的报道时,无法镜子似的再现事件全貌,其追求的"客观"与"真实"并不一定是事件的真相。出现这种情况,一方面体现了媒体在一定程度上受制于其背后的利益集团,根本上代表了统治者的利益;另一方面也体现了西方主流媒体在国际问题上报道风格无法跳脱出本国的外交风格,有时媒体态度甚至会跟随国家态度的变化而变动。

美国是典型的有进攻性现实主义倾向的国家,获取南海控制权是美国"重返亚太"的重要环节,美国主流纸媒一边以激烈的言辞报道南海问题,一边不吝笔墨地报道美国政要的言行,向受众"传递"白宫的声音,在着力塑造美国"负责任且有影响力的大国"形象的同时,为美国插手南海问题找借口,并力图推动"南海仲裁案"朝不利于中国的方向进行。例如,2015年11月19日,《纽约时报》刊文《奥巴马就南海建设向北京施压》("Obama Presses Beijing on Building in South China Sea")[①],

---

① Michael Shear, "Obama Presses Beijing on Building in South China Sea", *The New York Times*, November 19, 2015, p.6.

称"美国在这起亚洲多国政府卷入的领土争端中保持中立,但奥巴马先生一直积极寻求对南海这一重要商贸路线上自由航行权的捍卫,周二,他宣布了一项2.5亿美金的军事援助,以支持几个亚洲国家抵抗中国",以及"奥巴马总统于周三呼吁中国暂停在南海的建设","敦促中国停止在那里的军事活动,并认可通过仲裁程序来解决北京与其东南亚邻国之间的分歧"。

相比之下,其他国家的外交政策偏防御性,即便有反华的倾向,也只停留于媒体态度,极少会触及国家态度层面。另外,由于南海问题并不关乎英、法、加、意四国的直接利益,但却涉及四国与多国的双边关系,因而在报道南海问题时,这四国主流纸媒都避免正面报道本国政府对南海问题的态度,大多是呈现媒体自身或专家、学者的观点,这就为官方提供了缓冲空间。值得注意的是,2016年5月25日,英国《卫报》刊文《戴维·卡梅伦:中国必须遵从南海裁决》("David Cameron: China Must Abide by Ruling on South China Sea")①,称"面对白宫'过于迁就中国'的指责,英国首相表示了其自(南海)争端以来最强硬的态度,称尊重海牙的仲裁决定是至关重要的"。这一句话就向读者传达了英国政府外交政策的重要信息:卡梅伦政府近年来致力于加强与中国的友好关系,因而对南海问题时常采取较模糊的态度,但仍受制于美国的影响,在美国给予重压下,不得不对南海问题表态,即在中美阵营间抉择,最终卡梅伦政府选择了支持美国。

在研究中,笔者发现媒体态度服从国家态度的典型案例当属英国。整体上看,2010年以来,英国主流纸媒对南海问题的报道立场倾向存在一个由明显反华到逐渐收敛、相对中立的变化过程,这与近年来英国对

---

① Anushka Asthana, Justin McCurry, and Patrick Wintour, "David Cameron: China Must Abide by Ruling on South China Sea", *The Guardian*, May 25, 2016, world news.

华外交的政策走势基本一致:菲律宾单方面提出"南海仲裁"前,英国媒体亲美的意图显而易见,但随着中英两国领导人互访及中英"黄金时代"的到来,英国媒体对华的攻势便有所收敛。不过,正如时任英国外交大臣黑格(William Hague)多次强调的"美国仍然是英国实现国际目标的最强大伙伴和牢不可破之盟友",在白宫方面的多次压力下,卡梅伦政府还是发表了"中国应遵从仲裁决议"的言论。

除了报道的立场倾向外,英国主流纸媒在报道的比重倾向上也与政府的外交政策具有一定正相关性。尽管"南海仲裁案"的发起方是菲律宾,但《泰晤士报》和《卫报》对菲律宾的报道比例其实是低于对越南的报道比例的。这与卡梅伦在任期内调整对越政策、改善英越外交关系有一定联系:英、越两国于2010年建立战略伙伴关系;2011年至2015年间,英越举行了四次战略对话。

此外,笔者在进行文本分析时发现,中国在捍卫南海合法权益时一直强调和主张的历史依据在西方媒体的报道中没有出现过只言片语,可见在南海问题国际舆论博弈中,中方处于非常不利的境地,大部分时间都未能掌握议程设置的主动权。因此,中国在南海问题的"舆论战场"中也同样要因势利导,围绕中国在南海的合法权益进行更加优质有效的对外传播活动,充分利用中国对外媒体以及国际媒体发声,用对外发声的主动性来消解西方媒体新闻选择性带来的负面影响,提高我国在国际舆论传播活动当中的主动性,避免因滞后于西方媒体的片面报道而被迫应对。

第六章　建构领袖形象与介入西方国家的政治外交:比较分析[①]

在当今全球化、信息化的时代里,大众传媒与国家领袖之间的关系越来越紧密。随着通信技术的快速发展,大众传媒时刻都在有意捕捉领袖们的言语、行为乃至业余嗜好等各种可能引起公众关注的信息。国家领袖的媒介形象是该国政府形象的直接代表,极大地影响了其在处理国内外事务时的支持率和成功率。良好的领袖形象不仅能为执政党赢得支持,更有助于政策的顺利执行。特别是在国际交往的过程中,国家领袖更是该国形象的直接"代言人",是各国民众认识该国政府、民族的直接媒介,能为该国在全球范围内的威望和影响增加砝码,并为其外交战略赢得国际认同与支持。在媒体政治时代,国家领袖的社会公共形象是政府形象的"人格化"代表,对内对外都具有极其重大的意义。领袖的媒体素养和运用媒体的技巧对其形象的塑造日益重要,他们不仅要会"做事",还要会"说事",毕竟大众传媒具有一定的独立性,任何人都难以完全操控媒体所报道的内容,哪怕是西方大国领袖也需要经常迎合

---

① 本章第一、二节由林煜浩根据其硕士学位论文《媒体政治环境下当代西方大国领袖形象的建构》(广东外语外贸大学 2017 年)修改而成;第三节内容已作为专文发表,此处有修改,参见胡文涛、林煜浩:《从特朗普现象看媒体塑造政治人物形象之异同》,《当代世界》2017 年第 9 期;第四节内容已作为专文发表,此处有修改,参见胡文涛、吴茜:《特朗普的"推特执政":美国政治极化与社交媒体政治上位》,《现代传播》2019 年第 10 期。

媒体受众的需求去塑造自己的媒介形象。西方发达国家如美国、英国和法国等对这方面很早就已经开始重视,而且有不少经验和教训值得关注。西方国家领袖运用大众传媒来塑造形象,已经在他们政治生活中占据了不可替代的重要地位,对国际关系的发展也带来了重大的影响。

本章采用理论研究与实证研究相结合的方法,深度剖析大众传媒与领袖形象间的互动关系,论证大众传媒对西方国家领袖形象建构的三大主要功能:"美容师""破坏者"和"修理工"。通过整理归纳西方国家领袖借助媒体塑造形象的实践特征,对比研究传统媒体与新媒体在其中的效用,进而比较分析西方国家领袖如何运用传统媒体与新媒体塑造良好形象来争取支持,从而赢得选举、宣传政策巩固政权、增信释疑推进外交,以论证一个好的国家领袖形象所具有的人格魅力和感召力,对国民的凝聚力和政策的号召力起着不可忽视的重要作用。本章最后一节还专门以美国前总统特朗普的"推特执政"为例,进一步论证社交媒体等新媒体在西方世界政治社会中日益突出的地位和影响。

第一节 西方国家领袖形象的建构路径:
大众传媒的特殊角色与功能

本章探讨的是大众传媒视域下西方国家领袖的形象。这里说的领袖主要包括西方政治领域中具有最高代表性的总统、总理、首相等不同称谓的国家和政府首脑。而这里的大众传媒指的是广播媒体、印刷媒体、数字媒体、网络媒体和户外媒体等面向并能影响广大受众的传播媒介。[1] 本章

---

[1] Kishore Chakraborty, "Cultural Diplomacy Dictionary", *Institute for Cultural Diplomacy 2013*, p. 64, http://www.cd-n.org/content/pdf/Cultural_Diplomacy_Dictionary.pdf.

主要研究的西方国家则是指美国、英国、法国、德国等当今西方世界主要的工业强国,这一选择是基于这些国家的传播体系相对发达,政府的媒体公关经验更为成熟的客观条件。

一、"美容师":塑造领袖良好形象

媒体之所以可以有效美化领袖的形象及其社会评价,主要是由于一般民众对信息处理的能力并不是很高,因而他们通常会通过直观的音像信息或图文符号来节省形象认知过程中所需要的时间和体力。[①]因此,大众传媒通常被称作是政治家的"美容化妆师",能够有选择性地、高强度地凸显政治家们在社会公众中的某种形象。媒体对领袖形象的塑造是一门别出心裁的"建筑艺术",往往会建构出不同的领袖形象特征来向民众传达特定的信息:比如通过不断弘扬领袖强大的领导能力来向民众证明这位领袖是值得信任的;又比如通过凸显领袖对某一社会问题的热切关注来让民众觉得这位领袖也在关心平民百姓的生活疾苦,并在努力为他们排忧解难;等等。[②] 在过去纸媒体的时代中,报纸期刊就通过刊登国家领袖的正面新闻、社评和卡通漫画来塑造他们良好的形象。[③] 虽然个人的形象难以被完全建构出来,比如性别、年龄这些都是不太可能改变的,但是很多形象特征都是可以通过媒体对其

[①] M. McCombs, J. P. Llamas, E. Lopez-Escobar, and F. Rey, "Candidate Images in Spanish Elections: Second-level Agenda-setting Effects", *Journalism & Mass Communication Quarterly*, Vol. 74, No. 4, Winter 1997, p. 74.

[②] Stephen J. Wayne, *The Road to the White House, 2004: The Politics of Presidential Elections*, Cambridge, MA: Wadsworth Publishing Company, 2004, pp. 204-206.

[③] Jody C. Baumgartner, Peter L. Francia, *Conventional Wisdom and American Elections: Exploding Myths, Exploring Misconceptions*, Washington, D. C.: Rowman & Littlefield, 2016, p. 129.

处事风格和兴趣爱好等进行选择性的解释和巧妙的陈述来加以调整：克林顿从阿肯色州到乔治敦大学、牛津大学和耶鲁大学的教育背景就被大众传媒美化成一条精英路线或"穷小子"的奋斗历程。① 现在越来越多的国家领袖则高度重视自己在媒体上展现的衣着形象，并且还将此看作是提升他们支持率的一个重要加分项，而媒体在其中的作用就是通过深度聚焦来凸显这一点。《卫报》曾经专门统计过，德国总理默克尔在每一次出镜亮相的时候，穿的基本都是一套V领西装，只是颜色不一样而已，从而为她塑造出一个简单朴素的领袖形象。② 又比如在伊拉克战争期间，美国媒体经常会将小布什身穿迷彩服会见美军将士的画面加以定格报道，从而以这种精神干练的"战时总统"形象鼓舞军队的士气，也坚定了人们反恐的决心。形象与声望是领袖从政的资本，因而通过媒体塑造良好的个人形象对领袖极其重要。③ 有学者曾针对1988年的法国总统大选研究后指出，密特朗（François Mitterrand）的获胜完全是个人形象的成功，这是因为媒体报道他的广告凸显了其几乎无党派的"平静的力量"，而从未提及他的社会党背景或任何的其他意识形态色彩。④ 美国第26任总统西奥多·罗斯福也在1898年美西战争期间专门让两家电影公司到古巴为其拍摄自己在现场英勇指挥的影片，从而向民众直观地展现其英雄形象。⑤ 在美国经济大萧条和第二次世界大战时期，美国很多媒体都有意不去报道富兰克林·罗斯福

---

① P.埃瑞克·洛:《西方媒体如何影响政治》,陈晞、王振源译,新华出版社2013年版,第236页。
② 雷蕾:《各国领导人着装背后的政治密码》,《领导文萃》2016年第17期。
③ 张欢欢:《论自媒体对国家领导人形象的塑造》,《新闻研究导刊》2015年第8期。
④ D. S. Bell, Byron Cridle, "No Majority for the President: the French Legislative Elections of June 1988", *Parliamentary Affairs*, Vol. 42, No. 1, 1989, p. 42.
⑤ 海瑞克·史密斯:《权力游戏》,刘丹曦等译,中国言实出版社1997年版,第336页。

(Franklin Roosevelt)因下肢瘫痪而坐轮椅的形象,甚至有些站立的照片都是经过加工处理的,为的就是塑造总统健康的形象来增添民众的信心。现在的网络新媒体更是以其特有的互动传播方式,在建构领袖开明形象方面凸显功效。美国前总统奥巴马上任前就在社交网站(Facebook)、视频网站(YouTube)、图片共享网站(Flickr)和微博网站(Twitter)等网络平台建立了个人账号,然后依靠专业团队"亲自"向群众展示其个人魅力、执政理念和家庭近况等一些普罗大众都比较感兴趣的话题,从而以这种既快捷又低成本的方式拉近了与普通民众的距离。[①]

二、"破坏者":颠覆领袖以往形象

大众传媒除了可以有效塑造西方国家领袖的良好形象外,有时还可以损坏甚至摧毁他们以往的形象,尤其在他们陷入丑闻、权力斗争或社会危机的时候,各路媒体就会蜂拥而至,哪怕是之前很有威望的领袖也会在各种强势围攻下身败名裂。

美国前总统林登·约翰逊(Lyndon Johnson)就是在媒体持续谴责其发动越战的背景下狼狈地放弃了连任;"水门事件"后,尼克松也在媒体的"围剿"中下台;克林顿也在外遇、逃兵役、吸大麻等议题中遭到了媒体的围攻,特别是与莱温斯基(Monica Lewinsky)的绯闻更是让克林顿被媒体羞辱了整整大半年的时间。[②] 特别是在这起众所周知的克林顿性丑闻事件当中,虽然一开始大多数民众都认为这种你情我愿的男

[①] Doris A. Graber, *Mass Media and American Politics*, Washington, D.C.: CQ Press, 2009, p.194.

[②] Doris A. Graber, *Mass Media and American Politics*, Washington, D.C.: CQ Press, 2009, p.194.

女关系只是当事人之间的个人隐私而不是一种需要讨论的社会公共事件,但是自新闻媒体详尽报道该事件相关细节后,大家对克林顿的负面评价就开始逐渐增多,克林顿的民众支持率亦随之下降。同样的,在《纽约邮报》于1952年曝出当时正在参选副总统的尼克松曾私下收受多名加州富豪的巨额贿赂后不久,多家报刊以迅雷不及掩耳之势转载这一消息,极大地颠覆了尼克松之前的形象,引起了全美民众的强烈不满。[1] 此后,尼克松还曾被《华盛顿邮报》描绘成一个令人厌恶、假装虔诚的政治恶棍形象,并且故意在狂热的民众面前装作一副平息骚乱的模样,这些漫画形象几乎主导了20世纪50年代美国民众对尼克松形象的基本看法,最终导致尼克松在第一次总统竞选中失利。[2]

在美国总统选举历程中,有无数经典的竞选广告出现电视荧幕前,但要数"破坏性"最强的莫过于林登·约翰逊团队制作的"雏菊"广告。在这则电视广告中,有一位小姑娘在数着手上的雏菊花瓣数,数着数着镜头突然停止并不断放大到她的眼球,从中只见核弹爆炸时的震撼场景。[3] 这则广告意在呼吁民众不要投票给声称支持核武计划的候选人戈德华特(Barry Goldwater),同时烘托出他可能发动核战争的恐怖形象。1992年美国大选的时候,克林顿团队投放得最为频繁的电视广告内容则是竞争对手老布什之前向公众承诺不会增税的讲话,该广告最后的画外音是在问民众四年后的现状如何。由于老布什执政时期美国经济发展不景气,导致他只能违背之前的承诺向民众增税,因此这个广

---

[1] 林宏宇:《白宫的诱惑:美国总统选举政治研究(1952—2004)》,天津人民出版社2006年版,第128—161页。
[2] 倪炎元:《公关政治学:当代媒体与政治操作的理论、实践与批判》,商周出版社2009年版,第119页。
[3] Darrell M. West, *Air Wars: Television Advertising in Election Campaigns, 1952—2004*, Washington, D.C.: CQ Press, 2005, p.3.

告不仅批评了老布什的经济政策,而且还让人觉得他是不可信任的,使他个人的支持率也随之大幅下降。① 以前西方世界的政治广告主要都是大力夸耀执政党的杰出政绩和资本主义的优越性,现在却变成了敌对政客之间相互攻击的常用工具,比如在 2012 年的美国大选中,奥巴马的竞选广告经常是批评罗姆尼的奢侈作风,罗姆尼的则是把奥巴马刻画成"社会主义狂热分子"。

除了电视广告以外,现在西方越来越多的政治攻击还会直接通过社交媒体来抹黑对方。在 2016 年 8 月份的时候,特朗普的推特就上传了一张希拉里需要人帮忙扶她上台阶的图片。尽管希拉里的年纪比特朗普还小,不过这张图片经过大量的转发以后,网民们更加担心的反而是希拉里年老体衰、力不从心的情况发生。② 后来还有不少媒体"揭露",希拉里在公开场合多次使用替身,并把"替身演员"的"真实图片"也放出来进行对比,这些报道虽然始终未得到证实,却仍让不少民众感到遭受希拉里的欺骗,还让他们更加怀疑其身体状况是否能够胜任国家总统一职。不过在与希拉里竞选期间,特朗普也曾被多次批评其侮辱女性的言论,虽然这些言论是他在 2005 年参与电视节目时录制的,但在 2016 年大选期间被《华盛顿邮报》披露后马上受到了民众特别是女性选民们的强烈谴责,甚至其共和党内也有不少人要求他退出选举。到了 2017 年 3 月 17 日,德国总理默克尔出访到美国并首次与特朗普在白宫出席记者招待会,当时场上一名记者让两人握手合影,默克尔主动向特朗普询问却没有得到他任何的回应。这一举动不仅被媒体拍摄

---

① 林宏宇:《白宫的诱惑:美国总统选举政治研究(1952—2004)》,天津人民出版社 2006 年版,第 163 页。
② 徐剑梅:《解局 | 希拉里 vs 特朗普 = "媒体宠儿"vs"超级网红"》,新华网,2016 年 11 月 8 日,http://news.xinhuanet.com/world/2016-11/08/c_129355435.htm。

到,还被广泛报道和解读,使美德关系因特朗普这一不友善的举止又蒙上了一层阴影。无独有偶,德国前总理赫尔穆特·科尔(Helmut Kohl)曾经在视察原东德地区时,被一名社会青年扔鸡蛋还刚好砸中头部,使他不顾一切马上就冲上去跟那个人大打出手,这一过程不仅被各大媒体迅速拍了下来,而且还把他的每个动作一一拆解来加以嘲讽,让人们觉得他像一个抓狂的"疯子",而不再是一名国家最高领导人,从而极大损害了其政治形象。①

此外,在竞选过程中,媒体还经常会在竞选人的姓名前增添不同的定语,比如"深谋远虑的""缺乏领导力的"或"经验丰富的"等等。假如一名竞选人经常被大众传媒冠以"缺乏领导力"或"不被看好"的个人称谓,他将会难以获得选民的支持和最后的胜利。②

三、"修理工":修复领袖受损形象

根据形象修复理论的相关解释,领袖出现形象危机的时候可以通过大众传媒来采取五种方法予以修复,分别是规避责任、修正行为、转移否认、消减敌意和忏悔道歉。③ 历史也充分证明,西方国家领袖一直在设法掌控大众传媒,努力缩小与传媒间的距离,并利用各种媒介渠道及时修复之前受损但还未全部损坏的个人形象。

在1952年尼克松秘密收取经费事件被曝光后的第五天,他就通过电视直播的方式眼含泪水地向民众述说称自己家庭以前虽然比较贫

---

① 王欣:《塑造领导干部的媒体形象》,《办公室业务》2016年第8期。
② 惠耕田:《美国选举政治中的媒体因素》,《国际关系学院学报》2000年第4期。
③ William L. Benoit, "President Bush's Image Repair Effort on Meet the Press: The Complexities of Defeasibility", *Journal of Applied Communication Research*, Vol. 34, No. 3, 2006, pp. 285-306.

穷,但到现在都很喜欢那种简单朴素的生活,而且还多次表示在长大以后是靠自己持之以恒的顽强拼搏而不是通过收受贿赂才有今天的成绩。① 数千万美国民众透过电视看到他这一深情表演之后,受感动而选择暂时宽恕他,并在心中重新树立了尼克松崇尚简朴且积极向上的个人形象。类似的案例还有在1992年的克林顿性丑闻事件中,克林顿就多次成功利用大众传媒及时修复了自己之前受损的形象。当民意调查显示他因形象问题而支持率有所下降时,电视访谈小组就"发现"并报道了他童年生活贫苦,以及之后如何奋发图强的励志经历,从而将热点话题向其他领域转移。② 而在他刚开始被国会弹劾的时候,电视新闻就捕捉到他与女儿切尔西以及妻子希拉里一起手牵手出游的温馨画面,该新闻播出不久之后弹劾方案的支持率就开始下降,同时克林顿的支持率也竟然保持不变甚至还略有上升。③ 当美国《明星报》披露克林顿曾与女歌星珍妮弗·弗拉沃斯(Gennifer Flowers)有过长达12年的不正当关系时,他就马上接受了哥伦比亚广播公司《60分钟》节目的电视专访,及时澄清了彼此之间的关系,并公开承认与希拉里曾经有过感情裂缝,不过现在经过双方的共同努力已经和好如初了。④ 随后克林顿女儿当众拥抱了他,民众也愿意饶恕他,并把他们在电视上看到的一切解读为真诚的忏悔和对家庭的关爱。⑤

美国前总统小布什也同样利用大众传媒的强大力量成功修复了自

---

① 林宏宇:《白宫的诱惑:美国总统选举政治研究(1952—2004)》,天津人民出版社2006年版,第157页。
② W. L. Bennett, *The Clueless Public: Bill Clinton Meets the New American Voter in Campaign "92"*, Boulder, CO: Westview Press, 1995, p.108.
③ 王永亮、郭晓明:《可载舟亦可覆舟——美国媒体对总统形象的影响》,《视听纵横》2001年第1期。
④ 胡爱清:《美国总统竞选进程中的新闻媒体作用评析——以1992年美国总统竞选为例》,《东南亚纵横》2005年第8期。
⑤ 哈里斯:《媒介心理学》,相德宝译,中国轻工业出版社2007年版,第234页。

己之前受损的形象。在小布什刚上任的几个月内,他常常让人看起来感觉缺乏自信,还有不少新闻照片都抓拍到了他"就像受惊的麋鹿在车灯前无所适从的样子",但在没过多久之后,布什就身着战斗机飞行员装现身于"亚伯拉罕·林肯号"航母的飞机驾驶舱内。① 他这一威风凛凛的瞬间经过各大媒体多次报道之后,彻底改变了民众对其的看法,也重塑了小布什强而有力的领袖形象。

同样在2016年8月份的时候,希拉里出现在一个电视访谈节目上,并公开向民众澄清了自己的身体状况:通过随手打开了一个金属罐头以显示自己虽然年纪稍大,但仍旧精力十足的样子。针锋相对的,当《华盛顿邮报》爆出特朗普侮辱女性言论后没多久,他就马上在推特和脸书上就个人的相关言论发布了道歉视频,并誓言以后一定会做一个"更好的人"。通过互联网的快速传播,这段视频在脸书上获得了四十多万个点赞和两千多万的点击观看人数。他还曾利用推特及时否认了《纽约时报》说他要让更多的国家拥有核武器的报道,从而让自己"口无遮拦"形象的影响最小化。被称为"推特总统"的他充分利用社交媒体即时性的特点,针对竞选对手和外界的批评及时展开反击与澄清,在短时间内让个人形象的受损程度和影响范围降到最低。

素有"铁娘子"之称的英国前首相撒切尔夫人,也曾经言辞犀利且咄咄逼人,一开始就让人敬而远之。但是,经过她的形象顾问指导之后,撒切尔夫人在接受媒体采访时都会有意识地放慢语调并让自己的坐姿前倾,从而通过媒体修正了自己之前盛气凌人的个人形象。

当然,尽管大众传媒具有强大的形象修复功能,但是鉴于领袖形象稳定性的特征以及之前受损的程度和持续的时间,媒体对曾经受损的

---

① P.埃瑞克·洛:《西方媒体如何影响政治》,陈晞、王振源译,新华出版社2013年版,第137—138页。

领袖形象的修复效果往往是有限的。这就像摔坏了的镜子一样,虽然可以重新粘合起来照到人的整体相貌,但是如果上面的裂痕越大或者越多就越难以修复得无影无踪。

第二节　传统媒体与新媒体在西方国家领袖形象建构中的对比

现在的民众已经普遍对传统媒体和新媒体不再陌生,学者们也基本认为这两者是一个相对的概念,比如当广播出现以后,报纸就成了传统媒体;电视出现以后,相对于广播和报刊就是一种新媒体;以此类推。随着信息科技的迅猛发展,当前世界已经进入了计算机互联网时代。因此,现在人们所说的传统媒体一般指的是包括报纸和期刊在内的印刷媒体以及广播和电视;①而新媒体则是指基于数字信息技术,可以突破地理空间限制即时进行互动式传播的新型媒体,通常包括了网络电视、社交媒体、手机及平板移动端传媒等媒体形态。② 在西方政治人物形象塑造方面,新媒体虽更为快捷、直观,但容易失真和滋生民粹主义。而传统媒体虽更为权威、理性,却往往不够及时和多元化。社会基础和价值理念不同的这两类媒体在复杂的西方政治生态中对政治人物的塑造表现出鲜明的差异性,并呈现出一种博弈与平衡的态势。本节拟围绕信息传播的一般路径,即从传播主体发布内容到媒体受众获取信息,比较分析在这传播过程中传统媒体与新媒体在建构西方大国领袖形象方面的异同以及作用。

---

① 王毅夫:《新媒体与传统媒体的角色比较》,《科技传播》2010 年第 4 期。
② 李钟隽:《新媒体与传统媒体的互动与融合》,《学术交流》2010 年第 5 期。

一、传播主体及其角色功效

首先,在西方大国里面,传统媒体与新媒体分别具有不同的政治和经济背景,使得各自拥有不同的传播主体并在传播中扮演着独特的角色。一般而言,传统媒体的所有者相对较为单一,不是政府机构就是大型财团。例如,全球最大的广播机构之一的 BBC 以及西方四大通讯社之一的路透社都是受英国政府资助甚至控制的;四大通讯社中成立时间最早的法新社(AFP)也是以法国政府和国有企业购买服务的方式作为主要的经费来源;美国著名的《纽约时报》则与洛克菲勒财团有着紧密的利益联系。[①] 因此,在报道本国最高领导人的时候,这些传统媒体除了考虑市场需求以外,报道内容难免会带有官方的色彩并不得不去维护本国自身的利益。[②] 这些由西方政府和利益集团主导的传统媒体,往往在整个传播体系中充当着"守门人"的角色,时刻严格把控着涉及国家领袖等政治信息的传播过程,尽量确保信息来源的真实性和权威性,并把一切可能危及社会稳定和市场经济平稳运行的负面信息扼杀在源头,使其影响范围及危害程度降到最低,从而更加有效地掌控民意、加强统治和促进发展。传统媒体也因此成为政府部门建构和维护本国领袖良好形象的最主要工具,而且经常通过跟踪搜集和深度分析国内外的新闻资讯,可以及时为政府提供社会热点和民意偏好,然后为国家领袖下一步更好地制定形象公关对策提供重要的决策参考。[③] 纵观当今的西方大国,传统媒体

[①] 郑保勤:《西方四大通讯社现状》,《国际新闻界》1996 年第 6 期。
[②] 刘琳:《四大通讯社是私营的世界新闻批发商》,《国际新闻界》1989 年第 1 期。
[③] 赵鸿燕、林媛:《媒体外交在美国的表现和作用》,《现代传播》2008 年第 2 期。

在领袖形象的塑造与传播方面仍然占据主导的优势地位,并在面对各种重大事件的时候能够直接成为领袖的"代言人",向广大民众有效传播领袖的声音,从而实现良好的舆论引导效果。不过,为了确保政治信息的权威性和准确性,传统媒体的传播主体会通过一系列流程对信息进行"人为过滤",使所有与领袖相关的报道整体显得不太完整,也较为滞后。

与之相对,不依赖于政府资助的新媒体的传播主体则更为多元化,不仅包括各类型的企业和政府机构,还有国内外非政府组织和数量庞大的网民用户。由于各自具有不一样的立场和价值观,这些传播主体在表达对国家领袖看法的时候自然会有不同的声音和价值取向,所以新媒体很难像传统媒体那样经常以权威、统一的声音为领袖控制舆论导向,但是可以在多种传播主体所产生的舆论场中以强大的个体力量建构自己或影响别人心中的领袖形象。对比传统媒体所有者的"守门人"角色,脸书等新媒体用户也能够随时掌控个人所发布的政治信息,比如对其进行更新、删除或发表评论,从而打破了之前传统媒体对公开信息的限制;同时通过管理好友名单或设置消息可见对象等方式,可以让每一个传播主体都能成为信息的"守门人"。不过,在需要塑造或维护领袖良好形象的时候,这种把关角色的作用远远比不上传统媒体。无论信息是真是假,西方大国的新媒体用户随时都可以任意制造并公开传播任何不利于领袖形象的消息,很容易让各种谣言和不当言论传播得更加迅速,这不仅会严重破坏领袖的形象,而且在一定程度上还会加剧社会的误解与冲突。① 毕竟不管谁在新媒体上发表什么样的信息,

---

① Victoria A. Farrar-Myers, Justin S. Vaughn, *Controlling the Message: New Media in American Political Campaigns*, New York: NYU Press, 2015, p.113.

都可以设法隐藏他们的真实姓名、年龄、性别和住处等等。① 新媒体传播主体良莠不齐又很难加以有效监管,使公众舆情变得更加难以被政府控制和预测。因此,如果发现领袖在公开场合的表现稍有不妥,网民们就会迅速对其进行转发和评论,使其影响的程度和范围都会被无限扩大。比如美国第 45 任总统唐纳德·特朗普在 2016 年 12 月的时候,曾经在推特上使用了"unpresidented"一词,但是,英语中并没有"unpresidented"这个单词,他也在几十分钟后把它改成正确的拼写"unprecedented",来表示"史无前例"的意思。然而就是在这短短的几十分钟之内,该信息不仅被不少国内外网民关注到,而且还把它截图并评论特朗普也很"unpresidented",即讽刺其竟然连英文单词都拼错,确实"不像是总统"。不过此事也从另外一个角度反映出,作为后起之秀的新媒体不用像传统纸媒体那样需要经过校对、排版和印刷等一系列程序,也不用像电视传媒那样需要专门选择一个节目和播放的时间,极大地减少了领袖形象传播的层级和用时,还可以毫无保留地让各种传播主体的声音在最短时间内无限传播开来。②

不过除了上述具有党派斗争性质的形象美化、破坏和修复外,在西方大国的传播体系也同样保有其为"监督者"的公益身份,如果发现并核实领袖有贪污腐败或滥用职权等严重违法行径的时候,不管是传统媒体还是新媒体都会以"监督者"的身份,毫不留情地将领袖的违法犯罪记录予以及时曝光,从而起到增加政府透明度和约束领袖公开言行的重要作用。哪怕是具有一定政治倾向的传统媒体,也不得不遵循这

---

① 安东尼·吉登斯:《社会学(第 4 版)》,赵旭东等译,北京大学出版社 2003 年版,第 597 页。
② 潘祥辉:《去科层化:互联网在中国政治传播中的功能再考察》,《浙江社会科学》2011 年第 1 期。

一基本的职业守则,以相对严谨的态度还民众一个真相。①

二、传播内容及其作用效果

在建构西方大国领袖形象的时候,传统媒体中的报纸杂志除了可以利用文字进行详尽的描述以外,还能够利用各种各样的照片、漫画或图表等形式从不同的角度报道国家领袖的相关内容,使民众对其认识变得深刻和具体。

此外,广播和电视也是现在人们日常生活中接触最多的传统媒体,这两者相对于纸质的内容更容易让社会公众直观地感受到领袖的言语和行动,从而使公众更加轻松和全面地认知领袖的形象。具体而言,广播媒介可以有针对性地凸显领袖的讲话内容和思路逻辑,并能够让听众通过语音语调的高低起伏来感知到领袖的态度,从而不用像纸媒体那样耗费印刷和派发的时间就能够将领袖的话语原汁原味地传达给民众,也突破了纸媒体以文字为主的内容限制以及发行区域和数量的限制。当然,这种媒体形式因为没有图像,而给人们一种只闻其声、不见其人的抽象效果,仍有其不足;相对的,电视媒介就可以通过声像传播的方式,在塑造和传播领袖形象的时候弥补了之前报纸和广播在传播内容上的缺陷,使国家领袖的形象在活灵活现的电视画面中变得更加生动和丰富,从而吸引到更多民众的关注并深化他们对领袖的认识。

比如当民众在电视上看到美国前总统艾森豪威尔(Dwight Eisenhower)1952年在自己故乡宣布参加选举的时候,人们很快就认识到他

---

① 薛磊:《特朗普当政与美国的"非信息"时代》,上海国际问题研究院网,2017年1月20日,http://www.siis.org.cn/Research/Info/3919。

虽已身居高位,但却没有忘本并誓言会改变乡村的贫困现状,这种通俗易懂的形象特征通过电视生动的画面,更能够使人印象深刻。[1] 当然,即使这些不同类型的传统媒体有着不一样的传播效果,但它们所发布的政治内容主要还是来源于官方渠道如政府召开的新闻发布会或记者招待会等等,其可信度往往比一般新媒体用户发布的更高,也普遍更为理性且不会带有太多的个人主义或民粹主义色彩。另外,虽然新媒体上面的内容能够反映个人的观点,但是这些观点几乎都是被传统媒体的相关报道所驱引的。[2] 也就是说,人们一般是在传统媒体上看到相关的内容如领袖的电视讲话或政治广告之后,才会就其中的内容在新媒体上发表个人的看法,而很少也很难无中生有地去成功刻画出比较具体的领袖形象。不过,由于越极端、越骇人听闻的内容反而更容易吸引到更多的眼球,当下越来越多的传统媒体为了满足人们普遍存在的猎奇的心理,正在逐渐降低内容的权威性和中立性,而偏向于报告更多让人"眼前一亮"的内容。[3] 现在的领袖也深谙此道,并借此建构出与众不同的形象特征。例如特朗普就没有受既定的政治规范所约束,经常凭借夸张的表情和口无遮拦的偏激性言论,引起大量民众的关注,也自然而然让他成为各大媒体的报道焦点,从而免费让他的相关内容频繁地出现在各大新闻头条或头版的位置上。[4]

随着当今互联网发展的日新月异,任何人都可以拥有自己专属的博客和网站等新媒体,并且能够随时在上面发布任何有关国家领袖的

---

[1] 林宏宇:《白宫的诱惑:美国总统选举政治研究(1952—2004)》,天津人民出版社2006年版,第37页。

[2] Victoria A. Farrar-Myers, Justin S. Vaughn, *Controlling the Message: New Media in American Political Campaigns*, New York: NYU Press, 2015, p.140.

[3] 徐剑梅:《解局丨希拉里 vs 特朗普="媒体宠儿"vs"超级网红"》,新华网,2016年11月8日,http://news.xinhuanet.com/world/2016-11/08/c_129355435.htm.

[4] 胡瑛、陈力峰:《美国总统大选的新媒体传播策略》,《新闻战线》2016年第15期。

内容,然后通过相互转发、评论和点赞等方式在网民群体中建构出不同的领袖形象。虽然在鱼龙混杂的网民群体中这些内容参差不齐且真假难辨,但是有官方背景的新媒体如领袖个人的网页或博客上发表的内容,不仅可以代表领袖的立场,还可以转达民众的心声。比如在2012年美国总统大选的时候,奥巴马的个人博客中就有高达42%的内容是从一般民众中得来的,然而另外一位竞选人罗姆尼在其博客上只有2%的内容是来源于民众,二人对个人博客的利用直接影响到了最终的胜负。① 四年过后,这一内容比例在2016年的美国大选中更是突飞猛进。特朗普的个人推特上78%的转帖内容都是来自网民的原创内容,他对这类型内容的转帖量比其他候选人都要多,网民们围绕特朗普发的内容所进行的评论也是最为频繁和密集的。② 特朗普的这种做法在他当选后仍然继续沿用,这就让民众觉得他们的意见受到了国家最高领导人的充分重视,而不用再像以前那样需要在传统媒体上购买一个版面或栏目才能以公开署名的形式向领袖表达个人的想法。这既提升了网民们的社会认同感,也塑造了特朗普"亲民"的公众形象。同时,与传统政客希拉里的官腔相比,特朗普在推特上的各种嬉笑怒骂以及比如"更多就业,更高薪资"(strony employment, wage growth)之类的"接地气"言论,更能够让人记住且容易被普通民众所接受。③ 当前西方大国领袖的官方公关团队一般会在新媒体上以言简意赅的文字再配上相关的图片或视频来即时报道领袖个人的最新动态,比如美国前总统奥巴马的公关团队曾既在图片网站Instagram上分享奥巴马个人和家庭的照片,

---

① 高金萍:《美国大选信息传播的"变"与"不变"》,《新闻记者》2016年第11期。
② Pew Research Center, "Election 2016: Campaigns as a Direct Source of News", July 18, 2016, http://www.journalism.org/2016/07/18/election-2016-campaigns-as-a-direct-source-of-news/.
③ 张惠辛:《第一位移动互联网总统特朗普的营销启示》,《中国广告》2016年第12期。

又在视频网站 Youtube 上发布政治广告并举行直播节目,而且还在社交网站脸书上第一时间发布过政令,从而为自己塑造出平民化的领袖形象。① 同时,为了更加有效地塑造这种形象,奥巴马还会根据网民提出和关心的问题,及时在各种新媒体上发布相关内容来与网民进行互动交流。② 另外,他还通过大数据的信息收集方式,根据民众的不同偏好向目标人群的手机等移动端和电子邮箱定期推送专门定制的视频和文本链接,从而以一名"平民总统"的身份向民众传播更加贴近个人实际需求的内容。③ 不管是面对本国民众,还是面对不同的国家或民族,日新月异的新媒体可以同时整合文字、图片和视频三种不同类型的内容,生动形象地全面展现出国家领袖的个人形象,这样既能减少跨文化传播过程中的文化误读,又能够强化人们的文化认同感。④ 与此同时,新媒体凭借多样化的信息内容更容易塑造出生动有趣的领袖形象来满足社会公众的娱乐心态。⑤ 另外,当领袖需要澄清真相来修复形象的时候,新媒体一般用几句话或再配上几张图就可以将事情大概说个明白,从而在事情严重恶化之前予以及时修复。而传统媒体则习惯于通过大量的佐证内容来试图说服不同类型的民众,这样反而增加了民众要处理的信息量及所需要耗费的精力,最终使领袖形象的修复效果大打

---

① 朱源:《新媒体语境下国家领导人公共形象的塑造》,《传播与版权》2016 年第 2 期。
② Victoria A. Farrar-Myers, Justin S. Vaughn, *Controlling the Message: New Media in American Political Campaigns*, New York: NYU Press, 2015, p. 46.
③ 周敬青主编:《国家治理视角下的中外政党比较研究》,上海人民出版社 2015 年版,第 20 页。
④ 王海迪:《新媒体环境下国家领导人形象的跨文化传播策略》,《新闻世界》2015 年第 8 期。
⑤ 刘晶:《论国家领导人形象的柔性传播》,《中州学刊》2017 年第 2 期。

折扣。①

在报道领袖相关内容的时候,传统媒体和新媒体都具有各自不可替代的独特优势,所以现在越来越多的人会把两者充分融合起来继而扬长补短。例如,他们会在报刊尾页或电视广告中嵌入自建的新媒体账号及相关内容链接或二维码,以及在脸书或推特上发布内容时直接截取引用电视节目或报纸上的相关片段。这样不仅能够使内容变得更加完整和具有说服力,也能够让民众更加全面和深入地了解国家领袖的"实际形象"。

三、媒体受众及其影响力

虽然在传播内容方面,新媒体可以同时涵盖报刊的文字、广播的声音和电视的图像,但是目前仅凭丰富多样的内容仍旧不能广泛深刻地影响到人们对领袖形象的认知,受影响的人群也比较集中。这一点与不同媒体的受众分布以及他们的使用习惯息息相关。在进入互联网时代特别是社交媒体出现之前的很长一段时间里,大多数的民众都是从传统媒体上了解国家领袖的相关动态。而即便现在有了各种新媒体,大部分中老年人都没有全部使用过,且即便接触也为时不久,对很多功能都不太熟悉:年纪大一点的民众甚至连网页的登录和账号的开通都不大会,更不用说让他们成为某位领袖的"粉丝"来关注或订阅领袖在上面发布的内容。同时他们也早已习惯了从传统媒体上获取日常资讯,而且都普遍认为传统媒体上的政治信息才更为可靠和有深度,这

---

① Victoria A. Farrar-Myers, Justin S. Vaughn, *Controlling the Message: New Media in American Political Campaigns*, New York: NYU Press, 2015, p. 2.

种认识已经深深地扎根在他们脑海里。因此,他们对各种新媒体的认同度都比较低甚至不会主动去关注上面的内容,而只是满足于每天可以从传统媒体上获悉权威的新闻资讯就足够了。由于传统媒体是一种一对多的单向传播模式,这部分受众获取信息后很难马上作出相应的反馈,因而不利于领袖更好更快地塑造出大家都喜闻乐见的个人形象。

而新媒体的受众则主要集中于年轻的一代,他们对新生事物有天生的好奇心和推崇心理,并且追求标新立异,所以他们不会对传统媒体保持着很高的忠诚度和依赖感,而会喜欢在自由的时间内选择自己感兴趣的媒体和关注的内容,并希望能够随时随地与更多的人分享自己的看法继而获得更多人的认同。现在各种新媒体凭借多元化的信息体验和新奇古怪的逸闻趣事,让大批志趣相投的年轻受众迅速集结在一块,也吸引了部分愿意接受新鲜事物的老一辈人去关注和使用。[1] 在新媒体日益发达的互联网时代,媒体受众们更偏重于碎片化的信息、快餐式的文化,而越来越不愿意被迫从单方面获取信息,反而更加渴望能够站在平等的地位上进行人与人之间的互动以提升自己的存在感,同时也更认可那些会使用新媒体与他们拉近距离而非一直高高在上的国家领袖。[2] 事实也充分证明,哪一位领袖能够有效满足媒体受众的这种新需求,他就能够为自己塑造出一种新时代领袖的先进形象,从而赢得更多人的认可和支持。

在2016年的美国大选中,特朗普之所以能够在各种传统媒体都不看好的情况下顺利赢得选举,正是归功于他对新媒体的充分运用以及

---

[1] 刘建新:《从2008年美国大选看新媒体"霸权时代"的来临》,《今传媒》2009年第1期。

[2] 刘晶:《论国家领导人形象的柔性传播》,《中州学刊》2017年第2期。

赢得了上面庞大的受众支持。从数据上来看,截至 2017 年 3 月底,特朗普在推特上发帖数有 3.46 万条,关注的粉丝高达 2690 万,而希拉里的发帖数却只有 9828 条,关注她的粉丝也只有 1380 万。之所以产生如此差距,是因为特朗普在推特上主要通过不断发表各种争议性的言论,如扩张核武器和在美国与墨西哥边境修筑隔离墙等等,从而为网民制造了各种讨论的话题与机会,迎合了现在新媒体受众渴望向领袖和更多的人发表自己看法的需求,也为特朗普吸引了大量忠实的"粉丝"。① 同时,从竞选起至 2016 年 11 月,特朗普在脸书上已经获得了 2164 万个点赞和 990 万名粉丝的关注,并在大选期间免费获得了脸书对他高达 3.8 亿美元的曝光量,而希拉里在上面只有 1018 万个点赞和 480 万名粉丝,两人间的差距显而易见。②

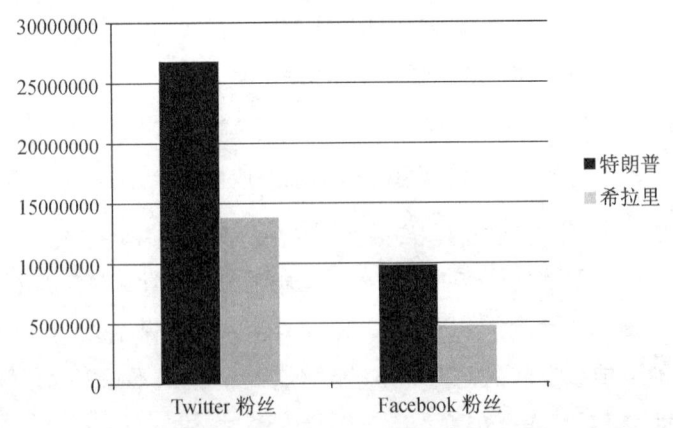

图 6-1　特朗普与希拉里在推特和脸书上的粉丝数对比(截至 2017 年 3 月)

---

① 王志锋:《建构受众"取景框"》,《人民日报》2016 年 12 月 4 日第 5 版。
② 徐剑梅:《解局 | 希拉里 vs 特朗普 = "媒体宠儿" vs "超级网红"》,新华网,2016 年 11 月 8 日,http://news.xinhuanet.com/world/2016-11/08/c_129355435.htm。

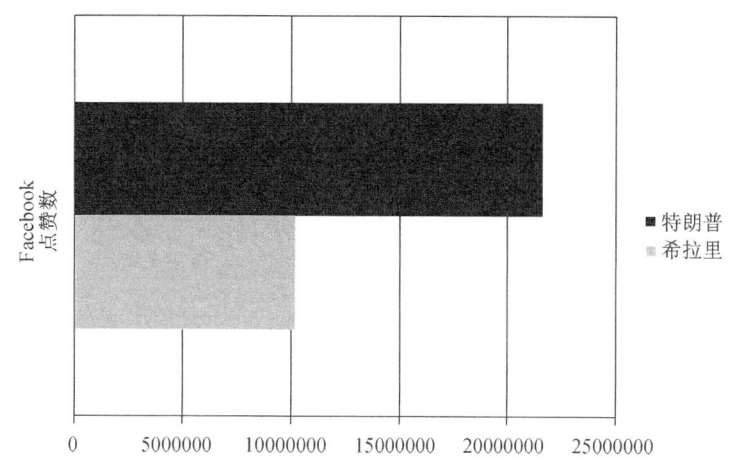

图 6-2　特朗普与希拉里在脸书上获得的点赞数对比(截至 2016 年 11 月)

著名的民调机构皮尤研究中心也通过民意调查结果证实了在近五次美国总统大选中,选民们在 2016 年通过社交媒体获取大选资讯的人数比例远远超过了其他传统媒体。[①] 在特朗普与希拉里进行第二次电视辩论的时候,Youtube 通过网上视频直播的方式吸引了高达 1.24 亿民众的关注,然而坐在电视前观看的民众却只有 6300 万人。[②] 可见,随着科技的进步和人们生活方式的逐步改变,传统媒体受众正不断流失到新媒体中去,因此领袖在建构个人形象的时候也越来越注重新媒体的运用及其作用。

总体而言,领袖形象塑造的效果既与传播主体和传播的内容有关,

---

① Pew Research Center, "Candidates' Social Media Outpaces Their Websites and Emails as an Online Campaign News Source", July 5, 2016, http://www.pewresearch.org/fact-tank/2016/07/20/candidates-social-media-outpaces-their-websites-and-emails-as-an-online-campaign-news-source/.

② 徐剑梅:《解局 | 希拉里 vs 特朗普 = "媒体宠儿" vs "超级网红"》,新华网,2016 年 11 月 8 日,http://news.xinhuanet.com/world/2016-11/08/c_129355435.htm。

也与媒体受众的多少和使用习惯密切相关。传播的主体、内容与受众三者之间是相互联系、相互制约的,而又因传统媒体和新媒体的特性而各有不同。

第三节　西方国家运用大众传媒塑造国家领袖形象的方法与经验

纵观西方媒体政治发展历程,大国领袖运用大众传媒塑造个人形象,主要是出于以下三个政治目的:第一,在选举过程中赢得支持;第二,在上任执政后巩固政权;第三,在对外交往中增信释疑。这三个目的在西方政治体制里最为常见。

一、借重大众传媒的力量塑造"好形象"以赢得选举

大众传媒是西方国家民众获取大选资讯的最常用渠道,人们能够借此更便捷、直观地获知竞选人的形象及其政策主张。[①] 在西方大国领袖选举中,大众传媒能够使用三种方式为候选人树立正面或负面的形象来影响大选的最终结果,这三个方式分别是调整对某位候选人新闻报道的频率、报道的侧重点以及在报道中的作者态度。[②] 一般而言,哪一个媒体更受候选人支持者的欢迎和订阅,该候选人就会在这媒体上

[①] P.埃瑞克·洛:《西方媒体如何影响政治》,陈晞、王振源译,新华出版社2013年版,第137—138页。

[②] Stephen J. Farnsworth, S. Robert Lichter, and Roland Schatz, *The Global President: International Media and the US Government*, Washington, D. C.: Rowman & Littlefield, 2013, p.134.

获得更多的报道篇幅。① 而根据传播学的"议程设置"理论,传媒对哪位候选人给予重点关注和更多的正面报道,他的知名度就会更高,对选民的影响也会更大,获胜的概率也随之提高。② 选民们往往依赖竞选者在媒体上的形象来帮助自己作出选择,尤其在那些没有拿定主意的民众中这种选择方式最为明显。大众传媒在民主选举中的作用日益突出,候选人当选与否经常与报刊、电视和网络等媒体直接相关。③ 现在的西方大国领袖选举已经变成了盛大的媒体活动,媒体报道的聚焦点已从候选人的施政纲要转移到其个人形象。西方总统选举越来越依靠"形象制胜"。④ 除了党派利益之外,选民们往往会把票投给在个人性格、家庭生活以及在电视屏幕上表现优秀和有号召力的候选人。⑤ 实际案例也充分证明,领袖个人形象与人格特质已经越来越凌驾于其政绩和执政能力,变成了决定选举成败的关键。西方领袖选举已经日渐偏离其原本的精神内核,选民们关注的更多是领袖在媒体上的表演,而候选人也只需要考虑观众的喜好即可塑造出特定的形象,比如通过机智幽默或平易近人的表演方式等投其所好,获得支持。竞选人仿佛成了好莱坞的演员,他们在选民中受欢迎的程度绝大多数取决于其形象魅力而非政治主张。⑥ 在传媒顾问的指导下,候选人以良好的视觉形象频繁出现在各种媒介上,甚至不惜重金购买黄金时段的广告来不断展示自己

---

① Victoria A. Farrar-Myers, Justin S. Vaughn, *Controlling the Message: New Media in American Political Campaigns*, New York: NYU Press, 2015, p.141.
② 权宗田:《当代西方传媒与政党政治:互动、融合及其限度》,《华中农业大学学报(社会科学版)》2008年第4期。
③ 李道揆:《美国政府和美国政治》,商务印书馆1999年版,第147页。
④ 翟杉:《仪式的传播力——电视媒介仪式研究》,中国传媒大学出版社2014年版,第203页。
⑤ 焦豫:《政治广告塑造美国形象政治》,《邯郸职业技术学院学报》2007年第2期。
⑥ "Clinton Whispered, But Voters Roared", *Time*, Vol.140, No.20, 1992, p.20.

的名字、话语和动作,从而提高自己的曝光率以鼓舞支持者和吸引潜在的支持者。例如,从1995年4月到1996年7月,克林顿竞选团队就花了将近870万美元在美国两家著名的广告公司上,不断为自己打造更多形象宣传广告并提高自己在媒体上的曝光率,从而将个人品牌成功营销出去。① 现在的竞选团队还会通过购买网站用户信息等各种技术手段分析网民的浏览历史和关键词检索记录,发掘他们在大选期间有哪些关注点,然后进行划分归类并精准地向他们的IP地址直接投放宣传候选人形象的广告,借此来获得更多的选举经费乃至选票支持。②

"谁能够在大众传媒上表现出色,谁就可以赢得大量媒体受众的支持。"③这在很早之前就已经被学术界公认为西方民主选举中的一个不变定律。比如英国史上最年轻的首相布莱尔就在1997年的大选中把自己能言善辩的风格、朝气蓬勃的个人风貌通过电视、报刊等各种媒体全方位地向人们展现出来,与其竞选对手、时任首相梅杰(John Major)在人们脑海中刻板的工作作风形成鲜明对比。竞选人经常还会想方设法地去精心包装自己,然后通过各种宣传媒介来展现其政党形象和施政愿景,甚至为了赢取民众的支持而投其所好地制造各种新闻热点。④ 同样在1997年的英国大选中,多家媒体经常图文并茂甚至声画并茂地报道了布莱尔模仿"甲壳虫"乐队在个人竞选集会上进行吉他演出的行为,从而让他以洋溢个性的活跃形象一扫英国政坛上多年的保守与沉闷气息,获取了众多青年选民的认同及投票。⑤ 而在2010年英国大选

---

① Ruth Marcus, Ira Chinoy, "Lack of Primary Season Foe Leaves Clinton in the Money", *The Washington Post*, August 24, 1996, p. A1.
② Victoria A. Farrar-Myers, Justin S. Vaughn, *Controlling the Message: New Media in American Political Campaigns*, New York: NYU Press, 2015, pp. 20–21.
③ 汪天云等:《电视社会学研究》,上海三联书店1998年版,第62页。
④ 黄辉:《广播电视学》,同济大学出版社2013年版,第118页。
⑤ 张霖:《印象管理:你的人生更美好》,河南人民出版社2006年版,第278页。

的时候,民众经常能够透过电视看到卡梅伦饱含自信地向成百上千的听众脱稿演讲,这与之前保守党政要刻板僵硬的形象形成了鲜明的对比,也获得了不少选民的积极好评。① 法国前总统希拉克在前两次选举失败后的第三次竞选时,用隐形眼镜代替黑色厚框眼镜并改穿名牌服装,从儒雅的学者形象转变到威严的领袖风范,以全新的面貌出现在各大媒体上,赢得了选民们的广泛支持。② 德国史上第一位女总理默克尔也同样通过大众传媒对个人形象进行了优化,并重新得到了社会公众对她的认同与支持——尽管她之前一直坚信:"有思想的人用不着过于注重个人的外在形象。"③在 2005 年大选前期,人们对她形象的看法几乎都以负面为主,比如说认为她在电视上看起来像一个农妇一样穿着简陋。但她迅速意识到并马上更换了自己的发型以让自身的形象变得更精神、更亲民,从而使人们在电视上看到了一个既有活力又有品位的新的领袖形象,最终使她被广大民众接受并顺利赢得了这次选举。④ 事实上,这种竞选人形象的塑造在美国起源更早:早在 1952 年的大选中,艾森豪威尔的竞选团队就把大量经费投入到新兴的电视广告当中,让选民们从电视上看到一名精神抖擞的、曾打败过希特勒并能带领美国成为世界领袖的总统形象。⑤ 到了 1960 年,肯尼迪(John F. Kennedy)赢得总统选举后也坦承是电视帮他大幅扭转了最终的局面:在美国第一次总统候选人的电视辩论上,数百万人看到了一个憔悴、紧张、汗流浃背的尼克松和一个精力充沛、从容不迫、充满自信的肯尼迪。这种形

---

① 孔令龙:《英国新首相的三张面孔》,《党员干部之友》2010 年第 6 期。
② 梅文慧:《信息发布与危机公关》,清华大学出版社 2013 年版,第 202 页。
③ 胡文涛、林煜浩:《西方政治人物形象塑造之术》,《中国社会科学报》2017 年 3 月 16 日。
④ 周加李:《政治领导者"公共形象"塑造探析》,《科技信息》2009 年第 32 期。
⑤ 陈妍:《政治传播与媒体政治化——当代美国总统选举中的大众媒体角色分析》,上海大学 2008 年硕士学位论文,第 22 页。

象的差距使他们说了什么已经不再重要了。① 之后的民调结果也表明，有四百多万的美国民众是通过这场电视辩论来最终确定把选票投给哪一位候选人，而其中有高达三百万人在辩论后转而支持肯尼迪，使他最后得票比尼克松高了十几万张。② 到了1976年的大选，尽管盖洛普民意测试最初显示，只有3%的人认识卡特，但过了几个月民主党初选结束后，超过80%的受访选民都了解了他，比其他党内提名候选人和最终的竞争对手福特（Gerald Ford）总统都要领先。③ 这不得不归功于大众传媒对卡特铺天盖地的报道，《纽约时报》《华尔街日报》《华盛顿邮报》，以及三大广播电视网 ABC、CBS 和 NBC 都以头版新闻的形式对他大书特书。④ 当时卡特还特意高薪聘请专业的电视广告专家来为自己打造自然朴实的个人形象，并多次公开表明决不欺瞒和辜负民众："如果我做了任何欺骗你们的事，大家可以不用投票给我。"⑤这在很大程度上给"水门事件"后的美国政坛带来了一股清廉之风，最终民众也愿意支持他成为新一届总统。⑥ 然而到了1980年，曾经做过八年电视节目主持人的里根也同样利用媒体击败了卡特。当时《纽约时报》的评论认为："里根这次选举的获胜，大多归功于他当年在电视荧屏上树立的正

---

① J. A. Maltese, *Spin Control: The White House Office of Communications and the Management of Presidential News*, 2nd edition, Chapel Hill, NC: University of North Carolina Press, 1994, p. 16.

② Dean Alger, *The Media and Politics*, Upper Saddle River, NJ: Prentice-Hall, 1989, p. 1.

③ Gallup, George Horace, *The Gallup Poll: Public Opinion, 1972—1977*, Scholarly Resources, 1978, pp. 81–83.

④ 叶琦：《政治仪式中的媒介权力——大众传媒对美国总统竞选的影响》，《当代传播》2001年第2期。

⑤ Marjorie Hershey, "The Campaign and the Media", in Gerald M. Pomper, ed., *The Election of 1988*, Chatham, NJ: Chatham House, 1989, pp. 95–96.

⑥ 张鸳远、王晓江：《大众传播媒介对美国总统选举的重要影响》，《江淮论坛》2008年第4期。

派形象。"①电视上他自信的神态、宜人的音调以及从容不迫的姿态,使民众相信他能够胜任总统一职。②电视时代下那些引人入胜的广告,经常会运用一些轻松愉悦的背景音乐和可爱生动的卡通人物来让民众对候选人产生好感,比如里根的竞选团队就推出了一个名为"以我为美国人为荣"的竞选广告。在乡村歌手李·格林伍德(Lee Greenwood)的优美伴奏之下,广告展现出里根挥舞着国旗带领美国人走向美好前程的卡通形象以及美国民众脸上满满的幸福感,这就向选民们传达出应该把选票投给里根的寓意。③克林顿在竞选活动中,也曾在形象专家的指导下经常以白衬衫搭配红色领带和灰蓝色西装的形象出现在荧幕前,这是因为民意调查结果显示红领带被美国女性认为是充满热情和男性魅力的象征,克林顿的形象也因此获得了女性选民们的欢迎。④到了2016年的美国总统大选,"网红"特朗普不仅善于作秀和吐槽,还经常在推特和脸书上用平实的语气给大家带来了很多有趣的段子和丰富的表情包,为沉闷古板的美国政坛带来了一股新气息。而其竞争对手希拉里在媒体上几乎都是以打官腔的形式展现自己政坛老手的形象,这就给民众特别是中西部和农村地区的选民带来一种距离感,使他们选择支持特朗普。此外,为了增加个人的威望和号召力,很多竞选者都喜欢在大众传媒上与体育明星、宇航员或电影明星等名人一同亮相。比如,橄榄球巨星布莱迪(Tom Brady)和好莱坞电影明星布鲁斯·威利斯(Bruce Willis)都曾头戴写着支持特朗普标语的棒球帽

---

① 汪天云等:《电视社会学研究》,上海三联书店1998年版,第86页。
② P.埃瑞克·洛:《西方媒体如何影响政治》,陈晞、王振源译,新华出版社2013年版,第251页。
③ Darrell M. West, *Air Wars: Television Advertising in Election Campaigns, 1952—2004*, Washington, D.C.: CQ Press, 2005, p.11.
④ 魏子:《自己就是品牌:销售的第一堂课》,中国华侨出版社2014年版,第164页。

与特朗普同台亮相。来自政坛外面的这些名人在一般民众心中都具有较高的知名度和受欢迎程度。通过赢得这些人的信任并与他们"联合出演",总统候选人可以赢得大量明星追随者们的支持。①

二、运用大众传媒塑造"善治"形象以巩固执政基础

领袖个人形象不仅关系到其公众威望及号召力,而且还关系到政府的凝聚力与总体形象。② 政府与民众谈论政治议题时,大众传媒能够作为他们的"放大镜""扩声器"来及时发布政治信息、宣扬领袖政绩、强化政治互动、引导舆论走向,进而实现群众动员和提升社会治理效率。③ 政府首脑需要通过大众传媒帮助他们传播合适的政治思想和价值信仰,以及塑造良好的人格形象和宣传最新的政令法规,从而更好地巩固自身的执政地位。④ 国家领袖做好形象公关是政府议程设置及其公关目标顺利实现的关键,有利于增强民众的向心力。⑤ 因此,怎样美化领袖形象来提升政府形象,已经成了当今政府公关的主要着力点。媒体时代给西方大国领袖设定的一项潜规则是,领袖不仅要有过硬的品质和领导力,还要有出色的传媒素养和表演能力。⑥ 国家领袖的媒介

---

① Darrell M. West, *Air Wars: Television Advertising in Election Campaigns, 1952—2004*, Washington, D. C.: CQ Press, 2005, p. 6.
② 彭向刚:《领导科学》,吉林大学出版社2000年版,第114页。
③ 李明德、黄安:《大众传媒与良性政治生态构建》,《西安交通大学学报(社会科学版)》2015年第6期。
④ P. 埃瑞克·洛:《西方媒体如何影响政治》,陈晞、王振源译,新华出版社2013年版,第104页。
⑤ L. A. Grunig, J. E. Grunig, and D. M Dozier, *Effective Public Relations and Effective Organizations: A Study of Communication Management in Three Countries*, NJ: Lawrence Erlbaum Associates, 2002, p. 560.
⑥ 乔治·弗雷德里克森:《公共行政的精神》,张成福等译,中国人民大学出版社2003年版,第61页。

形象是政治权力的重要组成因素,领袖执政成功与否很大程度上取决于其媒介形象。① 根据著名的传播学家李普曼所提出的"拟态环境"理论,人类一般的行为和认知不只是对客观世界所作的反应,而是会受到媒体传播活动中产生的信息环境的制约。② 大众传媒对于争取民众对政府工作的理解和支持、顺利推进各项政策法规的实施有着重要的促进作用。领袖们经常借助大众传媒去宣传自己及其政策,借此发动庞大的媒体受众去鼓动立法者支持领袖所提出的政策,并让其顺利颁布实施。③ 随着领袖行为方式、绩效和影响的不断扩展,领袖们运用现代传媒体系传达政治信息、施加领导影响、干预公共管理的广度和深度都在大幅提高。特别是在紧急危机发生后的信息真空期,越来越多的领导人借助多渠道的传媒工具有效迅速地管控危机。④ 面临危机事件的时候,媒体呈现的良好领袖形象可以转移民众的注意力并产生强大的动员力量和示范作用,从而有效疏导公众的不良情绪,有助于维护社会的稳定。⑤

在当今的西方大国,政府首脑越是擅长与媒体进行周旋,在执政中就越容易获得更多的支持,这一点在法国政府与媒体之间表现得尤为明显。2012年5月7日社会党候选人奥朗德击败现任总统、人民运动

---

① Marion Just, and Ann Crigle, "Leadership Image-Building: After Clinton and Watergate", *Political Psychology*, Vol21, No.1, 2000, pp.179-198.
② 胡文涛、林煜浩:《西方政治人物形象塑造之术》,《中国社会科学报》2017年3月16日第3版。
③ Stephen J. Farnsworth, S. Robert Lichter, and Roland Schatz, *The Global President: International Media and the US Government*, Washington, D.C.: Rowman & Littlefield, 2013, p.24.
④ Yi Luo, Hua Jiang, and Owen Kulemeka, "Strategic Social Media Management and Public Relations Leadership: Insights from Industry Leaders", *International Journal of Strategic Communication*, Vol.9, No.3, 2015, p.179.
⑤ 熊蕾:《国家领导人形象传播研究的现状与反思》,《新闻界》2016年第10期。

联盟候选人萨科齐最终赢得法国大选胜利后,曾经有一段时间被公众普遍认为表现得"像果冻一样"软弱和摇摆不定,不过他很快就意识到这一点,并令自己以军队总司令的形象出现在国家电视台上宣布派军队到马里参与反恐行动,并承诺未来将会不断增兵。这条新闻多次以"领导世界反恐斗争"为题播出后,奥朗德的公共形象马上发生了大幅度的改变,民众支持率也随之迅速上升。① 在更久之前的 1960 年 1 月底,法国政府面对愈演愈烈的阿尔及利亚独立暴动之时,戴高乐总统为彰显政府及自身的威严,穿上军装出现在电视荧幕前并发表了一段声明:"今天我在电视前身着军装讲话,就是要证明我不仅是一位国家元首,更是一名将军!"②然后,他以担任了二十年国家最高权力者的身份,具体阐明了他的执政理念,为军队和政府赢得了民众的支持。这段讲话经过各大媒体多次转播以后,不仅增强了军队的权威和影响力,还平息了当时猛烈冲击着法国的暴乱。③ 同样在电视演讲中,英国前首相布朗也喜欢通过佩戴不同颜色的领带来有意向人民传递特定的信息,比如当政府说要增税的时候,他就会戴上让人平静的蓝色领带出现在电视上,对社会公众进行耐心的解释以让他们的情绪平复下来。④ 在 1929 年至 1933 年美国经济大萧条期间,美国民众生活极其惨淡,无数人破产、饥荒甚至流离失所。不过,就在这一危机不断蔓延之际,当时的美国总统罗斯福就深刻体会到民众的疾苦并专门设立了一个名为"炉边

---

① Eleanor Beardsley, "French President's Bold Actions Transform His Image", January 15, 2013, http://www.npr.org/2013/01/15/169392118/french-presidents-decisive-actions-surprise-many.

② Charles De Gaulle, *Discours Et Messages: Avec Le Renouveau 1958—1962*, Paris: Librairie Plon, 1970, pp. 162.

③ Jean K. Chalaby, "A Charismatic Leader's Use of the Media-De Gaulle and Television", *The Invention of Journalism*, Vol. 3, No. 4, September 1998, p. 57.

④ 李宗厚:《领导干部穿戴的艺术》,江苏人民出版社 2014 年版,第 73 页。

谈话"的广播节目,然后在广播中以亲切的口吻安抚民众并与他们共渡难关,同时还经常以其深入浅出的表达方式宣传和解释其经济复兴的优越性,使广大民众能够在听完他的精彩广播后对政府重拾信心。从1933年3月12日谈银行问题到1944年6月12日谈战争筹款,"炉边谈话"在罗斯福12年任期内总共做了30次,罗斯福以他亲切友善的形象陪伴民众度过了经济大萧条时期,还在"二战"时期有效鼓舞了人心。[①] 1968年,民权领袖马丁·路德·金(Martin Luther King)被暗杀之后,学生示威、种族暴动以及民众对越南战争的抗议正如火如荼。为了更好地应对这些危机,尼克松总统借助媒体推出了一系列成功的管控措施:第一,谨慎有序地利用大众传媒,创建电视办公室和雇用专职制作人员,精心策划和安排他所有要出镜的形象;第二,仔细策划好电视问答形式和内容,让尼克松在镜头前轻松自若地回答"民众"提出的一般问题,并把部分媒体排除到提问权以外;第三,尼克松及其内阁和白宫团队都要接受专门的电视表演训练。[②] 此后,尼克松就以他在电视上有条不紊的处事风格和强有力的领导形象,在相当程度上缓和了民众对政府的负面情绪。被誉为"最伟大沟通者"的里根也深谙媒体对议程设置的重要性,如当政府需要增加防卫预算的时候,媒体就会频繁报道他巡视驻韩美军基地的情况。[③] 同样在老布什上任以后,他也将个人的媒体形象作为施政重点之一,一改其原先作为华府老政客保守的行事作风。在媒介公关顾问的专业指导下,白宫会给记者各种机会拍摄他身穿运

[①] 富兰克林·罗斯福:《罗斯福炉边谈话》,张爱民、马飞译,中国社会科学出版社2009年版,第25页。
[②] P.埃瑞克·洛:《西方媒体如何影响政治》,陈晞、王振源译,新华出版社2013年版,第122—123页。
[③] 王永亮、郭晓明:《可载舟亦可覆舟——美国媒体对总统形象的影响》,《视听纵横》2001年第1期。

动服跑步或外出打猎的场景,从而为总统建构出一个充满活力和男子汉气息的形象,有效提升了总统的威严及其政策的号召力。① 到了小布什执政时期,在"9·11事件"后没几天,他就通过新闻媒体向救援人员和集会祈祷的民众坚定地声称:"世界上每个角落都会听到你们的声音,那些袭击美国的暴恐分子也会马上听到我们的怒吼。"② 话音刚落,聚集的人群都高声呐喊:"美国!美国!"这些振奋人心的画面通过全球各大媒体迅速传播出去,随后没多久,国会就审议通过了总统提出的反恐举措,其中就包括由总统签署颁布的《美国爱国者法案》(USA PATRIOT Act)。③ 该法案赋予了美国国内警察机关搜索公民通信记录和驱逐涉嫌参与恐怖活动的外籍人士的权力,对遏制美国境内恐怖主义活动起到了一定的作用。当时小布什的各项反恐行动也受到国内民众的广泛支持,在阿富汗战争和伊拉克战争前期他个人的支持率都维持在高位。④

此外,当前西方大国领袖们还喜欢利用生动活泼的漫画形象来拉近与媒体受众间的距离,比如在卡通漫画中德国总理默克尔身穿紧身衣练体操,美国前总统奥巴马穿上运动装拍打写着各种政治议题的篮球,等等。领袖们还会录制并发布一些家庭视频然后放到网上,或者参加一些线上文体节目来塑造自己平民化的形象,极大地提升了民众对其的好感。国家领袖愿意将个人生活细节向民众公开展现,也是一种

---

① 顾作义主编:《尚读》,花城出版社2014年版,第52页。
② David. Frum, *The Right Man: The Surprise Presidnecy of George W. Bush*, New York: Random House, 2003, p. 140.
③ Stephen J. Farnsworth, S. Robert Lichter, and Roland Schatz, *The Global President: International Media and the US Government*, Washington, D. C.: Rowman & Littlefield, 2013, pp. 91–92.
④ Stephen J. Farnsworth, S. Robert Lichter, and Roland Schatz, *The Global President: International Media and the US Government*, Washington, D. C.: Rowman & Littlefield, 2013, p. 92.

提高政府透明度的执政表现。①

三、依赖大众传媒塑造国际"亲善"形象以推进外交

在国家形象对外传播过程中,作为本国符号的国家领袖对外代表了国家、政府及民族的形象。国家领袖在国际事务中积极主动地运用各种方式顺利开展外交公关活动,可以为国家塑造良好的国际形象和提高国际社会的认同感。大众传媒的运用,是当代外交活动的一种新趋势,有助于解释外交政策的合理性,展示外交官的亲民形象和提升国家的影响力。② 一国领袖也是国际媒体报道的焦点之一,是该国递给国际社会的主要"名片"。国家领袖借助各种媒体向世界民众全方位地展现其言行举止和文化素养,能够形成强大的亲和效应,有助于把外交政策和理念有效地传递出去。一国领袖越是能在外交中对国际媒体施加影响,他在国际舞台上的形象就越能符合自身理想的身份,并赢得世界民众的关注和支持。③ 而在无处不在的大众传媒视阈下,人们对别国形象的认知也越来越依靠该国国家领袖;领袖在外交场合出色的"演出"完全能够改善本国的国际形象。④ 因此,与国际媒体打交道的能力已经成为国家领袖能否成功与外部世界有效沟通、赢得国际社会的理解和

---

① 朱源:《新媒体语境下国家领导人公共形象的塑造》,《传播与版权》2016 年第 2 期。
② 颜小虎:《从索契冬奥会看领导人形象的对外传播》,《对外传播》2014 年第 4 期。
③ Bosah Ebo, *Media Diplomacy and Foreign Policy: Toward a Theoretical Framework*, New Jersey: Ablex Publishing Corporation, 1997, pp. 44-45.
④ 韩方明、赵可金、柯银斌编:《公共外交概论(第 2 版)》,北京大学出版社 2012 年版,第 163 页。

支持、维护国家尊严和形象的关键因素。①

随着信息全球化的不断发展,现在越来越多的国家领袖在运用极具时空穿透力的互联网,并将其作为一个"世界大讲堂"来宣传本国的形象和外交举措,从而向世界各国展示本国独特的文化、价值和魅力,以为本国争取更多的国际舆论支持。英国前首相卡梅伦曾经在正式出访中国之前,在我国的新浪微博上实名注册账号,该账号在首条用中文打招呼的博文发出后不久就得到了网民们的一万多条点评。这位网络"大 V"不仅会发很多个人的日常动态,而且还会积极与网民相互交流一些时政热点,从而吸引到大批群众和媒体成为他的"粉丝"。② 2016年英国大选结束后,该微博账号被命名为"英国首相",备注内容为新上任的英国首相特雷莎·梅,并在 2017 年春节伊始发布了其用中英双语向中国民众拜年的视频。截至 2017 年 3 月底,关注该微博的粉丝已有94 万名,对比 2016 年底飙升了 3 万多人。同样,澳大利亚前总理陆克文也实名认证注册了我国的新浪微博账号,并为迎合汉语的交流习俗在微博上自称"老陆"。每逢中国的重大节庆日,他都会在上面发送节日祝福,并经常在线用流利的汉语与网友交流澳大利亚的外交政策。2012 年 4 月,他利用微博向广大网民们回应了当时中国留学生在澳大利亚被抢劫一事:"我昨天跟有关州政府的警察局的局长联络,也跟有关部门表达过我的担心。"③这条微博受到网民的广泛赞誉,给中国民众留下了他亲切友好的形象特征,也给中澳关系增添了一笔亮丽的色彩。在美国,有"新媒体总统"之称的奥巴马也极其重视和大力倡导社交媒

---

① 张田庆:《透视美国布什政府的"舆论秀"》,新浪网,2004 年 1 月 15 日,https://news.sina.com.cn/w/2004-01-15/15022641945.shtml。

② 胡文涛、林煜浩:《西方政治人物形象塑造之术》,《中国社会科学报》2017 年 3 月16 日。

③ 详见 http://weibo.com/2726223703/yg7dIurXO。

体在构建和传播其国际形象中的应用,比如他一当选后就在美国国务院网站上特意增设了他个人推特和脸书等社交媒体的网址,借此让广大网民能够在任何时候了解到他最新的对外政策和外交活动。① 奥巴马还专门组建了一个数字外联小组,里面的成员都是一些熟悉阿拉伯语或乌尔都语的专家,其目的是让他们在有伊斯兰背景的网页上以更加亲切的口吻发表一些有利于奥巴马形象的言论。② 另外,奥巴马在开罗大学发表改善美国与伊斯兰世界关系的讲话,马上被美国国务院翻译成13种语言,然后通过各大网站全程直播。③ 这样既在各国网民中树立了美国总统平易近人的友善形象,也使其外交理念更容易获得国外民众的理解和支持。2015 年,德国总理默克尔前往柏林斯潘道一家难民中心视察时,将与难民合影的照片上传到脸书等社交网站,这不仅对外宣扬了德国对难民的开放政策,更树立德国亲善的国际形象。④

媒体,特别是经常作为政府传声器的传统媒体,无时无刻不在以不同的形式给人们灌输着特定的政治思想,早已成为一种维护政府统治和利益集团权益的传播工具。然而,随着互联网和手机移动端的迅猛发展,社交媒体等新媒体的出现使民众参政议政的渠道大幅拓宽,也使媒体监督政治的功效日益突出。在这种媒体政治环境下,哪位领袖能够利用好大众传媒来塑造良好的个人形象,他便可以赢得广大群众的支持,并且促进其治国理政方针的推行,但若处理不当就会举步维艰,

---

① 胡文涛、林煜浩:《西方政治人物形象塑造之术》,《中国社会科学报》2017 年 3 月 16 日。
② 李忠斌:《新媒体与奥巴马政府的公共外交》,《美国研究》2011 年第 1 期。
③ Barack Obama, "Remarks by the President at Cairo University", Jun 4, 2009, https://www.whitehouse.gov/the-press-office/remarks-president-cairo-university-6-04-09.
④ 周永生:《国外领导人"亲民秀"的政治意图》,《人民论坛》2016 年第 13 期。

甚至会在媒体的围剿中身败名裂。因此,利用好媒体这把双刃剑,已经成为西方大国领袖的生存之道。虽然大众传媒不一定能够时刻正确传播政治信息,却可以影响到政府决策和舆情民意,让民众清楚哪位领袖更具有影响力。随着当今传播体系的不断健全,西方大国领袖尤其是那些有表演天赋的人能够在大众传媒这个强大的公共平台上,借助日益先进的传播技术为自己建构良好的公共形象。不过,这也需要领袖们拥有出色的媒体沟通技巧、前瞻性的问题解决方式、专业的形象公关训练和保持对公众足够的热情等等。在这种环境中,一些西方大国领袖甚至不热心干实事,而是热衷于作秀,并花重金聘请专业的形象公关为自己服务,甚至还专门去报名参加培训班来学习公开演讲的技巧。这是因为成长于媒介生态十分复杂的环境中,西方大国领袖们不得不苦练媒体素养,比如学习传播学知识、掌握传播规律和运用媒体的技巧,想方设法借重媒体塑造自己良好的公众形象,从而提升自己的影响力和延长自己的政治生命。

尽管媒体报道中也存在着法律制度缺失、信息安全和政治风险等问题,但是随着各种新媒体的日益普及,西方大国政治领域中已经发生了许多重大的变革。在可以预测的将来,西方大国领袖将会进一步以新媒体这种成本低、效率高的形象塑造方式,在选举活动中争取经费和选票,在国家治理中解释和推广政令,在对外交往中宣传个人及其所在国的形象。在2016年的美国总统大选中,特朗普和希拉里的竞选班子虽然都在密集地运用各种新型的传播媒介来美化形象和发动群众,但是作为一名事业横跨商业和娱乐圈的媒体名人,曾参演过多部影片并曾获美国电视界最高奖提名的特朗普,比一直身处政坛的希拉里和其他政客都更具表演经验,也更容易受到普通民众的欢迎。可是,大众传媒也并非无所不能,特别是在领袖形象的颠覆和修复方面"功力有限",

毕竟个人形象也具有一定的稳定性,要想在很短时间内完全改变一个人的形象,有时候甚至会比改变一项政策还要困难。民众对领袖的看法除了受媒体的影响以外,还会受到很多涉及切身利益的因素所制约,比如个人的党派归属或宗教信仰、领袖政策的覆盖面和实施效果等等。不过,进一步分析西方大国领袖运用媒体塑造良好形象的方法与经验,有助于提升我国领导人的媒介形象和国家的软实力,从而更好地提升政府治理水平和提升国际地位。与此同时,各国政府也不得不高度重视传播速度更快、影响范围更广的各种新媒体。而现阶段由于新媒体方兴未艾,我国对国外新媒体的深度研究仍然比较欠缺,所以这也是今后研究和关注的重点。

第四节 特朗普的"推特执政"与社交媒体政治上位[①]

2016年11月9日特朗普成功当选美国第45任总统时,正是美国社交媒体迅速上位而传统媒体开始失势的历史节点。从大选获胜到执政两年多期间,特朗普都对社交媒体"青睐有加";同时,社交媒体政治功能的进一步加强打破了以报刊等传统媒体为主的传播格局。而催生这种改变的主要原因是美国国内社会阶层意识形态的分化。在此背景下,社交媒体与各个阶层的政治权益诉求产生互动,并挑战传统媒体。社交媒体成为美国政治传播工具已为事实,特朗普利用推特作为自己的施政工具也取得了一定的成效,但

---

① 本节研究的时段为2016年11月至2019年5月。

其所挟带的民粹特色又对美国长期以来形成的"政治正确"政治文化构成了挑战，引起精英群体和政治建制派的高度警觉，因而也遭遇多方的掣肘。

一、社交媒体介入美国政治生活的缘起

随着世界信息传播技术的迅速发展，在美国以推特和脸书为代表的新媒体已经不局限于提供进行简单文化交流的平台，早在奥巴马执政时期，它的政治功能就已开始有所体现。新媒体不仅成为美国"选举季"竞选人催票的有力宣传工具，还丰富了美国公共外交的实践。特朗普上台后，新媒体的政治潜力又得到了进一步的发掘，在传递政治信息的基础上，对内服务于总统个性化形象的塑造和执政阻力的排除，对外起到了搭建对话平台、暗示政治意图的功效。但与奥巴马不同的是，特朗普对于新媒体的应用更多是以个人为中心，尽量避免团队干涉的模式。从推文的构思到发布，基本都是由特朗普个人单独完成。以"营销战术"为核心，结合精心编排的议程设置，特朗普利用新媒体迅速抢占了世界的眼球，他的行动不仅突破了国内传统主流媒体初期对于总统的舆论困扰，还对国内媒介生态产生了一定影响。同时，特朗普利用推特治国理政也为美国及其个人带来了一些困惑，主要体现在外交常规被打破而伴随的不确定性和政府内部政治信息不对称上。

对于特朗普"推特执政"，学界目前的研究集中于在美国国内政治文化变动引发反建制风潮兴起的背景下，新媒体对于弥补社会心理逆差的作用；以及在"后真相时代"，因寻求真相的成本增加使得真相不再

成为人们的首选,如新媒体这类能够传达个性声音的媒介在快消费时代成为主流的形象。因此,从现有的研究上看,系统性囊括特朗普"推特执政"从内政到外交的一系列具体举措仍待进一步探索,并且以个人需求和社会分裂为出发点,媒体如何起到调节的作用这一课题也仍待开展跨学科研究。

本节结合传播学与政治学的双向视角,从内政和外交两个维度对特朗普上任前两年的"推特执政"进行了综合、具体的分析,对新媒体在美国国内极化分裂趋势下逐渐得到重视的原因进行解读,并对特朗普"推特执政"的成效加以评估和预测。

二、推特与政治"联姻":特朗普的议程设置与传播手段

早在奥巴马执政时期,新媒体的政治外交功能就得到了系统性和综合性的开发。新媒体在政治领域的作用已经不局限于作为选举的拉票工具以及政府传递官方信息的平台,凭借其隐蔽的公共外交属性和直达的传播模式,更成为美国输送价值观、制造舆论力量的新选择。这一时期,美国政府以"构建由下及上的公共社交网络"为中心,设立专门的机构和方案进行推广,集成政府和社会资源,囊括白宫、国务院和五角大楼形成三位一体的新媒体外交,对中东和阿拉伯地区进行有的放矢的新媒体投放。现如今,以推特为代表的新媒体经过十余年的发展,已经逐步成为一种媒体力量渗透到美国政治生活中,并形成一种具有一定阶级基础的新政治文化,它对政治的影响从选举年中的拉票工具逐步变为集内政和外交等多面功能的"万金油"。随着特朗普不断将新媒体推到美国政治的中心,"特朗普现象"

的深层社会基础逐渐与美国文化的变动重叠,加之"后真相时代"的到来,美国社交媒体的政治传播开始从边缘转向中心。自媒体生态链下社区的"回声壁效应"造就了美国的"特朗普式选举"。在其上任后,特朗普独有的议程设置和传播手段又将推特和政治结合,形成了良好的二元联动效应。

根据议程设置理论,媒介对于议题的强调与人们对该议题的潜在认知存在正相关的联系,因此媒介传播内容并非只是现实的折射,而是以有目的的信息取舍对人所认知的"拟态环境"进行再构建。议程设置功能的作用机制也逐渐被细化成为"认知""显著性"和"优先顺序"三种模式。结合议程设置的三个作用模式,通过对特朗普上任后推文的词频统计和跟踪(见下图 6-3 及 6-4)可发现,"显著性模式",即利用推特对部分议题进行突出强调,成为特朗普议程设置上的优先选择,并主要服务于政治宣传和形象建构。

词	频次
Fake News	174
Fox News	164
MAGA	100
Russia	98
Clinton	76
Obamacare	73
deals	67
New York Times	58
Obama	37
CNN	33
NBC	31
FNL	23

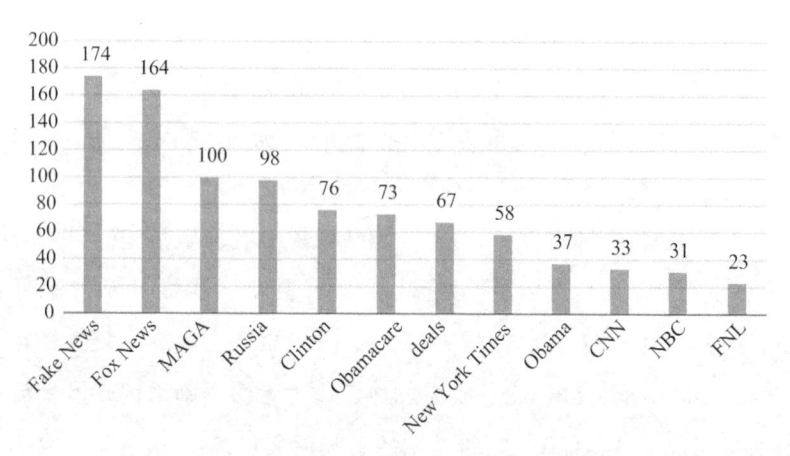

图 6-3　特朗普执政 561 天推特词频图

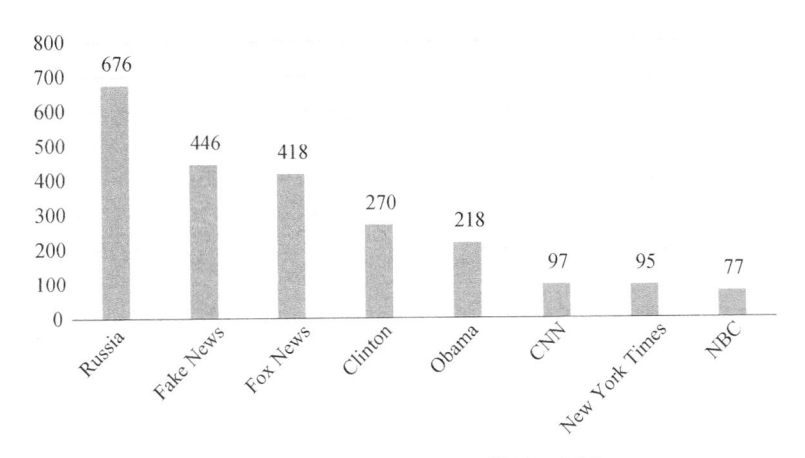

图中数据：Russia 676, Fake News 446, Fox News 418, Clinton 270, Obama 218, CNN 97, New York Times 95, NBC 77

图 6-4 特朗普执政 852 天推特词频图

将 trump twitter archive① 收集的特朗普执政 561 天的推特词频和 852 天的推特词频进行对比统计后发现：有选择地在推文上频频打击对手和自我宣传是特朗普建构自我形象的主要方式。特朗普推特的重点"关照"对象既有民主党代表也有左派主流媒体，其中希拉里·克林顿（Clinton）、奥巴马（Obama，Obamacare，后者指奥巴马时期的医疗改革，系特朗普竞选和执政初期的主要攻击对象）以及 CNN 和《纽约时报》都位列前十，并且随着"通俄门"的调查，俄罗斯相关话题呈现持续走高态势。通过把"假新闻"（fake news）作为舆论箭的靶心，特朗普平均每日都有 3 条以上的推文剑指美国主流左派媒体，称其为"人民公敌"，并为自己辩护。而对于竞争对手克林顿家族和前任总统奥巴马，特朗普多是通过对他们的执政政绩和办事风格的讽刺奚落，进而抬高自己。如当希拉里因批判特朗普支持者受到舆论攻击时，特朗普立即在推特上

---

① 该网站收集了特朗普从 2009 年 5 月最初注册推特账号以后全部的推文。

接连发出多条推文对事件"火上浇油"。对比之下,与假新闻词频几乎相近的右派老牌媒体福克斯新闻(Fox News)则成为特朗普在主流媒体阵营中的忠实盟友和个人"牌坊",双方经常在推特上进行高调互动,福克斯新闻受到特朗普的多次"@"、转发或者点赞,内容大多为对总统的正面宣传。

从具体内容来看,在小周期内利用推特制造热点,紧抓热度和新鲜度,将互联网新陈代谢与政策推广相结合是特朗普议程设置的另一环。在特朗普上任后,热频词汇与其执政日程也开始挂钩;内政上,除了发布白宫关键人物更替名单和总统行程外,根据不完全统计[①],2017年上半年"奥巴马医改"(Obamacare)和"移民"(immigration)成为提及次数最多的词汇,从而助推医改和移民问题成为美国国内热点;此外,时段性热点诸如美朝关系、伊核问题以及中美贸易争端都是以特朗普的推特作为信息源而向全世界扩散。

在议程设置框架下,"情绪激将法"成为有特朗普特色的传播手段。传统的政治学和舆论学理论认为,舆论是一种"社会统一",是通过"提出议题—社会辩论—意见统一"的理性过程产生的,然而这条规则对当下的新媒体却不适用。在新媒体上,受众对信息的即时需求超过了对信息深度挖掘的需要,因此新媒体平台只是制造影响的工具而非理性讨论平台,新媒体比起"统一"更欢迎"争论"。通过对特朗普推特账号的观察发现,其部分推文评论区下反对者言论多达75%,但转发和点赞人数却比他获得支持的推文多近两倍。其反对者言论较多的推文通常都带有"讽刺"和"侮辱"他人的内容。如2018年6月27日,特朗普发布的针对国会众议员乔·克劳利(Joe Crowley)落选的推文中就用大写

---

① 这里不完全统计是指不包括特朗普发布又删除的推文。

"LOST"一词嘲弄其落选并称其为"极度痛恨特朗普的国会议员""缺乏善意和对总统的尊重"。这条推文成为当天继特朗普发布最高法院支持"禁穆令"的推文后转发、评论和点赞第二高的推文。与此相反的是，以往美国政界都将推特之类新媒体作为获取民意支持的辅助工具，因此很注意内容和用词，他们对于"社会统一"的舆论追求局限了其推文内容的"新鲜"和"刺激感"。

通过平均每天发布11条推文建立起自己的媒体战线，特朗普推特上的炒作和荒诞显然并不是其最大卖点，政治利益和营销战术的结合才是特朗普推特高热度的根源。2016年11月，推特开发了热度评级的功能，此功能会参考多方因素对用户评论的优先级进行排序，越早评论，成为热评的可能性就越高，而特朗普的推特热评已经成为最有效的推广营销手段。麦克·尔根（Mike Elgan）是一周内上过四次特朗普热评的一位"网红"，他表示，特朗普把推特当作宣传武器向世界传播观点的同时，其推特账号也成为网民的营销机器。① 特朗普双向营销战术还赢得了可观的"滚雪球效应"，从2018年7月4日美国独立日当天的数据看，特朗普活跃粉丝和追随者的数量为5300万，对比刚上任时涨幅超过24%，对比目前热度影响力同样较高的奥巴马，专业提供推特数据统计分析服务的 Twitter Counter 预测，特朗普在十年内将有2.97亿粉丝，而奥巴马粉丝数将是2.18亿。

特朗普重视议程设置和精于营销之道，使得其推特能满足受众的好奇心理的同时又嵌入了政治宣传，既满足了个人宣传需要，又将推特逐渐融入政治生态圈，在扩大自身影响力的同时又将更多的民众引入网络政治争论中来，成为美国竞选"破窗效应"和政治游说趋势下的典型代表。

---

① 来源于 Mike Elgan 个人的推特。

三、特朗普"推特执政"的功效与影响：从内政到外交

从 2017 年特朗普正式上台到 2019 年 5 月，特朗普的"推特执政"由一开始的饱受争议逐渐变得为美国国内乃至国际社会所习惯和接受。从历史上看，相较于奥巴马执政时期对新媒体的运用，特朗普对新媒体所注入的个人色彩以及不可控性是对以往美国政治模式的一个重大改变。奥巴马执政时期的新媒体更符合一个辅助角色的定位，仍从属于传统主流媒体，加之奥巴马的团队化和专业化运作，新媒体运营的内部信息统一程度和风险可控度高，这对于秉持传统的主流精英及其所控的传统主流媒体来说，具有充分的政治预期和应急缓冲。而特朗普单刀直入式的自我发声以及对新媒体的灵活使用，不仅突破了执政时的内部阻力，让现今的主流媒体地位尴尬，也让作为美国权力平衡机制一环的政党政治遭受了挫折。但与此同时，它对美国国内政治的进一步分裂以及对美国外交常规的打破都需要立足于长远展开研究。

从内政维度看，在特朗普运作下推特的政治效应主要表现在政治信息传递和国内舆情应对两方面。

其一，在政治信息传递方面，推特所传播的政治信息构成了一个完整的运营链，通过推特，特朗普向民众展示了一个"立体"的白宫。特朗普的推特，不再是以往单一政治信息的重复，相反，各种各样的政治信息构成了一个动态的"生态圈"，信息种类多且有跟进。不管是白宫官员交替还是经济和安全政策，从个人到美国政治的方方面面，特朗普通过推文的短短 140 字将信息以最快和最便捷的方式呈送到公众面前。"推特执政"改变了民众对于政治信息的接收习惯。一方面，对主流媒体消息源的截流使得民众和主流媒体对于从推特获取信息的依赖感加

强。另一方面,政治的"个性化"对于已经对政治感到疲乏和漠不关心的民众而言更具有吸引力。自特朗普"推特执政"以来,便涌现出大批活跃用户对特朗普的推特进行"个性化再塑",譬如@ Mature Trump Tweets 就是一个对特朗普口无遮拦的推文进行修饰和润色的账户,而@ WriteinTrump、@ Donald J. Drumpf 则是分别注重对特朗普的调侃和政策落实的监督,这种"次生账号"的出现丰富了大众阅读体验的同时,也带动了民众的参政热情。

其二,面对舆情,推特表现出的灵活特性也可以服务于特朗普执政需要。面对自然灾害和个人言行导致的自发性舆论、竞争对手策划或者媒体的二次渲染所引发的他塑性舆论,特朗普通过推特可以更灵活地应对和处置。根据政治传播研究中的"使用与满足"理论,推特充分满足了特朗普政治信息使用的三类动机:信息需求、表达自我、身份认同。① 在信息需求上,特朗普可以通过推特第一时间了解舆情,作出应对;如在突发性灾难事件面前,推特成为特朗普及时传递慰问的工具。而在舆论开始发酵危及个人形象之时,又可以通过推特进行形象重塑或者转移关注,为自己开脱。《华盛顿邮报》分析师菲利普·本普(Philip Bump)认为,在特别检察官罗伯特·穆勒(Robert S. Mueller III)针对"俄罗斯介入 2016 年大选"的调查中,特朗普就试图通过推特转移大众的注意力。② 在需要民众支持响应其政策制造社会舆论的时候(比如美墨"边境墙"事件),特朗普就通过推特亮出"爱国主义"标签,制造身份

---

① Chang SupPark, "Does Twitter Motivate Involvement in Politics? Tweeting, Opinion Leadership, and Political Engagement", *Computers in Human Behavior*, Vol. 29, No. 4, 2013, pp. 1641-1648.

② Philip Bump, "Trump's Latest Mueller Distraction: An Incorrect Tweet on a Misleading Story Archived November", January 21, 2019, https://thehill.com/opinion/white-house/352666-trumps-tweets-distract-us-from-americas-pressing-challenges.

认同从而获取了大量支持。

从对外关系维度看,推特打破了美国传统外交的局限,成为一种新的沟通渠道。早在奥巴马执政时期,其政府已注意到推特等新媒体在外交上的影响力,认为新技术创造的全球联系是当今世界权力行使的关键。① 政治领导人和决策者经常在正式集会、社交聚会和非官方会议时使用推特,随着时间推移,这种外交模式便逐渐成为常规。学者康斯坦斯·邓科姆(Constance Duncombe)认为,推特作为一种外交工具可以提供执政者一种洞察力,让他们了解公众对国家认同和情感表达的情况,这种洞察力又是了解对手意图的关键。② 在特朗普上任后,美国"推特外交"的情感洞察功能得到了充分的体现。

以美朝关系为例,在首次"金特会"前,特朗普的推特成为推进双方沟通的关键平台。根据相关统计,自 2017 年至"金特会"举行前,特朗普共有 119 条推文和朝鲜有关。其中在朝鲜未举行第六次核试验以前,特朗普对朝鲜的推文多持中立态度,频次极少。在朝鲜第六次核试验前,特朗普在推特上发布了一段提前预警,然而朝鲜还是进行了有史以来威力最大的第六次核试验。发现隔空喊话无用后,特朗普在推特上的态度立马开始转向强硬,直言金正恩是"火箭人"(Rocket Man)、"杀人狂魔"(Slasher)、"矮肥圆"(Short and Fat),并且多次提及将应用的制裁手段,目的就是以言语情感为探察点,开启美朝对话。在经历小半年的对峙磨合后,美朝终于决定举行"金特会",但此时特朗普仍然摇摆不定并不断试探朝鲜的诚意,2018 年 5 月 24 日,特朗普接连发送三条"取消朝美峰会"的推文。这不仅没有打消朝鲜与美国接触的意向,

---

① Ross, Alec, "21st Century Statecraft-Diplomacy in the Age of Facebook and Twitter", April 20, 2012, https://www.brookings.edu/wp-content/uploads/2012/04/20091217_diplomacy.pdf。

② Constance Duncombe, "How Twitter Enhances Conventional Practices of Diplomacy", October, 2017, https://blog.oup.com/2017/10/twitter-diplomacy-practices-foreign-policy/.

相反,朝韩领导人随后还特地举行会面,并最终促成"金特会",特朗普也由此成为第一位与朝鲜最高领导人会晤的在任美国总统。历史经验表明当两国关系处于极度紧张之时,外交难以成为优先手段。但特朗普却反其道行之,以推特为主要平台,在小半年内将缺乏互信且长期对立的美朝两国拉回谈判桌。在此过程中,推特一方面充当了信息炒作人的角色,将"意外"频频暴露在公共视野,以制造热点向对手施压;另一方面,推特又展示了信息传达的功能,在体现意图、表达情感和未来预判上对对手进行了暗示。正如特朗普本人所言:"再坏的宣传都是好宣传。"

2019年5月20日,针对美伊紧张关系问题,特朗普又故技重施,在推特上警告伊朗总统鲁哈尼(Hassan Rouhani):"如果伊朗想开战,那将是伊朗的正式终结。永远不要再威胁美国!"随后,伊朗外长也在推特上进行了回应称:"伊朗人几千年来一直昂首挺立,而侵略者却一去不复返。经济恐怖主义和种族灭绝嘲讽不会终结伊朗。你永远别威胁我们,尊重伊朗才有用!"然而在线下,特朗普前脚和鲁哈尼刚决裂,后脚就表示随时可以和伊朗和谈,在这之前,特朗普已经被拒八次。看似"雷声大"实则"雨点小"是特朗普利用推特的惯用外交风格,就实效来说,特朗普推特上的"八卦阵"在国家间的博弈中的确为其赢得了些许筹码。除上述案例外,在美墨边境墙事件上特朗普的步步紧逼也迫使墨西哥总统恩里克·培尼亚·涅托(Enrique Peña Nieto)不得不采取和解战略以保全墨西哥与美国的商业利益。墨西哥作家豪尔赫·沃尔皮(Jorge Volpi)认为,特朗普利用推特作为一种特权媒体,在很大程度上反映了这位总统的发推风格倾向于速度而不是分析,巧辩胜过深度,侵略胜于反思。[1]

---

[1] Lucas Jackson, "Twitter Diplomacy: How Trump Is Using Social Media to Spur a Crisis with Mexico", March 3, 2019, https://theconversation.com/twitter-diplomacy-how-trump-is-using-social-media-to-spur-a-crisis-with-mexico-71981.

当然特朗普"推特执政"的结果也具有两面性。一方面,推特的政治上位为外交沟通打开了新局面,对内强化了特朗普个人的舆论应对能力。但另一方面,特朗普在推特上的反复无常也给其形象塑造和统一舆情带来了困局。

首先,特朗普"推特执政"虽然迎合了部分群体的需要,鼓励了公民对于政治的参与,但却不能形成对内的舆论聚合力。从普通民众角度出发,美国心理学会(APA)指出,在2016年总统大选之前、期间和之后的几个月内,民众政治上的心理压力有所增加;在2017年2月的一次在线调查中,2/3的美国人表示他们担心美国的未来,不论他们的党派偏好如何。① 与此同时,诸如皮尤这样的民调机构和智库也发表了相关调查,根据2017年的一份春季调查,只有22%的民众对特朗普抱有信心;在特朗普任职期间,美国在海外的形象也有所下降,只有49%的受访者对美国持正面看法,低于奥巴马总统任期结束时的64%。② 从主流媒体角度来看,美国国内多家媒体对于特朗普的做法也提出了批判,如CNN直接指出特朗普在新媒体上的言论"搅乱了美国同盟友及对手之间的关系",并列举了几大弊端,包括"发布错误信息""破坏双边关系""打破外交规则"等。③ 甚至特朗普自己推崇的福克斯新闻也发布文章指出,特朗普的负面形象已经深入人心,特朗普的整体支持率有所下降,在未来或影响其连任。

---

① Stern, "Neue Angststörung: Wie Trump Die Psyche der US-Amerikaner belastet", February 2, 2019, https://www.stern.de/politik/ausland/usa-psychologen-entdecken-von-donald-trump-verursachte-angststoerung-8190748.html.

② Pew Rearch Center, "Spring 2017 Global Attitudes Survey", March 12, 2019, http://www.pewglobal.org/2017/06/26/u-s-image-suffers-as-publics-around-world-question-trumps-leadership/pg_2017-06-26-us_image-00-0/.

③ 《新华时评:沉迷于"推特外交"不可取》,新华网,2017年1月3日,http://www.xinhuanet.com/world/2017-01/03/c_1120239166.htm.

其次,特朗普推特上的部分推文极化了民粹主义和反建制情绪。20世纪70年代中期,受到美国政治、经济、社会和国际环境的影响,美国反建制力量逐渐成形,同时,民粹主义的主体由原先的社会最底层的工人阶级变为了新中产阶级,二者在时代的变迁下具有了相同的利益诉求,在反建制支撑下的民粹主义,比以往更为复杂。美国传播学者塞拉齐奥(Michael Serazio)提出,反建制在政治中主要通过抗争反对秩序、民粹对抗权力、公众反对精英等方式制造影响。① 在新时代网络背景下,推特产生的"回声壁效应"使得民粹中反建制和民族主义、本土主义情绪逐渐走向极端。多诺万(Todd Donovan)等人认为,特朗普在推特上以"清道夫精神"捍卫美国"纯洁",以怀旧的、追溯性的民族主义煽动对社会、文化和经济变革忧心忡忡的"普通人",以"右翼"为标签,将这一进程与右翼政党的保守政策相结合,将会削弱美国中右翼力量。②

四、推特展露政治功能的成因:美国政治极化下的产物

政治文化影响着政治体系中每一个政治角色的行动。③ 而意识形态是影响政治文化的关键因素。相比以往,推特从未像如今这样成为美国政治文化的重要"集散地"。美国曾经是一个充满认同政治的国家,两党为谋取共同利益而相互妥协产生的"政治正确"和受精英控制

---

① Michael Serazio, "Encoding the Paranoid Style in American Politics: 'Anti-Establishment' Discourse and Power in Contemporary Spin", *Critical Studies in Media Communication*, Vol. 33, No. 2, 2016, pp. 181-194.
② Todd Donovana, David Redlawsk, "Donald Trump and Right-wing Populists in Comparative Perspective", *Journal of Elections, Public Opinion and Parties*, Vol. 28, No. 2, 2018, pp. 190-207.
③ Brian Barry, *Sociologists, Economists and Democracy*, New York: Collier-Macmillan, 1970, p. 48.

的主流媒体统领大部分民众的意识。但伴随着美国全球化战略的失败,经济的衰退带来了阶级的新分化,传统意识形态以"政治正确"为灵魂稳定和凝聚美国社会各阶层的手段"失灵",精英阶层之间的分裂伴随着草根、民粹、极端等意识形态影响力上升,社会矛盾所导致的政治文化中意识形态的变化则让草根阶层在互联网时代的表达权得到前所未有的释放和增强。现今,美国政治意识形态分裂特征明显,体现在两个相关层面:两党极化进一步加深,以及民众对建制派的反感情绪不断上升。

从美国两党的政治极化程度上看,两个政治阵营内部在同质化的同时,外部变得越来越异质化的趋势已经得到广泛认同。[1] 其中,中间派的减少成为两党极化的一个突出表现。在20世纪70年代末,美国国会众议院尚有30%的中间温和派,而到了21世纪初则下降到8%,与此同时立场强硬的自由主义者和保守主义者则从27%上升到57%;相应地,参议院的中间温和派也从41%下降到5%。[2] 根据美国政治学界广泛引用的DW-NOMINATE(动态加权定类三步评估法)结果发现,共和党对两党极化的贡献率高达85%,其中,共和党多年的极端保守化、两党内美国南部党派的重组以及茶党运动(Tea Party)都对两党整体的极化起了主要推动作用。[3] 伴随着极化的加深,两党的政治意识形态也出现了明显的变化。20世纪70年代后,美国政党体系主要依靠意识形态和身份政治维系,基于性别、宗教、种族的身份价值观差异一直在增

---

[1] 节大磊:《美国的政治极化与美国民主》,《美国研究》2016年第2期,第63页。
[2] 节大磊:《美国的政治极化与美国民主》,《美国研究》2016年第2期,第64页。
[3] 付随鑫:《当代美国的南部政党重组与政治极化》,《当代世界与社会主义》2018年第4期,第113页。

强。① 在种族与经济不断成为美国政治重要议题的当下,共和党作为白人的代表在移民和全球化问题上越来越趋于保守,而以少数族裔为主要支持者的民主党在奥巴马执政之后转而越来越偏向放松管制的自由主义,并出现一批"民主党社会主义派"。根据调查,在2016年大选民主党初选中,一贯给人以传统"红州"印象的艾奥瓦州,出现了43%自认为是"社会主义者"的民主党投票者,并占到桑德斯支持者的58%和希拉里支持者的1/3。② 共和党建制派长期所秉持的里根式保守主义,在特朗普执政之后逐渐变为以右翼民粹、民族情绪为主导的保守主义;而民主党内左翼进步派如玛丽·纽曼(Marie Newman)、卡拉·伊斯特曼(Kara Eastman)在2018年中期选举中逐渐取得上风的态势也预示民主党内左翼激进路线会持续发展。意识形态的分道扬镳以及作为中间缓冲力量的两党中间派的式微成为美国两党谋求政治共识的极大阻碍,争取选票的功利性造势和党派间争斗则成为美国政党当下的政治主题。

两党对于选举的竞争和意识形态的区分忽视了政府对于民众的稳定与凝聚作用,民众对于建制派和精英等传统主流的反感成为两党极化的衍生物。美国杜克大学政治学教授迈克尔·芒格(Michael C. Munger)认为:"两党都只是要取悦他们各自的支持者阵营,却没有哪个党派觉得自己有责任为政府'挽回颜面',政党极化的根本原因是两党在国家治理方面都毫无责任感。"③"9·11事件"后,美国外交内政"私

---

① 张业亮:《"极化"的美国政治:神话还是现实?》,《美国研究》2008年第3期,第23页。

② Bloomberg Politics, "Des Moines Register Iowa Poll", http://media.bloomberg.com/bb/avfile/rgsikEKtNf30,转引自付随鑫:《当代美国的南部政党重组与政治极化》,《当代世界与社会主义》2018年第4期,第118页。

③ 《综述:美国学者认为两党极化撕裂社会》,新华网,2018年3月10日,https://baijiahao.baidu.com/s?id=1594533203944738998&wfr=spider&for=pc。

有化""党派化"的现象凸显,左派要求迎合"全球化"浪潮而导致企业外迁,经济分层出现明显变化:维持美国社会稳定的中产阶级家庭所占比例已不到一半。在这种情况下,民众对于政府抱以质疑和失望的态度,使得整个社会不同阶级更趋向于采取抱团和排外策略为自己谋求利益,由此加深了阶级的对立。以目前存在问题最大的白人中产阶级为例,此阶级当下面临着经济资源中的直观收入越来越流向富豪并且未来可持续发展资源受到其他阶级分享的困境。这种阶级分化往往还伴随有种族主义情绪,不少白人认为"在太过慷慨的联邦政府帮助下,黑人大踏步前进是以牺牲他们利益为代价的,这不仅不公平,政府也遗忘了他们"。在这种相对剥夺感的社会心理机制下,对政府满怀怨怼的白人民众更依赖于"抱团效应",聚集特质相符的人组成社区并且拒绝与其他团体沟通、反对政府的干涉。[①] 在两党极化的趋势下,分权、制衡、竞选等原则已经越来越成为束缚美国政治体系运转的枷锁,民众越来越成为一种竞争资源而不是服务的对象,党派极化对于社会的撕裂同样也刺激了两党的分裂。约翰·凯利(John Kelly)和弗朗索瓦·卡米尔(François Camille)绘制了美国政治格局的推特气泡图并得出结论:当推特账户按照政治同质化衡量标准进行配价衡量时,两极分化看起来更加极端;其中0价为只关注自由派或只有自由派的粉丝,1价表示只关注保守派或只有保守派的粉丝。[②] 可见,政治意识形态上分裂使得政府效率低下,美国意识形态和信仰体系走向分化,精英和普通民众都陷入了意识形态极化的状态。

[①] 小尤金·约瑟夫·迪昂:《为什么美国人恨政治》,赵晓力等译,上海人民出版社2011年版,第329—333页。

[②] John Kelly, François Camille, "This is What Filter Bubbles Actually Look Like", August 22, 2018, https://www.technologyreview.com/s/611807/this-is-what-filter-bubbles-actually-look-like/.

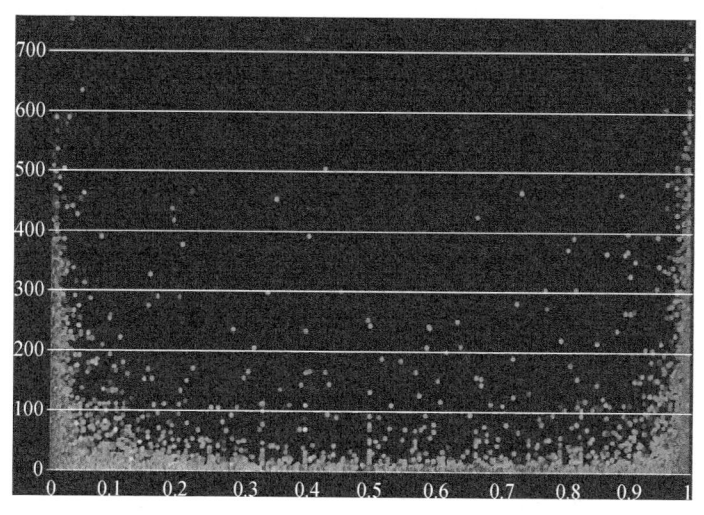

图 6-5　美国政治格局推特气泡图

资料来源:technologyreview.com。

在此情况下,"推特执政"成为突破美国政治极化困境的"另类"解决方案,从传播生态、总统权力和舆论利用三方面对美国的传统政治建构进行了颠覆。特朗普上任后传统主流媒体被总统进行政治边缘化,推特成为总统消息的重要来源。以往美国总统与传统主流媒体的对接模式受到了破坏,传统主流媒体不仅被放在总统的对立位置上,而且还面临着公众的信任危机。一边是特朗普在推特上的"饱和式信息轰炸",而另一边是主流媒体"被动自辩",从而大大削弱了以往主流媒体在政治传播领域的绝对优势。新媒体生态系统的兴起,使得原来以传统媒体和政府为信息把关人的共生关系受到了根本的破坏。[①] 政治首脑"自媒体化"一次又一次地挑战了美国两党对

---

① Alejandra Guzman, "6 Ways Social Media Is Changing the World", April 6, 2016, https://www.weforum.org/agenda/2016/04/6-ways-social-media-is-changing-the-world/.

于总统的制衡:特朗普在社交媒体上对于总统外交权力的扩张和在网络领域开展的新一轮政党之争使得美国传统政党对于总统个人行为的控制力和预判能力降低。"边境墙"事件的不断发酵使得美国出现了历史罕见的长时间政府"停摆"以及与之相应的总统调查,其都是当下总统与政党力量角逐的体现。值得注意的是,民众的极化和美国当下反建制潮流不仅在选举时造就了特朗普,还成为特朗普执政后制造舆论热点的基础资源,这体现了网络时代草根阶层舆论力量对于政治现实的反作用。新媒体是话语的主要集散地,每个阶层都在谋求自己的话语权,作为发声载体的媒体自然就成为一种诉求渠道。政治极化暴露了传统主流媒体与美国精英的政治取向,新媒体则成为部分阶层政治诉求的突破口。

根据史蒂文森(W. B. Stevenson)和格林伯格(D. Greenberg)的社交媒体传播生态链图(图6-6),政治结构、社会角色和新媒体构成了传播过程中的主体链,社会现实受到三者的影响,产生意识形态并指导行动,行动在外围框架中又通过新媒体反作用于现实;新媒体在这一传播链中属于将内外框架上各个要素连接起来的节点,为传播过程中的关键自变量,在社会知觉、互动和话语中充当个体连接的接口功能,但又

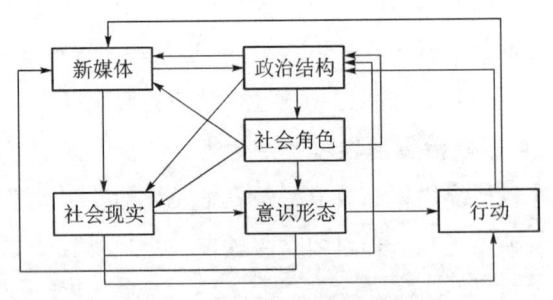

图6-6 社交媒体传播生态链图

独立于社会现实,呈现出一种单向相关性。①

无论是特朗普还是普通民众,他们都有社会角色的相同属性,都需要媒体进行传播进而影响现实。在未竞选总统之前,特朗普就有使用推特的经验,新媒体低成本、高关注和独立性的特点满足了特朗普的政治需要,使其在施政过程中可以采取更直接和灵活的方式避开传统体制的限制。而对草根阶层来说,新媒体是他们发泄情绪和寻求"抱团"效应、制造影响的最好平台。他们对特朗普这位非建制领导人的支持和拥护,势必会对长期浸淫于政党争夺的美国带来新的启示。特朗普和普通民众需求的区别与重合性造就了当下"推特执政"的舆论表现:趋同与矛盾并存。一方面特朗普在某些领域比如种族和经济议题上与这些阶层的价值观具有重合性,但另一方面,由于网络用户的混杂,特朗普仍然受到部分人的舆论攻击。但值得肯定的是,特朗普利用新媒体对现实的作用力进一步巩固了推特作为执政工具的合理性。一是从内政到外交的外溢收益改变了以往大众对于新媒体的认知,新媒体作为政治工具改变政治生态的话题成为一种学术研究的新议题。二是通过新媒体制造热点、吸引国际关注和打开外交新渠道成为特朗普独具特色的对外传播方式。

五、"推特执政"的未来走势

"推特执政"虽然在一定程度上影响了美国和世界,但此举能走多

---

① W. B. Stevenson, D. Greenberg, "Agency and Social Networks: Strategies of Action in a Social Structure of Position, Opposition, and Opportunity", *Administrative Science Quarterly*, Vol. 45, No. 4, 2000, pp. 651-678. 转引自 Farid Shirazi, "Social Media and the Social Movements in the Middle East and North Africa a Critical Discourse Analysis", *Information Technology & People*, Vol. 26 No. 1, 2013, pp. 28-49。

远还要综合多方因素进行考量。

首先,虽然特朗普个人更偏向于在政治上对推特的使用,但推特的不确定性会打破政治和外交领域规则,也会带来政策混乱和风险;在目前以外交使团互访、条约协定议事为代表的官方层级式传统外交模式下不具有普适性。战略传播和全球公关公司博雅公关公司(Burson-Marsteller)2017年调查了在全球178个国家和地区的856个国家元首、政府首脑、外交部长及其机构的推特账号后,发现虽然特朗普频繁使用新媒体,同时各国使用新媒体的趋势在上升,但在新媒体上直接与特朗普对话的领导人却为数不多。[①] 同时,虽然特朗普的"推特执政"持续至今,其政策构想已经基本明晰,即以服务于"美国优先"政策、解决国内经济问题、减少美国在世界上的责任担当为主旋律,但特朗普在推特上凭个人好恶不加约束的行为也使其负面评价持续发酵。《华尔街日报》和NBC统计的联合民调指出近69%的美国成年人认为,通过推特发布"没有经过慎重考虑的信息可能会迅速导致意想不到的严重后果",特朗普在推文上所展现的简单、冲动和不文明,不仅仅反映了性别歧视、种族歧视、同性恋恐惧症和仇外心理这些"负能量",还可能继续"传染"、放大从而对社会带来毒害效应。[②] 以德国总理默克尔、英国首相特雷莎·梅以及曾经的竞争对手希拉里为代表的女性精英也一度对特朗普的言论多有指责。

其次,特朗普利用推特对于部分政治信息的垄断也造成了政府内部信息差的形成,从而不利于美国对内对外政策的推进。出于突破国

[①] Burson-Marsteller, "Twiplomacy study 2017", February 21, 2018, https://twiplomacy.com/blog/twiplomacy-study-2017/.

[②] Janet Hook, "Most Americans think Trump's Tweets Are A Bad Idea: Poll", *Wall Street Journal*, January 18, 2017, http://www.marketwatch.com/story/most-americans-think-trumps-tweets-are-a-bad-idea-poll-2017-01-18? dist=bigcharts&siteid=bigcharts.

内阻力的需要,特朗普利用新媒体进行自我发声,在美国政治文化分裂的局面下,既是一种迎合的趋同又是一种不可阻挡的推力。特朗普不仅打破了外交一贯的严肃风格,还从内部弱化了传统机构在政治治理上的权力,凭借推特的即时和自由化特点,出其不意地绕开传统媒体就重大政治事件加以单方面评论,这时常造成美国总统和议题相关机构言行不一的局面。譬如就在2017年卡塔尔断交危机爆发之时,国务院当即发文施压相关国家减少对卡塔尔的外交封锁,但时隔仅仅几个小时,特朗普就在白宫公开指责卡塔尔资助恐怖主义,力主对其加紧封锁以切断其资金供应。自特朗普曾经青睐的国务卿蒂勒森(Rex Tillerson)离职后,美国国务院和白宫经历了大批的官员更替,一方面是出于对特朗普独断和乖张行为的难以适应,另一方面也因为政党间利益的纠纷而被迫退出。虽然目前特朗普组建了一批亲信班子,如新任国务卿蓬佩奥(Mike Pompeo)上任以来,暂时没有出现白宫与国务院外交态度不一的现象,但"推特治国"仍在继续,而新任官员就"推特治国"与总统的磨合也会影响到美国政策有计划、有保证地推行。

最后,从美国国内新媒体的未来发展上看,新媒体对于扩展外交新渠道、设置议题和世界治理的巨大潜力仍然将为美国对外传播所用,并且具有继承性和变化性。奥巴马政府自2009年起便不断推动美国各级政府对于新媒体的开发和利用,使美国政府新媒体体系到现今已经初具规模。到2012年5月,美国国务院的主要公共外交部门共维护超过288个脸书主页、近200个推特账户和125个YouTube频道,在政策制定和与国家数字政府战略接轨上发挥了重要作用。美国档案与文件署(NARA)在《社交媒体战略2017—2020》中对美国档案机构如何利用新媒体应对当今多元复杂的互联网环境也提出了系统性的看法。不过,美国对于现今新媒体的应用同时也存在矛盾。前国务院政策规划司司长安娜·玛丽·斯劳特(Anne Marie Slaughter)提出互联网治理下的"合作实力"概念,即不再以单一代言人为统治中心,转而通过合作达成统一,这与目前特朗普主导的总统式"推特执政"仍有差异。并且,虽然言论自由受到法律保护,但公共外交学者约翰·布朗(John Brown)却注意到,国务院内部在期望做大新媒体的同时却试图控制信息,严密监视官员的个人博客。① 因此,传统体制下的美国政界如何适应新媒体并与之进行有效的合作沟通还有一条很长的路要走。另一方面,从"推特执政"的根源即特朗普个人角度来谈,如何改变策略继续将推特作为有力宣传武器,保持个人热度和影响力也是目前其个人需要突破的难题。从2016年11月至2019年5月,特朗普推特互动率持续走低,2019年5月成为特朗普发文最多却互动率最低的一个月,这或许说明美国媒体和民众对于特朗普的推特策略已经进入"疲惫期"。

---

① M. Kelemen, "Twitter Diplomacy:State Department 2.0", February 21, 2012, http://www.npr.org/blogs/alltechconsidered/2012/02/21/147207004/twittwer-diplomacy-state-department-2-0.

结束语

本书经过历史钩沉、现状观察、国别比较、个案解剖和理论探究,对西方媒体在当代国际关系中角色特征和作用影响做了相对综合的研究,在深度透视其"介入"和"塑造"的理论逻辑与实践规律的基础上,对西方媒体与当代国际关系的互动作出四点基本判断,这既是本书的基本结论,同时也是需要进一步开拓和深入研究的领域。

第一,全媒体时代西方媒体在国际关系中的角色发生了深刻而鲜明的变化。西方媒体在国际关系中的角色由过去的传播者、批判者和歌颂者等被动型的工具性角色,向策划者、推动者和建构者等主动型建构性角色转变。这一深刻变化的根本原因是快速发展的信息技术在新闻传播领域的广泛运用,以及媒介生态出现了多元共生的新变化,传统媒体一统天下的时代已经结束。国际关系中西方传统媒体的正统地位虽然没有出现颠覆性改变,但新媒体(社交媒体)的政治上位趋势不容忽视,其作用在不断加强。于是媒体参与国际事务的主动性、应变力、导向性更加突出。同时,西方国家运用自身新媒体发展优势正在直接、全面、深刻地影响当今国际关系的走势。主要体现在策划国际议题、推动公民社会对国际关系的参与、建构国际软实力格局等方面。

第二,西方媒体在世界大变局中展现"统一战线"的力量加强。从冷战结束后30年的国际风云变幻中,可以说大凡世界发生重大事件,西方媒体总是能够吹响"集结号"。从本书所研究几个时段的重大国际事件("颜色革命"、"阿拉伯之春"、中菲南海争端、巴黎恐袭和世界气候大会)来看,西方媒体,尤其是西方大国媒体的报道取向几乎是"异口同声",它们在介入和塑造国际关系的实践中形成"媒体联盟"力量。当今世界正经历百年未有之大变局,国际关系波诡云谲,不确定性是未来世界形势发展的主要特征。西方媒体将走向更加紧密的合作,作为一支政治力量被西方统筹运用于应对和打击所谓的"战略对手""竞争者国家",而这将成为未来国际斗争的一道"风景线",即国际舆论战。

第三,西方媒体也并非铁板一块、紧密无间。事实上西方国家媒体影响国际关系程度不一、机制有异、方式有别,但总体路径主要有社会动员、议程设置、形象建构、舆论引导等。在比较分析美国、英国、法国、加拿大、澳大利亚五个国家媒体对政治的介入,以及三件国际重大事件中西方媒体的参与后,本书发现西方国家媒体在国际关系中既有态度一致性与联手合作的一面,也有各自立场不同和观点不一的情况,各国媒体会依据自身国家实力、利益和价值观而发出不尽相同的声音。当然,由于西方媒体在意识形态方面比较容易统一,在一些明显存在与西方社会价值观有冲突的国际事件如"颜色革命"中,西方媒体在报道中无论话语特征、价值引导和批判目标都存在比较高的一致性,仿佛有"看不见的手"在统合力量以捍卫西方的核心价值观,几乎没有讨论的空间。通过问卷调查,本书发现尽管青年学生和专家教授在评判"媒体通过哪些方式对国际关系影响最大"时有差异,如学生认为影响最大的方式排序是"社会动员、议程设置、形象建构",而专家学者的排序为"形象建构、舆论引导、社会动员",但对四种方式能够影响到国际关系保持比较高的认同度。

第四,当今西方媒体势力独大严重影响国际关系的民主与公正。

西方媒体仍然在世界媒体力量格局中占据主导地位,非西方国家媒体未形成分庭抗礼的态势。在媒体对国际关系影响日益深入的当今世界,这一局面非常不利于国际关系的民主化和国际争端的公正处置。西方媒体利用技术优势和话语霸权,在重大国际事件的议程设置、舆论导向、国际动员中都能够取得"先发制人"的效果。西方舆情组织利用此优势在国际舆情分析与选择性发布上得心应手,西方国家利用其技术优势、人才优势和话语优势整合多媒介资源,使之成为一种新的政治力量,并通过不断完善作用机制,对国际关系施加深层影响。这一情况值得非西方世界高度警惕和重视,必须联合起来平衡西方媒体霸权走势,投入更多力量发展自身的媒体组织、壮大自身的媒体力量,创设非西方世界的话语体系,不断推进良好的国际媒介生态建构。

与此同时,通过对西方媒体介入和塑造当代国际关系的实践和理论研究,作为日益走进世界舞台中央的负责任大国和被部分西方国家刻意构想为主要"竞争者国家"的中国,应该如何吸收西方媒体介入和塑造国际关系的"经验",做到"以子之矛,攻子之盾",以应对世界大变局下的舆论生态变化和舆论斗争需要,这是一个极具现实紧迫性的课题,遗憾的是本书在此方面没有进行更为深入的展开,期待未来有更多学者参与研究、建言献策。

附录一 "西方媒体在当代国际关系中的角色变迁与作用机制研究"的调查问卷及访谈提纲

一、调查问卷

(一) 留学生组

Please draw √ in the □, and write number in the ○.

1.

Major		Degree		Nationality	

2. In general, do you think the media have an impact on international relations?

□ Yes(turn to No.3)   □ No(If no, please define your answer)

_____

3. Which kind of media has the biggest impact on international relations? (Please rank them with 1 as the highest) And write down one typical representative of each kind of media.

○ News agency(　　)　○ Newspaper(　　)　○ Television(　　)
○ Radio(　　)　○ Internet(　　)

4. What kind of country has the biggest impact on international relations? (Please rank them with 1 as the highest) And write down one typical representative of each kind of country. Example: Middle power (Norway)

○ Super power(　　) ○ Middle power(　　)

○ Small power(　　)

5. Which aspect of international relations do media affect the most? (Please rank them with 1 as the highest)

○ War ○ Foreign affairs ○ International business

○ International culture communication

6. Which group do media affect the most? (Please rank them with 1 as the highest)

○ Political leaders ○ Public ○ Academics ○ Businessmen

○ Others_____

7. In which way media have the biggest impact on international relations? (Please rank hem with 1 as the highest)

○ Agenda setting ○ Social mobilization ○ Image building

○ Others_____

8. Which international event do you remember the best now? And through which media do you get to know it?

(二) 专家组

Please draw √ in the □, and write number in the ○.

1. Could you please briefly describe your professional background?
2. In general, with the consideration of your background, do media affect

international relations?

☐ Yes (turn to No. 3)   ☐ No (turn to No. 4)

(1950s—1960s, Newspaper/Broadcast era)

☐ Strong   ☐ Average   ☐ Weak

(1960s—1990s, Television era)

☐ Strong   ☐ Average   ☐ Weak

(1990s-now, Network era)

☐Strong   ☐ Average   ☐ Weak

3. Please put the subjects in the order of effect level. (turn to No. 5)

○ Facebook   ○ Twitter   ○ Forum online   ○ Blog

○ Others (list it below) _____

4. If no, please demonstrate the reasons, and please describe the role that television plays in the Cuban Missile Crisis. (IT IS THE END OF THE SURVEY)

(Cuban Missile Crisis: John Kennedy knew the missile transmission via television.)

5. Which aspect of international relations do media affect the most?

☐ War   ☐ Foreign affairs   ☐ Others (list it below) _____

6. Which group do media affect the most? Please sort by the impact from high to low.

○ Political leader   ○ Public   ○ Others (list it below) _____

7. Which way do media have the most impact on international relations? Please sort by the impact from high to low.

○ Public opinion guidance   ○ Social mobilization   ○ Image building

○ Others (list it below) _____

8. How do media affect the decision making process of political leaders?

9. How do media affect the assessment of the public about international political events?

10. How do media affect the response of non-governmental organization to the international events?

11. Describe an international political event that media affect the most in the recent ten years.

12. Comparing the effect of traditional media and new media to international relations. (Pros and cons)

二、访谈提纲

(一) 英文版访谈提纲

Ⅰ. Could you please briefly describe your professional career? And have any of your research reports affected the decisions of political leaders?

Ⅱ. According to your experiences, do you think media can directly affect foreign policies and international relations? And how does it do this?

Ⅲ. Which international political event is the most memorable to you? And through which media did you get to know about it?

Ⅳ. Can media make current international relations or No. s more complex? Could you provide an example?

Ⅴ. Do you think media is one of the necessary tools for diplomacy? Can media help to explain foreign policies and their trends? And what should the role of media be in these areas?

Ⅵ. After the cold war, do you think western media has continued to play a hegemonic role in affecting the tendency of international No. s? If not, in what ways has western media's influence changed?

Ⅶ. According to your experiences, what kind of international No. s do media easily affect to become hot No. s? And what No. s are difficult or can't be affected?

(二) 中文版访谈提纲

Ⅰ. 能请您简要地描述下您的职业生涯吗？另外,您曾经是否有过相关研究报告对政治领导人决策产生影响呢？

Ⅱ. 根据您的经验,您认为媒体可以直接影响外交政策或国际关系吗？它是怎么做到的呢？

Ⅲ. 哪个国际政治事件令您最难忘？您是通过何种媒体了解到它的？

Ⅳ. 媒体能使当前的国际关系或问题更复杂吗？您能举出一个例子吗？

Ⅴ. 您认为媒体是外交的必要工具之一吗？媒体有助于解释对外政策与倾向吗？媒体在这些领域中应该扮演什么样的角色？

Ⅵ. 冷战结束后,您认为西方媒体仍继续在影响国际问题的走势方面扮演霸权角色吗？如果没有,西方媒体的影响有什么变化？

Ⅶ. 根据您的经验,什么样的国际问题很容易受媒体影响而成为热点问题？什么问题被影响比较困难或不能受到影响？

附录二 "西方媒体对乌克兰'橙色革命'之影响"的访谈问卷及样本

一、访谈问卷

Western Media's Role in Color Revolutions-The Case of the Orange Revolution-Interview

(1) What was your professional status in the period from March 2004 to January 2005?

　　Please mark an answer with an ✕ in the brackets.

　　A) Student(　　)
　　B) Employed(　　)
　　C) Unemployed(　　)
　　D) Other(　　)
　　　*please specify:＿＿＿＿＿＿＿＿＿＿

(2) Through which media were you following news on events in Ukraine starting from March 18th 2004—from the beginning of the election campaign

for the presidential elections to January 10th 2005 when the Central Election Commission of Ukraine officially announced that Viktor Yushchenko won the presidential elections?

Multiple choices are allowed. Please mark answers with ✗ in the brackets.

A) Ukrainian media(   )

　* you can specify a particular media:

B) Western media(   )

　* you can specify a particular media:

C) Russian media(   )

　* you can specify a particular media:

D) Other media(   )

　* you can specify a particular media:

(3) Did you read and/or hear any media's reports on Bulldozer Revolution in Federal Republic of Yugoslavia (2000) and/or Rose Revolution in Georgia (2003)?

Multiple choices are allowed. Please mark answers with ✗ in the brackets.

A) Yes, some(   )

B) Yes, many(   )

C) Yes, few(   )

D) No(   )

If you had heard/read any media's reports on those events, please specify the sources.

A) Ukrainian media(   )

* you can specify particular sources:

B) Western media(　　)

　　* you can specify particular sources:

C) Russian media(　　)

　　* you can specify particular sources:

D) Other media(　　)

　　* you can specify particular sources:

(4) Which media's reports did you consider as reliable and true in the period from March 18th 2004 to January 10th 2005?

Multiple choices are allowed. Please mark answers with ✗ in the brackets.

A) Ukrainian media(　　)

B) Western media(　　)

C) Russian media(　　)

D) Other media(　　)

(5) Have any of media's reports influenced your decision to join and/or support peaceful protests in Maidan Square in November 2004?

A) Yes(　　)

B) No(　　)

If you think that any media's reports influenced your decision to join and/or support peaceful protests in Maidan Square in November 2004, please specify source(s).

Multiple choices are allowed. Please mark answers with ✗ in the brackets.

A) Ukrainian media(　　)

B) Western media(　　)

C) Russian media(　　)

D) Other media(　　)

If your decision to join and/or in any other way support peaceful protests in Maidan Square in November 2004 was influenced by media's reports, please specify what influenced your decision.

Multiple choices are allowed. Please mark answers with ✗ in the brackets.

A) Prognosis of election result(　　)

  *you can add details from reports:

B) Statement of Ukrainian and/or foreign government(s)(　　)

  *you can add details from reports:

C) Statement of EU's or international organization's representatives(　　)

  *you can add details from reports:

D) Other(　　)

  *you can add details from reports:

(6) Do you think that the Orange Revolution's goals were realized?

Please mark an answer with an ✗ in the brackets.

A) Yes, absolutely(　　)

B) Partially, to the satisfactory degree(　　)

C) Partially, but not on the satisfactory degree(　　)

D) No(　　)

二、访谈问卷样本

Western Media's Influence on Color Revolutions-The Case of the Orange Revolution-Questionnaire

Should you agree to participate, we ask that you:

- Complete the attached questionnaire, typing or using pencil, within next 2 weeks. It will take approximately 10 minutes. The questions ask about which media's news on the events in Yugoslavia, Georgia and Ukraine respectively defined as the Color Revolutions you were following, your opinion about media's reports and causality between media's reports and your attitude towards the Orange Revolution.
- Feel free to provide your honest opinions, there are no "right or wrong" answers. You may refuse to answer any questions you don't want to answer simply by skipping them.
- Completed questionnaires can be returned in PDF format or Word format directly to the research via Facebook, Skype or email.

The information provided by you will be used solely for the purpose of the research project and only aggregated results will be reported in academic publications.

(1) What was your professional status in the period from March 2004 to January 2005? **Student**

Please mark an answer with an × in the brackets.

A) Student(✗)
B) Employed( )
C) Unemployed( )
D) Other( )
　　*please specify:＿＿＿＿＿＿＿＿＿＿＿＿＿

(2) Through which media were you following news on events in Ukraine starting from March 18th 2004—from the beginning of the election campaign for the presidential elections to January 10th 2004 when the Central Election Commission of Ukraine officially announced that Viktor Yushchenko won the presidential elections?

　　Multiple choices are allowed. Please mark answers with ✗ in the brackets.

A) Ukrainian media(✗)
　　*you can specify a particular media:
B) Western media( )
　　*you can specify a particular media:
C) Russian media( )
　　*you can specify a particular media:
D) Other media( )
　　*you can specify a particular media:
Era, 5 channel, Ukrainian Pravda

(3) Did you read and/or heard any media's reports on Bulldozer Revolution in Yugoslavia (2000) and/or Rose Revolution in Georgia (2003)?

　　Multiple choices are allowed. Please mark answers with ✗ in the brackets.

A) Yes, some(✗)
B) Yes, many(　)
C) Yes, few(　)
D) No(　)

If you had heard/read any media's reports on those events, please specify the sources.

　　A) Ukrainian media (✗)
　　　　*you can specify particular sources:
　　B) Western media(　)
　　　　*you can specify particular sources:
　　C) Russian media(　)
　　　　*you can specify particular sources:
　　D) Other media(　)
　　　　*you can specify particular sources:

(4) Which media's reports did you consider as reliable and true in the period from March 18th 2004 to January 10th 2005?

　　Multiple choices are allowed. Please mark answers with ✗ in the brackets.

　　A) Ukrainian media(　)
　　B) Western media(　)
　　C) Russian media(　)
　　D) Other(✗)

Only oppositional Ukrainian media

(5) Have any of media's reports influenced your decision to join and/or support peaceful protests in Maidan Square in November 2004?

    A) Yes(　　)
    B) No(✗)

It was a personal speech by opinion leaders of our university and the mass strive for support from my peers that influenced my decision. Besides, there was a massive sms/text "Yushchenko asks to support fair elections on Maidan" which strengthened the impulse to go.

If you think that any media's reports influenced your decision to join and/or support peaceful protests in Maidan Square in November 2004, please specify source(s).

    Multiple choices are allowed. Please mark answers with ✗ in the brackets.
    A) Ukrainian media(　　)
    B) Western media(✗)
    C) Russian media(　　)
    D) Other(　　)

If your decision to join and/or in any other way support peaceful protests in Maidan Square in November 2004 was influenced by media's reports, please specify what influenced your decision.

    Multiple choices are allowed. Please mark answers with ✗ in the brackets.
    A) Prognosis of election results(　　)
       * you can add details from reports:
    B) Statement of Ukrainian and/or foreign government(s) (　　)

* you can add details from reports：

C) Statement of EU's or international organization's representatives(✗)

　　* you can add details from reports：

D) Other(　　)

　　* you can add details from reports：

(6) Do you think that the Orange Revolution's goals were realized? Please mark an answer with an ✗ in the brackets.

　　A) Yes, absolutely(　　)

　　B) Partially, to the satisfactory degree(　　)

　　C) Partially, but not on the satisfactory degree(✗)

　　D) No(　　)

If you have any questions and/or suggestions regarding the project, feel free to contact me.

　　Skype name：markovic. vesna82

　　contact email：2997794328@ qq. com; vesnam82@ gmail. com.

Thank you for your time and consideration.

Vesna Markovic, School of Legal Studies, Guangdong University of Foreign Studies, Guangzhou, Guangdong Province, P. R. China

参考文献

一、中文文献

(一) 著作

安东尼·吉登斯:《社会学(第4版)》,赵旭东等译,北京大学出版社2003年版。

比兹·斯通:《一只小鸟告诉我的事——推特联合创始人比兹·斯通自传》,顾雨佳译,中信出版社2015年版。

布赖恩·麦克奈尔编:《政治传播学引论(第2版)》,段祺译,新华出版社2005年版。

陈力丹、董晨宇:《英国新闻传播史》,人民日报出版社2015年版。

池田大作、亨利·基辛格:《和平、人生与哲学——池田大作与基辛格对谈集》,卞立强译,中国国际广播出版社1988年版。

褚云茂:《公共关系与现代政府》,上海大学出版社2002年版。

丹尼尔·C.哈林、保罗·曼奇尼:《比较媒介体制:媒介与政治的三种模式》,陈娟、展江等译,中国人民大学出版社2012年版。

段鹏:《中国广播电视国际传播策略研究》,中国传媒大学出版社2013年版。

盖伊·塔奇曼:《做新闻》,麻争旗、刘笑盈、徐扬译,华夏出版社2008年版。

管文虎主编:《国家形象论》,电子科技大学出版社1999年版。

郭光华:《新闻传播能力构建研究:基于全球化的视野》,人民出版社2013年版。

汉斯·摩根索:《国家间政治:权力斗争与和平》,徐昕等译,北京大学出版社2006年版。

哈贝马斯:《交往与社会进化》,张博树译,重庆出版社1989年版。

赫德利·布尔:《无政府社会:世界政治秩序研究》,张小明译,世界知识出版社2003年版。
亨利·基辛格:《大外交》,顾淑馨、林添贵译,海南出版社1998年版。
胡正荣、关娟娟:《世界主要媒体的国际传播战略》,中国传媒大学出版社2011年版。
杰里尔·罗赛蒂:《美国对外政策的政治学》,周启朋、傅耀祖等译,世界知识出版社1996年版。
荆学民:《政治传播简明原理》,中国传媒大学出版社2015年版。
雷跃捷、张彩主编:《电视新闻频道研究》,中国广播电视出版社2003年版。
李道揆:《美国政府和美国政治》,商务印书馆1999年版。
李良荣:《新闻学概论》,复旦大学出版社2011年版。
刘樊德:《澳大利亚东亚政策的演变:在碰撞与融合中实现国家利益》,世界知识出版社2004年版。
刘继南:《大众传播与国际关系》,北京广播学院出版社1999年版。
刘树田等编:《当代中外新闻事业》,兰州大学出版社1988年版。
刘肖、董子铭:《媒体的权利和权力的媒体——西方媒体在国际政治中的角色与作用》,中国社会科学出版社2017年版。
陆生:《走进美国电视》,复旦大学出版社2007年版。
露西·金-尚克尔曼:《透视BBC与CNN媒介组织管理》,彭泰权译,清华大学出版社2004年版。
马克斯·韦伯:《经济与社会》(上卷),林荣远译,商务印书馆1997年版。
苗棣:《美国有线电视网》,中国广播电视出版社2008年版。
明安香主编:《全球传播格局》,社会科学文献出版社2006年版。
莫妮卡·克劳莉:《不在案的记录:尼克松晚年私人谈话》,吴乃华译,中央编译出版社1998年版。
倪炎元:《公关政治学:当代媒体与政治操作的理论、实践与批判》,商周出版社2009年版。
P.艾瑞克·洛:《西方媒体如何影响政治》,陈晞、王振源译,新华出版社2013年版。
潘一禾:《文化与国际关系》,浙江大学出版社2005年版。
乔治·凯南:《美国对外政策的现实》,王殿宸、陈少衡等译,商务印书馆1958年版。

乔治·凯南:《美国外交》,葵阳等译,世界知识出版社1989年版。
邵培仁等:《知识经济与大众传媒》,浙江大学出版社1999年版。
沈国麟:《控制沟通:美国政府的媒体宣传》,上海人民出版社2007年版。
唐凌:《全球化背景下的对话——对一种新的传播理念的探讨》,文化艺术出版社2012年版。
唐亚明、王凌洁:《英国传媒体制》,南方日报出版社2007年版。
王庚年主编:《新媒体国际传播研究》,中国国际广播出版社2012年版。
吴乐珺、唐泽:《解构深度:中外电视调查性报道研究》,湖南人民出版社2007年版。
沃尔特·李普曼:《舆论学》,林珊译,华夏出版社1989年版。
沃尔特·李普曼:《公众舆论》,阎克文译,上海人民出版社2006年版。
仙托·艾英戈、唐纳德·R.金德:《至关重要的新闻:电视与美国民意》,刘海龙译,新华出版社2004年版。
小尤金·约瑟夫·迪昂:《为什么美国人恨政治》,赵力昂译,上海人民出版社2011年版。
谢岳:《大众传媒与民主政治——政治传播的个案研究》,上海交通大学出版社2005年版。
休·迈尔斯:《意见与异见:半岛电视台的崛起》,黎瑞刚等译,学林出版社2006年版。
伊库·阿达托:《完美图像:Photo Op时代的生活》,张博、王敦译,北京大学出版社2015年版。
伊蕊:《美国政治博客》,世界知识出版社2012年版。
于运全、王眉主编:《中国对外传播的变革与发展——〈对外传播〉20周年文选》,外文出版社2014年版。
袁周主编:《大聚焦:国际热点透视》,人民日报出版社2015年版。
约翰·霍恩伯格:《西方新闻界的竞争》,魏国强译,新华出版社1985版。
翟杉:《仪式的传播力——电视媒介仪式研究》,中国传媒大学出版社2014年版。
詹姆斯·M.伯恩斯、杰克·W.佩尔塔森、托马斯·E.克罗宁:《美国式民主》,谭君久等译,中国社会科学出版社1993年版。
詹姆斯·M.伯恩斯、杰克·W.佩尔塔森、托马斯·E.克罗宁:《民治政府》,陆震纶等译,中国社会科学出版社1996年版。

张昆:《国家形象传播》,复旦大学出版社2005年版。
张小明:《乔治·凯南遏制思想研究》,北京语言学院出版社1994年版。
赵鼎新:《社会与政治运动讲义》,社会科学文献出版社2012年版。
赵可金:《公共外交的理论与实践》,上海辞书出版社2007年版。
赵永华:《大众传媒与政治变迁》,中国书籍出版社2013年版。
周敬青主编:《国家治理视角下的中外政党比较研究》,上海人民出版社2015年版。
朱翠英、夏雷:《现代领导科学》,湖南科学技术出版社2006年版。

(二) 论文

菲利普·赛博:《跨国新闻、公共外交及虚拟国家》,陆佳怡、钟新译,《国际新闻界》2010年第7期。
桂清萍:《〈看不见的战争〉:媒体警世钟》,《中国电视(纪录)》2012年第9期。
侯月娟:《新媒体语境下的领袖面谱 公共形象值千金》,《世界博览》2015年第7期。
胡爱清:《美国总统竞选进程中的新闻媒体作用评析——以1992年美国总统竞选为例》,《东南亚纵横》2005年第8期。
胡文涛、招春袖:《文化外交与国家国际形象:一种文化维度的建构》,《国际新闻界》2013年第8期。
胡文秀、郝瑞霞:《浅析国际媒体对国际政治的影响》,《新东方》2014年第2期。
黄廓、姜飞:《国际主流媒体发展战略研究及其对中国国际传播的启示》,《现代传播》2013年第2期。
黄平:《互联网、宗教与国际关系——基于结构化理论的资源动员论观点》,《世界经济与政治》2011年第9期。
凯文·威廉姆斯:《隧道终点的光亮:大众传媒、舆论和越南战争》,载约翰·埃尔德里奇主编:《获取信息:新闻、真相和权力》,张威、邓天颖主译,新华出版社2004年版。
兰馨:《提升国家文化软实力的媒体策略研究》,《新闻界》2010年第6期。
李希光、周敏:《24小时新闻频道:新闻学的进步? 倒退?》,《青年记者》2003年第7期。
李小川:《解析美国对外宣传的奥秘》,《解放军外国语学院学报》2005年第

2 期。

刘唯一:《网络环境下领导人形象传播研究》,《新闻研究导刊》2016 年第 7 期。

刘笑盈、张聪:《CNN 的新媒体战略》,《电视研究》2011 年第 8 期。

秦德君:《传媒政治时代的领导者公共形象传播与形塑逻辑:一种技术分析》,《学习与实践》2007 年第 3 期。

任海、徐庆超:《媒体外交:一种软权力的传播与扩散》,《当代世界与社会主义》2011 年第 4 期。

任琳:《公共外交、媒体与战争》,《学理论》2011 年第 16 期。

邵培仁:《新闻媒体同质化的根源及突破》,《传媒评论》2014 年第 4 期。

宋燕:《传播手段视角下的新媒体与媒体外交关联研究》,兰州大学 2012 年硕士学位论文。

孙建平、谢奇峰:《"传媒外交"初探》,《现代传播》2002 年第 3 期。

唐海江、吴高福:《西方政治媒体化评析》,《国际新闻界》2003 年第 2 期。

唐颖:《CNN 国际新闻的传播策略》,《新闻前哨》2004 年第 4 期。

托马斯·迈尔:《热话题与冷思考(十六)——关于媒体社会中政党政治的对话》,郭业洲、陈林译,《当代世界与社会主义》2000 年第 4 期。

王永亮、郭晓明:《可载舟亦可覆舟——美国媒体对总统形象的影响》,《视听纵横》2001 年第 1 期。

王志锋:《建构受众"取景框"》,《人民日报》2016 年 12 月 4 日第 5 版。

魏娟:《危机事件中的领导人媒介形象研究》,《新闻前哨》2009 年第 9 期。

吴强:《旧制度与新媒体政治》,载孙立平、郑永年、华生等:《未来中国的变与不变》,江苏文艺出版社 2014 年版。

相德宝:《国际自媒体涉华舆情现状、传播特征及引导策略》,《新闻与传播研究》2012 年第 1 期。

熊蕾:《国家领导人形象传播研究的现状与反思》,《新闻界》2016 年第 10 期。

张小娅:《媒体外交中的政府角色》,《现代传播》2013 年第 2 期。

张新宇:《传媒政治对政党的影响》,《中国社会科学报》2010 年 2 月 11 日第 6 版。

张毓强、刘春燕:《德国总统与媒体的"遭遇战"》,《时事报告》2012 年第 2 期。

赵鸿燕、林媛:《媒体外交在美国的表现和作用》,《现代传播》2008 年第 2 期。

赵可金:《媒体外交及其运作机制》,《世界经济与政治》2004 年第 4 期。

周庆安:《从传播模式看 21 世纪公共外交研究的学术路径》,《现代传播》2011 年第 8 期。

周新华:《当前美国新闻媒体对国际关系的消极影响》,《现代国际关系》1999 年第 12 期。

周永生:《国外领导人"亲民秀"的政治意图》,《人民论坛》2016 年第 13 期。

二、外文文献

(一) 专著

Alger, Dean E., *The Media and Politics*, Belmont, CA: Wadsworth, 1996.

Altschull, J. H., *Agents of Power: The Media and Public Policy*, 1st ed., Boston: Addison-Wesley Pub Co., 1995.

Baumgartner, Jody C., Peter L. Francia, *Conventional Wisdom and American Elections: Exploding Myths, Exploring Misconceptions*, Washington, D.C.: Rowman & Littlefield, 2016.

Carey, James, *Communication as Culture: Essays on Media and Society*, London: Routledge, 1992.

Farrar-Myers, Victoria A., Justin S. Vaughn, *Controlling the Message: New Media in American Political Campaigns*, New York: NYU Press, 2015.

Franco, Chiara de, *Media Power and the Transformation of War*, New York: Palgrave Macmillan, 2012.

Graber, Doris A., eds., *Media Power in Politics*, Washington, D.C.: CQ Press, 2000.

Holbrook, Thomas, *Do Campaigns Matter?*, Los Angeles: SAGE, 1996.

Masters, R. D., *Machiavelli, Leonardo, and the Science of Power*, Notre Dame, IN: University of Notre Dame Press, 1996.

McLuhan, Marshall, *Understand Media: The Extensions of Man*, Cambridge, MA: MIT Press, 1994.

Merrill, John C., ed., *Global Journalism: Survey of International Communication*, New York: Longman Press, 1991.

Potter, Evan H., *Cyber-Diplomacy: Managing Foreign Policy in the Twenty-first*

Century, Montreal: McGill-Queen's Press, 2002.

Reese, Stephen D., Oscar H. Gandy, Jr., and August E. Grant, *Framing Public Life: Perspectives on Media and Our Understanding of the Social World*, Mahwah, NJ: Lawrence Erlbaum Associates, 2001.

Shoemaker, Pamela J., Tim P. Vos, *Gatekeeping Theory*, New York: Routledge, 2009.

Waterman, Richard W., Gilbert K St. Clair, and Robert Wright, *The Image Is Everything Presidency: Dilemmas in American Leadership*, Boulder, CO: Westview Press, 1999.

West, Darrell M., *Air Wars: Television Advertising in Election Campaigns, 1952-2004*, Washington, D.C.: CQ Press, 2005.

Wendt, Alexander, *Social Theory of International Politics*, Cambridge: Cambridge University Press, 1999.

(二) 论文

Bátora, Jozef, "Canada's Department of Foreign Affairs and International Trade", in J. Bátora, *Foreign Ministries and the Information Revolution: Going Virtual?*, Leiden: Martinus Nijhoff, 2009.

Bayulgen, Oksan, Ekim Arbatli, "Cold War Redux in US-Russia Relations? The Effects of US Media Framing and Public Opinion of the 2008 Russia-Georgia War", *Communist and Post-Communist Studies*, Vol. 46, No. 4, 2013.

Bell, Sam R., Richard Frank, and Paul Macharia, "Passenger or Driver? A Cross-National Examination of Media Coverage and Civil War Interventions", *International Interactions*, Vol. 39, No. 5, 2013.

Block-Elkon, Yaeli, "Studying the Media, Public Opinion, and Foreign Policy in International Crises: The USA and the Bonsian Crisis, 1992-1995", *The International Journal of Press/Politics*, Vol. 12, No. 4, 2007.

Carpenter, Charli, Daniel W. Drezner, "International Relations 2.0: The Implications of New Media for an Old Profession", *International Studies Perspectives*, Vol. 11, No. 3, 2010.

Cary, Mary Kate, "Five Ways New Media Are Changing Politics", *U. S. News Digital Weekly*, Vol. 2, No. 4, 2010.

Ciaglia, Antonio, "Politics in the Media and the Media in Politics: A Comparative Study of the Relationship between the Media and Political Systems in Three European Countries", *European Journal of Communication*, Vol. 28, No. 5, 2013.

Coleman, R. and S. Banning, "Network TV News Affective Framing of the Presidential Candidates: Evidence for a Second-level Agenda-Setting through Visual Framing", *Journalism and Mass Communication Quarterly*, Vol. 83, No. 2, Summer 2006.

Gilboa, E., "Media Diplomacy: Conceptual Divergence and Applications", *Harvard International Journal of Press/Politics*, Vol. 3, No. 3, 1998.

Hansen, Liane, "Tunisia Simmers after Sudden Uprisings", *Weekend Edition Sunday(NPR)*, Jan. 23, 2011.

Hoewe, Jennifer, Brian J. Bowe, and Geri Alumit Zeldes, "A Lack of Balance: An Examination of Local Detroit, Michigan, Newspaper Coverage of the 2006 War in Lebanon and the 2008–2009 War in Gaza", *Journal of Muslim Minority Affairs*, Vol. 32, No. 4, 2012.

Mandelbaum, Michael, "Foreign Policy as Social Work", *Foreign Affairs*, Vol. 75, No. 1, 1996.

Nye, J. S., "Redefining the National Interest", *Foreign Affairs*, Vol. 78, No. 4, 1999.

Oswald, Kristine A., "Mass Media and the Transformation of American Politics", *Marquette Law Review*, Vol. 77, No. 2, 1994.

Oztürk, Ahmet, "International Politics and the Media: The Case of the Press/Media in the War on Terror", *Turkish Journal of International Relations*, Vol. 8, No. 3, Fall 2009.

Pierre, Andrew J. Power, "Power, the Press and the Technology of Freedom", *Foreign Affairs*, Vol. 69, No. 2, Spring 1990.

Ramaprasad, J., "Media Diplomacy: in Search of a Definition", *International Communication Gazette*, Vol. 31, No. 1, 1983.

Ramdani, Nabila, "How One Greedy Wife Caused This", *The Daily Telegraph (Sydney)*, Jan. 1, 2011.

Robinson, Piers, "Theorizing the Influence of Media on World Politics: Models of Media Influence on Foreign Policy", *European Journal of Communication*, Vol. 16, No. 4, 2001.

Siddiqui, Haroon, "Moment of Truth for us as Well in Middle East", *Toronto Star*, Feb. 17, 2011.

Tehranian, Majid, "Global Communication and International Relations: Changing Paradigms and Policies", *The International Journal of Peace Studies*, Vol. 2, No. 1, 1997.

Yordanova, Tsvetelina, "Media-International Relations Interaction Model", Institute for Security and International Studies (ISIS), Sofia, 2012.

后　记

本书是国家社会科学基金一般项目"西方媒体在当代国际关系中的角色变迁与作用机制研究"（批准号：14BGJ034）的最终成果。课题组历经6年才顺利完成这项研究任务，最终结项成果评定为"优秀"，笔者对此深感欣慰。

书中所涉及课题研究的相关前期成果，已部分发表在《现代传播》《新闻记者》《当代世界》《对外传播》《战略决策研究》等学术刊物上，并已在书中注明。在此特别感谢各期刊编辑对本书写作的理解与支持。

本书是课题组集体创作的成果。全书分7个部分：第一章由胡文涛完成；第二章由招春袖、胡文涛完成；第三章由胡文涛、招春袖统稿，葛笑寒、李鸿雪、林煜浩、吴茜、小薇（Vesna Markovic，塞尔维亚籍）、林圣松参与调研任务；第四章第一节由胡文涛、李鸿雪完成，第二节由胡文涛、葛笑寒完成，第三节由罗浩明、胡文涛完成；第五章第一节由胡文涛、小薇、吴茜完成，第二节由胡文涛、李鸿雪完成，第三节由胡文涛、葛笑寒统稿，罗浩明、小薇、李鸿雪、罗茜参与研究；第六章第一、二节由林煜浩、胡文涛完成，第三节由胡文涛、林煜浩完成，第四节由胡文涛、吴茜完成；结束语由胡文涛完成。本书的框架设计、统稿审校由胡文涛负责，招春袖、姚奇志、吴茜参与部分文稿的审校工作。

当初能够成功申报这一国家课题，要特别感谢诸多本校的同事，如史婷玉、惠耕田、郝光等。在课题研究推进过程中，部分新招的国际关系学和新闻传播学硕士研究生弟子的积极参与使得研究进程得以加快，后来唐佳梅教授的加盟更使课题组增色不少。在此对他们的辛勤付出表示感谢。

书稿能够顺利出版，要感谢好友萧宿荣博士的牵线搭桥，以及商务印书馆编辑们的敬业精神和专业工作。同时，感谢广东外语外贸大学新闻与传播学院和院长侯迎忠教授的鼎力支持。

本书各章节由多人参与撰写，各部分的文献权威度、研究纵深度和文字准确度难免存在不平衡的情况，加之研究过程的时间跨度比较大，而国际媒体生态日新月异，世界形势波诡云谲，研究成果的时效性同样存在不足，以上问题敬请读者谅解。笔者谨以此书尝试推动学界加强对媒体与当代国际关系互动的学理研究和案例深挖，进而为推动我国国际传播能力建设、讲好中国故事尽绵薄之力。

胡文涛

2021 年 10 月 8 日于广州

图书在版编目(CIP)数据

介入与塑造:西方媒体与当代国际关系/胡文涛等著.—北京:商务印书馆,2022
ISBN 978-7-100-20883-3

Ⅰ.①介… Ⅱ.①胡… Ⅲ.①传播媒介—关系—国际关系—西方国家 Ⅳ.① G206.2 ② D81

中国版本图书馆CIP数据核字(2022)第047762号

权利保留,侵权必究。

介入与塑造
西方媒体与当代国际关系

胡文涛等　著

商　务　印　书　馆　出　版
(北京王府井大街36号　邮政编码 100710)
商　务　印　书　馆　发　行
江苏凤凰数码印务有限公司印刷
ISBN 978-7-100-20883-3

2022年5月第1版	开本 880×1240 1/32
2022年5月第1次印刷	印张 13⅛

定价:72.00元